民法改正案の検討

第2巻

円谷 峻 編著

成文堂

はじめに

　民法、とくに債権法の改正は、今日の社会の変容のほか、最近における諸外国の民法典改正の動向、国連統一売買条約、欧州における法の統一に対する諸活動などの影響を受けて、わが国でも論じられ出した。とくに、2006年10月7日、私的な委員会ではあるが、民法（債権法）改正に関する委員会が発足し設立趣意書が公表されたので、2006年頃から、わが国における債権法改正という問題が、現実味をもって語られ出したといえよう。その結果、法制審議会によって債権法改正が採りあげられ、2009年11月24日に法制審議会の第1回が開催された。

　このような状況で、民法典の改正に関心のある研究者が共同で「民法の改正を考える」研究会を発足させた。研究会では、毎月1回、会員が報告するという形式が採用された。本書は、その研究成果である。第2巻では、第4章債権譲渡・契約上の地位の移転、第5章債権の消滅、第6章契約の成立、第7章法律行為が検討対象となる。

　本書の刊行については、本来ではもっと早い時期を予定していたが、研究会主宰者の円谷が体調を崩してしまうなどの事態やその他の事情が重なり、刊行時期が遅れてしまった。この遅延については、会員の皆さまにこころよりお詫び申し上げたい。また、やむを得ない事情から、いくつかの重要な検討項目が脱落してしまった。この研究会の運営については、事務局の長坂純教授、亀田浩一郎准教授の努力に負うところが多い。

　また、本書の刊行が実現したのは、成文堂の土子三男取締役のご理解と編集部の石川真貴さんの熱心な編集作業のおかげである。こころよりお礼を申し上げたい。

　　2013年1月10日

　　　　　　　　　　　　　　　　　　　　　　　　　　円谷　峻

目 次

はじめに *i*

略称・文献の引用について *xxvi*

第4章　債権譲渡・契約上の地位の移転

第1　債権譲渡

1　総　論　　　　　　　　　　　　　　　　　　円谷　峻　*2*

   Ⅰ　法制審議会提案
     1　提案内容　*2*
     2　提案前の議論　*2*
   Ⅱ　検　討
     1　大阪弁護士会の見解　*3*
     2　私　見　*3*

2　譲渡禁止特約　　　　　　　　　　　　　　　円谷　峻　*5*

   Ⅰ　法制審議会提案
     1　提案内容　*5*
     2　中間的な論点整理　*5*
     3　提案前の議論　*6*
   Ⅱ　検　討
     1　現行規定の考え方　*7*

2 大阪弁護士会の見解　*8*
3 私　見　*9*

3 債権譲渡の対抗要件　　　　　円谷　峻　*10*

Ⅰ 法制審議会提案
1 提案内容　*10*
2 提案前の議論　*12*
Ⅱ 検　討
1 大阪弁護士会の見解　*15*
2 私　見　*15*

4 抗弁の切断　　　　　西島　良尚　*17*

Ⅰ 法制審議会提案
1 提案前の議論状況　*17*
2 法制審議会の提案ないし議論の要点　*18*
3 法制審議会での議論の状況　*19*
Ⅱ 検　討
1 抗弁切断のために「放棄」の意思表示を要するということの基本的意義の確認　*20*
2 若干の検討と感想　*21*
　(1) 債務者の保護について　*21*　(2) 譲受人の保護について　*23*

5 将来債権譲渡　　　　　西島　良尚　*25*

Ⅰ 法制審議会提案
1 提案前の議論状況　*25*
2 法制審議会の提案ないし議論の要点　*26*
　(1) 将来債権の譲渡が認められる旨の規定の要否　*26*　(2) 公序良俗

の観点からの将来債権譲渡の効力の限界　26　(3)　譲渡人の地位の変動に伴う将来債権譲渡の効力の限界　26

3　法制審議会での議論の状況　27

(1)　「将来債権の譲渡が認められる旨の規定の要否」について　27　(2)　「公序良俗の観点からの将来債権譲渡の有効性の限界」について　27　(3)　「譲渡人の地位の変動に伴う将来債権譲渡の対抗力の限界」について　28

II　検　討

1　「将来債権の譲渡が認められる旨の規定の要否」について　32

2　「公序良俗の観点からの将来債権譲渡の有効性の限界」について　33

3　「譲渡人の地位の変動に伴う将来債権譲渡の対抗力の限界」について　34

第2　契約上の地位の移転 ────────── 佐藤　秀勝　36

I　法制審議会提案

1　提案内容　36

(1)　総論（契約上の地位の移転（譲渡）に関する規定の要否）　36　(2)　契約上の地位の移転の要件　36　(3)　契約上の地位の移転の効果等　37　(4)　対抗要件制度　38

2　提案前の議論　38

(1)　基本方針の提案　38　(2)　民法改正研究会編『民法改正　国民・法曹・学界有志案』　40

3　法制審議会の議論状況　41

(1)　明文規定の要否　41　(2)　契約上の地位の移転の要件　42　(3)　契約上の地位の移転の効果等　42　(4)　対抗要件制度　43

4　中間的論点整理　43

(1)　総論（契約上の地位の移転（譲渡））に関する規定の要否　43　(2)　契約上の地位の移転の要件　44　(3)　契約上の地位の移転の効果等　44　(4)　対抗要件制度　44

II 検　討

1. 明文規定の要否　44
2. 要　件　45
3. 効　果　46

   (1) 担保権の移転　46　(2) 移転する権利義務の範囲　47　(3) 譲渡人の免責　47

4. 対抗要件制度　48
5. 結びに代えて　49

第5章　債権の消滅

第1　弁　済

1　債権者以外の第三者に対する弁済　　　　川地　宏行　52

I　法制審議会提案

1. 提案内容　52

   (1) 受領権限を有する第三者に対する弁済の有効性　52　(2) 「債権の準占有者」概念の見直し　53　(3) 善意無過失要件の見直し　53　(4) 真の債権者の帰責事由の要否　53　(5) 民法478条の適用範囲拡張の要否　54　(6) 受取証書の持参人に対する弁済規定（民法480条）の要否　54

2. 提案前の議論　55
3. 法制審議会での議論　57

II　検　討

1. 民法478条と預金不正払戻事案　58
2. 外国法の状況　59
3. 民法478条の立法趣旨　60

4　判例における預金不正払戻事案の位置付け　60
　　5　民法478条適用事案の類型化　60
　　6　同一性誤認型と受領権限誤認型　61
　　　(1)　民法478条の制度趣旨　61　(2)　債務者の主観的要件　61　(3)　真の債権者の帰責事由　62
　　7　帰属誤認型　63
　　　(1)　紛争の実態　63　(2)　民法478条の制度趣旨　63　(3)　債務者の主観的要件　64　(4)　真の債権者の帰責事由　64
　　8　まとめ　65

2　弁済・弁済の提供 ──────────── 谷本　陽一　66

　はじめに　66

　Ⅰ　法制審議会提案

　　1　各種の改正提案の登場　67
　　　(1)　『民法改正を考える』研究会（長谷川）案　68　(2)　民法改正国民・法曹・学界有志案　68　(3)　債権法改正の基本方針　69　(4)　『民法改正を考える』研究会（北居）案　70　(5)　小　括　72

　　2　部会資料10-2の提案内容　72
　　3　法制審議会の議論状況①（第8回・平成22年4月27日）　73
　　　(1)　弁済に関する議論　73　(2)　弁済の提供に関する議論　74

　　4　部会資料22の提案内容　75
　　5　法制審議会の議論状況②（第22回・平成23年1月25日）　76
　　6　民法（債権関係）の改正に関する中間的な論点整理　77

　Ⅱ　検　討

　　1　民法典における弁済および弁済の提供並びに弁済プロセス　78
　　　(1)　弁済・弁済の提供の展開史　78　(2)　弁済プロセスにおける信義誠実の原則の働き方　79　(3)　弁済および弁済の提供の規定の位置　81

　　2　口頭の提供を不要という判例の含意と射程　82

3 弁済による代位 ———————————— 平田　厚　85

I 法制審議会提案

1 提案内容　85

2 提案前の議論　85

3 法制審議会の議論状況（第8回会議）　87

　(1) 任意代位制度の廃止について　87　(2) 弁済による代位の効果の明確化について　87　(3) 一部弁済による代位の要件及び効果について　87　(4) 債権者の義務について　87

4 中間的な論点整理とその後の議論　88

II 検　討

1 任意代位制度の廃止について　89

2 弁済による代位の効果の明確化について　89

　(1) 原債権の帰すうについて　89　(2) 法定代位者相互間の関係に関する規定の明確化について　90

3 一部弁済による代位の要件及び効果について　91

4 債権者の義務について　92

第2　相　殺

1 遡及効の見直し ———————————— 須加　憲子　93

I 法制審議会提案

1 提案内容　93

2 提案前の議論　93

　(1) 基本方針の提案　93　(2) 民法改正委員会有志案　94

3 法制審議会の議論状況　94

Ⅱ 検　討

1　比較法的検討　*95*

2　今後の検討課題　*96*

　　(1)　実務的見解　*96*　(2)　将来効と他の制度との関係　*96*

2　不法行為債権を受働債権とする相殺
　　　　　　　　　　　　　　　　　　　　　　　須加　憲子　*98*

Ⅰ 法制審議会提案

1　提案内容　*98*

2　提案前の議論　*99*

　　(1)　民法（債権法）改正検討委員会案　*99*　(2)　民法改正委員会有志案　*99*

3　法制審議会の議論状況　*99*

Ⅱ 検　討

1　問題の所在　*100*

2　立法趣旨　*101*

3　判　例　*102*

4　509条適用説と非適用説　*103*

5　各案について　*104*

　　(1)　A案および民法改正委員会有志案について　*104*　(2)　B案および民法（債権法）改正委員会案について　*104*　(3)　残された課題　*108*

3　法定相殺と差押え、相殺予約の効力　　　　長谷川貞之　*109*

Ⅰ 法制審議会提案

1　検討事項　*109*

　　(1)　審議の対象　*109*　(2)　検討事項　*110*　(3)　関連問題　*113*

2　提案前の議論　*115*

3 法制審議会の議論状況 *118*

(1) 趣旨説明 *118* (2) 法定相殺と差押え *119* (3) 相殺予約の効力に関する議論 *120* (4) 関連論点 *121*

4 中間的な論点整理 *123*

(1) 中間的な論点整理のたたき台 *123* (2) 中間的な論点整理 *124*

Ⅱ 検　討

1 法定相殺と差押え *126*

2 債権譲渡と相殺 *128*

3 自働債権の取得時期による相殺の制限の要否 *129*

4 相殺予約の効力 *131*

4 相殺権の濫用 ──────── 長谷川貞之 *133*

Ⅰ 法制審議会提案

1 検討事項 *133*

(1) 審議の対象 *133* (2) 検討事項 *133* (3) 補足説明 *134*

2 提案前の議論─民法改正検討委員会の立法提案 *134*

3 法制審議会の議論状況 *135*

4 中間的な論点整理 *137*

(1) 中間的な論点整理のたたき台 *137* (2) 中間的な論点整理 *138*

Ⅱ 検　討

1 相殺権の拡張と濫用 *140*

2 権利濫用が問題となる類型 *141*

第3 更　改 ──────── 小笠原奈菜 *144*

Ⅰ 法制審議会提案

1 提案内容 *144*

(1) 更改による当事者の交替の要否（民法第514条から第516条まで）

　　　　　144　(2)　旧債務が消滅しない場合の規定の明確化（民法第517条）
　　　　　144　(3)　提案の要旨　144
　　　2　提案前の議論　146
　　　　　(1)　更改による当事者の交替の要否　146　(2)　旧債務が消滅しない場合の規定の明確化　146
　　　3　法制審議会の議論状況　146
　　　　　(1)　更改による当事者の交替の要否　146　(2)　旧債務が消滅しない場合の規定の明確化　147
　Ⅱ　検　討
　　　　　(1)　更改による当事者の交替の要否　147　(2)　旧債務が消滅しない場合の規定の明確化　148

第4　免除及び混同　　　　　　　　　　　　　小笠原奈菜　　150

　Ⅰ　法制審議会提案
　　　1　提案内容　150
　　　　　(1)　免除規定の見直し（民法第519条）　150　(2)　混同規定の見直し（民法第520条）　150　(3)　提案の要旨　150
　　　2　提案前の議論　151
　　　　　(1)　免除規定の見直し　151　(2)　混同規定の見直し　151
　　　3　法制審議会の議論状況　151
　　　　　(1)　免除規定の見直し　151　(2)　混同規定の見直し　152
　Ⅱ　検　討
　　　　　(1)　免除規定の見直し　152　(2)　混同規定の見直し　153

第5　決済手法の高度化・複雑化への民法上の対応の要否（多数当事者間の決済に関する問題について）　　　小笠原奈菜　　154

　Ⅰ　法制審議会提案

1 提案内容 *154*

　　(1) 集中決済機関 *154* (2) 提案の要旨 *154*

2 提案前の議論 *155*

3 法制審議会の議論状況 *155*

Ⅱ 検　討

　　(1) CCPを介在させた決済に関する法律関係についての明文の規定について *156* (2) 民法に規定を設けるべきかについて *156*

第6章　契約の成立

第1 契約に関する基本原則等　　　　　　　　長坂　純　*158*

Ⅰ 法制審議会提案

1 提案内容 *158*

　　(1) 契約自由の原則 *158* (2) 契約の成立に関する一般的規定 *158* (3) 原始的に不能な契約の効力 *159* (4) 債権債務関係における信義則の具体化 *159*

2 提案前の議論 *160*

　　(1) 契約自由の原則 *160* (2) 契約の成立に関する規律 *160* (3) 契約締結時の履行不可能・期待不可能 *161* (4) 債権債務関係と信義則 *162*

3 法制審議会の議論状況 *162*

　　(1) 契約自由の原則について *162* (2) 契約の成立に関する一般的規定 *163* (3) 原始的に不能な契約の効力 *163* (4) 信義則の具体化 *164*

Ⅱ 検　討

1 契約自由の原則 *164*

2 契約の成立に関する一般的規定 *165*

3 原始的に不能な契約の効力 *166*

4 信義則の具体化　*167*

第2　契約交渉段階　　　　　　　　　　　有賀恵美子　*169*

I　法制審議会提案

1　提案内容　*169*

(1) 総　論　*169*　(2) 契約交渉の不当破棄　*169*　(3) 契約締結過程における説明義務・情報提供義務　*170*　(4) 契約交渉等に関与させた第三者の行為による交渉当事者の責任　*170*

2　提案前の議論　*170*

(1) 総　論　*170*　(2) 契約交渉の不当破棄　*170*　(3) 契約締結過程における説明義務・情報提供義務　*172*　(4) 契約交渉等に関与させた第三者の行為による交渉当事者の責任　*173*

3　法制審議会の議論状況　*173*

(1) 総　論　*173*　(2) 契約交渉の不当破棄　*173*　(3) 契約締結過程における説明義務・情報提供義務　*175*　(4) 契約交渉等に関与させた第三者の行為による交渉当事者の責任　*176*

II　検　討

1　総　論　*177*

2　契約交渉の不当破棄　*177*

(1) 隣接領域の明確化の必要性　*177*　(2) 責任の法的性質　*179*　(3) 要件論　*179*　(4) 効果論　*180*

3　契約締結過程における説明義務・情報提供義務　*180*

(1) 原則論の確認　*180*　(2) 責任の法的性質　*181*　(3) 要件論　*181*　(4) 効果論　*182*　(5) 誤解是正義務・助言義務　*182*

4　契約交渉等に関与させた第三者の行為による交渉当事者の責任　*183*

第3 申込みと承諾

1 総論 ……………………………………………………………… 加藤 雅之 184

I 法制審議会提案
1 提案内容 184
 (1) 申込み及び承諾の概念 184 (2) 対話者間における申込み 185
2 提案前の議論 185
 (1) 契約の成立要件 185 (2) 申込みおよび承諾の概念 187 (3) 対話者間における契約の成立 188
3 法制審議会の議論状況 189
 (1) 総論 189 (2) 申込みの推定規定への懸念 189 (3) 隔地者概念 190 (4) その後の議論 190

II 検討
1 申込みと承諾概念の意義 190
 (1) 契約成立モデルとしての申込みと承諾 190 (2) 比較法的検討 191 (3) 申込みと承諾モデルへの疑問 191 (4) 申込み・承諾モデルの有用性 192
2 隔地者概念 193
 (1) 隔地者概念に関する議論 193 (2) 現代的「隔地者」論の必要性 193
3 結びにかえて 194

2 承諾期間の定めのある申込み …………………………… 松浦 聖子 195

I 法制審議会提案
1 提案内容 195
 (1) 承諾の期間の定めのある申込み 195 (2) 提案の要旨 196

2　提案前の議論　*198*
　　　　(1)　基本方針の提案　*198*　(2)　民法改正委員会有志案　*200*
　　　3　法制審議会の議論状況　*200*
　　　　(1)　第9回会議（平成22年5月18日）　*200*　(2)　第22回会議（平成23年1月25日）　*201*

　Ⅱ　検　　討
　　　1　撤回権の留保　*201*
　　　　(1)　521条1項の立法趣旨　*201*　(2)　比較法的検討　*202*　(3)　私　見　*202*
　　　2　延着の通知義務　*203*
　　　　(1)　立法趣旨　*203*　(2)　比較法的検討　*203*　(3)　私　見　*203*
　　　3　遅延した承諾の効力　*203*
　　　　(1)　立法理由　*203*　(2)　比較法的検討　*204*　(3)　私　見　*204*

3　隔地者間の契約の成立等　　　　　　　太矢　一彦　*205*

　Ⅰ　法制審議会における検討事項
　　　1　検討事項　*205*
　　　　(1)　関連論点　*206*
　　　2　検討事項提案前の議論　*207*
　　　　(1)　基本方針の提案　*207*　(2)　民法改正委員会有志案　*208*
　　　3　法制審議会での議論状況　*209*
　Ⅱ　検　　討

第4　懸賞広告　　　　　　　　　　　　　滝沢　昌彦　*215*

　Ⅰ　法制審議会提案

1　提案内容　*215*
　　　　(1)　懸賞広告を知らずに指定行為が行われた場合　*215*　(2)　懸賞広告の効力・撤回　*215*　(3)　懸賞広告の報酬を受ける権利　*216*
　　2　提案前の議論　*216*
　　　　(1)　債権法改正の基本方針　*216*　(2)　民法改正研究会有志案　*217*
　　3　法制審議会の議論状況　*218*
　　　　(1)　法制審議会の議論　*218*　(2)　中間的な論点整理　*218*
　II　検　討
　　1　広告を知らずに行為を行った場合の報酬請求権　*219*
　　2　広告の撤回が認められる時期　*220*

第5　約　款（定義及び要件） ―――――― 中村　肇　*221*

　I　法制審議会提案
　　1　提案内容　*221*
　　　　(1)　総　論　*221*　(2)　約款の定義　*221*　(3)　約款を契約内容とするための要件（約款の組入れ要件）　*221*
　　2　従来の立法提案　*222*
　　　　(1)　約款の定義について　*222*　(2)　約款の組入れ要件について　*223*
　　3　法制審議会の議論状況　*224*
　　　　(1)　総論について　*224*　(2)　約款の定義について　*224*　(3)　組入れ要件について　*226*
　　4　民法（債権関係）の改正に関する中間的な論点整理　*227*
　II　検　討
　　1　総論・約款概念（定義）　*229*
　　　　(1)　約款規制の規律を民法に導入すべきか　*229*　(2)　どのような約款を想定するか　*229*　(3)　約款の拘束力　*230*　(4)　約款アプローチを取る意義　*231*　(5)　付随的部分と中心部分の区別論　*232*　(6)　約款と個別交渉条項の区別論　*234*

2　約款の組入れ要件　*235*
　　3　不意打ち条項について　*236*
　　4　不当条項規制との関係　*237*
　　5　約款の変更　*237*

第7章　法律行為

第1　法律行為に関する通則
―公序良俗違反論を中心に―　　　　　　　　堀川　信一　*242*

I　法制審議会提案

　1　提案内容　*242*
　　（1）　公序良俗について　*242*　（2）　提案の補足説明　*243*

　2　提案前の議論　*243*
　　（1）　基本方針の提案　*243*　（2）　民法改正研究会有志案　*245*

　3　法制審議会の議論状況　*246*
　　（1）　法制審議会民法（債権関係）部会第10回会議の議論状況　*246*
　　（2）　中間的な論点整理　*248*　（3）　法制審議会民法（債権関係）部会第30回会議の議論状況　*248*

II　検　討

　1　暴利行為論の明文化の要否　*249*
　　（1）　予見可能性の確保　*249*　（2）　経済活動への影響　*249*　（3）　原理的課題　*250*

　2　要件・効果　*251*
　　（1）　要件に関する総論的な問題　*251*　（2）　要　件　*253*　（3）　効　果　*256*

　3　そのほかの問題点　*256*

III　むすびに代えて　*259*

第2　意思能力・日常生活行為　　　　村田　彰　260

Ⅰ　法制審議会提案

1　提案内容　260

(1)　規定の要否　260　(2)　要件（意思能力の定義）　260　(3)　日常生活に関する行為の特則　260　(4)　効　果　261

2　提案前の議論　262

(1)　基本方針の提案　262　(2)　民法改正研究会試案　263

3　法制審議会の議論状況　263

(1)　要件等　264　(2)　日常生活に関する行為の特則　264　(3)　効　果　265

Ⅱ　検　討

1　要　件（意思能力の概念構成）　265

(1)　生物学的要素　267　(2)　心理学的要素　268　(3)　小　括　268

2　効　果　269

(1)　主張権者　269　(2)　追認・法定追認・相手方からの催告　269　(3)　行使期間　270　(4)　小　括　271

3　日常生活に関する行為の特則　271

(1)　立法趣旨　271　(2)　日常生活行為の範囲　272　(3)　小　括　273

第3　意思表示

1　総　論　　　　武川　幸嗣　274

Ⅰ　法制審議会提案

1　提案内容　274

2　提案前の議論　*274*
　　　3　法制審議会の議論状況　*275*
　Ⅱ　検　討
　　　1　意思表示規定の拡充の必要性　*277*
　　　　（1）不実表示ルールの位置づけ　*277*　（2）錯誤制度の類型化と不実表示　*278*
　　　2　第三者保護規定のあり方　*278*
　　　　（1）問題の所在　*278*　（2）留意点　*279*

2　心裡留保―――――――――――――――――村田　彰　*280*

　Ⅰ　法制審議会提案
　　　1　提案内容　*280*
　　　　（1）無効となる要件　*280*　（2）第三者保護規定　*280*
　　　2　提案前の議論　*281*
　　　　（1）基本方針の提案　*281*　（2）民法改正研究会有志案　*281*
　　　3　法制審議会の議論状況　*281*
　　　　（1）心裡留保の意思表示が無効となる要件　*282*　（2）第三者保護規定　*282*
　Ⅱ　検　討
　　　1　心裡留保規定の起草過程　*283*
　　　2　心裡留保の意思表示が無効となる要件　*284*
　　　　（1）表意者からの無効主張　*284*　（2）相手方からの無効主張　*285*
　　　3　第三者保護規定　*286*
　　　　（1）狭義の心裡留保　*286*　（2）非真意表示　*286*
　　　4　強迫との関係　*286*
　　　5　要　約　*287*

3　虚偽表示―――――――――――――――――武川　幸嗣　*288*

Ⅰ 法制審議会提案

1 提案内容　*288*

2 提案前の議論　*288*

3 法制審議会の議論状況　*289*

　(1) 現行民法 94 条 2 項類推適用法理の立法化の当否　*289*　(2) 第三者の保護要件　*290*

Ⅱ 検　討

1 現行制度の改正　*291*

　(1) 虚偽表示制度の構造　*291*　(2) 第三者保護の要件　*291*　(3) 類推適用法理の明文化　*292*

4 錯　誤 ―*293*

[1] 錯　誤――要件論を中心に――――　滝沢　昌彦　*293*

Ⅰ 法制審議会提案

1 提案内容　*293*

　(1) 動機の錯誤　*293*　(2) 要素の錯誤の明確化　*294*　(3) 表意者に重大な過失があったとき（民法 95 条但書）　*294*

2 提案前の議論　*294*

　(1) 債権法改正の基本方針　*294*　(2) 民法改正研究会有志案　*295*

3 法制審議会の議論状況　*296*

　(1) 第 10 回法制審議会の議論　*296*　(2) 中間的な論点整理　*297*
　(3) 第 31 回法制審議会の議論　*299*

Ⅱ 検　討

1 動機の錯誤　*300*

　(1) 甲案の検討：契約内容となる必要があるか　*300*　(2) 乙案の検討　*301*　(3) 物の性質の錯誤　*302*

2 重過失による錯誤主張の制限の例外　*303*

[2] 錯　誤—効果論を中心として—　　　　　中谷　　崇　*304*

- **I** 法制審議会提案
  - 1　提案内容　*304*
    - (1)　法律効果　*304*　(2)　表意者の重過失要件の緩和　*304*　(3)　第三者保護規定の明文化　*305*
- **II** 提案前の議論
  - 1　改正検討委員会試案　*305*
    - (1)　条　文　*305*　(2)　整　理　*306*
  - 2　学界有志案　*306*
    - (1)　条　文　*306*　(2)　整　理　*307*
- **III** 法制審議会の議論状況と論点整理
  - 1　法律効果について　*308*
  - 2　表意者の重過失要件の緩和　*308*
  - 3　第三者保護規定の明文化　*309*
- **IV** 検　討
  - 1　効果論への言及の少なさ　*310*
    - (1)　起草者の見解　*310*　(2)　問題点　*311*
  - 2　効果論からのアプローチ　*312*
    - (1)　効果の多様性　*312*　(2)　旧民法　*312*　(3)　ドイツ民法　*313*　(4)　分　析　*315*　(5)　私　見　*316*

5　詐欺及び強迫　　　　　　　　　　　　　　　古谷　英恵　*318*

- **I** 法制審議会提案
  - 1　提案内容　*318*
    - (1)　沈黙による詐欺　*318*　(2)　第三者による詐欺　*318*　(3)　第三者保護規定　*318*
  - 2　提案前の議論　*319*
    - (1)　提案事項　*319*　(2)　提案内容　*319*

3　法制審議会の議論状況　*320*

(1)　沈黙による詐欺　*321*　(2)　第三者による詐欺　*321*　(3)　第三者保護規定　*322*

Ⅱ　検　討

1　沈黙による詐欺　*323*

2　第三者による詐欺　*325*

3　第三者保護規定　*328*

4　強　迫　*329*

6　意思表示規定の拡充──不実告知による錯誤の取扱い（不実表示規定の導入）について────────── 鹿野菜穂子　*330*

Ⅰ　法制審議会民法（債権関係）部会における中間的な論点整理

1　提案内容　*330*

2　提案前の議論　*331*

(1)　基本方針の提案　*331*　(2)　民法改正研究会有志案　*333*

3　法制審議会の議論状況　*334*

(1)　中間整理までの議論　*334*　(2)　中間整理後の議論　*335*

Ⅱ　検　討

1　不実表示により錯誤に陥った表意者の取消権　*336*

(1)　意思表示論からの正当化──意思表示アプローチと情報格差アプローチ　*336*　(2)　表明保証との関係について　*338*　(3)　取引の混乱・労働分野への影響？　*339*

2　取消しの要件　*339*

(1)　誤認惹起についての過失の要否　*339*　(2)　主観的因果性　*340*　(3)　客観的重要性（契約締結の判断に通常影響を及ぼすべき事項）　*340*　(4)　表意者の信頼の「正当性」　*341*

3　追　記──中間試案に向けて　*345*

7 意思表示の到達及び受領能力 ────── 小西　飛鳥　347

Ⅰ　法制審議会提案
1　提案内容　347
  (1)　意思表示の到達及び受領能力　347　(2)　提案の要旨　348

2　提案前の議論　353
  (1)　基本方針の提案　353　(2)　民法改正委員会有志案　354

3　法制審議会の議論状況　355

Ⅱ　検　討
1　意思表示の効力発生時期　356
  (1)　民法第97条の立法趣旨　356　(2)　学説・判例　357　(3)　比較法的検討　357　(4)　私　見　358

2　電子的な意思表示の効力発生時期　358
  (1)　学説及び特別法　358　(2)　比較法的検討　359　(3)　私　見　360

3　意思表示の到達主義の適用対象　361
  (1)　民法第97条の立法趣旨及び学説　361　(2)　比較法的検討　361
  (3)　私　見　362

4　意思表示の受領が拒絶された場合　362
  (1)　学　説　362　(2)　比較法的検討　363　(3)　私　見　363

5　意思能力を欠く状態となった後に受領した意思表示の効力　364
  (1)　学　説　364　(2)　比較法的検討　365　(3)　私　見　365

『民法改正案の検討 第1巻』 目次

第1章　履行請求・債務不履行等
第1　履行の請求 …………… 中　村　　　肇
第2　債務不履行による損害賠償
　　1　総論 ……………… 長　坂　　　純
　　2　債務不履行による損害賠償請求権の
　　　　成立要件 ……………… 長　坂　　　純
　　3　損害賠償の範囲 ……… 石　井　智　弥
　　4　損害軽減義務 ………… 松　原　孝　明
　　5　金銭債務の特則 ……… 円　谷　　　峻
第3　契約の解除
　　1　債務不履行に基づく契約解除の要件
　　　　……………………… 北　居　　　功
　　2　債務不履行解除の効果
　　　　……………………… 松　尾　　　弘
　　3　解除権者の行為等による解除権の
　　　　消滅 ……………………… 松　尾　　　弘
　　4　複数契約の解除 ……… 松　尾　　　弘
第4　危険負担 …………… 松　浦　聖　子
第5　受領遅滞 …………… 谷　本　陽　一
第6　代償請求権規定の新設
　　　　……………………… 中　川　敏　宏

第2章　債権者代位権・詐害行為取消権
第1　債権者代位権 ………… 平　田　　　厚
第2　詐害行為取消権
　　1　詐害行為取消権の法的性質および効果
　　　　……………………… 工　藤　祐　巌
　　2　詐害行為取消権行使の要件に関する
　　　　議論 ……………………… 上　井　長　十

第3章　多数当事者の債権関係
第1　多数当事者の債権及び債務
　　1　総論 ……………… 長谷川　貞　之
　　2　分割債権・債務、不可分債権・債
　　　　務、連帯債権 ……… 松　原　孝　明
　　3　連帯債務
　　［1］連帯債務の要件、連帯債務者の
　　　　1人について生じた事由の効力等
　　　　……………………… 長谷川　貞　之
　　［2］連帯債務における求償関係
　　　　……………………… 須　加　憲　子
第2　保証債務
　　1　総論 ……………… 伊　藤　　　進
　　2　保証債務の成立 …… 伊　藤　　　進
　　3　保証人の催告・検索の抗弁（権）
　　　　……………………… 椿　　　久美子
　　4　根保証 …………… 長谷川　貞　之

『民法改正案の検討 第3巻』 目 次

第8章 不当条項規制・無効及び取消し・代理・条件及び期限

- 第1 不当条項規制 ………… 後藤巻則
- 第2 無効及び取消し
  1. 法律行為の一部無効に関する諸規定の新設 ………… 中川敏宏
  2. 取消権者・取り消すことができる行為の追認・法定追認 ‥ 佐藤秀勝
  3. 取消しの効果・取消権の行使期間 ………… 武川幸嗣
- 第3 代理
  1. 総論 ………… 伊藤進
  2. 有権代理
     - [1] 自己代理・双方代理・利益相反行為 ………… 田岡絵理子
     - [2] 代理人の権限濫用 ‥ 武川幸嗣
  3. 表見代理・無権代理 ‥ 武川幸嗣
  4. 授権 ………… 伊藤進
- 第4 条件及び期限 ………… 亀田浩一郎

第9章 期間の計算・消滅時効

- 第1 期間の計算 ………… 加藤雅之
- 第2 債権の消滅時効──時効期間と起算点── ………… 加藤雅之

第10章 贈与・売買

- 第1 贈与契約 ………… 藤原正則
- 第2 売買─総則 ……… 有賀恵美子
- 第3 売買─売買の効力（担保責任） ………… 円谷峻
- 第4 売買─売買の効力（担保責任以外） ………… 小西飛鳥
- 第5 売買─買戻し、特殊の売買 ………… 太矢一彦

第11章 消費貸借・使用貸借

- 第1 消費貸借 ………… 堀川信一
- 第2 使用貸借 ………… 石井智弥

第12章 役務提供型の契約

- 第1 役務提供型の典型契約（雇用、請負、委任、寄託）総論 ………… 長谷川貞之
- 第2 請負 ………… 芦野訓和
- 第3 委任 ………… 田岡絵理子
- 第4 特殊の委任─媒介契約に関する規定 ………… 椿久美子
- 第5 準委任に代わる役務提供契約の受皿規定 ………… 小笠原奈菜

第13章 組合・終身定期金・和解

- 第1 組合 ………… 滝沢昌彦
- 第2 終身定期金 ………… 藤原正則
- 第3 和解 ………… 古谷英恵

第14章 債権法総論

- 第1 債権の目的 ………… 中谷崇
- 第2 事情変更の原則 ……… 中村肇
- 第3 不安の抗弁権 ………… 村田彰
- 第4 損害賠償額の予定 …… 工藤祐巌
- 第5 契約の解釈 ………… 中山知己
- 第6 第三者のためにする契約 ………… 長谷川貞之
- 第7 継続的契約 ………… 川地宏行

略称・文献の引用について

- 法務省法制審議会民法（債権関係）部会の電子（PDF）版の議事録、資料の引用については、**ゴシック文字**で表記する。
- 本文中での「法制審議会民法（債権関係）部会第●回会議」は、以下「第●回会議」と略称する。
- 下記に挙げる略称一覧以外のものについては、法律編集者懇話会「法律文献等の出典の表示方法」に準拠する。

〈文献略称一覧〉

民事法研究会・検討事項〈詳細版〉　民事法研究会編集部編『民法（債権関係）の改正に関する検討事項－法制審議会民法（債権関係）部会資料〈詳細版〉－』（民事法研究会、2011年）

詳解・基本方針Ⅰ　民法（債権法）改正検討委員会編『詳解・債権法改正の基本方針Ⅰ　序論・総則』（商事法務、2009年）

詳解・基本方針Ⅱ　民法（債権法）改正検討委員会編『詳解・債権法改正の基本方針Ⅱ　契約および債権一般（1）』（商事法務、2009年）

詳解・基本方針Ⅲ　民法（債権法）改正検討委員会編『詳解・債権法改正の基本方針Ⅲ　契約および債権一般（2）』（商事法務、2009年）

詳解・基本方針Ⅳ　民法（債権法）改正検討委員会編『詳解・債権法改正の基本方針Ⅳ　各種の契約（1）』（商事法務、2010年）

詳解・基本方針Ⅴ　民法（債権法）改正検討委員会編『詳解・債権法改正の基本方針Ⅴ　各種の契約（2）』（商事法務、2010年）

商事法務・中間的な論点整理の補足説明　商事法務編『民法（債権関係）の改正に関する中間的な論点整理の補足説明』（商事法務、2011年）

部会資料集第1集〈第1巻〉　商事法務編『民法（債権関係）部会資料集　第1集〈第1巻〉―第1回～第6回会議　議事録と部会資料―』（商事法務、2011年）

部会資料集第1集〈第2巻〉　商事法務編『民法（債権関係）部会資料集　第1集〈第2巻〉―第7回～第10回会議　議事録と部会資料―』（商事法務、2011年）

部会資料集第1集〈第3巻〉　商事法務編『民法（債権関係）部会資料集　第1集〈第3巻〉―第11回～第13回会議　議事録と部会資料―』（商事法務、2011年）

部会資料集第1集〈第4巻〉　商事法務編『民法（債権関係）部会資料集　第1集〈第4巻〉―第14回～第17回会議　議事録と部会資料―』（商事法務、2011年）

部会資料集第1集〈第5巻〉　商事法務編『民法（債権関係）部会資料集　第1集〈第5巻〉―第18回～第20回会議　議事録と部会資料―』（商事法務、2012年）

部会資料集第1集〈第6巻〉　商事法務編『民法（債権関係）部会資料集　第1集〈第6巻〉―第21回～第26回会議　議事録と部会資料―』（商事法務、2012年）

椿ほか・民法改正を考える　椿寿夫ほか編『民法改正を考える（法律時報増刊）』（日本評論社、2008年）

民法改正研究会・国民・法曹・学界有志案　民法改正研究会編『民法改正　国民・法曹・学界有志案』（日本評論社、2009年）

大阪弁護士会・実務家からみた民法改正　大阪弁護士会編『実務家からみた民法改正』別冊

	NBL131 号（商事法務、2009 年）
基本方針	民法（債権法）改正検討委員会編『債権法改正の基本方針』別冊 NBL126 号（商事法務、2009 年）
佐瀬＝良永＝角田・要点	佐瀬正俊＝良永和隆＝角田伸一編『民法（債権法）改正の要点』（ぎょうせい、2010 年）
論点と実務〈上〉	大阪弁護士会編『民法（債権法）改正の論点と実務〈上〉』（商事法務、2011 年）
論点と実務〈下〉	大阪弁護士会編『民法（債権法）改正の論点と実務〈下〉―法制審の検討事項に対する意見書』（商事法務、2011 年）

第4章　債権譲渡・契約上の地位の移転

第1 債権譲渡

1 総論

I 法制審議会提案

1 提案内容

検討事項は、債権譲渡における総論で、次のように提案する。

「債権譲渡制度については、近時、企業の資金調達の手法として債権譲渡の重要性が高まっていること等を背景として、債権譲渡の安定性を高める方向での立法提案が活発に行われているほか、特に将来債権譲渡については、重要な最高裁判決が相次いで出され、学説上も様々な議論が展開されているところである。債権譲渡制度の見直しに当たっては、これらの判例・学説の発展を踏まえ、民法第466条から第468条までの規定の在り方を見直す（後記2から4まで）とともに、将来債権譲渡に関する規定を置くかどうかについても検討する必要があると考えられる（後記5）が、このほか、債権譲渡制度の在り方について全面的に見直す場合には、どのような点に留意する必要があるか。」[1]。

なお、この提案で言う「後記2から4まで」とは、「2 譲渡禁止特約（民法第466条）」「3 債権譲渡の対抗要件（民法第467条）」「4 抗弁の切断（民法第468条）」であり、「後記5」とは、「5 将来債権譲渡」である。

2 提案前の議論

(a) 基本方針

【3.1.4.01】（債権の譲渡性）[2]は、現行466条の1項（「債権は、譲り渡すことが

---

1) 民事法研究会・検討事項〈詳細版〉176頁［**部会資料9-2】1頁**］。
2) 詳解・基本方針Ⅲ 271頁。

できる。ただし、その性質がこれを許さないときは、この限りでない。」)のみを採用すべきだという。基本方針は、現行466条2項を当然のことを定めているので不要だとして設けなくてよいと考える。
(b) 民法改正研究会の提案

また、民法改正研究会の提案も、債権の譲渡性に関する提案・セル番号659（466条）で、「債権は、これを譲り渡すことができる。ただし、その性質がこれを許さないときは、この限りでない。」としている[3]。

II 検 討

1 大阪弁護士会の見解

(a) 大阪弁護士会の論点と実務〈上〉は、検討事項における総論について、次のようにいう。「資金調達のための債権担保化や債権流動化の必要性を背景として、債権譲渡の安定性を高める方向での立法提言が活発に行われているところではあるが、その結果、『実務上の必要性や要保護性が希薄な債権譲渡（債権担保）の場面までを想定し、その安定性を高める一方で、他の重要な利益が毀損される』ということがないよう、安定性を高めようとする債権譲渡（債権担保）にかかる実務上の必要性や要保護性と、それにより毀損する他の利益との比較考量を、慎重に行うべきである。」[4]。

2 私 見

周知のように、今日、債権譲渡は債権担保の手段として大いに活用されており、判例法により、集合債権譲渡担保が形成されており、また、動産及び債権の譲渡の対抗要件に関する民法の特例等に関する法律が制定されて、法人がする動産および債権の譲渡の対抗要件に関し民法の特例等が定められている。このように、債権譲渡は、債権流動化の状況のもとで、債権譲渡の役割は、民法典起草時に比べて大いに変容している。そのために、現代の社会的要請に応じた規定が設けられている。

---

3) 民法改正研究会・国民・法曹・学界有志案167頁。
4) 論点と実務〈上〉372頁。

しかし、大阪弁護士会の論点と実務〈上〉が指摘するように、不要な立法をすることがないように配慮することも必要である。従って、「債権譲渡制度の在り方について全面的に見直す場合には、どのような点に留意する必要があるか。」[5]ということについては、従来の判例法の動向を前提にして、不要な改正をする必要がないように配慮する必要があると考える。このような観点から、債権譲渡の在るべき規律について個別的に検討することが必要であろう。

[円谷　峻]

---

5)　民事法研究会・検討事項〈詳細版〉176頁（**[部会資料9-2] 1項**）。

2　譲渡禁止特約

Ⅰ　法制審議会提案

1　提案内容

　検討事項は、譲渡禁止特約について次のようにいう。「譲渡禁止特約の効力については、例えば、譲渡当事者間では譲渡を有効としつつ、譲渡禁止特約の存在について譲受人が『悪意』である場合（譲受人に重過失がある場合を含むか否かについては、後記『第1、2(2)ア　譲受人に重過失がある場合』において、別途検討する。）には、債務者は、譲受人に対して譲渡禁止特約の効力を対抗することができるものとするという考え方が提示されている。このような提言について、どのように考えるか。」[1]。

2　中間的な論点整理

　中間的な論点整理は、譲渡禁止特約の効力に関して、譲渡禁止特約の存在について譲受人が「悪意」である場合には、特約を譲受人対抗することができるという現行法の基本的な枠組みは、維持することとしてはどうか、といい、譲渡禁止特約に対抗することができるときのその効力については、債権譲渡特約について絶対的効力案と相対的効力案があることを踏まえて、さらに検討してはどうか、という[2]。

　また、中間的な論点整理は、譲渡禁止特約の効力に関連する①から③の論点（①譲受人の善意・悪意について誰が主張、立証責任を負うか、②債権の流動性の確保が特に要請される一定の類型の債権につき、譲渡禁止特約を常に対抗できないこととすべきか否か、なお、預金債権のように譲渡禁止特約を認める必要性が高い類型の債権に、引き続き譲渡禁止特約に強い効力を認めるべきかどうか、③将来債権の譲渡をめぐる法律関係の明確性を高める観点から、将来債権の譲渡後に、当該債権の発生原因となる契約が締

---

1)　民事法研究会・検討事項〈詳細版〉176-177頁（**[部会資料9-2] 2-3頁**）。
2)　商事法務・中間的な論点整理の補足説明111頁。

結され譲渡禁止特約が付された場合に、将来債権の譲受人に対して譲渡禁止特約を対抗することの可否を、立法により明確にすべきかどうか）を掲げ、更に検討してはどうかという[3]）。

3　提案前の議論

(a)　基本方針の提案
（ｉ）　基本方針は、債権譲渡禁止特約の効力について、【3.1.4.03】（債権譲渡禁止特約の効力）で、次のように提案する。

「【3.1.4.03】（債権譲渡禁止特約の効力）
〈1〉債権者および債務者が特約により債権の譲渡を許さない旨を定めていた場合であっても、当該特約に反してなされた譲渡の効力は妨げられない。ただし、債務者は、この特約をもって譲受人に対抗することができる。
〈2〉〈1〉ただし書にかかわらず、債務者は、次に掲げる場合には、〈1〉の特約をもって譲受人に対抗することができない。
　〈ア〉債務者が、譲渡人または譲受人に対し、当該譲渡を承認したとき
　〈イ〉譲受人が、〈1〉の特約につき善意であり、かつ、重大な過失がないとき
　〈ウ〉第三者対抗要件が備えられている場合で、譲渡人について倒産手続の開始決定があったとき
〈3〉〈1〉の特約のある債権が差し押さえられたときは、債務者は、差押債権者に対して〈1〉の特約をもって対抗することができない。」[4]）

基本方針は、譲渡禁止特約付きの譲渡でも譲渡当事者間、さらに第三者との関係においても有効であるとしつつ、債務者は当該譲渡をなかったものとしてよいとする考え方に基づいている（〈1〉参照）。基本方針は、これについて、「債権譲渡の安全を確保しつつ、債務者が譲渡禁止特約によって追求しようとした利益はそのまま保護しようとする趣旨である。」、法技術的には「譲渡合意によって譲渡の効力は生じるが、それを債務者に対抗できないものとすることによって達成可能である。」と説明する[5]）。

3）　商事法務・中間的な論点整理の補足説明 111 頁。
4）　詳解・基本方針Ⅲ 280 頁。

（ⅱ）　なお、基本方針は、【3.1.4.03】（債権譲渡禁止特約の効力）の〈2〉〈イ〉で、「譲受人が、〈1〉の特約につき善意であり、かつ、重大な過失がないとき」には、譲渡禁止特約をもって譲受人に対抗することができないとする。そこで、譲受人が、譲渡禁止特約の存在について善意であったことの主張・立証責任を負う、と解すべきであろう。

(b)　民法改正研究会の提案

民法改正研究会の提案は、譲渡禁止特約に関する規定を設けておらず、その結果、債権の譲渡性に関する提案・セル番号659（466条：「債権は、これを譲り渡すことができる。ただし、その性質がこれを許さないときは、この限りでない。」）[6] により、債権譲渡が認められない場合とは、その性質がこれを許さない場合だけであり、譲渡禁止特約の債権的効力は認められるとしても、譲渡禁止特約の物権的効力を認めないことになる。

Ⅱ　検　討

1　現行規定の考え方

（ⅰ）　現行466条は、1項で債権の譲渡性を認めるとともに、同条2項において、当事者が反対の意思を表示した場合には、譲渡性は否定されるが、債権譲渡を否定した当事者の意思表示は善意の第三者に対抗することができないと定めている。従って、その反対解釈として、第三者が譲渡禁止特約について悪意である場合、第三者（すなわち、譲受人）は債務者に対抗することができない。これは、「債権の財産性とこれを創造する取引における特殊性との調和をはかったものである」[7]。

（ⅱ）　判例、通説は、譲渡禁止特約は、これに違反して譲渡する債権者の義務違反を生じるだけではなく、譲渡の効力を生じないという見解によっている（物権的効力説[8]）。ただし、この非譲渡性は、第三者が善意である場合には、債権は移転すると解する[9]。

5）　詳解・基本方針Ⅲ 283頁。
6）　民法改正研究会・国民・法曹・学界有志案167頁。
7）　我妻榮『新訂債権総論』（岩波書店、1964年）524頁。
8）　たとえば、我妻・前掲注12）524頁。

なお、債務者が債権譲渡を承諾した場合には、譲渡禁止特約には絶対的効力が認められない。これに関連して、最高裁は、譲渡人自身による譲渡禁止特約を主張することができるかという問題について、その見解を明らかにした。同判決は、債権を譲渡した債権者は、特段の事情のない限り、譲渡禁止の特約に基づいて譲渡の無効を債務者に主張することはできないと解した。詳しく述べれば、同判決は、次のようにいう。「民法は、原則として債権の譲渡性を認め (466条1項)、当事者が反対の意思を表示した場合にはこれを認めない旨定めている (同条2項本文) ところ、債権の譲渡性を否定する意思を表示した譲渡禁止の特約は、債務者の利益を保護するために付されるものと解される。そうすると、譲渡禁止の特約に反して債権を譲渡した債権者は、同特約の存在を理由に譲渡の無効を主張する独自の利益を有しないのであって、債務者に譲渡の無効を主張する意思があることが明らかであるなどの特段の事情がない限り、その無効を主張することは許されないと解するのが相当である。」[10]。

　(iii)　譲受人の主観的要件に関する主張、立証責任　債権譲渡の法律効果を主張する者 (譲受人側) は、債権譲渡の事実について証明責任を負い、これを争う相手方 (債務者側) は、譲渡の当事者が反対の意思表示をしたこと、すなわち、譲渡禁止特約が存在することを証明しなければならない。これについては、問題はない。債権譲渡を主張する者 (譲受人) が譲受人の善意を証明するべきか、相手方 (債務者) が譲受人の悪意を証明すべきかについては争いがある。判例、通説は、債務者が譲受人の悪意を証明しなければならない、と考える。

2　大阪弁護士会の見解

　(i)　この現状のもとに、大阪弁護士会は、「譲渡禁止特約の効力を相対的効力とすることには、反対しない。」という意見である。その理由として、譲渡禁止特約の効力を認めない案については、①相殺の期待を確保する、②譲渡に伴う事務の煩雑化を回避する、③過誤払いの危険を回避する等、譲渡

---

9)　我妻・前掲注12) 524頁。
10)　平成21年3月27日民集63巻3号449頁。

禁止特約の実務上の必要性を肯定できる場面が認められ、容易に賛成しえない、と説明する。これに対し、基本方針案（「譲渡禁止特約に反する債権譲渡の効力を譲渡当事者・対第三者との関係では有効とする案」）については、譲渡禁止特約が債務者の利益を保全する制度であることからすれば、その改正の意図を十分に理解でき、これに積極的に反対する理由はない、という[11]。

（ⅱ）また、大阪弁護士会は、「譲受人が、譲渡禁止特約の存在について善意であったことを主張・立証すべきである。」と提案する。提案理由として、次のようにいう。「当該主観的要件について事情をより把握している譲受人自身に、当該主張・立証責任を負わせる方が、主張・立証責任の公平分担の観点上適切であり、『債務者の利益のために譲渡禁止特約の有効性を原則的に認める』との考えともより整合的である。」という[12]。これは、基本方針の見解と同様の考えである。

3 私 見

（ⅰ）譲渡禁止特約の効力を認めないとすることは、従来から積み上げられてきた判例とは大きく異なり、このような構成を採用しなければならない必然性に乏しい。基本方針の提案が妥当であろう。

（ⅱ）譲受人の主観的要件に関する主張・立証責任の分配については、基本方針や大阪弁護士会の見解が妥当だと思われる。

（ⅲ）債権の流動性の確保が特に要請される一定の類型の債権につき、譲渡禁止特約を常に対抗することができないとすべきか否かの問題[13]、そして、将来債権の譲渡をめぐる法律関係の明確性を高める観点から、将来債権の譲渡後に、当該債権の発生原因となる契約が締結され譲渡禁止特約が付された場合に、将来債権の譲受人に対して譲渡禁止特約を対抗することの可否[14]という問題がある。これらの問題は、立法化による解決よりも、法の運用に委ねる方が柔軟な解決が図られると思われる。

［円谷　峻］

---

11)　論点と実務〈上〉374頁。
12)　論点と実務〈上〉376頁。
13)　**［部会資料9-2］5頁**（関連論点2）。
14)　**［部会資料9-2］5頁**（関連論点3）。

3 債権譲渡の対抗要件

I 法制審議会提案

1 提案内容

　(a)　検討事項は、「総論及び第三者対抗要件の見直し」の箇所で、次のA〜C案を例示する[1]。

　［A案］　登記制度を利用することができる範囲を拡張する（例えば、個人も利用可能とする。）とともに、その範囲における債権譲渡の第三者対抗要件は、登記に一元化するという考え方。

　［B案］　債権者をインフォメーション・センターとはしない新たな対抗要件制度（例えば、現行民法上の確定日付のある譲渡契約書を債権譲渡の第三者対抗要件とする制度）を設けるという考え方。

　［C案］　現行法の二元的な対抗要件制度を基本的に維持した上で、必要な修正を試みるという考え方。

　(b)　検討事項は、債務者対抗要件（権利行使要件）の見直しについて、次のように提案する[2]。

　(ⅰ)　「現行の民法に基づく対抗要件制度及び特例法に基づく対抗要件制度は、いずれも、債務者対抗要件として、債権者側からの通知又は債務者からの承諾を必要としている（民法第467条第1項、特例法第4条第2項参照）。このうち、債務者の承諾については、債権譲渡の当事者である譲渡人及び譲受人が、債務者との関係では引き続き譲渡人を債権者とすることを意図し、あえて債務者に対して債権譲渡の通知をしない（債務者対抗要件を具備しない）場合にも、債務者が債権譲渡の承諾をすることにより、譲渡人及び譲受人の意図に反して、譲受人に対して弁済するという事態が生じ得るという問題が指摘されている。

---

[1]　民事法研究会・検討事項〈詳細版〉181頁（**[部会資料9-2] 10頁**）
[2]　民事法研究会・検討事項〈詳細版〉187-188頁（**[部会資料9-2] 21-22頁**）

以上のような指摘に対応するために、債務者の承諾を債務者対抗要件としないこととすべきであるという考え方が提示されているが、この点について、どのように考えるか。」。
　(ⅱ)　検討事項は、「総論及び第三者対抗要件の見直し」におけるA案に関連して、次のようにいう[3]。

　（「総論及び第三者対抗要件の見直し」における）「［A案］を採る場合の債務者対抗要件の在り方については、前記の債務者の承諾を債務者対抗要件としないという考え方を採るかどうかという問題とは別に、以下のような考え方があり得るが、この点について、どのように考えるか。
　［A-e案］　譲渡人又は譲受人からの登記事項証明書を交付した上での通知のみを債務者対抗要件とする考え方。
　［A-f案］　譲渡人又は譲受人からの登記事項証明書を交付した上での通知を原則的な債務者対抗要件とするものの、譲渡人による登記事項証明書を交付しない通知も債務者対抗要件として認め、登記事項証明書を交付する通知と登記事項証明書を交付しない通知が競合した場合には、登記事項証明書を交付する通知が優先するというという考え方。」。
　検討事項は、この二つの考え方について、次のように説明する[4]。「［A-e案］と、［A-f案］は、譲渡人からの登記事項証明書を交付しない通知による債務者対抗要件の具備を認めるか否かという点が異なるものである。［A-f案］は、このような簡易な方法による債務者対抗要件の具備を認めることにより、①登記をしなくても債務者対抗要件を具備することを認めるとともに、②多数の債務者に対する債権を譲渡していた場合に、登記はするけれども、全債務者分の通数の登記事項証明書を取得して送付する費用等を節約したいというニーズにこたえること等を意図した考え方である。」。

---

[3]　民事法研究会・検討事項〈詳細版〉188-189頁（**部会資料9-2**］**23頁**（関連論点2））。
[4]　民事法研究会・検討事項〈詳細版〉189頁（**部会資料9-2**］**23-24頁**）。

2 提案前の議論

(a) 基本方針の提案

(ⅰ) 基本方針は、債権譲渡における債務者以外の第三者に対する対抗要件について、次のように提案する[5]。

「【3.1.4.04】（債権譲渡における債務者以外の第三者に対する対抗要件）

〈1〉 金銭債権の譲渡は、これについて債権譲渡の登記をしなければ、債務者以外の第三者に対抗することができない。

〈2〉 非金銭債権の譲渡は、その譲渡契約書に確定日付を得なければ、債務者以外の第三者に対抗することができない。

※金銭債権譲渡の対抗要件を登記に一元化することが、そのコストや手続へのバリアのゆえに困難であると判断された場合には、当然に現行制度に戻るのではなく、新たな制度についてさらに検討することが必要である。」。

(ⅱ) 基本方針は、債務者に対する権利行使要件について、次のように提案する[6]。

「【3.1.4.05】（債権譲渡における債務者に対する権利行使要件）

〈1〉〈ア〉 金銭債権の譲渡人または譲受人が債権譲渡登記の登記事項証明書を交付して債務者に通知をしたときは、譲受人は、債務者に対して債権者であることを主張することができる。

〈イ〉 非金銭債権の譲渡人が確定日付ある譲渡契約書の写しを交付して債務者に通知をしたときは、譲受人は、債務者に対して債権者であることを主張することができる。

〈2〉 債権の譲受人は、〈1〉に定める要件を備えていない場合であっても、譲渡人が債務者に通知をしたときは、債務者に対して債権者であることを主張することができる。ただし、当該譲受人以外に対する譲渡について〈1〉の通知がされたときは、この限りでない。」。

(ⅲ) 基本方針は、【3.1.4.05】（債権譲渡における債務者に対する権利行使要件）の提案要旨で、「債権の譲受人が、債務者に対する権利行使要件を具備しな

---

5) 詳解・基本方針Ⅲ 288 頁以下。
6) 詳解・基本方針Ⅲ 299 頁。

ければ、債務者に対して債権者であることを主張することができないとするものである」と説明し、「債務者に対する権利行使要件としては、厳重な方法（登記事項証明書または確定日付ある譲渡契約書の写しを債務者に交付しての通知〈1〉）と簡易な方法（債務者に対する無方式の通知〈2〉）とを用意した。」と解説する[7]。

(b) 民法改正研究会の提案[8]

（ⅰ） 民法改正研究会は、債権譲渡の対抗要件について、比較的多くの新設規定を提案する。たとえば、提案361条（債権譲渡の債務者への対抗要件）1項は、現行467条（指名債権の譲渡の対抗要件）1項を文言の修正のもとに移したものである（「特定の者を債権者とする債権（以下「指名債権」という。）の譲渡は、譲渡人が債務者に通知をし、又は債務者が承諾若しくは了知した旨の表示（以下「通知等」という。）をしなければ、債務者に対抗することができない。」）。

提案361条（債権譲渡の債務者への対抗要件）2項は、法人が金銭債権たる指名債権を譲渡する場合における債権譲渡の債務者への対抗要件を定める規定である。同条2項は、動産及び債権の譲渡の対抗要件に関する民法の特例等に関する法律4条2項に従い、「譲渡人又は譲受人が当該債権の債務者に対し、登記事項証明書を交付して通知等をしなければ、その債権の譲渡を債務者に対抗することができない。ただし、前項の対抗要件を備えているときは、この限りでない。」と定める。

（ⅱ） 提案362条は、債権譲渡の第三者への対抗要件を定める。同条1項は、現行467条（指名債権の譲渡の対抗要件）2項を文言の修正したうえで移したものである（「指名債権の譲渡は、前条の通知等を確定日付のある証書によってしなければ、債務者以外の第三者に対抗することができない。」）。

提案362条（債権譲渡の第三者への対抗要件）2項は、新規定である。同条2項は、法人が金銭債権たる指名債権を譲渡する場合における債権譲渡の対抗要件について、次のように定める。「法人は、動産及び債権の譲渡の対抗要件に関する民法の特例等に関する法律に定める債権譲渡登記をしなければ、金銭債権たる指名債権の譲渡を第三者に対抗することができない。ただし、

---

[7] 詳解・基本方針Ⅲ 299頁。
[8] 民法改正研究会・国民・法曹・学会有志案 167-168頁。

前項の対抗要件を備えているときは、この限りでない。」。
　（ⅲ）　民法改正研究会の提案で特徴的なことは、複数譲受人等がある場合の法律関係を定める 363 条が設けられていることである。
　363 条（複数譲受人等がある場合の法律関係）は、次のとおりである。
「①　同一の指名債権について複数の譲渡がなされた場合において、ともに確定日付のある証書による通知等又は登記があったときは、次の各号に定める時のいずれか先のものが優先する。
　一　通知にあっては通知が債務者に到達した時
　二　承諾又は了知した旨の表示にあっては確定日付のある証書に表示された日付の時
　三　登記にあっては登記がなされた時
②　譲渡された指名債権について差押えがあったときも、前項第一号から第三号に定める時と差押到達時のいずれか先のものが優先する。
③　前項の場合において、優劣の判定できない複数の指名債権の譲受人又は差押債権者がいるときは、各譲受人又は差押債権者は、譲り受け又は差し押さえた指名債権の全額を債務者に請求することができる。この場合において、弁済を受けた者は、他の同順位の譲受人又は差押債権者からの按分額の請求を拒むことができない。
④　前項の場合において、債務者は、債務者は、（新）第四百条（弁済供託）第一項第三号の過失なく債権者を確知することができない場合に当たるとみなし、供託することによって債務を免れることができる。」。
　（ⅳ）　民法改正研究会の提案は、債権譲渡に関する従来の争点をほぼすべて網羅するとともに、最近の判例や特別法を考慮した提案内容である。もっとも、これらの提案による規定が判例と同じ結論を導いているわけではない。たとえば、363 条（複数譲受人等がある場合の法律関係）3 項後段（「この場合において、弁済を受けた者は、他の同順位の譲受人又は差押債権者からの按分額の請求を拒むことができない。」）[9] は、判例の結論とは異なる。

9）　たとえば、最判昭和 55 年 1 月 11 日民集 34 巻 1 号 42 頁参照。

II　検　討

1　大阪弁護士会の見解

（ⅰ）　大阪弁護士会は、「総論及び第三者対抗要件の見直し」に関するA～C案のうち、C案に賛成する。同弁護士会によれば、A案の理念の画期性を認めつつ、同案は実務的に負担が大きく、煩雑であると判断するとともに[10]、「仮に、債務者インフォメーション・センター論には理念的には不備な面があるとしても、それにより現行法下において多大な問題が生じている事実は、必ずしも認め難いところであって、あえて現行法を改正する必要性までは認められない。」という[11]。

（ⅱ）　なお、検討事項は、C案を採る場合、債務者をインフォメーション・センターとする現行法の理念を徹底し、通知が到達した時又は承諾の時点を公証することができる書面を第三者対抗要件とするかどうかが検討課題として浮上する、という[12]。

大阪弁護士会は、C案を採る場合に公証の対象を改める必要はない、という見解である。その理由として、「(1) 現行法における債権譲渡の第三者対抗要件制度において、多大な問題が生じている事実は、必ずしも認め難く、あえて手間とコストを費やして、通知が到達した時または承諾の時を公証する制度を設ける必要はない。(2) 現行法下における確定日付も、『通知又は承諾の日付を遡らせることを可及的に防止する』という一定の役割を果たしている。」と述べられている[13]。

2　私　見

（ⅰ）　大阪弁護士会は、実務的な観点から検討事項の提案内容を判断している。債権譲渡の改正が、今日の実務的要請に即したものでなければならないという。その意見は参考になる。従来から用いられてきた手法を否定し、

---

[10]　論点と実務〈上〉388-389頁。
[11]　論点と実務〈上〉389頁。
[12]　民事法研究会・検討事項〈詳細版〉185頁［**部会資料9-2**］18頁）。
[13]　論点と実務〈上〉400頁。

新たな制度に取り替えることは、新たな制度における明確性を導入しようとする意図とは反対に、社会的な混乱をもたらすであろう。

　(ⅱ)　基本方針は、従来からの判例および特別法を配慮しつつ、柔軟な立場によっていると思われる。基本的には、この提案内容を尊重して、なお、検討を進めることが適切だと思われる。

〔円谷　峻〕

4 抗弁の切断

I 法制審議会提案

1 提案前の議論状況

「債権法改正の基本方針」(以下、「基本方針」とする) では、以下のような条文起草の指針が示されていた。

(債権法改正の基本方針：条文起草の指針 (詳解・基本方針Ⅲ 308 頁))
【3.1.4.08】(債権譲渡における債務者の抗弁)
〈1〉 債権が譲渡された場合において、債務者は、譲受人が債務者に対する権利行使要件を備えた時までに譲渡人に対して生じた事由をもって譲受人に対抗することができる。
〈2〉 債務者は、書面によらなければ、〈1〉の抗弁を放棄することができない。
〈3〉 債務者は、〈2〉の書面がない場合であっても、譲受人に対して弁済をすることによって、〈1〉の抗弁を放棄することができる。
〈4〉 債務者は、〈1〉の抗弁を放棄して譲受人に対し弁済その他の債務消滅行為をした場合において、その債務を消滅させるために譲渡人に払い渡したものがあるときはこれを取り戻し、譲渡人に対して負担した債務があるときはこれを成立しないものとみなすことができる。

まず、形式面の改正を確認しておく必要がある。債務者は、譲渡人に対して有する抗弁を譲受人に対し対抗できるのが原則であること、そのうえで抗弁を対抗できなくなる基準時を定め、さらに例外的に切断される場合を規定するという形式をとる。すなわち、原則から例外を順に規定する、わかりやすい規定形式になっているといえる (現行法 468 条は、1 項により例外を規定し、2 項により原則を規定)。

そして、内容に関わる重要な改正提案は、次のとおりである。

現行法においては、単に譲渡されたことを認識した旨の通知をすること（「異議をとどめない承諾」）により、抗弁の切断という重大な効果が認められることになっている（民法468条1項）。しかし、必ずしもその根拠が明確ではなく、債務者にとっては予期しない不利益が生じるおそれがある、との指摘をふまえ、

① その「異議をとどめない承諾」制度を廃止し、
② 抗弁の切断のためには、抗弁を放棄する意思表示を必要とするとし、
③ さらに、債務者の一方的な不利益を防止するために、抗弁の放棄の方式として書面によることを要求し、譲受人への弁済以外は、書面によらない抗弁の放棄は無効とする旨の規定を設けること

を提案している。

2 法制審議会の提案ないし議論の要点

法制審議会民法（債権法）部会は、上記のような基本方針【3.1.4.08】の提案をふまえて、以下のような提案ないし検討を行っている。

基本的には、基本方針をふまえ、「異議をとどめない承諾」（民法468条）の制度を廃止し、抗弁の切断のためには、抗弁を放棄する意思表示を必要とする方向で検討する。

しかし、そうすると、抗弁の切断は、基本的に、抗弁の放棄の意思表示の一般的な規律に従うことになるため、これに対する特則の要否を含めて、どのように規律の明確化を図るかが問題となる。

この点については、審議会において、譲受人が抗弁の存在について悪意の場合にも抗弁が切断されることになるため、とくに包括的に抗弁を放棄する旨の意思表示により債務者が不利益を受ける恐れがあるとの指摘がなされ、更に検討する必要があるとされている。

また、抗弁の放棄の意思表示の方式として、債務者が一方的な不利益を被ることを防止する観点から、書面によらない抗弁の放棄の意思表示を無効とする旨の特則の要否も検討することが提案されている（以上、商事法務・中間的な論点整理の補足説明124-125頁。なお民事法研究会・検討事項〈詳細版〉191頁以下でより詳細な（補足説明）〔191-192頁〔**部会資料9-2**〕**28-29頁**〕〕や（関連論点）

〔192頁（**[部会資料9-2]** 29-30頁）〕の指摘がある。）。

3　法制審議会での議論の状況

　抗弁の切断のためには、抗弁を放棄する意思表示を必要とする方向は、基本的には債務者の保護を重視する趣旨であるが、はたして、それで債務者の保護として十分なものか、かえって債務者に不利益をもたらす方向で機能しないかという観点から、概ね以下のような議論がなされた。

　一律に「書面による抗弁放棄（意思表示）」という形式さえふめば、債務者が譲渡人に対抗できるはずの抗弁を、譲受人との関係では一律に切断されるという制度で、原則的には債務者保護に資するとはいえても、実際上かえって債務者の不利益になる場合への配慮が必要なのではないか。（鹿野幹事・**[第7回会議議事録]** 38-40頁の一連の発言）

　これに対し、改正案は「抗弁の放棄の一般の問題としようというもの」「債権譲渡があろうがなかろうが、その抗弁を放棄するという意思表示を現在の債権者に対して行うということは、これは認めざるを得ない」「一般論に落とそうという話」であり、「およそ債権者が悪意の場合には抗弁放棄が成立しないというのは、債権法の一般原則としては無理であろうと思います。」（道垣内幹事・**[同会議議事録]** 39頁）

　もっとも、「消費者契約法10条を適用すれば無効になってしまうので～（中略）～余り心配しなくていい」（松本委員・**[同会議議事録]** 40頁）との意見も出された。

　しかし、これに対しては、「最初に消費者契約をするときに、その中の契約条項として、このような債権譲渡があった場合については抗弁を放棄するという条項が入っているときは、確かに消費者契約法がそのまま適用される可能性があります。しかし、放棄の意思表示がそれだけで独立して行われるときは、これが『契約』かという問題もありますので、そうすんなりと消費者契約法10条がそのまま適用されるわけではなくて、何らかの説明なり手当てが必要になる」（山本（敬）幹事・**[同会議議事録]** 43頁）との意見が出た。

　また、「消費者契約法の『消費者』の定義に当てはまらないようなものについても、力関係が存する結果、先ほど言及した抗弁放棄書というようなも

のを事実上強制されるという事態が生じうるのではないか」（鹿野幹事・**[同会議議事録]** 42頁）ということも問題となる。

II 検 討

1 抗弁切断のために「放棄」の意思表示を要するということの基本的意義の確認

　債務者が積極的に「放棄する」旨の意思表示を「書面により」しない限り、基準時（債務者への権利行使要件具備時）までの抗弁は、すべて譲受人に対抗可能であることが原則である。

　この点、現行法の下では、債務者が、漫然と、「異議をとどめない承諾」（通常は書面交付）をすれば、譲受人が抗弁について善意であれば（最判昭和42年10月27日民集21巻8号2161頁。無過失まで要求するかについては学説上争いがある。判例は無過失まで言及しない。悪意は債務者側で主張立証する必要があろう。）、抗弁が切断される。すなわち、現行法上は、抗弁を切断されないためには、債務者の側で、「譲受人に○年○月○日譲渡されたことを認識しました。ただし、それまでの譲渡人の抗弁の一切を対抗できるものとします。」と異議をとどめる旨の表示を記載する配慮を懈怠できない。

　他方、譲受人が、当該抗弁について悪意であれば、債務者は譲受人に対して、抗弁を対抗できるということでもある。

　これに対し、抗弁切断の原因が、債務者による「書面による抗弁放棄の意思表示」だということになると、「抗弁放棄の意思表示」があった場合には、基準時までに譲渡人に対し生じている抗弁は、譲受人の善意・悪意を問わず、すべて切断されるということになる。もっとも、このことは、現行法の下でも、「異議なき承諾」にとどまらず「抗弁放棄の意思表示」が債務者からなされた場合は、同じ効果が生じることになる。

　結局、審議会の提案は、「異議なき承諾」による抗弁切断の制度を廃止し、抗弁放棄の意思表示の一般論に落とそうとする（道垣内幹事・**[同会議議事録] 39頁**）ということにほかならない。そして、その「抗弁放棄の意思表示」は書面によるべきこととして、さらに債務者の保護を確実にするための手当をするかどうか、ということが検討の対象になっているということであろう。

2 若干の検討と感想

(1) 債務者の保護について

　抗弁切断のためには、債務者の放棄の意思表示を要するとし、さらにその放棄の意思表示は書面によるべきこととするだけで、この「債権譲渡」の局面で、債務者側の保護として、はたして十分であるのかという点について、どのように考えるべきだろうか。以下、私（西島）なりに若干検討してみたい。

　a　この債権譲渡における、債務者の抗弁放棄の場面は、消費者問題に限らず、「典型的に債務者に不利益が生じやすい事態」（鹿野幹事・**[同会議議事録] 43頁**）の一つであるといえよう。

　（注）山本（敬）幹事の、この、「抗弁の放棄の意思表示」に関して、債務者保護のための「特に規定を置くべきだとお考えになる特別な理由をお教えいただければ」という質問に対して、鹿野幹事は、「これが典型的に債務者に不利益が生じやすい事態だと考えられますので、あらかじめ予想されるそのような事態については、一定の配慮をする必要が特に感じられるということでございます」と答えられている（**[同会議議事録] 43頁**）。

　b　このことを、私（西島）なりに敷衍してみると、以下のようなことではないかと思われる。この「典型的に債務者に不利益が生じやすい事態」というのは、消費者が債務者である場合にとどまらず、事業者間でも、債権発生原因である当初の契約において、予め、債権譲渡時においては包括的に抗弁を放棄する旨の条項が入っている契約を締結させられる場合が、その典型的な例であろう。それに比して、事後的に個別に抗弁の放棄を求められる場合は、そもそも債権発生時の取引のときに包括的な放棄条項が入れられるよりも、債務者にも自律的判断が可能な場合が多いと一般的には言えるであろう。もっとも、事後的に放棄を強いられる場合も、類型的に考察すべき場面もありうるが、その考察は後日に留保する。

　ここでは、なぜ、事前の抗弁放棄が、債務者の自律性に基づかない場合が多いと推測されるのか、その理由を考えて見る必要があろう。

　それは、とりあえず、さしせまった利益を取得する必要に迫られている当該取引局面における「弱者」は、将来、一般的・原則的に取得するはずの利

益の放棄をせまられても、それに抵抗することができない強い傾向があると考えられるからである。それゆえに、予めの制度的な利益の放棄を制度的に禁じている場合もある。たとえば、時効の利益をあらかじめ放棄することなどはその典型例であり、民法146条はそれを禁じている。このことは時効制度自体が公序に関わるものであることのほかに、とにかく目の前の取引をしてもらうために不本意ながらも包括的な不利益甘受に同意せざるを得ない弱者保護のために、そのような事前の包括的な放棄や不利益甘受を公序により禁じる必要がある場合があることを意味している。

　近時の取引・経済活動における、債権の財貨としての重要性、その流動性の促進を尊重すべき要請を否定するものではない。その合理性のある健全な取引類型においては、それを強調すべき側面があることは間違いない。しかし、必ずしも健全な取引類型だけではないことも事実である。そのことの我国の病根は深い。

　また、債権譲渡の場合に、債務者の抗弁切断という不利益を甘受させることが正当化できるか否かについては、債権譲渡が、「債権」という段階の「財貨」を譲渡するものであり、「債権」という「財貨」の本来的特性を考察する必要があるのではないか。すなわち、客体が物やその他の無機的財貨を客体とする物権・物権類似の権利は、その容体の客観的な存在自体で財貨としての内容が確定するものといえる。しかし、それに比して、債権はたとえ金銭給付を内容とするものであっても、給付結果の確保は未完成であり、可能性としての財貨にすぎず、その現実の給付に到るまでの過程において、その債権の発生原因や発生時の当事者間の具体的事情によって抗弁が生じうることが内包されている財貨である。

　この債権の財貨としての特色をふまえると、債務者として、特にその債権の発生に関して人的関係を有している債権の発生時の債権者に対して、債務者が一般的原則的に保有するはずの抗弁を事前に包括的に放棄することは、信義則などによる制約が必要な場合が少なくないことは否定できないと思われる。その趣旨をすぐに規定化するかどうかはともかく、ここで、このような問題点があることを強く意識し、配慮する必要があることを確認してもよいのではないか。

c さらに、その先を試論的に考察してみることも必要であろう。

それは、具体的な取引局面での「弱者」にとって不利益になる効果につながる「意思」に基づく法的効果を、当該局面における「強者」の認識（善意・悪意・重過失等）によって希薄化・修正することが可能かどうかについてである。

もちろん、当面、現実的には、信義則で柔軟な対応を図ることなどが考えられるだけであろう。しかし、今後、いかなる具体的取引の局面でも、あるいは、当事者（法主体）間の多様な相違・格差を類型的に考慮しないで、「意思表示」に基づく一律の法的効果しか認められないという原則を維持すべきかどうかを考え直す必要があるのではないか。消費者保護の観点は、そのような問題認識の萌芽と考えられるが、今後は、消費者契約法の「事業者」と「消費者」という類型だけでは不十分であることが、より明確に意識されてよいのではないかと考える。

(2) 譲受人の保護について

この点は、審議会では審議されなかった問題である。譲受人（「意思表示」を受け信頼する側）の保護の必要な場面がないだろうか。それは、債務者の抗弁切断の利益をどの程度重視するかという問題と裏腹の問題ともいえよう。

たとえば、債務者による積極的な書面による抗弁放棄の意思表示以外には、抗弁は切断されないのか。

基本方針に規定される例外は、債務者による譲受人に対する弁済であるが、これは、基本方針提案要旨によると「抗弁放棄の意思をもって弁済がなされたとき」とされ、あくまで「抗弁放棄の意思」は必要であることとされている（詳解・基本方針Ⅲ 308 頁）。

抗弁の存在を知らないで「放棄の意思なく」弁済した場合はどのように扱うべきであろうか。この場合、時効完成後の債務承認等（最大判昭和41年4月20日民集20巻4号702頁）と類似の問題として扱ってよいかが問題となるように思われる。この点も、債務者の債権者に対する抗弁権について、どのような場合に債務者に切断の不利益を甘受させても正当化できるかという問題と関連する。

思うに、時効の利益は、その利益を受ける者にとっては時の経過によるプ

ラスアルファの利益であり、その利益を明確に認識した放棄の意思表示でなくても、なお、権利者に対し、時効の利益の放棄を信頼させるような行為を示したときは、信義則上、以後その時効の利益の主張を制約することは妥当であると思われる。しかし、これに比して、債務者の抗弁対抗の利益は、その当該債権債務関係に本来的に生じうるものであって、債務者のその対抗の利益は最大限尊重されるべきものであるとすれば、原則として明確な意思表示によらなければ抗弁は切断しないというべきであろう。抗弁の存在を認識しないでした弁済は、原則として無効になると考えるべきことになろうか。

［西島良尚］

5 将来債権譲渡

I 法制審議会提案

1 提案前の議論状況

　現行法には、将来債権譲渡についての規定はない。「債権法改正の基本方針」(以下、「基本方針」とする)における条文起草の指針は以下のとおりであった。

(基本方針：条文起草の指針)
【3.1.4.02】(将来債権の譲渡)
〈1〉 将来発生すべき債権 (以下、将来債権という) についても、譲渡することができ、【3.1.4.04】に従って対抗要件を備えることができる旨の規定を置くこととする。
〈2〉 将来債権が譲渡された場合には、その後、当該将来債権を生じさせる譲渡人の契約上の地位を承継した者に対しても、その譲渡の効力を対抗することができる。

　〈1〉は、将来発生すべき債権も、譲渡することができ、対抗要件を備えることができることを確認する。
　〈2〉は、その将来債権は、譲渡人以外の第三者の下で発生するものについては、譲渡人に処分権がないことから、当該譲渡の効力は第三者に及ばない原則を示しつつ、しかし、第三者が譲渡人の契約上の地位を承継した者である場合には、当該譲渡の効力を、その第三者に対抗することができるとするものである。〈2〉は具体的には、将来の賃料債権が譲渡された後に、賃貸不動産が譲渡された場合や、将来債権譲渡の譲渡人が倒産した場合を想定して、譲渡人の下で行われた将来債権譲渡の効力が及ぶか否かという問題について、賃貸不動産の譲受人や管財人が「第三者」に当たるか否かという形で議論することができるようにしようとするものとされる(同基本方針の「提

案要旨」（220 頁）詳解・基本方針Ⅲ 272 頁）。

2 法制審議会の提案ないし議論の要点

　法制審議会民法（債権法）部会は、上記のような基本方針【3.1.4.04】の提案をふまえて、以下のような検討ないし提案を行っている（以下は、「商事法務・中間的な論点整理の補足説明 125-129 頁による。なお、(1)〜(3) についての、より詳細な〈補足説明〉や〈関連論点〉の指摘については民事法研究会・検討事項〈詳細版〉〔193 頁（[**部会資料 9-2**] 31 頁）〕以下を参照。）。

(1) 将来債権の譲渡が認められる旨の規定の要否

　将来発生すべき債権（以下「将来債権」という。）の譲渡の有効性に関しては、その効力の限界に関する議論があること（後記 (2) 及び (3) 参照）に留意しつつ、判例法理を踏まえて、将来債権の譲渡が原則として有効であることや、債権譲渡の対抗要件の方法により第三者対抗要件を具備することができることについて、明文の規定を設けるものとしてはどうか。

(2) 公序良俗の観点からの将来債権譲渡の効力の限界

　公序良俗の観点から将来債権譲渡の効力が認められない場合に関して、より具体的な基準を設けるのが妥当か。これに関しては、①実務的な予測可能性を高める観点から賛成する意見と、②債権者による過剰担保の取得に対処するという担保物権法制の問題と関連するため、今般の見直しの範囲との関係で慎重に検討すべきとの意見があった。

　仮に、規定を設けるのであれば、譲渡人の事業活動の継続の可否や譲渡人の一般債権者を害するかどうかという点が問題となるとの意見があった。

　これらの意見に留意しつつ、公序良俗の観点からの将来債権譲渡の効力の限界の基準に関する規律の要否について、更に検討してはどうか。

(3) 譲渡人の地位の変動に伴う将来債権譲渡の効力の限界

　将来債権の譲渡の後に譲渡人の地位に変動があった場合に、その将来債権譲渡の効力が及ぶ範囲に関しては、なお見解が対立している状況にある。このことを踏まえ、立法により、その範囲を明確にする規定を設けるかどうかについて更に検討してはどうか。具体的には、将来債権を生じさせる譲渡人の契約上の地位を承継した者に対して、将来債権の譲渡を対抗することがで

きる旨の規定を設けるべきであるとの考え方が示されている。このような考え方の当否についてさらに検討してはどうか。

上記の一般的な規定を設けるか否かにかかわらず、不動産の賃料債権の譲渡後に賃貸人が不動産を譲渡した場合における当該不動産から発生する賃料債権の帰属に関する問題には、不動産取引に特有の問題が含まれているため、この問題に特有の規定を設けるかどうかについて、検討してはどうか。

3　法制審議会での議論の状況

(1)　「将来債権の譲渡が認められる旨の規定の要否」について

判例法理をふまえて、将来債権の譲渡の有効性及び将来債権譲渡の対抗要件について、明文の規定を置くことが望ましいのではないかという意見は、ほぼ異論はないようである。

(2)　「公序良俗の観点からの将来債権譲渡の有効性の限界」について

上記(1)を前提としたうえで、実務的な予測可能性を高めるため、より具体的な基準を設けることが望ましいかどうかについては、実務家委員と研究者委員との間で意見の対立がある。

　a)　この場合の具体的な基準化は規定すべきではなく、個別的に判断されるべきであるとの見解（潮見幹事・[第7回会議議事録] 49頁以下など）

潮見幹事は、むしろ将来債権の譲渡対象の特定可能性として何が想定されるのか、第三債務者、発生原因、発生時期、譲渡額等の観点から、そこに限界を付すのかが、まず問題とされるべきとされる。また、同幹事は、期間制限についても「大反対」とされる。

実務家の三上委員からも、期間制限については、プロジェクトファイナンスで20年、30年のキャッシュフローを全部担保にとることがあるなどを理由に反対論がでている（[同会議議事録] 47頁）。

なお池田眞朗教授は、「公序良俗の観点からの将来債権譲渡の有効性の限界を法文で書くことも、公序良俗違反の具体例を規定することも反対である。これは、それらによって、不相当な制限付けがされる可能性があるからである。」とされる（池田眞朗「債権譲渡・債務引受・契約上の地位の移転（譲渡）――法制審議会部会の配付資料「検討事項」の概観を中心に――」池田眞朗他編『民法（債権

法）改正の論理』（新青出版、2010年）20頁）。

　b）何らかの具体的な制限基準を設けるべきであるとの見解（岡（正）委員・**[同会議議事録] 50頁**など）

　岡（正）委員は、与信を受けて初めて発生する債権、労働者の労働を受けて初めて発生する債権、あるいは動産売買先取特権で与信を受けて初めて発生する債権、これも将来債権譲渡で、将来の長きにわたっての債権譲渡を許すことは「かなり危険な取引の部類」として、公序良俗の観点からの制限規定を置いたほうがよいとされる（**[同会議議事録] 50頁**）。

　なお、道垣内幹事は、「ここに何らかの基準を置くということは私は全然反対しませんけれども、それは一般的な公序良俗則が適用されるということを前提の上、なお将来債権譲渡については一定の制限を加えるという意味で置かれるべきです。一部の実務家の中には、どのような将来債権譲渡が無効とされるのかが分からないので、絶対これは大丈夫だというふうな基準を法律上明らかにしろという意見もあるようですけれども、それはあり得ない考え方だろうと私は思います。」と述べておられる（**[同会議議事録] 46-47頁**）。

(3)　「譲渡人の地位の変動に伴う将来債権譲渡の対抗力の限界」について

　Ex（民事法研究会・検討事項〈詳細版〉194-196頁（**[部会資料9-2] 32-33頁**））
　①　不動産の賃料債権の譲渡後に賃貸人が不動産を譲渡した場合における当該不動産から発生する賃料債権の帰属
　②　売掛債権の譲渡後に事業譲渡等によって事業が譲渡された場合における同一事業から発生する売掛債権の帰属
　③　将来債権を含む債権の譲渡後に倒産手続が開始された場合における管財人又は再生債務者（以下「管財人等」という。）の下で発生する債権の帰属

このような場合についての、第三者に対抗することができる範囲を、立法により、明確にすることが望ましいかが、検討されるべきだということである。

　上記①②③の各場合については、基本的には、上記①②③の各場合ごとに、以下の3つの見解の対立がある（同〈詳細版〉194頁（**[部会資料9-2] 32頁**））

以下)。

(ⅰ) 完全移転説
将来債権譲渡の対象となったすべての債権は譲受人に帰属する。
(ⅱ) 契約の同一性考慮説
債権発生の原因となる契約の同一性の有無により分かれる。
(ⅲ) 契約上の地位変動による切断説
契約上の地位の変動に伴い、すべて契約上の新取得者に帰属する。

以上を踏まえて、概略、審議会において、以下のような議論がなされた。
a)「完全移転説」に対する懐疑論
まず、完全移転説の否定ないし懐疑論には、以下のようなものがある。
松本委員は次のように述べられている。「契約上の地位が移転することによって、生来の債権者・債務者関係が当初のものとは違った状態になると。そういうものについてまで、当初の債権譲渡の効力が及ぶのかということですが、……原点に戻ってしまえば、そもそも債権者が変わってしまうような別の契約関係についてまで、将来債権の譲渡として押さえるということはできないのが本来である。」「そもそも将来債権譲渡というのは不安定なものであるんだというのが大前提だったので、契約上の地位の移転の場合については非常に限定的にしか事前の将来債権の譲渡の追及力を認めないということでいいのではないかという気がいたします。」([**同会議議事録**] 48 頁)。
山本 (敬) 幹事は、賃料債権の発生の理論的理由から次のように述べられる。「賃料債権の譲渡に関しては、……賃貸人が賃借物を賃借人に使用収益させたことに対する対価として発生する債権であると理解されている」「将来、賃貸人だった者が賃貸人ではなくなり、賃借物を当該賃貸借契約に基づいて賃借人に使用収益させることができなければ、賃料債権は発生しないことになるのではないかと思います。」そのような考え方からすると「A 説 (完全移転説) の結論がただちに出てこないように思うのです」([**同会議議事録**] 48-49 頁)。
岡 (正) 委員は、実務家の立場から次のように述べられている。「将来債

権譲渡の限界の一つの場として、債権が発生する前提となる不動産あるいは事業が譲渡された場合にどうかという論点」について、「大もとである不動産あるいは事業が途中で譲渡されて、譲渡人のもとで発生しないこととなった権利について、なぜ譲渡の効力が及ぶのか……この点が疑問です。」「弁護士会で議論している中で、賃料債権を継続的に差し押さえた場合、その後、不動産を譲渡した譲受人は、継続的差押えに負けるという最高裁の判例がございまして、それは賃料債権の継続的な差押えが賃料債権の処分制限効プラス、不動産の処分制限効も基本的にはあるはずなので、不動産の譲渡は有効だけれども、それを差押債権者には対抗できない。そういう意味で……賃料債権の差押権者が勝つという判例がございました。」しかし、将来債権の譲渡の場合は、たとえ、不動産や事業の譲渡禁止の特約をしても、それを直ちに第三者に対抗できるものとはいえないから、「差押えの処分制限効とは違うわけですので、……もう少しはっきりした理屈を明示していただきたいというのが弁護士会でそれなりの多数を占めました。」（[**同会議議事録**] 50-51頁）

ここで、差押えや物上代位との関係・整合性に関する問題性については、松岡委員と沖野幹事から、以下のような意見が出ている。

松岡委員は、「この問題は、例えば賃料債権の長期にわたる差押え後に目的不動産が譲渡された場合であるとか、物上代位による差押えが行われた後に抵当権に基づく競売が実行された場合、若しくは抵当権の実行とは関係なく目的不動産が譲渡された場合などの諸事情とも共通する問題です。そちらでは、もちろん反対説もありますけれども、A〔説（完全移転説）〕の考え方が採られていて、それと整合する形でこちらをどう理解するのかは、相当難問ではないかと思います。」と述べられる。（[**同会議議事録**] 51頁）

沖野幹事は、賃料債権の譲渡に関しては、差押えや物上代位との関係・整合性に留意すべきことについては松岡委員と同旨としつつも、「賃料債権については、不動産賃貸借や賃料固有の問題というのがございますので、将来債権の譲渡の一般論で尽きるのかという問題も、やはり別途検討すべき」とされ、「差押えや物上代位についての判例や現在の考え方がA説〔完全移転説〕なのか」やや疑問とし、「B説〔契約の同一性考慮説〕ではないか」と

の指摘をされる（[**同会議議事録**] **53 頁**）。

　b）「完全移転説」の論拠について

　上記 a）の山本（敬）幹事の疑問に答えて、鎌田部会長は次のように述べられている。「多分、A 所有不動産が B に賃貸されていて、A の B に対する賃料〔ママ。賃料債権か？〕が譲渡された後に、A が不動産を C に譲渡したときに、C の下では、AB 間で成立した契約がそのまま C のもとで続いているんだから、当初の契約から生じた債権は譲渡されているので、譲受人のもとでもその債権譲渡の効力が譲受人に対して主張される、そういう考え方が A 説なのだと思います。」（[**同会議議事録**] **49 頁**）

　さらに山本（敬）幹事からの「つまり賃貸人たる地位と結び付いた合意として効力を持たせることができるのであれば、A 説のいうような効力は生じる。しかし、もしそうでないとすると、A 説の結論をどう説明するか」問題が残る（[**同会議議事録**] **49 頁**）という疑問に対して、鎌田部会長は「債権譲渡の契約がどういう内容かにもよると思うんですけれども、一般的には基本契約から定期的に生ずる債権、これが賃料債権だと先ほど収益価値と結び付けて言われましたけれども、例えば配当的なものでも、この契約から生ずる債権を譲渡しましたというときに、契約当事者の地位がどこかに譲渡された瞬間にその譲渡契約が飛んでしまうかというと、契約関係が維持されている限りはずっと維持されていくんだというのが一つの考え方としてあり得るということです。」（[**議事録同会議**] **49 頁**）と述べられている。

　c）倒産手続が開始されたときの問題

　「弁護士会」では、C、F 説〔契約上の地位変動による切断説〕を原則と考える論者でも倒産の場合は、管財人は管理処分権だけなので、少し違うという意見がある一方で、「倒産手続が開始された後、財産拘束された財団の財産を使って、あるいはコストを使って生まれた債権、それが従前の譲渡契約に基づいて債権譲受人の方にいってしまう、それは明らかにおかしい、不公平であるという見解は弁護士会では大変強」い。「アメリカ連邦倒産法のように、開始決定後に倒産裁判所がコストと譲渡契約等を見て、コスト分だけは倒産財団に取り戻すという裁判所の決定による解決」が個人的にはよいと思うが、「開始決定後に財産拘束された財産で生まれた債権に、将来債権

譲渡の効力を及ぼさせるのはおかしいという意見は圧倒的多数説」であると述べられている（岡（正）委員・[同会議議事録]51頁）。

議論の仕方について、山本（和）幹事は、「基本的には（3）〔本稿では③〕の問題はやはり倒産法の問題であって」、その前提として、個人的には、将来債権譲渡の民法プロパーの観点からの規律はできるだけ明確なものを置くことを希望するとしても、「最終的には何らかの決めを打つとすれば、恐らくこのフォーラムではない」とされる（[同会議議事録]52頁）。

それに対し、中田委員は、「倒産法改正のときに、この問題はある意味では民法にも送られたといういきさつがありますので、やはり倒産法の議論もにらみながらここで検討する」ことが必要であると述べられる（[同会議議事録]53頁）。沖野幹事も、この点につき「前提としての将来債権の譲渡というものがどういうものであって、それが倒産に関する問題の入口としてどうなるかということは、やはりこちらの方で検討すべき項目でもあ」ると述べられる（[同会議議事録]53頁）。

II 検 討

1 「将来債権の譲渡が認められる旨の規定の要否」について

判例法理を踏まえて、将来債権の譲渡の有効性及び将来債権譲渡の対抗要件に関する明文規定を設けるべきかという問題については、審議会において、賛成する意見の外に、特段の異論はなかった。賛成意見は、現在では、ファクタリングや証券化等の資金調達手段となっているので、その根拠を明文化する必要性があるというものである（商事法務・中間的な論点整理の補足説明126頁）。

たしかに、最近の資金調達における将来債権譲渡（担保）の有用性は否定しがたいものがあり、判例法理も積極的な方向で展開してきており、ここで、その有効性や譲渡契約段階での対抗要件具備の有効性などにつき規定を設けてその根拠を明確にし確実にしておきたいとの要請はもっともであり、その合理性には、一見、疑いがないようにも思える。

しかし、現段階では、以下の2及び3の問題についてもみられるように、

将来債権譲渡の問題の限界については、学説上も必ずしも十分に解明されていないように思われる。将来債権譲渡の問題については、さらに具体的な類型や場面ごとの検討が必要であり、現段階では、そのための判例等の具体的素材も十分ではないように思われる。

もちろん、今後の立法に向けて、現段階で、できる限りの議論を行うこと自体、必要であり有益であろうから、今回の改正の検討過程でも引き続き検討されるべきであろう。しかし、今回の改正の検討に、どれほどの時間をかけられるのか、そして、どこまで、この「将来債権譲渡」の問題を掘り下げられるのかによって異なることだけれども、これを一般的に有効とする明文規定を置くこと自体についても、拙速は避けるべきではないかと思料する。少なくとも、この問題に関しては、今少し、判例法理の展開や、学説の具体的な類型や場面ごとの十分な検討を経た後に、規定されても遅くないように思われる。

現段階での、「将来債権譲渡」の実務界の要請に対する根拠は、近時の判例の積極的な展開でとりあえず確保されているのではないか。それを、現段階で、さらに、民法で一般的な根拠規定を置くことは、かえって一律有効の方向に振り子を振りすぎる結果になるのではないかと危惧するものである。

この問題は、次の「将来債権譲渡」の有効性に対する歯止めとしての「公序良俗」の基準を具体化すべきであるとの主として実務家の要請に対して、そのような基準の具体化はおよそ困難であり、無理にそのような基準を定めると様々な有用な将来債権譲渡の活用を妨げる弊害を招くことになる旨の研究者の方々からの指摘があることと、裏腹な問題ではないか。

私は、この場合に無理に「公序良俗」の基準を具体化する規定を置くことの弊害についての、研究者の方々のご指摘はもっともだと思うものである。しかし、同時に、他方で、将来債権譲渡が積極的に有効である旨の一般的な根拠規定を現段階で定めることに、なぜそれほど急ぐ必要があるのか、という疑問をももつのである。

2 「公序良俗の観点からの将来債権譲渡の有効性の限界」について

上記1で述べたように、「将来債権譲渡」が一般的に有効である旨の規定

を定めることとともに、公序良俗の観点からの将来債権譲渡の有効性の限界についての規定も、現段階では規定するのは時期尚早ではないかと考える。

3 「譲渡人の地位の変動に伴う将来債権譲渡の対抗力の限界」について

上記Ⅰの3の（3）のa）完全移転説への懐疑論とb）完全移転説の根拠に関する議論のやりとりに、私（西島）の現段階の若干の感想を、以下に述べる。

契約上の地位の移転を伴う（その場合は「将来債権譲渡」ではなく、「契約上の地位の譲渡」というべきか。）のではない、厳密な意味での「債権譲渡」にすぎない場合には、従来の常識からは、債権の発生原因である「契約」が当事者を異にして、その同一性を失えば、その発生債権も同一性を失い別物である以上、譲渡の効力が及ばないことになろう。その効力が及び続けるとするには、そこに、「子亀を譲渡すれば親亀も一緒に随伴移転する」何らかの特段の根拠が必要な気がする。その意味で、山本（敬）幹事の疑問には同感である。

これに対し、鎌田部会長は、「例えば配当的なものでも、この契約から生ずる債権を譲渡しましたというときに、契約当事者の地位がどこかに譲渡された瞬間にその譲渡契約が飛んでしまうかというと、契約関係が維持されている限りはずっと維持されていくんだというのが一つの考え方としてあり得る」（［同会議議事録］49頁）と述べられるが、「飛んでしまわない」というための根拠は、いまだ、明確にされていないように思われる。一定の契約関係から発生した債権について、物権的に移転を認められるとしても、その原因である契約関係はあくまで当事者間の債権関係であるので、その原因自体が物権的に移転しないかぎり、そこから派生する将来の債権すべてに「譲渡」の効力が及ぶ、すなわち、契約の承継者にとって契約を承継するとともに、その一種の負担も承継すると考えるには、そこに射程範囲の明確な何らかの理論構成を必要とするのではないか。

もっとも、他方で、第三債務者、発生原因、発生時期、譲渡額等の観点から特定でき、かつ、「公序良俗の観点」からもそれが否定されないような「将来債権譲渡」が前提とされる場合、そのような、あくまで、特定の「財

貨」として肯定されうる「将来債権譲渡」については、譲渡人がその契約上の地位を譲渡したからといって、「飛んでしまう」のではなく、その契約上の地位の承継者に対抗しうると考える発想自体については（現段階で理論的な根拠が示されているか否かは別として）、それほど、奇妙な事のようには思われない。このような意味で、鎌田部会長が、「配当的なもの」と例示されているイメージについては、まったく共感できないわけではない。

　これまでの、伝統的な当事者限りの相対的な「契約」概念（そこには、伝統的な「契約自由の原則」の支配が前提になる）や、特定の債権者が特定の債務者の行為（給付）を請求できる属人的なものであるという伝統的な「債権」概念を強調すると（たとえば、大阪弁護士会・実務家からみた民法改正145頁「(1) 理論的観点からの検討」の箇所参照）、それが、理論的には受け入れがたいように考えられるかも知れない。

　しかし、そもそも、近代法において、債権の同一性を保持しつつ譲渡できるとされた「債権譲渡」が認められたこと自体、歴史的な債権の概念からは、そこで、なにがしかの「飛躍」ないし「変容」を経ているのであろう。さらに、「将来債権」が特定の「財貨」として把握しうる状況に至っている現代において、そこに、特定の「財貨」として把握できる限度で、契約承継者（新債権者）に対しても効力（負担）を及ぼすことができるとされることが法的論理においては不可能であるとまでは思われない。

　もっとも、ここで重要なことは、特定の「財貨」として把握できる「限度」の基準が、現段階では必ずしも明確ではなく、その具体的な素材類型とともに議論が十分につくされているとは言い難いように思われることである。また、その法的構成として、「将来債権譲渡」とするのか、あるいは、「契約上の地位の移転ないし担保設定」とするのが妥当なのかどうかを含めて、今少し議論を尽くす必要があるように思われる。

　今回の改正で、「将来債権譲渡」の規定を定めること自体が若干時期尚早だと思われることは上述したとおりであるが、「譲渡人の地位の変動に伴う将来債権譲渡の対抗力の限界」についてはなおさらのことであると考える次第である。

〔西島良尚〕

第2　契約上の地位の移転

I　法制審議会提案

1　提案内容

(1)　総論（契約上の地位の移転（譲渡）に関する規定の要否）

「現行民法上、契約上の地位の移転（譲渡）に関する規定が設けられていないが、これが可能であることについては、判例・学説上、異論がないといわれており、実務上も、継続的な取引関係における当事者の地位を将来に向かって第三者に移転する場合を始めとして、契約上の地位の移転がしばしば行われている。そこで、契約上の地位の移転に関する規定を民法に置くことにより、その要件・効果等を明確にすべきであるという考え方がある。

他方で、契約上の地位の移転は債権譲渡と債務引受の総和に過ぎないとして、契約上の地位の移転という概念は不要であるとする考え方もある。また、契約上の地位の移転に関する規定を設けることが望ましいとしても、多様な契約類型を想定した実質的に意味のある規定を設けることは困難ではないかという指摘もある。

これらの点を踏まえ、契約上の地位の移転に関する明文の規定を置くことの要否について、どのように考えるか。

また、明文の規定を設ける場合には、その要件（後記2）、効果等（後記3）及び対抗要件制度（後記4）について検討することが考えられるが、このほか、どのような点に留意して検討をすべきか。」（民事法研究会・検討事項〈詳細版〉216頁（**[部会資料9-2]** 67-68頁））。

(2)　契約上の地位の移転の要件

「契約上の地位の移転が、譲渡人、譲受人及び契約の相手方の三者間の合意がある場合だけではなく、譲渡人及び譲受人の合意があり、これを契約の相手方が承諾した場合にも認められることについては、異論が見られない。また、契約の相手方の承諾は必ずしも常に必要ではなく、例えば、賃貸不動

産の譲渡に伴う賃貸人の地位の移転については、賃借人の承諾は不要とされている。

　そこで、契約上の地位の移転の要件について明文の規定を設ける際には、例外的に相手方の承諾が不要となる場合があることを示す必要があるが、この例外の要件について、多様な契約類型を想定しつつ明確に定式化することは困難であるとの指摘もあり、例えば、契約の性質上、承諾が不要な場合があることを明記するにとどめるという提案もされている。

　以上を踏まえ、契約上の地位の移転の要件に関する規定の在り方について、どのように考えるか。」(民事法研究会・検討事項〈詳細版〉217頁([**部会資料9-2**] **70頁**))。

(3)　契約上の地位の移転の効果等

　「契約上の地位の移転により、契約当事者の一方の地位が包括的に承継されることから、当該契約に基づく債権債務のほか、解除権、取消権等の形成権も、譲受人に移転することになるが、その際に、既発生の債権債務も譲受人に移転するかという点は、明らかではない。また、譲渡人の債務についての担保は、契約上の地位の移転があった場合でも当然には譲受人に移転しないと考えられるが、その担保が順位を維持しつつ移転する方法を検討する必要があるとの指摘がある。

　これらの点を踏まえ、契約上の地位の移転の効果について、どのように考えるか。」(民事法研究会・検討事項〈詳細版〉218頁([**部会資料9-2**] **72頁**))

　なお、関連論点として、契約上の地位の移転による譲渡人の免責の可否が挙げられている。

　「契約上の地位が移転された場合に、譲渡人が当然に免責されるか否かについては、争いがある。

　この点については、契約上の地位の移転の要件として契約の相手方の承諾が必要であるものの、当該承諾とは別に、譲渡人を免責する旨の相手方の意思表示がされない場合には、譲渡人と譲受人が併存的に責任を負うとする見解がある。他方、契約上の地位の移転には、免責的債務引受の趣旨が含まれており、その要件として相手方の承諾が必要であること等から、契約上の地位の移転は譲渡人が契約関係から当然に離脱することを含意する概念である

とする見解もある。この点について、どのように考えるか。」（民事法研究会・検討事項〈詳細版〉219頁（[部会資料9-2] 73頁））。

(4) 対抗要件制度

「契約上の地位が移転された場合に、何らかの対抗要件を具備しなければ、当該地位の移転を第三者に対抗することができないかという点については、学説上争いがある。判例は、ゴルフ場会員権の譲渡の事案について、民法第467条を準用し、同条所定の第三者対抗要件を具備しなければ第三者に対抗できないと判断しているが、他方、賃貸不動産の譲渡が競合した事案において、賃借人に対する対抗要件として同法第177条に基づき登記を具備していることが必要であるとしている等、契約類型によって異なる判断をしている。この点に関する立法論としては、契約上の地位についても、二重に譲渡されるおそれがあることを指摘して、対抗要件制度を創設するべきであるとする見解や、全ての契約類型に一般的に妥当する対抗要件制度を構想することが困難であること等を理由として、対抗要件制度の創設に消極的な見解が主張されている。

これらの点を踏まえて、契約上の地位の移転に関する対抗要件制度の必要性について、どのように考えるか。」（民事法研究会・検討事項〈詳細版〉219頁（[部会資料9-2] 74頁））。

2 提案前の議論[1]

(1) 基本方針の提案

民法（債権法）改正検討委員会は、「債権法改正の基本方針」（以下、基本方針とする）【3.1.4.14】以下で、契約上の地位の移転につき次のように提案す

---

[1] 契約上の地位の移転に関する立法提案としては、①池田眞朗教授の提案（「契約当事者論」山本敬三他『債権法改正の課題と方向』別冊NBL51号（1998年）147頁（以下、池田・「契約当事者論」として引用する）、池田眞朗「債権譲渡・債務引受・契約上の地位の移転（譲渡）」池田眞朗他編『民法（債権法）改正の論理』（新青出版、2010年）1頁）、②野澤正充教授の提案（「『契約当事者の地位の移転』の立法論的考察（1）」立教法務研究1号（2008年）1頁（以下、「野澤・立法論的考察」として引用する）。なお、同「契約譲渡に関する一般的規定の立法をどう考えるか」椿ほか・民法改正を考える249頁も参照）がある。なお、消極的な意見を述べるものとして、椿寿夫「債務引受けと契約譲渡の関係をどのように考えるか」前掲椿ほか・民法改正を考える252頁がある。

る（詳解・基本方針Ⅲ 330 頁以下）。なお、ここで対象とされているのは、合意による契約上の地位の移転である。

(a) 【3.1.4.14】（契約上の地位の移転の意義）

契約当事者の一方（以下、譲渡人という）が第三者（以下、譲受人という）と契約上の地位を譲渡する旨の合意をし、この合意に対して契約の相手方が承諾をしたときは、譲受人は、譲渡人の契約上の地位を承継する。ただし、契約の性質上、相手方の承諾を要しないときは、譲渡人と譲受人との合意により、譲受人は譲渡人の契約上の地位を承継する。

(b) 【3.1.4.15】（契約上の地位の移転に伴う担保の移転）

契約上の地位の譲渡人、譲受人および相手方は、譲渡人が相手方に負う債務のために供されていた担保を譲受人が相手方に負うことになった債務に移すことができる。ただし、第三者が担保を供していた場合にはその承諾を得なければならない。

(c) 移転の対象となる債権債務の範囲および譲渡人の免責

基本方針では、移転の対象となる債権債務の範囲および譲渡人の免責に関する明文の規律は設けられていない。しかし、検討の経緯が記されているので、以下でその概要を示すことにする。

まず移転する債権債務の範囲について。賃貸借に関する敷金返還債務や賃料債務等に関する規律を手掛りに契約上の地位の移転に関する規律を設けることは過度の一般化となり妥当でないこと、移転の対象となる債権債務の範囲は、契約類型によっても変わってくることから、この点に関する一般規定を設けることは困難としている（詳解・基本方針Ⅲ 332-333 頁）。

次に譲渡人の免責について。契約上の地位の移転は、譲渡人が契約上の権利義務を失い、譲受人が新たに権利義務を取得することを意味しており、譲渡人の免責は、すでに含意されているとし、契約上の地位が移転しながら譲渡人に債務が残るとすることは、契約上の地位の移転という観念から、当然に出てくるものではないとしている。そして、譲渡人の併存的責任を認めるとしても、それは保証契約や債務引受の効果と、みるべきであるとする（詳解・基本方針Ⅲ 332 頁）。

(d) 対抗要件制度

【3.1.4.A】(契約上の地位の移転の対抗要件)は、契約上の地位の移転に固有の対抗要件制度は設けないこと(〈1〉)、契約上の地位の移転に伴う債権の移転に関する債権譲渡の対抗要件に関する規定の適用については、規定を設けないこと(〈2〉)を定めている(詳解・基本方針Ⅲ335頁以下)。

ただし個別の契約上の地位に関しては、対抗要件制度が設けられている場合がある。例えば、合意による不動産賃貸人の地位の移転に関する【3.2.4.06】〈3〉(詳解・基本方針Ⅳ253頁以下)、寄託者の地位の移転に関する【3.2.11.14】(詳解・基本方針Ⅴ203頁以下)である。

(2) 民法改正研究会編『民法改正　国民・法曹・学界有志案』

民法改正研究会の有志案も、基本方針と同様、契約上の地位の移転(譲渡)に関する規定の新設を提案している。内容的には、こちらのほうが基本方針よりも詳細である。なお、第372条(賃貸借契約上の地位の譲渡)は省略する(民法改正研究会・国民・法曹・学界有志案170頁以下)。

(a) 第371条　契約における一方当事者の地位は、譲渡人と譲受人が、当該契約における譲渡人の地位を譲受人に譲渡することを合意し、相手方が承諾をしたときは、譲受人に移転する。契約における一方当事者の地位の移転につき、法律に規定がある場合は、その法律に従う。

(b) 第373条　相手方が契約上の地位の譲渡を事前に承諾していた場合には、契約上の地位の移転は、譲渡人が契約上の地位の譲渡の合意があったことの通知を相手方に対してした時又は相手方がこれを了知した旨の表示をした時に効力を生ずる。(第1項)相手方の承諾が契約上の地位の譲渡の合意の後になされた場合には、契約上の地位の移転は、その承諾の時にその効力を生ずる。(第2項)

(c) 第374条　契約上の地位の譲渡がなされた場合には、譲渡人は原契約関係から離脱する。ただし、譲渡人と譲受人との間で別段の定めがあったときは、この限りでない。(第1項)前項本文により譲渡人が原契約関係から離脱した場合には、(新)第369条(債務引受による担保の消滅)の規定を準用する。(第2項)第1項ただし書の別段の定めがあるときは、譲渡人と譲受人は、相手方に対し連帯して債権を有し債務を負うものと推定する。(第3

項)

(d) 第375条　有志案は、基本方針と異なり、対抗要件に関する規定を設けている。それによれば、第373条（契約上の地位の移転時間）第1項の通知又は了知した旨の表示及び相手方の承諾が確定日付のある証書によってなされた場合には、契約上の地位の譲渡は、相手方以外の譲受人に対抗することができる。

(e) 第376条　譲受人は、相手方に対して、契約上の地位が移転する時まで譲渡人が主張できた事由をもって対抗することができる。（第1項）相手方は、譲受人に対して、譲渡人に対して主張できた事由をもって対抗することができる。（第2項）相殺については、前2項の規定は適用しない。ただし、相殺の対象とされる自動債権及び受動債権がともに当該契約関係から発生したものであるときは、この限りでない。（第3項）

3　法制審議会の議論状況

第13回会議における議論の状況は、概ね次の通りである（部会資料集第1集〈第3巻〉187頁以下）。

(1)　明文規定の要否

明文化に積極的な意見は、その理由として、取引の法的安定性に資すること（奈須野関係官）、契約上の地位の移転は多く行われており、その場合の原則規定を設けることには意味があること（鹿野幹事）等を挙げている。なお、山本（和）幹事は、諸外国の倒産法制では、倒産手続きの中で行われる事業譲渡の場合に、契約上の地位の移転に関して相手方の同意が必ずしも必要ではないことが規定される場合があることを指摘したうえで、日本においてそういう規定を入れることが相当かどうかという議論を進展させる観点から、一般法である民法に原則規定を置くことが有用であるとの意見を述べている。

他方、消極的ないし慎重な意見は、その理由として、相手方の承諾が不要なケースの範囲が明確でない点、契約の性質に応じて判断するというのでは、現在の取扱いとあまり変わらないという点を挙げている（木村委員。中井委員も慎重な判断が必要という）。

(2) 契約上の地位の移転の要件

契約上の地位の移転が、譲渡人・譲受人・相手方の三者間で合意がある場合だけでなく、譲渡人・譲受人間の合意とそれに対する相手方の承諾がある場合にも成立する点については、特に異論はなかった。発言が多かったのは、相手方の承諾が不要とされるケースに関してである。論点は、承諾が不要となるケースの範囲、および条文のあり方に整理できると思われる。

第一の点に関して、提案の補足説明は、承諾が不要なケースの具体例として、賃貸不動産の譲渡に伴う賃貸人たる地位の移転、事業譲渡に伴う労働契約の使用者たる地位の移転、目的物の譲渡に伴う損害保険契約の保険契約者の地位の移転を挙げている（民事法研究会・検討事項〈詳細版〉218頁（[**部会資料9-2**] **71頁**））。これに対しては、これら以外で承諾が不要となるケースが明確でないとの意見があり、さらに、ここで挙げられたケース自体についても、次のような発言があった。①事業譲渡に伴う労働契約の移転については、実務では、労働者の同意が必要とされている（中井委員、山川幹事）。②賃貸不動産の譲渡に伴う賃貸人の地位の移転については、信託譲渡の場合等を考えると、今後、不動産の所有権が移転しても、賃貸人の地位が必ず移転するとは言えないケースが出てくる可能性があるのではないかとの指摘がある（岡（正）委員）。③保険目的物の譲渡に伴う保険契約の移転に関して、保険法改正に伴い商法旧第650条が削除されているが、その理由、および実務の現状に関する質問がなされた（山本（敬）幹事）。

第二の点に関しては、前述の如く、要件化が困難であることを指摘して契約上の地位の移転の明文化自体に消極的に意見があった。これに対して、原則規定を置くことに意義があるとの立場からは、この点の規定の仕方は抽象的にならざるを得ない（例えば「契約の性質上、承諾は必要でない場合がある」等）との意見が出された（鹿野幹事、沖野幹事）。

(3) 契約上の地位の移転の効果等

(a) 譲渡人の債務についての担保の移転に関しては、発言は特になかった。

(b) 移転の対象となる債権債務の範囲については、契約で合意しておくのが原則であり、そうだとすると、特約がない場合、既発生の権利義務は移

転しないのが任意法規の基準となる、との発言（岡（正）委員）があった。

（c）譲渡人の免責については、消費者保護のため、譲渡人の免責には相手方の同意が必要であるとの発言があった（西川関係官）。他方、特段の事情のない限り免責されるということで良いとの意見もあるとの発言もあった（岡（正）委員）。

(4) 対抗要件制度

対抗要件制度の明文化に積極的な意見は、その理由として、契約上の地位の二重譲渡や第三者による債権の差押えも考えられる点を挙げている（鹿野幹事）。また、相手方の承諾に絡ませた仕組みづくりは十分あり得るとして導入のための努力はすべきであるとの意見（中井委員）もあった。

これに対し、導入に消極的な意見として、法令の定めや取引上の慣習がない限り、特別の対抗要件を具備しなければ対抗できないという考え方を採る必要はないとの意見（奈須野関係官）、契約上の地位は多様であり、財産権と同様に「対抗要件の具備の先後で優劣を決する」という問題設定をすること自体に検討の余地がある、また、より具体的な問題として、どのような対抗要件を一般規定として設けるかにつき問題があるとの意見（以上、沖野幹事）、従来の個別財産の対抗要件制度で決めるのが簡潔であるとの意見（岡（正）委員）、既存の対抗要件制度（債権譲渡登記制度、不動産の所有権の移転の登記制度）と新しく構想される契約上の地位の移転に関する対抗要件制度の関係がどうなるかがはっきりしないとの意見（山野目幹事）が出された。

4 中間的論点整理

第26回会議で決定された「民法（債権関係）に関する中間的な論点整理」では、契約上の地位の移転（譲渡）に関して、以下の論点が提示された（商事法務・中間的な論点整理の補足説明141頁以下）。

(1) 総論（契約上の地位の移転（譲渡））に関する規定の要否

民法には契約上の地位の移転（譲渡）に関する規定が設けられていないが、これが可能であることについては、判例・学説上、異論がないと言われていることから、その要件・効果等を明確にするために明文の規定を設けるかどうかについて、更に検討してはどうか。

(2) 契約上の地位の移転の要件

契約上の地位の移転は、譲渡人、譲受人及び契約の相手方の三者間の合意がある場合だけではなく、譲渡人及び譲受人の合意がある場合にも認められ得るが、後者の場合には、原則として契約の相手方の承諾が必要とされている。しかし、例外的に契約の相手方の承諾を必要としない場合があることから、契約の相手方の承諾を必要としない場合の要件を具体的にどのように規定するかについて、更に検討してはどうか。

(3) 契約上の地位の移転の効果等

契約上の地位の移転により、契約当事者の一方の地位が包括的に承継されることから、当該契約に基づく債権債務のほか、解除権、取消権等の形成権も譲受人に移転することになるが、契約上の地位の移転についての規定を設ける場合には、このほかの効果等として、①既発生の債権債務も譲受人に移転するか、②譲渡人の債務についての担保を、順位を維持しつつ移転させる方法、③契約上の地位の移転によって譲渡人が当然に免責されるか否かという点に関する規定の要否について、更に検討してはどうか。

(4) 対抗要件制度

契約上の地位の移転の対抗要件制度については、その制度を創設する必要性を指摘する意見がある一方で、これを疑問視する意見があるほか、契約上の地位の移転一般について、二重譲渡の優劣を対抗要件具備の先後によって決することの当否や、多様な契約類型に対応可能な対抗要件制度を具体的に構想することの可否が問題となるとの指摘がある。そこで、これらの意見に留意しつつ、対抗要件制度を創設するかどうかについて、更に検討してはどうか。

II 検 討

1 明文規定の要否

現行の民法典は、契約上の地位の移転に関する明文規定を置いていない。しかし、契約当事者の交代は、現実の取引でしばしば行われており、それをめぐって紛争も生じている。そこで、民法改正に際して契約上の地位の移転

につき明文規定を設けることは、現行法の不備を補うという点で非常に意味があると考える。

　もっとも、これに対しては、債権譲渡および債務引受の規定を準用ないし類推適用すれば十分であり、明文化の必要はないとの立場もあり得る[2]。しかし、すでに多くの学説により主張されている通り、契約上の地位の移転は、債権譲渡・債務引受の単なる結合とは質的に異なる独自の制度と捉えるのが妥当である[3]。また比較法的に見ても、ユニドロワ国際商事契約原則（以下、PICCとする）やヨーロッパ契約法原則（以下、PECLとする）、共通参照枠草案（以下、DCFRとする）は、債権譲渡や債務引受とは別に契約譲渡に関する一般規定を設けている[4]。以上の点に鑑み、日本でも、契約上の地位の移転に関する独自の規定を設けるべきであると考える[5]。

　なお、立法化に消極的な意見は、承諾が不要なケースにつき条文化が困難であることを理由として挙げている。しかし、一般法である民法の中で契約上の地位の移転に関する基本的な要件・効果について規定しておくことは、取引の安定の観点からも望ましい。この点で、立法化するメリットの方が大きいと考える。

2　要　件

　契約上の地位が移転するためには、譲渡人・譲受人間の合意だけでなく、相手方当事者の意思的関与が必要である。このことは、近時の国際的な動向からも確認できる（PICC第9.3.3条、PECL第12：201条第1項、DCFR第Ⅲ編第5

---

2)　佐瀬＝良永＝角田・要点238頁〔杉田直樹〕、野村豊弘「有価証券の譲渡の要件規定と契約上の地位の移転（譲渡）」季刊事業再生と債権管理129号（2010年）114頁〔117頁〕。
3)　この点に関する日本法の議論に関しては、野澤正充『契約譲渡の研究』（弘文堂、2002年）7頁以下（以下、「野澤・契約譲渡」として引用する）を参照。なお、同書369頁も参照。
4)　もっとも、移転する個々の債権・債務につき債権譲渡・債務引受に関する規定を準用することは、一体説の採用と矛盾するわけではないと考える。例えばPICCやPECL、DCFRは、債権譲渡・債務引受に関する規定の準用を認めている（PICC第9.3.6条、PECL第12：201条第2項、DCFR第Ⅲ編第5章第302条第3項参照）。
5)　契約上の地位の移転を立法化すべき理由として、野澤教授は、①分説のような概念法学的な解釈を否定できること、②要件・効果を明らかにすることにより、この制度を利用しやすいものとすることができること、③国際的な契約法統一の動向に合致すること、を挙げられる（野澤・立法論的考察20-21頁、同・一般規定の立法250-251頁）。

章第302条第1項)。その根拠としては、契約上の地位の移転に債務引受が含まれる点、さらに近時の学説が強調するように、契約が人と人との結合関係である点を挙げることができる[6]。

問題は、相手方の承諾が不要なケースについてである。法制審では具体例として、賃貸不動産の譲渡に伴う賃貸借契約の移転、事業譲渡の際の労働契約の移転、保険目的物の譲渡に伴う保険契約の移転が挙げられた[7]。しかし、これら以外のどのような場合に承諾が不要とされるかについては、十分明らかにされていない。また、第13回会議でも指摘されたように、そもそも上記の諸事例に関しても、相手方の承諾を不要としてよいか否かを再検討する必要があると思われる。そのため、現段階では承諾が不要な場合をすべて想定した上で規定を設けることは困難と言えるだろう。そこで、これに関する規定を設けるとしても、(例えば提案の「契約の性質上、承諾が必要でない場合がある」のように)抽象的な書き方で満足せざるを得ないと思われる。なお、個別の契約上の地位について承諾が不要である場合に関しては、実際には特別規定が設けられることが多いと思われる。

3 効 果

(1) 担保権の移転

譲渡人の負担する債務のために設定された担保権につき、従来の学説では、保証や物上保証に関しては消滅するとの見解が主張されており、譲渡人の提供した約定担保に関しては存続説と消滅説が主張されていた[8]。しかし、保証・物上保証の場合でも、保証人や物上保証人の承諾があれば存続すると考えられるし、約定担保の場合も、譲渡人・譲受人・相手方が合意により担保権を移転することは、いずれにしても可能であると考えられる。法制

---

6) 野澤・契約譲渡365頁。なお、ドイツでは、相手方選択の自由を根拠とする見解が主張されている (Pöggeler, Vertragsübernahme und Privatautonomie, Jahrbuch Junger Zivilrechtswissenschaftler, 1996, S. 81, 82.)。
7) これらのケースは、野澤説が特定財産の譲渡に伴う契約当事者の地位の移転として挙げるものと同じである (野澤・契約譲渡359頁)。
8) 平野裕之『プラクティスシリーズ 債権総論』(信山社、2005年) 520-521頁、須藤正彦『ゴルフ会員権の譲渡に関する研究』(信山社、1992年) 53頁、淡路剛久『債権総論』(有斐閣、2002年) 519頁等参照。

審でこの論点が取り上げられたのは、その際に、担保権が順位を維持しつつ移転することを認めるのが望ましいとの考えに基づくものである。

この点に関する立法提案としては、基本方針【3.1.4.15】がある。それによれば、譲渡人・譲受人・相手方は、譲渡人の債務に付されていた担保を譲受人が負うことになった債務に、その順位を維持しつつ、移転させることができる（第三者が担保を提供していた場合は、その承諾が必要とする。詳解・基本方針Ⅲ 334 頁以下）。私見では、この点につき特に異論はない。

(2) 移転する権利義務の範囲

契約上の地位の譲渡により移転する債権債務の範囲については、移転するのは①将来発生するものか既発生のものか、②全部か一部かという2つの問題があり得る。これらは、基本的に譲渡人・譲受人間の合意に委ねられると考えてよい。問題となるのは、かような合意がないか不明確である場合のために（任意規定としての）規律を設けるべきか否かである。ここでは①に限定する。

この点、継続的契約の場合には将来の債権債務のみが移転し、一時的契約の場合には既発生の債権債務が移転する、と一応は言えるだろう。しかし、契約類型によってはこのような区別が妥当しないこともあり得る[9]。また、たとえば事業譲渡に伴う契約上の地位の移転の場合には、原則として既発生の債権債務も移転すると考える余地がある（立法例として、オーストリア企業法38条1項）。以上の点に鑑みると、この点に関して一般的な規律を設けることは難しいように思われる。

(3) 譲渡人の免責

契約当事者の交代によるリスクから相手方を保護するために譲渡人の併存的責任を認めるのが妥当な場合がある。とりわけ、相手方が事前に承諾を与えていたような場合には、その必要性が大きいと思われる。問題は、その法的構成である。

学説では、相手方が地位の移転に関する承諾とは別に、譲渡人の免責についても承諾しなければ、譲渡人は併存的責任を負うとの見解が主張されてい

---

[9] 詳解・基本方針Ⅲ 333 頁。

る。他方で、譲渡人は原則として原契約関係から離脱し、特約がある場合に併存的に責任を負うとの見解も主張されている[10]。比較法的にもさまざまな立場が見られる。例えば PECL は、契約譲渡は譲渡人の免責がなければ効力を生じないと規定する（第12：201条第1項）。また DCFR は、譲渡人の併存的責任について特に規定していない[11]。他方、イタリア民法典第1408条や PICC 第9.3.5条は、相手方が地位の譲渡につき承諾している場合にも譲渡人が免責されずに責任を負うことを認めている。

　私見では、相手方が地位の移転につき承諾を与えた場合、譲渡人は基本的に原契約関係から完全に離脱すると考えるべきである。そもそも契約上の地位の譲渡人は、基本的には原契約関係から完全に離脱することを望んでいると考えられること、承諾要件により相手方も保護されていることがその理由である（逆に承諾が不要な場合には、相手方保護のために併存的責任を認める方向で考えるべきである）。相手方保護のために譲渡人が併存的責任を負うことも認められ得るが、それは契約上の地位の移転そのものの効果ではなく、保証等の特約に基づく責任であると考える[12]。

4　対抗要件制度

　契約上の地位の移転は、債権譲渡や債務引受とは別個の独立した制度であ

---

10)　学説については、野澤・契約譲渡95頁以下。なお、佐藤秀勝「契約上の地位の移転」円谷峻編『社会の変容と民法典』（成文堂、2010年）274頁〔290頁〕も参照。

11)　DCFR 第Ⅲ編第5章第302条のコメントは、契約の両当事者が脱退当事者に連帯して責任を負い続けてほしいと望んでいる状況は、当該条項では扱われないとする。そして、そのようなケースでは、真の譲渡はないであろうが、しかし、契約の両当事者がそのような解決を望むならば、それを採用することは自由であろう、と述べている（Principles, definitions and model rules of European private law: Draft Common Frame of Reference (DCFR), prepared by the Study Group on a European Civil Code and the Research Group on EC Privat Law (Acquis Group), vol. 2, 2010, p. 1104.）

12)　仮に譲渡人が地位の移転に関する承諾を得ても当然には免責されないとの立場に立つ場合、譲渡人の債務と譲受人の債務の関係はどうなるかについても規定を設けることが必要となる。比較法的には、次のような立法例が見られる。
(1) PICC 第9.3.5条　相手方は、譲渡人を免責するか（第1項）、譲受人が適切な履行をしない場合のために譲渡人を債務者にとどめておくことができる（第2項）。それ以外の場合、譲渡人は連帯債務を負う（第3項）。
(2) イタリア民法典第1408条　原契約当事者は原則として脱退する。しかし、相手方が免責を望まない旨を表明した場合には、譲受人の債務不履行の際に原契約当事者が責任を負う。

ること、ゴルフ会員権のように、契約上の地位が二重に譲渡される場合もあり得ることから、契約上の地位の移転につき独自の対抗要件制度を設けるという考え[13]には、確かに魅力的な面がある。

しかし、契約上の地位が二重に譲渡され、それぞれにつき承諾がなされた場合でも、相手方はそれぞれの譲受人との間で契約関係を維持すると考えることも可能である。また、どちらか一方のみを契約当事者としなければならない場合であっても、承諾者の意思とは無関係に、対抗要件具備の先後によって契約相手が決まるという考え方が一般的に適切かどうかについては疑問がある[14]。さらに、契約上の地位から生じる債権が差し押さえられた場合の優劣の問題につき、従来の実務では個別の財産の対抗要件により判断されてきたとされている。これらの点を考慮すると、第三者対抗要件に関する一般規定を設けることには慎重であるべきであると考える[15]。

5 結びに代えて

契約上の地位の移転に関する中間的論点整理で挙げられた論点は、①契約上の地位の移転（譲渡）に関する規定の要否、②契約上の地位の移転の要件、③契約上の地位の移転の効果、④対抗要件制度であり、法制審の検討事項で挙げられたものと同じである。しかし、立法化に際して検討すべき事項は他にもあるのではなかろうか。

例えば実務では、相手方が事前の承諾をしている場合も多いと考えられる。そこで、この場合にどの時点で契約上の地位の移転が生じるか等を明確にする必要があるのではなかろうか。この点、民法改正研究会の有志案は、事前の承諾がなされた場合についての規律を設けており（第373条第1項〈民法改正研究会・国民・法曹・学界有志案170頁〉）、参考となるだろう。また、契約上の地位の移転の効果については、抗弁権、相殺権の移転等も問題となる。

---

[13] 池田教授の提案および野澤教授の提案には、契約上の地位の移転の対抗要件に関する規定が設けられている（池田・契約当事者論・177頁、野澤・立法論的考察・26頁以下）。

[14] 詳解・基本方針Ⅲ 337-338頁。

[15] 基本方針では、ゴルフ会員権の譲渡のケースは、名義書換によって対世的に効力を生じ、それ以上に第三者対抗要件の具備を要しないとされている（詳解・基本方針Ⅲ 339頁）。これは、最判平成8年7月12日民集50巻7号1918頁の多数意見（確定日付のある証書による通知または承諾を要求）と異なることになる。この点については今後議論が必要であろう。

法制審の提案では、これらにつき特に言及されていないが、有志案では明文規定が設けられている（第376条〈民法改正研究会・国民・法曹・学界有志案171頁〉）。紛争解決の基準を提供するという観点からは、これらの点についても規律を設けるべきではなかろうか。

［佐藤秀勝］

第5章　債権の消滅

第1 弁済

1 債権者以外の第三者に対する弁済

I 法制審議会提案

1 提案内容

　弁済は債権者自身あるいは債権者から弁済受領権限を授与された者に対して行うことを要する。無権限者に対して行った弁済は原則として無効であるが、例外として、民法478条は債権の準占有者に対する善意無過失の弁済を有効としている。また、民法480条は民法478条の特則として、受取証書の持参人について弁済受領権限を有するものとみなしたうえで、弁済の無効を主張する債権者側に弁済者の悪意もしくは有過失の主張立証責任を負わせている。法制審は民法478条と480条の改正をめぐり以下の点を検討事項に挙げている[1]。

(1)　受領権限を有する第三者に対する弁済の有効性

　現行民法では、受領権限を有しない者に対する弁済に関する条文として民法478条等が置かれているが、その一方で、受領権限を有する者に対する弁済が有効であることについて明文規定が置かれていない。しかしながら、第三者に受領権限を与えて弁済を受領させる「代理受領」が債権担保や債権回収の手段として実務上広く活用されており、また、債権譲渡担保では譲渡担保権者（債権譲受人）が譲渡担保設定者（債権譲渡人）に弁済受領を委任することも少なくない。このように、弁済受領権限の授与が実務において重要な機能を果たしていることから、第三者が受領権限を有する場合に弁済が有効となることを定めた明文規定を置くべきか否かについて検討することが求め

---

[1]　民事法研究会・検討事項〈詳細版〉225-228頁〔**部会資料10-2**〕6-12頁）。

られる。

(2) 「債権の準占有者」概念の見直し

　民法478条は「債権の準占有者」に対する弁済であることを要件としているが、債権の準占有者という概念自体が分かりにくいことに加え、民法205条の「準占有」概念との整合性が問われている。民法205条では「自己のためにする意思」が必要とされているので、これを民法478条の解釈に当てはめると、債権者の代理人と称して弁済を受領する詐称代理人事案は同条の適用対象外となるはずであるが、判例は詐称代理人も債権の準占有者に含まれるとしている（最判昭和37年8月21日民集16巻9号1809頁）。学説においても、民法205条が財産の準占有者を保護する規定であるのに対し、民法478条は準占有者の保護ではなく外観を信じた債務者を保護する規定であることから、詐称代理人事案に民法478条を適用することが一般に支持されている。それ故、「債権の準占有者」概念を見直し、弁済の相手方が債権者や受領権限者の外形を有していること等を要件とすべきか否かについて検討することが求められる。

(3)　善意無過失要件の見直し

　民法478条は債権の準占有者に対する弁済が有効となるための要件として弁済者の善意無過失を挙げているが、判例（最判平成15年4月8日民集57巻4号337頁）は、通帳機械払の預金不正払戻事案において、払戻時に機械が正しく作動したというだけでは不十分であり、機械払システムの設置管理全体について可能な限度で無権限者に対する不正払戻を排除するための注意義務を金融機関に課している。今後はインターネットなどを利用した非対面型決済が増大することから、同様の注意義務が要求される機会が増えるものと予想される。それ故、弁済者の主観的な知不知を考慮することを前提とした現行の善意無過失要件では十分とはいえず、善意無過失要件を「正当理由」要件に変更すべきか否かについて検討することが求められる。

(4)　真の債権者の帰責事由の要否

　従来から、債権の準占有者に対する弁済が有効となるための独立した要件として真の債権者の帰責事由を要求すべきか否かが議論されている。真の債権者の帰責事由を要件とすることに肯定的な見解は、他の外観法理規定（民

法94条2項、表見代理規定など）では真の権利者の帰責事由が要件とされていること、帰責事由のない真の債権者に犠牲を強いるのは酷であること、偽造・盗難カード預貯金者保護法では機械払事案において真の債権者である預金者に帰責事由がなければ金融機関が善意無過失の場合でも預金者が保護されるのに対し、同法の適用がない窓口払事案において民法478条により帰責事由のない預金者に責任を負わせるというのでは均衡を失する結果になること等を理由に挙げている。これに対して、真の債権者の帰責事由を独立した要件とすることに否定的な見解は、債務の弁済は既存の義務の履行であり、新たな取引を行う場合である表見代理等の適用場面に比して、より外観への信頼を保護する必要があるという点を強調している。また、否定説の中には弁済者の過失の有無を判断する際に真の債権者の帰責事由を考慮すべきとする見解もある。このような諸説の対立状況を踏まえ、真の債権者の帰責事由を独立した要件とすべきか否かについて検討することが求められる。

(5) 民法478条の適用範囲拡張の要否

　民法478条は弁済に適用される規定であるが、金融取引の多様化・複雑化により、経済的に弁済と類似する取引が行われるようになっており、判例は定期預金期限前払戻事案（最判昭和41年10月4日民集20巻8号1565頁）、預金担保貸付相殺事案（最判昭和48年3月27日民集27巻2号376頁）、保険契約者貸付事案（最判平成9年4月24日民集51巻4号1991頁）などに民法478条を適用あるいは類推適用している。このような判例を踏まえ、実質的に弁済と同視できるような金融取引にも同条の適用範囲を拡張する明文規定を置くべきとの考えもあるが、これに対して、各事案に共通する一般的な要件の設定が難しいこと、将来新たな金融取引が登場することもあり得ることから現行規定と同様に解釈に委ねるべきとの見解もある。それ故、民法478条の適用範囲を弁済以外の行為にも拡張すべきか否かについて検討することが求められる。

(6) 受取証書の持参人に対する弁済規定（民法480条）の要否

　民法478条が善意無過失の主張立証責任を弁済者自身に課しているのに対して、民法480条は弁済者の悪意もしくは有過失の主張立証責任を弁済の効力を否定する側に課しており、受取証書の持参人に対して弁済した者を

他の債権の準占有者に対して弁済した者よりも手厚く保護している。しかしながら、受取証書以外にも受領権限の証明方法があるにもかかわらず、受取証書のみを特別扱いする理由が乏しいこと、真正の受取証書の持参人に対して弁済したことを弁済者が証明すれば善意無過失が事実上推定されるので、民法480条がなくても民法478条の解釈において同様の結果を導き出せることなどを理由に、民法480条の存在意義を疑問視する動きが以前から見られる。また、判例は民法480条の適用を受取証書が真正なものである事案に限定し、偽造された受取証書の持参人に弁済した事案には民法478条を適用しているが、受取証書が真正なものか否かにより適用条文が異なることにも批判がある。それ故、民法480条を廃止すべきか否かについて検討することが求められる。

2 提案前の議論

民法（債権法）改正検討委員会は民法478条と480条について以下のような改正案を提示している[2]。

【3.1.3.03】（債権者以外の者に対する履行）

〈1〉 債権者が第三者に受領権限を与えた場合、または、法律に基づき第三者が受領権限を有する場合、その第三者（この提案では、債権者以外の者で受領権限を有するものという）に対する履行は、弁済となる。

〈2〉 免責証券を所持する者に対してした履行は、その者が債権者または債権者以外の者で受領権限を有するものでなかった場合であっても、有効な弁済となる。ただし、履行をした者が、履行をするとき、悪意または重大な過失があるときは、この限りではない。

〈3〉 履行をする者が、合理人を基準として債権者の外形を有していると判断される者を、正当な理由に基づいて債権者であると信じて、その者に対して履行をした場合、履行は有効な弁済となる。

〈4〉 履行をする者が、合理人を基準として債権者以外の者で受領権限を有するものの外形を有していると判断される者を、正当な理由に基づ

---

[2] 詳解・基本方針Ⅲ 10-15頁。

いて受領権限を有すると信じて、その者に対して履行をした場合、履行は有効な弁済となる。
〈5〉 免責証券を所持する者に対してした履行が、〈3〉または〈4〉にも該当する場合は、〈2〉のみが適用され、〈3〉または〈4〉は適用されない。

　〈1〉は受領権限を授与された者に対する履行が弁済となり債権を消滅させるという原則を確認した規定である。〈3〉〈4〉において受領権限を有しない者に対する弁済でも有効となる場合があり得ることを規定しているので、その前提として、原則として弁済が有効となる場合を定めたものである。
　〈3〉と〈4〉は民法478条と480条を統合した規定である。民法480条は受取証書の持参人に対する弁済において弁済者の主張立証責任を軽減しているが、盗まれた受取証書が使用された場合（民法480条の適用対象）と偽造された受取証書が使用された場合（民法478条の適用対象）とを区別する意味がないという理由から、民法480条が廃止されている。また、現行の民法478条に記された「債権の準占有者」概念が不明確であることから、改正案では新しい定義が提示されている。〈3〉は「合理人を基準として債権者の外形を有していると判断される者」という定義の下で債権者本人であると偽った者に対する弁済に、〈4〉は「合理人を基準として債権者以外の者で受領権限を有するものの外形を有していると判断される者」という定義の下で債権者から受領権限を授与されたと偽った者（詐称代理人など）に対する弁済に、それぞれ適用される。さらに、〈3〉〈4〉はいずれも「善意無過失要件」の代わりに、虚偽の外形を「正当な理由に基づいて」本物と信じたことを弁済の有効要件としている。これにより、払戻自体について債務者に過失があったとはいえない事案でも、預金の機械払やネット取引等において、認証システムの設計、構築、運営を債務者が行っており、なりすましが可能となった領域を債務者が支配している場合に、システムに何らかの問題があれば、正当理由に基づいた弁済ではないとして債務者の免責が否定されることがありうる。

免責証券に関する特則として〈2〉を設け、免責証券の所持人に対する弁済を原則として有効とし、弁済者が悪意もしくは重過失の場合のみ弁済を無効とするとともに、〈3〉〈4〉との関係で〈2〉が優先適用されることを〈5〉において明らかにしている。

なお、真の債権者の帰責事由の要否、ならびに、弁済以外の取引にも適用範囲を拡張するか否かについては、明文化が見送られている[3]。

3　法制審議会での議論

民法478条の改正をめぐる法制審の議論では真の債権者の帰責事由を独立した要件とすべきか否かについて発言が相次いだ[4]。主要な意見として以下のものがある。

三上徹委員は、真の債権者の帰責事由を要件とすることにより他の外観法理規定とは異なる民法478条の独自性が失われること、真の債権者の帰責事由を不要としてきた従来の法制を180度転換することは銀行取引等の実務を混乱させること、真の債権者と債務者のいずれにも帰責性がない状態におけるゼロサムの議論をする場合のゼロを債務者側に負わせるべきではないこと等を理由に、真の債権者の帰責事由を独立した要件とすることに反対し、真の債権者の帰責事由は債務者に対する損害賠償請求における過失相殺において考慮すれば足りるとする。

これに対して、真の債権者の帰責事由を要件とすべきとする意見として、松本恒雄委員は、民法478条の立法趣旨に遡れば、現在の判例とは異なり、立法者は民法478条の適用範囲を狭く捉え、本来の債権者から見える範囲内における無権利者への弁済しか想定していなかったことから、判例の合理性を今一度再検討すべきとし、銀行預金をめぐり形成されてきた判例法理をベースにして民法の一般的な準占有者弁済の法理を考えるのが果たしてよいのか、銀行の預金債務の弁済と切り離した一般的な場面において民法478条は如何にあるべきかをまず考え、そのうえで、預金債務の弁済をめぐる現

---

[3]　その他に民法改正研究会（加藤雅信代表）による改正案も提示されている。松岡久和「弁済の立法論的考察」太田知行＝荒川重勝＝生熊長幸編『民事法学への挑戦と新たな構築』（創文社、2008年）382-387頁。民法改正研究会・国民・法曹・学界有志案172-173頁。
[4]　部会資料集第1集〈第2巻〉87-92頁（**[第8回会議議事録] 14-19頁**）。

在の判例法理が妥当であるというのであれば、別の条文あるいは立法で手当てすべきではないかと述べている。

また、野村豊弘委員は、民法478条の母法であるフランス民法1240条が預金不正払戻事案に適用されていないことを指摘したうえで、あくまでも債権者に弁済するというのが基本原則であり、そこから議論を出発させるべきとしている。

II 検 討

1 民法478条と預金不正払戻事案

近時の学説では、「預金不正払戻事案」をモデルケースとして、窓口払事案における本人確認義務、機械払事案における無過失要件の位置付け、預金担保貸付相殺事案への民法478条類推適用の可否などが主要な争点となっている。また、真の債権者の帰責事由の要否についても、議論の前提に置かれているのは預金不正払戻事案である。このような近時の学説状況が、民法(債権法)改正検討委員会の改正案【3.1.3.03】や法制審の検討事項にも反映され、主として預金不正払戻事案を念頭に置いた議論が展開されている。

しかしながら、従来の判例を見ると、民法478条は、窓口払による預金不正払戻事案（前掲最判昭和41年10月4日）、機械払による預金不正払戻事案（前掲最判平成15年4月8日）、預金担保貸付相殺事案（類推）（最判昭和59年2月23日民集38巻3号445頁）のみに適用あるいは類推適用されているわけではない。それ以外にも、詐称代理人事案（前掲最判昭和37年8月21日）、偽造受取証書事案（大判昭和2年6月22日民集6巻408頁）、債権差押事案（最判昭和40年11月19日民集19巻8号1986頁）、債権譲渡事案（最判昭和61年4月11日民集40巻3号558頁）、賃貸借事案（東京高判平成10年3月4日判タ1009号270頁）、相続事案（最判平成16年10月26日判時1881号64頁）、生命保険の契約者貸付事案（類推）（前掲最判平成9年4月24日）など、多種多様な事案に適用あるいは類推適用されている[5]。

---

[5] 判例の総合的分析として、河上正二「民法四七八条（債権の準占有者に対する弁済）」広中俊雄＝星野英一編『民法典の百年III』（有斐閣、1998年）172頁以下。

そこで一つの疑問が生ずる。果たして、預金不正払戻事案は民法 478 条の典型的な適用事案といえるのであろうか。この点については、法制審での議論においても一部の委員から疑問が提起されている。そこで、外国法の状況、民法 478 条の立法趣旨、判例が預金不正払戻事案に民法 478 条を適用するようになった経緯等の考察を通して、民法 478 条の適用対象を明らかにすることが必要となる。

2 外国法の状況

民法 478 条の母法とされているフランス民法 1240 条は、「債権を占有する者に対して善意で行われる弁済は、たとえ占有者がのちにその債権を追奪される場合であっても、有効である」という内容の条文であるが、実際にこの条文を使って問題が処理されているのは、相続権がない者を相続人であると誤認して支払った相続事案、あるいは、債権譲渡が無効であるにもかかわらず譲受人に支払った、債権の二重譲渡において劣後譲受人に支払った等の債権譲渡事案等に限定されている[6]。

ドイツ民法にはフランス民法 1240 条やわが国の民法 478 条のような一般規定は存在しないが、各則規定として債権譲渡に関連して三つの条文が置かれている。債権譲渡後に債務者が譲渡人に対して善意で弁済した場合（ドイツ民法 407 条）、二重譲渡された債権の債務者が第一譲受人に劣後する第二譲受人に対して善意で弁済した場合（同 408 条）、あるいは、債権譲渡が不成立あるいは無効であるにもかかわらず譲渡人からの通知を受けた債務者が譲受人に対して善意で弁済した場合（同 409 条）において、債務者は免責される。これらの規定は相続の場合にも準用されている（同 2019 条 2 項）[7]。

日本民法 478 条と類似したフランス民法とドイツ民法の規定は、いずれも債権譲渡事案と相続事案を主たる適用対象としており、預金不正払戻事案は適用対象とされていない。また、債務者が免責されるための主観的要件と

---

[6] 新関輝夫「預金証書の持参人に対する弁済と民法四七八条」『現代契約法大系第 5 巻』（有斐閣、1984 年）71-73 頁。池田眞朗「民法四七八条の解釈・適用論の過去・現在・未来」『慶應義塾大学法学部法律学科開設百年記念論文集法律学科篇』（1990 年）317-321 頁。

[7] 磯村哲編『注釈民法 (12)』（有斐閣、1970 年）78-79 頁〔沢井裕〕。椿寿夫＝右近健男編『ドイツ債権法総論』（日本評論社、1988 年）357-361 頁〔松井宏興〕。

して「善意」だけが要求されており、「無過失」要件は課されていない。

3　民法478条の立法趣旨

　民法478条の前身は旧民法財産篇457条であり、同条1項は、「真ノ債権者ニ非サルモ債権ヲ占有セル者ニ為シタル弁済ハ債務者ノ善意ニ出テタルトキハ有効ナリ」、2項は「表見ナル相続人其他ノ包括承継人、記名債権ノ表見ナル譲受人及ヒ無記名証券ノ占有者ハ之ヲ債権ノ占有者ト看做ス」と定めていた。1項は債務者の免責要件を定めた一般規定であり、2項において債権の占有者の具体例として表見相続人や債権の表見譲受人が列挙されていた。現行民法478条は1項のみを承継し、2項については具体例として挙げられた者だけが債権の準占有者であるとの誤解を生むという理由で削除された[8]。以上のように、立法当初は債権譲渡事案や相続事案が民法478条の典型的な適用事案と解されていた。

4　判例における預金不正払戻事案の位置付け

　預金不正払戻事案における金融機関の免責の可否をめぐり、かつての判例は、民法478条の適用ではなく、「商慣習」や「免責約款」に依拠して問題を処理していた。最高裁レベルの判例において預金不正払戻事案に民法478条の適用が認められたのは定期預金期限前払戻事案に関する前掲最判昭和41年10月4日が最初であり[9]、この判決以降、多くの裁判例において預金不正払戻事案に民法478条が適用されるようになった。立法当初から預金不正払戻事案が同条の典型的な適用事案とされていたわけではない。

5　民法478条適用事案の類型化

　以上の分析から、民法478条の改正について議論をするにあたり、預金不正払戻事案を同条のモデルケースと捉える必然性はなく、判例が多種多様な事案に民法478条を適用している現状を踏まえた考察が求められる[10]。具

---

8)　河上・前掲注5）167-168頁。
9)　川地宏行「民法四七八条の適用範囲と真の債権者の帰責事由」伊藤進教授古稀記念『現代私法学の課題』（第一法規、2006年）202頁。
10)　同様の指摘として、中舎寛樹「弁済・債権回収」ジュリ1392号（2010年）123頁。

体的には、判例における民法478条適用事案を類型化したうえで、各類型毎に同条の制度趣旨と債務者の免責要件を検討すべきである[11]。

判例における民法478条適用事案を債務者の誤認対象に着目して類型化すると、同一性誤認型、受領権限誤認型、帰属誤認型の三種類に分類できる。同一性誤認型とは、履行請求者を真の債権者と同一人物であると債務者が誤認する場合であり、預金不正払戻事案がその典型である。受領権限誤認型は、履行請求者が真の債権者から弁済受領権限を与えられていないにもかかわらず、履行請求者に受領権限が授与されていると債務者が誤認して、その者に弁済をする場合を指し、詐称代理人事案と偽造受取証書事案がこれに含まれる。帰属誤認型は、債権が誰に帰属しているのかについて債務者が誤認する事案であり、具体例として、債権譲渡事案、債権差押事案、相続事案、賃貸借事案が挙げられる。

三つの類型のうち、同一性誤認型と受領権限誤認型は共通点が多いが、帰属誤認型は他の二類型とは性質が決定的に異なる。

6　同一性誤認型と受領権限誤認型

(1)　民法478条の制度趣旨

同一性誤認型と受領権限誤認型における民法478条の制度趣旨は、真の債権者であるかのような虚偽の外観、あるいは、真の債権者から受領権限を授与されたかのような虚偽の外観を有する履行請求者に対して弁済した債務者を保護することが目的であることから、外観法理の具体化といえる。

(2)　債務者の主観的要件

民法478条を外観法理の具体化と捉える限りにおいて、同条が債務者の主観的要件として善意無過失を要求していることは何ら問題がない。同一性誤認型において、債務者は履行請求者に対して真の債権者と同一人物であることを示す資料（身分証明書等）の提示を求めさえすれば、履行請求者が債権者本人かどうかの確認ができる。受領権限誤認型でも、真の債権者から受領権限が授与されたか否かは真の債権者本人に電話等で確認をすれば容易に判

---

[11]　川地宏行「民法四七八条における債務者保護要件」法律論叢81巻1号（2008年）99頁以下。

明する。こうした注意義務を課すことは債務者にとって酷とはいえない。平成16年の民法改正により、民法478条に無過失要件が加えられたが、同一性誤認型と受領権限誤認型に関する限り、当該改正は妥当なものであったといえる。

(3) 真の債権者の帰責事由

民法94条2項や表見代理規定に代表される外観法理の成立が認められるためには、①虚偽の外観の存在、②虚偽の外観に対する第三者の正当な信頼、③虚偽の外観作出についての真の権利者の帰責事由という三要件を満たすことが必要である。これらの要件が具備されると、真の権利者を犠牲にして第三者が保護される。それ故、民法478条を外観法理の具体化と捉えるのであれば、真の債権者の帰責事由が要件となるはずであるが、判例通説は、民法478条の特殊性を強調し、真の債権者の帰責事由を不要と解している[12]。

真の債権者の帰責事由を不要とする理由として特に重視されているのは、他の外観法理規定と民法478条の適用状況の違いである。他の外観法理規定は新たな法律関係を形成する局面で適用されるものであり、保護の対象である第三者は取引を拒絶できる立場にあるが、これに対して民法478条における債務者は、既に債務を負っているので、履行を拒絶すれば債務不履行責任を課せられる弱い立場にあり、民法478条の債務者を他の外観法理規定の第三者よりも手厚く保護することが必要であることから、外観法理の成立要件である三要件のうち、真の債権者の帰責事由を民法478条の要件から外すべきであると解されている。

これに対して、他の外観法理規定と同様、民法478条においても真の債権者の帰責事由を要求する見解が有力に主張されており[13]、また、債務者の過失の有無を判定する際に真の債権者の帰責事由を考慮すべきとする見解もある[14]。

私見としては、同一性誤認型と受領権限誤認型においては真の債権者の帰

---

12) 佐久間毅「民法四七八条による取引保護」法学論叢154巻4＝5＝6号（2004年）383-387頁。
13) 潮見佳男『債権総論II〔第3版〕』（信山社、2005年）253-255頁。
14) 内田貴『民法III（第3版）』（東京大学出版会、2005年）55頁。

責事由を要求すべきと解する。他の外観法理規定の第三者よりも民法478条の債務者を手厚く保護するという目的は、債務者の善意無過失や真の債権者の帰責事由を緩やかに認定することによって実現可能であり、真の債権者の帰責事由を要件から外すことは債務者に過剰な保護を与えることになると思われる。

7 帰属誤認型

(1) 紛争の実態

　帰属誤認型に属する事案は多岐にわたるが、ここでは債権二重譲渡事案と共同相続事案を取り上げる。債権二重譲渡事案において、判例が採用する到達時説（最判昭和49年3月7日民集28巻2号174頁）によると、確定日付のある証書による通知（民法467条2項）が先に債務者の下に到達した譲受人が優先し、債務者は優先譲受人に弁済しなければならない。債務者が劣後譲受人に弁済した場合は債権の準占有者に対する弁済として処理される（前掲最判昭和61年4月11日）。共同相続事案の中で近年最も注目を集めているのが預金債権の共同相続事案であるが、判例によると、被相続人の預金債権が各相続人の相続分に応じて分割帰属され（最判平成16年4月20日判時1859号61頁）、自己の相続分を超えて払戻を受けた共同相続人は債権の準占有者として扱われ、民法478条が適用される（前掲最判平成16年10月26日）。債権二重譲渡事案ならびに共同相続事案において、債権の準占有者に弁済した債務者が善意無過失である場合、債務者は免責され、債権が消滅するので、真の債権者は債権の準占有者に対して不当利得返還請求権（民法703条）を取得する[15]。

(2) 民法478条の制度趣旨

　帰属誤認型では、債権の帰属をめぐる紛争当事者の中から債権帰属ルールにより真の債権者が決定され、残りの者が債権の準占有者となる。物権の帰属をめぐる紛争であれば最初から二当事者関係の問題となるが、債権の帰属をめぐる紛争では、真の債権者と債権の準占有者との間の紛争に債務者が巻き込まれ、複雑な三当事者関係が形成される。それ故、帰属誤認型における

[15) なお、債務者が有過失である場合の問題については、藤原正則「無権限者による他人の物の処分と他人の債権の取立による不当利得（四・完）」北法59巻5号（2009年）2337頁以下。

民法478条の制度趣旨は、債権の帰属をめぐる紛争から債務者を排除することにより、本来の紛争当事者である真の債権者と債権の準占有者の二当事者関係に収束させて抜本的な問題の解決を図ることにある。帰属誤認型において、民法478条は、外観法理の具体化ではなく、供託類似の機能を果たす。

(3) **債務者の主観的要件**

帰属誤認型では、債務者は到達時説のような債権帰属ルールを正確に理解しなければ債権帰属についての誤認を防止できないので、債務者に法律の専門知識が要求されるが、このような高度な注意義務を債務者に課すのは酷である。事実を確認するだけで誤認を防ぐことができる同一性誤認型や受領権限誤認型において債務者に無過失要件を課すことは何ら問題ないが、帰属誤認型において債務者に無過失要件を課すことについては慎重な検討を要する。フランス民法やドイツ民法における民法478条の類似規定では、債務者の善意のみが要求され、無過失要件は課されていないが、これらの規定はいずれも帰属誤認型を適用対象としている。私見としては、帰属誤認型において善意で弁済をした債務者は、過失の有無を問わず紛争からの離脱を許されるべきであり、債務者の無過失要件を外した規定を設けるべきであると解する。

(4) **真の債権者の帰責事由**

帰属誤認型では、債権の帰属をめぐり争っている複数の者の中から、債権帰属ルールによって真の債権者が決定され、残りの者が債権の準占有者となる。したがって、債権の準占有者の出現について真の債権者の帰責事由は最初から問題にならず、帰属誤認型では真の債権者の帰責事由を要件とする必要はない。民法478条の立法趣旨、ならびに、当初の判例は、帰属誤認型を同条の適用対象としていたので、真の債権者の帰責事由は不要とされていたが、判例によって同一性誤認型や受領権限誤認型に同条が適用されるようになった後でも、判例通説は真の債権者の帰責事由を不要とする点を踏襲して、民法478条を特殊な外観法理規定と捉える理論を構築した。しかしながら、真の債権者の帰責事由が不要とされるのは帰属誤認型のみであり、民法478条を外観法理の具体化と捉える同一性誤認型や受領権限誤認型では

真の債権者の帰責事由を要件とすべきである。

8 まとめ

　民法 478 条の適用事案は多種多様であり、同一性誤認型、受領権限誤認型、帰属誤認型に大別され、前二者と後者は、民法 478 条の制度趣旨を異にしており、債務者の善意無過失や真の債権者の帰責事由などの要件のあり方についても違いが見られる。民法 478 条の改正について議論をするにあたり、この点に留意した考察が求められる[16]。

[川地宏行]

---

[16]　川地宏行「債権の準占有者に対する弁済—民法 478 条適用事案の類型化と要件の再考—」円谷峻編『社会の変容と民法典』（成文堂、2010 年）256 頁以下。

2 弁済・弁済の提供

はじめに

　本稿の検討対象は、弁済および弁済の提供である。債権法改正においてはこれらについて、主として、弁済の効果を明文化するか否か、また、受領遅滞との関連において、弁済の提供の効果をどう具体化するかが問題とされ、更に後者に関連して口頭の提供さえも不要とされる場合についても明文規定を置くかが問題とされている。全体としてみれば、いずれも効果の明確化を焦点に議論が展開、深化または個別化されていく傾向にある。

　さて、弁済の効果は民法典に明文化されていないものの、弁済が債権の消滅原因の筆頭であってそれにより債権が消滅することは従来から当然視されてきた（法典上の根拠を強いて探れば、それは第三編債権 第五節債権の消滅 第一款の見出し「弁済」の文字に求められることになろう）。当然視されてきた効果であるから——その定式の仕方について意見が割れることはあるにしても——明文化するという改正方向にはあまり抵抗はないであろうし、こうした効果を民法典にはっきりと書き込むことは民法典をわかりやすくするという標語にも適う。また、弁済の提供についても、その効果を受領遅滞の効果との関連において整理し明確化するという改正方向は従来から学説が展開してきた議論とも同じ方向を目指すものである。更に、弁済の提供につき口頭の提供さえも不要とされる場合の明文化も、判例が形成してきたルールを明文化しようとする点において現在の法の実態を反映しようとするものと評価することができる。こうして、弁済および弁済の提供について債権法改正の方向性を概観するとき、その方向性は従来からの学説および判例の展開をありのままに反映しようとするものであり、その限りにおいて穏当なものにみえる。

　しかし、近年——そうした大局を揺るがすには至らないが——二つの無視することのできない胎動が感じられる。いずれも弁済および弁済の提供の捉え方に関連する点において共通するけれども、それぞれが別の方向から対象を捉えようとしている。ひとつは民法典の体系に関連し、いまひとつは弁済

および弁済の提供の実態に関連する。

まず前者である。弁済の提供の効果を云々する以前に、そもそも民法492条（以下、現行民法の規定は条名のみをもって指示する）はルールとして曖昧さを含んでおり、民法典の体系にぴったりと収まって機能するようなものではないのではないかといったその体系的整合性に関する疑問の提出とそれを踏まえたうえでの新たな展望を模索する必要性とが主張されている[1]。

次いで後者である。弁済ないし履行に関して、先の学説・判例の展開とは別の角度から（あるいは同じ角度を取りながらもより深く切り込むかたちで）、債務内容の実現過程という意味における弁済プロセスをどう法的に把握し、そこにおける当事者の諸行為を法的評価にどう反映するかということも意識されるようになっている[2]。

本稿は、こうした状況にある弁済および弁済の提供につき、各種の改正提案と法制審議会提案とを概観し〔I〕、それらの内容が果たして学説および判例の展開を、更には先に触れた近年の二つの動向を反映するものかどうかにつき、若干の検討を行う〔II〕ものである。

I 法制審議会提案

本章では、本書の方針とは異なるが、時系列に従い、弁済の提供に関する「債権法改正の基本方針」等の各種改正提案〔1〕と法制審議会民法（債権関係）部会資料の記述〔2〕とを概観した後、法制審議会において弁済の提供についてどのような議論が交わされたかを議事録から読み取りうる範囲で整理し〔3〕、これを前提に中間的な論点整理が形成されるまでの過程を示す〔4、5、6〕。本章の狙いは、II検討の前提を共有することにある。

1　各種の改正提案の登場

弁済および弁済の提供についても法制審議会の会議以前にいくつかの改正

---

1) 早川眞一郎「民法四九二条（弁済の提供）」広中俊雄＝星野英一編『民法典の百年III』（有斐閣、1998年）251-254頁。
2) 北居功「弁済のプロセス」内田貴＝大村敦志編『民法の争点』ジュリ増刊（2007年）182頁。また、解除権行使の要件との関連においてであるが、森田修『契約責任の法学的構造』（有斐閣、2006年）461-465頁をも参照。

提案が登場していた。それらは、受領遅滞制度をどう構想するかに応じて、弁済および弁済の提供に対してそれぞれ異なった態度を採っている。それぞれの立場を確認しておく。

(1) 『民法改正を考える』研究会（長谷川）案[3]

492条および493条をそのまま維持しながら、413条に修正と追加を施す。これにより413条1項を債権者付遅滞の要件の規定、2項を受領遅滞の効果を具体化する規定、3項以下を債務者の引取請求権を引き金とした法定解除権と損害賠償請求権の規定（＝受領遅滞の新たな効果）へと組み替える。この構想によると、まず弁済の提供には、492条の効果である債務者の不履行責任の免除のほか、従来から認められてきた供託・自助売却権の発生（494条・497条）、同時履行の抗弁権の喪失（533条）、約定利息の発生停止、果実（収益）収取義務の免除、増加費用の賠償といった効果が肯定される[4]。次いで受領遅滞固有の効果として、危険の移転、善管注意義務違反から生じる損害の免除、強制執行または担保権の実行からの免除が明文化される。更に受領遅滞は、債務者による弁済の提供に加えて、債権者が債務者の引取請求に正当な理由なく応じないという要件を満たしてはじめて、債務者に法定解除権と損害賠償請求権を発生させる制度となる。

(2) 民法改正国民・法曹・学界有志案[5]

弁済が債権の消滅原因であることを明文化し（有志案378条）、弁済の提供

---

3) 長谷川貞之「弁済の提供および受領遅滞規定をどう見直すか」椿ほか・民法改正を考える259-261頁は、1項の修正（以下の波線部）、2項-4項の追加（以下の下線部）を提案する。
　民法413条　債権者が債務の履行を受けることを拒み、又は受けることができないときは、その債権者は、履行の提供があった時から遅滞に陥る。
　2　前項の場合において、債務者は、履行提供の効果として、民法492条が規定する債務不履行から生ずる一切の責任を免れるほか、次に掲げる事項につき自己に生ずべき不利益ないし損害を免れる。ただし、債務者に故意又は重大な過失があったときは、この限りでない。
　① 民法534条と異なる特約がある場合及び民法536条1項の適用がある場合の危険負担
　② 民法400条により負担する善管注意義務の違反から生ずる損害
　③ 強制執行又は担保権の実行
　3　第1項の場合において、債務者は、債権者に対し、提供された物又は給付の引取りを請求することができる。債務者が引取りを請求しても、債権者が正当な理由なくしてこれに応じないときは、債務者は契約を解除することができる。
　4　前項に規定する解除権の行使は、損害賠償の請求を妨げない。
4) 弁済の提供に対し判例・学説が認めてきた効果を具体化するが、492条の効果自体の具体化を意味するわけではない点に注意を要する。

2 弁済・弁済の提供　69

の効果については、債務者の履行遅滞の責任を免除するものとし（有志案388条）、弁済の提供の方法については493条をそのまま維持する（有志案389条）。また、受領遅滞については、債権者の受領義務を創設することにより、受領遅滞を債務不履行の中に解消し、債務者による損害賠償請求および受領義務違反による解除を明文化する（有志案339条2項、343条および491条）。なお、受領遅滞後の危険負担については、危険負担の規定により債権者が負担すると定められている（有志案477条1項前段）。

(3) 債権法改正の基本方針[6]

弁済により債権が消滅することを明文化する（基本方針【3.1.3.01】〈1〉）。そ

---

5) 民法改正国民・法曹・学界有志案（平成21年10月25日国民シンポジウム提出案）339条2項、343条正案、378条1項、388条および389条（民法改正研究会・国民・法曹・学界有志案161、162、171、174、194および197頁）。
　339条① 略
　② 債権者は、債務の履行が債権者の受領なくして行うことができない場合において、債務者が前項の〔＝債務の本旨に従った〕債務の履行をしようとするときは、その債権の内容と性質に従って債務の履行を受領しなければならない。
　③ 略
　343条正案① 債権者が（新）第三百三十九条（債権者及び債務者の権利と義務）第二項の義務に違反して、債務の履行を受領しなかったときは、債務者は、債権者に対し、これによって生じた損害の賠償を請求することができる。ただし、受領をしなかったことが債権者の責めに帰すべき事由によるものでないときは、この限りでない。
　② （新）第三百四十四条（損害賠償の範囲）から（新）第三百四十八条（損害賠償の予定）までの規定は、その性質に反しない限り、第一項の場合に準用する。
　③ （新）第百九条（履行の強制）の規定は、債権者の受領義務違反に適用しない。
　378条① 債権は、債務者の弁済により消滅する。
　②・③ 略
　388条 債務者は、債務の本旨に従った弁済の提供の時から、履行遅滞の責任を免れ、その後の債務の不履行については、故意または重大な過失についてのみ責任を負う。
　389条 （現行民法493条に同じ）
　477条① 前条の規定にかかわらず、双務契約において、債権者が受領遅滞の後に、又は債権者の責に帰すべき事由によって債務を履行することができなくなったときは、当該債権は消滅し、反対債権は消滅しない。この場合において、債権が消滅したことによって、その債権の債務者が利益を得たときは、これを相手方に償還しなければならない。
　② (略)
　491条① 債権者が（新）第三百十九条（債権者及び債務者の権利と義務）第二項の義務に違反して、債務の履行を受領しなかったときは、債務者は、債権者に対し、契約を解除することができる。契約に基づく債務の履行期前に債権者が債務の受領を拒絶し履行期に受領しないことが明らかであるときも、同様とする。
　② （新）第四百八十一条（解除権の発生及び行使）から前条までの規定は、その性質に反しない限り、第一項の場合に準用する。

の際、正案は弁済と履行の関係を読み取りうる用語を採用するが、別案として用語法を変更しない意見も注記されている。正案、別案ともに「債務の本旨」という文言を使用しないところに特徴がみられる。また、民事執行手続による配当および弁済金の交付を弁済とする旨も明記されている（同〈2〉）。

弁済の提供に関しては、まず「履行の提供」に呼び名が改められている（基本方針【3.1.3.12】見出し）。次いで効果につき、現実の提供と口頭の提供とを別の項に分け、〈1〉において、現実の提供の効果を492条と接合し、更に具体化するかたちで、債権者は履行遅滞を理由とする損害賠償および不履行を理由とする解除ができなくなると定める（基本方針【3.1.3.12】〈1〉）。口頭の提供については、〈2〉が、債権者のあらかじめの受領拒絶の場合と債務の履行に債権者の協力が必要な場合とに限り、①履行の準備、②準備完了の通知および③受領の催告を要件に、現実の提供の効果と同様の効果を認めている。履行の提供についても「債務の本旨」という文言は使用していない。

更に、〈3〉が、口頭の提供のない場合であっても、信義則上、現実の提供をしたのと同様の効果が生じることがあることを定める。

(4) 『民法改正を考える』研究会（北居）案[7]

民法改正を考える会からは、先の長谷川案とは別に――定式化は控えているものの――北居案も提出されている。その特徴は信義則を介した柔軟な（裏を返せば、基準の曖昧な）弁済の提供の運用に反対する点にある。弁済の提

---

6) 基本方針【3.1.3.01】および【3.1.3.12】（175頁、180-181頁）。詳解・基本方針III 3-5頁、28-29頁も参照。
　【3.1.3.01】（弁済の効果）
　〈1〉 債務が履行された場合、債権は弁済によって、消滅する。
　〈2〉 民事執行手続における売却代金の配当、または、弁済金の交付など強制的に行われた履行も弁済とする。
　【3.1.3.12】（履行の提供）
　〈1〉 債務者が、現実に債務の履行を提供した場合、債権者は、履行遅滞を理由とする損害賠償を請求することができず、履行がないことを理由とする解除をすることができない。
　〈2〉 債権者があらかじめ債務の履行の受領を拒んだ場合、または、債務が履行されるためにあらかじめ債権者の行為が必要な場合は、債務者が履行の準備をし、その旨を債権者に通知し、債権者に受領の催告をすれば、〈1〉と同様の効果が生ずる。
　〈3〉 〈2〉にもかかわらず、債務者が、履行の準備の旨を債権者に通知し、債権者に受領の催告をすることがなくても、信義則上、〈1〉と同様の効果が生ずることは妨げられない。
7) 北居功「弁済の提供――債務不履行責任の免責および追及要件――」円谷峻編『社会の変容と民法典』（成文堂、2010年）242頁。併せて、同「弁済のプロセス」・前掲注2も参照。

供は、債務者が債務不履行に陥るか、それとも彼が責任を免れ、却って債権者が責任を負うかの境界線を引く役割を担うのだから、基準がはっきりしないままに運用されると、法的安定性が害されると北居はいう。この曖昧さをもたらす原因を、北居は弁済の提供の有無の判断と債務不履行の成否の判断との関係に見出す。つまり、弁済の提供の有無が問題となるのは、主として、債権者が債務者に対し債務不履行責任を問う場面である。とすれば、「問題の核心は、債務者側に提供があるかどうかではなく、債務者に債務不履行があるかどうかにある」ということになる。債権者債務者双方の事情を考量した結果、債務者が債務不履行責任を負うべきでないと判断されたならば、これと連動して、弁済の提供があったと評価されるわけである。こうした点を直視すれば、弁済の提供には債務者を免責する効果があるとするより、むしろ「債権者が受領する意思や準備を欠いている」という事実故に「債務者は債務不履行に陥らないと解す」ことが素直であろう[8]（この思考の進め方は、債権者の明確な受領拒絶があるために債務者の弁済の提供が免除される場合に尚更あてはまる）。とすると、改正の行き方としては、弁済の提供の効果それ自体を明確化していく道よりも、債務不履行制度を見直す道に合流し、弁済の提供がなくとも債務者が債務不履行に陥らない場合を債務不履行制度の中に、その定義や要件を見直すことを通じて、位置づけ、解消していく道が適当であろう。

　以上の防御的効果に加えて、攻撃的効果についても、その各場面をたとえば受領遅滞の問題に、解除については同時履行の抗弁権の問題に、あるいは債務不履行を構成する履行拒絶の問題にといった具合に、問題を弁済の提供の効果から別の制度の効果に組み戻し、場合によっては組戻し先の制度を整合的に組み直すことを提案している。

　そして、以上の構想を目標として、北居は、本来あるべき状況を実現する

---

[8]　北居「弁済の提供」・前掲注7) 244頁。より詳しくは、北居功「遅滞論のシンメトリー―遅滞制度における形式要件と実質要件の乖離―」法研72巻12号（1999年）283頁、286頁を参照。同様の理解は、潮見佳男『債権総論Ⅱ〔第3版〕―債権保全・回収・保証・帰属変更―』（信山社、2005年）197-198頁にもみられる（1994年初版はこの点に触れていないが、2001年第2版〔分冊〕はその163-164頁において言及している）。潮見は、第2版の段階で、遅滞免責目的での弁済の提供制度は、立法論としては無用であるか、少なくとも改善の必要があるものであることを指摘している（164頁）。

ために、現在の状況が生まれた原因である492条の削除を主張する[9]。

(5) 小　括

　以上の提案を簡単に整理しておくと、弁済の提供の効果につき、(2)は現行規定の維持を提案するのに対し、そのほかはその明確化・具体化を提案している。もっとも、明確化・具体化の方向は正反対である。一方で、(1)および(3)はいずれも受領遅滞との関連を意識しつつ、弁済の提供という項目のもとに効果を明確化・具体化しようとする。他方で、(4)は弁済の提供という制度を解体し、他の項目のもとにその効果を明確化・具体化しようとするものである[10]。

2　部会資料10-2の提案内容

　以上の各種提案がある中で、法制審議会の提案が明らかにされる。それは、まず弁済の効果を明文化するか否かを問いかける[11]。そのうえで、弁済の提供についても、受領遅滞と表裏をなすかのように、その具体的な効果を明文化してはどうかと問いかける[12]。

　後者の問いが生じる理由はこうである。492条は「債務者は、弁済の提供の時から、債務の不履行によって生ずべき一切の責任を免れる」と規定する。この文言から、弁済の提供により「債務者が債務不履行責任から免れる、または、債務不履行自体が発生しない」という効果を引き出すことは容易い。しかし、弁済の提供がなされた局面で発生する効果はそれだけではな

---

[9]　北居はこう主張するにあたり、早川・前掲注1) 251-252頁の比喩を持ち出す。確かに早川は492条を「盲腸」のような規定と評しており、北居はこれを受けるかたちで「盲腸」ならばいっそ「切除」し「健康」に戻すべきと巧妙洒脱に話を繋げる（北居「弁済の提供」・前掲注7) 255頁）。しかし、早川はそう評しながらも最終的には492条に意味をもたせ、その展望を開くことを課題として提示したのであって、その展望を閉ざす方向には向いていないことに留意しなければならない（早川は「盲腸」という言葉に「あってもなくてもかまわない、役割のよくわからない器官」という以上の意味を与えておらず、北居のようにその言葉を「病的・未病的レッテル（＝盲腸炎）」として扱ってはいない）。
[10]　なお、弁済の効果については、(2)および(3)はその明文化に言及するが、(1)および(4)はこれに言及しない。もっとも、これはそれぞれの提案の検討対象が異なるためである。
[11]　民事法研究会・検討事項〈詳細版〉222頁（[部会資料10-2] 1頁）。そこでは関連論点として、①弁済と履行の関係、②民事執行手続による満足（配当等）と弁済との関係も指摘されている。民事法研究会・検討事項〈詳細版〉222頁（[部会資料10-2] 1-2頁）。
[12]　民事法研究会・検討事項〈詳細版〉232頁（[部会資料10-2] 20頁）。

い。弁済の提供があったにもかかわらず、債権者がそれを受領しない場合には、履行の提供（＝弁済の提供）を（追加的）効力発生要件とする受領遅滞の効果も発生することになる。しかも、これを定める413条はその効果を債権者の「遅滞の責任」というのみで、それ以上は明らかにしない。そのため、弁済の提供と受領遅滞が併発する局面において生じる諸効果を弁済の提供の効果と受領遅滞のそれとに分類しようとするとき、492条と413条の文言は、参考にはなっても決め手とはならない。その結果、講学上、弁済の提供の効果と受領遅滞のそれとの区別という問題が生じることになる。

この区別に関する部会資料の理解はこうである。それぞれの文言を手掛りに、弁済の提供は債務者の責任を受け持ち、受領遅滞が債権者の責任を担当すると見定め、債務者の債務不履行責任の不発生（≠免責）という効果は弁済の提供の効果であり、そのほかの、債権者の同時履行の抗弁権の消滅、特定物の引渡しの場合における注意義務の軽減、増加費用の債権者負担、目的物滅失等の場合における危険の移転等の諸効果は受領遅滞の効果であると[13]。これを受けて、更に部会資料は、受領遅滞の規定と整合を図るかたちで、弁済の提供の効果も明文化すべきではないかという考え方の是非を問う。

そして、その関連論点として、口頭の提供さえも不要とされる場合の明文化の可否を問いかけている。

3　法制審議会の議論状況①（第8回・平成22年4月27日）

弁済の提供に関しては、先に見たように、際立った特徴をもつ提案が複数提出されたが、この状況とは裏腹に、法制審議会民法（債権関係）部会における弁済および弁済の提供についての議論はそれほど立ち入ったものにはならなかった。以下、項目ごとにみていこう。

(1)　弁済に関する議論

弁済の総論に関しては、松尾博憲関係官が幅広い議論を求め、弁済の効果に関しては、それにより債権が消滅するという効果を明文化するという改正

---

[13]　民事法研究会・検討事項〈詳細版〉64頁（**[部会資料5-2] 104頁**）および232-233頁（**[部会資料10-2] 20-21頁**）。

方向の是非を問う[14]。これを受けて、松岡久和委員から①条文の文言をめぐる議論をどうするか、②弁済の条文配列、つまり体系をめぐる議論をどうするかの2点を考えていく必要がある旨の意見が提出された[15]。

(2) 弁済の提供に関する議論

a 弁済の提供の一般的効果

弁済の提供に関しては、松尾関係官は、その効果の明文化という方向性についての意見、更に、明文化する具体的な効果の内容についての意見を求める[16]。これについては、山本敬三幹事から、弁済の提供の効果の明文化との関連において、同時履行の抗弁権の消滅という効果はその性質からして受領遅滞よりもむしろ弁済の提供の効果というべきである旨、しかし、533条がこれを規律しており、弁済の提供の効果として重ねてその旨を書く必要はない結果、弁済の提供の効果については「債務不履行による一切の責任を免れる」という書き方で足りる旨が指摘される[17]。また、これと併せて解除についてまでこの規定が及ぶとは言い難いため、解除の箇所にこれに対応する規定を置くべきといった旨も指摘される。

なお、第三者による弁済に関する議論の中では、第三者による弁済が認められる場合において、その第三者による弁済の受領を債権者が拒絶したとき、弁済の提供の効果が生じ、債権者は受領遅滞に陥るのかといったことが議論された[18]。

b 労働関係における弁済の提供の効果

また、このとき、弁済の提供の一般的効果とぴったりと重なり合うとはいい難いが、労働関係を念頭に置いて、部会資料の関連論点について二人から意見が提出される。まず山川隆一幹事が、解雇して労務の受領を予め拒絶した場合につき、あらためて労働者側が口頭の提供をしなくとも労働義務の債務不履行責任を負わない、あるいは労働者側が536条2項の帰責事由を立

---

[14] 部会資料集第1集〈第2巻〉74頁（[[第8回会議議事録] 2-3頁]）。
[15] 部会資料集第1集〈第2巻〉74-75頁（[[第8回会議議事録] 3-4頁]）。
[16] 部会資料集第1集〈第2巻〉86頁（[[第8回会議議事録] 14頁]）。
[17] 部会資料集第1集〈第2巻〉99-100頁（[[第8回会議議事録] 25-26頁]）。
[18] 部会資料集第1集〈第2巻〉79-84頁（[[第8回会議議事録] 7-12頁]）（松本恒雄委員発言とそれに関連する議論）。

証しなくとも使用者側が労務の受領拒絶につき合理的理由がないことを立証しない限り賃金請求が認められるという取扱いが一般的であるから、一定の場合には口頭の提供すら不要である旨が明記されると有り難いと述べる[19]。次いで、新谷信幸委員が、①賃金請求権との関係で労務提供義務が先履行になっていることから、使用者が労務を受領拒絶した場合に、労働者の賃金請求権は、労務提供の効果として発生するのか、受領遅滞の効果として発生するのか、それとも危険負担の効果として発生するのか、②休業命令は受領拒絶の意思を明確にしている場合に該当するか、更に③使用者が受領拒絶の意思を明確にした場合にその事実のみから賃金請求権が発生したと考えてよいかを問う[20]。この問いを受けて、鎌田部会長は、検討課題として承る旨を回答している。

4　部会資料 22 の提案内容

　以上の法制審議会の会議を経た後、中間的な論点整理のたたき台を作成するために会議が継続された。弁済および弁済の提供は第 22 回の会議において審議された。以下、そこでの資料〔**本節**〕と議論〔**5**〕とを確認しておこう。

　弁済の効果については、部会資料 10-2 においてなされた提案が維持される[21]。弁済の提供については、①受領遅滞との整合性を図りつつ、効果を明確化する方向で更に検討してはどうかという提案されたのに加えて、②利害関係を有しない第三者による弁済が認められる場合にその弁済の提供の効果を条文上明確にすべきかを検討してはどうかという提案がなされ、また、③口頭の提供すら不要とされる場合の判例法理を条文上明記する方向での検討が提案されている[22]。この②の提案は、第 8 回会議における議論を受けて、新たに追加されたものであり、③は第 8 回会議における議論の流れを受け

---

[19]　部会資料集第 1 集〈第 2 巻〉92-93 頁（[**第 8 回会議議事録**] 19-20 頁）。これに続けて、そうした規定が置かれなかったとしても、契約の性質に応じて本文記載の効果が導かれうるというふうに配慮して欲しい旨が述べられる。

[20]　部会資料集第 1 集〈第 2 巻〉102-103 頁（[**第 8 回会議議事録**] 28-29 頁）。

[21]　部会資料集第 1 集〈第 6 巻〉430 頁（[**部会資料 22**] 10 頁）。

[22]　部会資料集第 1 集〈第 6 巻〉433 頁（[**部会資料 22**] 13-14 頁）。

ての法制審議会なりの方向づけである。もっとも、先にみたとおり、第 8 回の会議においては口頭の提供すら不要な場合一般についての議論はなく、このことが次にみる議論に影響を与えることになる。

5 法制審議会の議論状況②(第 22 回・平成 23 年 1 月 25 日)

まず松本恒雄委員から、弁済の提供の箇所に位置づけられた先の 4 ②に関して、問題の性質上、第三者による弁済の箇所に移すべきである旨の発言があり、これに松岡久和委員がこれに賛成する[23]。

弁済の効果に関しては、岡田ヒロミ委員から、履行や弁済という言葉の意味だけでなく「給付」という言葉の意味についても明確化して欲しい旨の要望が提出され[24]、中井康之委員から、弁済により債権が消滅するというルールを明文化するにしても、それと併せて、弁済による代位が認められた場合の原債権の帰すうとの整合性を検討すべきという指摘を、たたき台に入れるかどうかを含めて検討して欲しい旨の発言がなされている[25]。

弁済の提供に関しては、第 8 回の会議においては労働関係の文脈でしか議論されなかった「口頭の提供すら不要とされる場合の明文化」が問題となった。一方で、法制審議会が「判例法理」を明文化する方向で検討を進めたい旨を提案し、これを受けて、債権者の受領拒絶意思が明確な場合のほかにも、口頭の提供が不要とされる場面はあるのだから、それをも明文化すべき、あるいは明文化はしなくともそのほかにも口頭の提供が不要とされる場合があることがわかるような定式化を図るべきという意見も提出される[26]。しかし他方で、一般化は行き過ぎであるから、明文化の可否から検討すべき[27]、あるいはそもそも賃貸借の場合の特殊な例外であって弁済の提供一般に通用する「判例法理」とはいえないといった反対意見が提出されている[28]。ここは、弁済および弁済の提供をめぐる法制審議会の議論の中で唯一はっきりと意見の対立がみられた箇所である。

[23) 部会資料集第 1 集〈第 6 巻〉91 頁([**第 22 回会議議事録**] 20 頁)。
[24) 部会資料集第 1 集〈第 6 巻〉91 頁([**第 22 回会議議事録**] 20 頁)。
[25) 部会資料集第 1 集〈第 6 巻〉91 頁([**第 22 回会議議事録**] 20-21 頁)。
[26) 部会資料集第 1 集〈第 6 巻〉95 頁([**第 22 回会議議事録**] 24 頁)(岡本雅弘委員)。
[27) 部会資料集第 1 集〈第 6 巻〉92 頁([**第 22 回会議議事録**] 21 頁)(松岡久和委員)。

6 民法（債権関係）の改正に関する中間的な論点整理

　以上の展開を受けて、2011年4月12日、法制審議会は民法（債権関係）の改正に関する中間的な論点整理（以下、「中間的な論点整理」と略称する）を決定した。そこでは、弁済の効果については、それにより債権が消滅するという基本的なルールを明文化してはどうか、これと関連して、弁済と履行といった用語の関係、配当等と弁済の関係を整理することについて更に検討してはどうかといったまとめ方がなされている[29]。また、弁済の提供については、①その具体的効果を受領遅滞の規定の見直しと整合性を図りつつ、明確化する方向で、更に検討してはどうか、②利害関係を有しない第三者による弁済が認められる場合における第三者による弁済の提供の効果を条文上明確にすべきかどうかについて、検討してはどうか[30]、口頭の提供すら不要とされる場合の明文化については、③判例法理を明文化するかに関して、賃貸借契約の特殊性を考慮したものだから一般化すべきではないという指摘や、労働契約で解雇が無効とされる事案において同様の取扱いがされているという指摘あることに留意しつつ、更に検討してはどうか、④債務の実現につき債権者の受領行為以外に何らの協力を求める必要がなく、履行期および履行場所が確定している取立債務において、債務者の口頭の提供がなくても遅滞の責任を負わないとした裁判例を明文化すべきかどうかについて、検討してはどうかといった整理がなされている[31]。

　以上が弁済および弁済の提供をめぐる流れである。これを踏まえて、次に検討に移ろう。

28）　部会資料集第1集〈第6巻〉95-96頁（**[第22回会議議事録] 24頁**）（岡正晶委員）。なお、弁護士会において松岡委員と同じ意見があることを指摘する。
29）　**[中間的な論点整理] 57頁**。併せて、商事法務・中間的な論点整理の補足説明145-146頁をも参照。
30）　**[中間的な論点整理] 61頁**。併せて、商事法務・中間的な論点整理の補足説明157-158頁をも参照。
31）　**[中間的な論点整理] 62頁**。併せて、商事法務・中間的な論点整理の補足説明158-159頁をも参照。なお、この点に関する［第22回会議議事録］の記述（注27）および注28）を参照）が、読者に対し、反対意見がある程度強い調子で語られたという印象を与えるのに対し、商事法務・中間的な論点整理の補足説明の記述はそういった印象を与えない。

II 検討

　本稿冒頭に指摘したように、弁済の効果に関しては——その定式の仕方には更なる議論が期待されるが——明文化する方向に障害はない。弁済の提供の効果についても、学説が形成してきた、受領遅滞の効果には債権者の責任に関するものを割り当て、弁済の提供の効果には債務者を責任から解放するものを割り当てるといった考え方を大本に据えることに異論はないようである。これに対し、口頭の提供すら不要とされる場合についてははっきりと見解が分かれている。この見解の分かれは、判例の射程の理解に由来する。

　以下では、検討対象を2つに限定し、まず債権法改正に関する一連の行き方と弁済プロセスを法的に構想し法典に結実させるという視点との乖離について検討し〔1〕、次いで口頭の提供すら不要とされる場合に関する判例が適切に理解されているかについて検討する〔2〕。

1　民法典における弁済および弁済の提供並びに弁済プロセス

　以下では、まず弁済および弁済の提供が判例および学説上どのように取り扱われてきたかを概観し、次いで弁済プロセスにおける信義則の働き方とそれについての課題を指摘し、最後に弁済および弁済の提供の一般理論の必要性の有無について論じる。

(1)　弁済・弁済の提供の展開史

　判例・学説が明らかにしてきたのは、現実に弁済が問題となるのは、債務者の行為により債務が消滅したか否かが問われる場面であり[32]、弁済の提供が問題となるのは、債務の消滅には至らなかったが、債務者が債務不履行責任から解放されるか否かが問われる場面であるということである。それゆえに、弁済および弁済の提供の問題は、弁済のプロセスをどう構想するかというより大きな問題の一環であり、債務不履行はもちろん、受領遅滞や危険負担、費用負担、注意義務の推移等のそのほかの環と、全体として、どう連環させるかという問題を抜きにしては語り得ない。

---

[32]　これを端的に指摘するものとして、稲田和也「弁済に関する企業実務上のいくつかの問題——非金融機関の場合」ジュリ1434号（2011年）106頁、とりわけ107頁。

以上を確認したうえで、弁済の提供をめぐる判例と学説の展開について492条、493条ほか関連規定の解釈論という面に注目して振り返ってみると、弁済の提供については、理論的研究と、大審院の多数の判例およびそれに対する網羅的・類型的考察とにより[33]、かなり初期の段階において現在とほとんど変わらない理論水準に到達したということができる。その後の特筆すべき展開といえば、①債権者の受領拒絶意思が明確な場合に口頭の提供さえ免除するという判例の登場および②弁済の提供の攻撃的側面と防御的側面との意識的な区別——受領遅滞の効果（413条）と弁済の提供のそれ（492条および493条）との役割分担を明確化する思考——の定着[34]ぐらいであり[35]、Ⅰにおいてみたように、これらはいずれも債権法改正の動きの中に取り入れられている。その意味において、債権法改正は判例と学説の展開を反映するものである。

(2) 弁済プロセスにおける信義誠実の原則の働き方

学説が主として判例・裁判例の分析・整理に力を注いできたという特徴は、判例学説間および学説相互間に対立が少ない——事実、弁済の提供の有無（≠要否）が争われるケースでは、学説から、認定された事実に対する評価（とりわけ信義則の働き方）についての異論が提出されることはあっても理論についての異論はまず提出されない（いうまでもなくこれは戦後の話である）——ということでもあり、法改正を目指すとき、この点は確かに有利に働く。

しかしその反面、これは弁済および弁済の提供を支える骨となるべき理論

---

[33] 鳩山秀夫「債権者の遅滞」『債権法における信義誠實の原則』（有斐閣、1955年〔2001年オンデマンド版を使用〕〔初出1916年〕）143-161頁、柚木馨「辨濟提供論（一）、（二・完）」民商2巻1号47頁、2号41頁（1935年）、長谷部茂吉「弁済の提供」『総合判例研究叢書 民法（2）』（有斐閣、1956年）1頁（頁数未記載の「はしがき」も含む）。

[34] 石田穣「口頭の提供」森島昭夫編『判例と学説3・民法Ⅱ（債権）』（日本評論社、1977年）85頁、とりわけ85-86頁。発展の過程を区分すれば、まず受領遅滞および弁済の提供が問題となる場面において発動する諸効果を摑み出し列挙していく段階があり、次いでその諸効果の根拠を探究しこれをいずれか（またはそのほか）の法制度の効果として割り当てていく段階が来る。

[35] その後の学説の主流は、受領遅滞の効果の細分類の場面、または、弁済プロセスに関わる諸制度の絡み合いの整理の場面において、弁済および弁済の提供を取り扱うようになる。たとえば、水本浩『債権総論（民法セミナー4）』（一粒社、1976年）77頁および186頁、幾代通『民法研究ノート』（有斐閣、1986年）161頁、河上正二「『弁済の提供』の周辺」磯村保ほか『民法トライアル教室』（有斐閣、1999年）172頁、鎌田薫「弁済の提供と受領遅滞（債権者遅滞）」山田卓生ほか『分析と展開 民法Ⅱ債権〔第五版〕』（弘文堂、2005年）30頁など。

の探究にはさほど力を入れてこなかったということでもある。確かに、口頭の提供の場合に要求される493条ただし書の「弁済の準備」の程度は、事案ごとに、債権者債務者双方の個別具体的な事情を考慮して、信義則により決まるといった定式は——異論がないわけではないが——広く受け入れられている。しかし、そこから明らかになるのは、現実の提供と口頭の提供との差は、「弁済の準備」の程度の差でしかないということに過ぎない[36]（現実の提供であれ口頭の提供であれ、「弁済の準備ができていることの通知」と「その受領の催告」からなる点に変わりはない）。

　この点に関して思考を進めていくと、まず一方で、次のように考えることができそうである。すなわち、「弁済の準備」の有無の判断プロセスは理論上二つに大別できる。まず、①なすべき債務の内容、質、量を確定する段階があり、これは主として債務内容の解釈・確定に関わる問題である。次いで、②その解釈にしたがった債務内容を実現していく段階があり、これは実際の「弁済の準備」の程度に関わる問題である。①は②の前提であって弁済の提供はもっぱら②に関わるかのようにみえるが、現実には①と②は渾然一体となっており、厳密に境界を画することは難しい[37,38]。しかも、①、②ともに内容確定や程度の判断においては信義則が重要な役割を担うことにな

---

[36]　鈴木禄弥『債権法講義　四訂版』（創文社、2001年）203-205頁。
[37]　現実には、債務内容の基本骨子は契約成立時近辺においてある程度確定されているであろうが、債務内容の実現に向けての小規模、雑多で具体的な諸義務は、弁済プロセスに関与する当事者間のやり取りの中で、その時々の状況に応じて逐次生成・消滅・増減するものであり、これらの諸義務の実現の仕方にはかなりの幅が許されている（「債権債務関係に基づいて債権者・債務者に債務内容の実現に向けた具体的義務が設定される」というのはそういうことである）。とすれば、本文に掲げたように、債務内容の解釈とその実現との間に明確な境界線を引くことはできない。
[38]　債務者による債務内容の解釈と彼による給付行為との間にずれがある場合には、なされた給付行為と債権者による債権内容の解釈とが一致しない限り、契約どおりの給付があったとはいえない。もっとも、厳密には、そのことと本旨に従った給付があったか否かの評価は別の問題である。ずれが軽微な場合には、本旨に従った給付があったと評価されうるし、また、債権者がずれを知ったうえで、それを債務の弁済として受領する場合には、いわば代物弁済（482条）と評価することもできよう。深刻な問題が生じるのは、債権者も債務者も、彼らの主観においては、自己の債権債務の内容を信義誠実に解釈し、信義誠実に給付行為をなしたにもかかわらず、双方の債務内容に対する理解にずれがあり、そのために紛争に発展するケースである。この場合に、双方の交渉（＝契約・債務内容の確認と調整）がまとまらず、また、契約の解消もできなかったときは、最終的に、裁判所が契約・債務内容を解釈（あるいは法性決定）し、債務者に債務の本旨に従った弁済の提供があったか否かが判定されることになる。

る。「弁済の準備」の有無の判断プロセスにおける複数の箇所に信義則が——働き方に違いがあるとはいえ——顔を出すということは、それだけ現実の当事者にとって訴訟となった場合の結果の予見が困難になるということである。

　他方で、従来からの考え方もある。従来からいわれてきた「債務者のなすべき弁済の程度が債権者の協力との相関関係で決まる」という一文は上記の①と②を含む表現であり、①と②を区別せず「相関関係」という術語のもとで総合的に取り扱うものである。飛躍を覚悟していえば、この一文からは、弁済の提供の有無の判断においては、弁済の準備が客観的にみてどの程度実現されているかだけでなく、契約当事者双方がその主観において債務内容の実現に対してどの程度信義誠実にかかわってきたかも重視されてきたということを窺うことができる。

　事実、たいてい債務の実現には、程度の差こそあれ、債権者の協力が不可欠である[39]。その意味において弁済とは債権者と債務者の協力行為にほかならない。それゆえに、弁済や弁済の提供の有無が問題となる場面においては、契約当事者の主観、とりわけ契約当事者の契約・債務内容の実現に対する意欲と信義誠実の度合いが露見し、しかもその有無の判断においてはそれらが重視される。とすると、この場面における信義則の中身は契約当事者の主観に深く関わるものとなろう。

　「弁済の準備の程度」に関して、従来からある程度債権者債務者の主観を重視する態度と、むしろ客観的に契約と契約当事者の行為との適合の度合いを量ることによりその有無を決しようとする態度のいずれを基礎に据えて弁済プロセスを構想するにせよ、その際に不可避的に現れる「信義則」の中身や働き方をあらかじめある程度明らかにしておくことは、法改正の場面でも有用であろう。

(3)　弁済および弁済の提供の規定の位置

　弁済は、債権消滅原因の代表であり、債務の種類を問わないものであるから、債権総則に置かれることが適切である。これに対し、弁済の提供の規定

---

[39]　これを端的に指摘するものとして、水本・前掲注35) 188 頁。併せて、前掲注37) を参照。

をどこに置くかについては一考の余地がある。現行法では、債権総則中の弁済総則末尾に置かれているが、債権総則内でも、現状維持（弁済総則内での位置の移動を含む）のほか、債務不履行からの解放事由として債務不履行内またはその側に置く、または受領遅滞とともに置くということが考えられる。更に、弁済の提供は、先にみたように、主として契約により債務を負う者に関して問題となるのだから契約総則に弁済の提供の款を設けるということも考えられよう。そのほか、各典型契約の規定中に、それに即したかたちに修正した規定を置くということも考えられる。

これについては、二段構えが有用であると思われる。債権総則か契約総則かは別途検討すべきであるが、総則レベルに弁済の提供の一般規定を配したうえで、典型契約ごとに、判例その他の実務により固まったルール、とりわけ一般規定を具体化または修正するルールが形成されているか否かを審査し、そうしたルールがある場合にはそれを典型契約中に取り込むといった姿勢である。一般規定には、民法典の原則的立場を明らかにすること、より具体的には、弁済の提供につき固まったルールが形成されていない契約類型のための原形を提供するといった役割が期待される。つまり、一般規定はそうした契約類型を一応規律するものの、その規律は実務においてその契約類型に適したかたちに整形され、裁判例により繰り返されることを通じて固められ、将来の改正において採用されるべきルールへと変形されていくといった循環を作る役割が期待される。

2　口頭の提供を不要という判例の含意と射程

先にみた1との関係において、口頭の提供を不要とする判例の態度を明文化するか否かは重要な意味をもつ。これに関する法制審議会の提案や会議での議論においては、口頭の提供すら不要な場合について意見が分かれていた。その分かれ方を参考にいくつかの主張を仮定してみることにしよう。①弁済の提供の箇所に——つまり債務の弁済の一般ルールとして——口頭の提供不要の場合を規定すべきという主張、②賃貸借や雇用の箇所に口頭の提供不要の場合を規定すべきという主張、③事案の個別具体的な事情に応じて信義則を理由に口頭の提供の要否を決定すればよく、明文化する必要はないと

いう主張である。

　こうした主張の別れは、主に判例の理解に由来する。いわずと知れた最大判昭和32年6月5日民集11巻6号915頁の「債務者が言語上の提供をしても、債権者が契約そのものの存在を否定する等弁済を受領しない意思が明確と認められる場合においては、債務者が形式的に弁済の準備をし且つその旨を通知することを必要とするがごときは全く無意義であつて、法はかかる無意義を要求しているものと解することはできない。それ故、かかる場合には、債務者は言語上の提供をしないからといつて、債務不履行の責に任ずるものということはできない」という定式の射程に対する理解である[40]。

　この定式を文言どおりに受け取る場合は①の主張に（債権総則レベルの対応）、この定式が現実に適用されてきた類型を重視し、定式の射程をその文言よりは狭める場合には②の主張に（契約各則レベルの対応）、弁済の内容や要求される準備の程度は事案ごとに千差万別でありかつ債権者の受領しない意思の強度もまた事案ごとに千差万別であることを理由に、定式の射程をこの事件だけに限定し、効果および適用場面を明文化することにより得られる可視性・確定性を犠牲にする代わりに、これらを不文のままにすることにより維持される柔軟性・操作可能性を採る場合には③の主張（民法総則レベルの対応〔信義則による対応〕）に行き着く。要するに、「判例法理を明文化する」といっても、口頭の提供すら不要な場合を認めたといわれる判例に対する理解は決して一つではなく、今なお共通了解が得られているとはいえない状況で

40）　同大法廷判決には、5人の裁判官による少数意見が付されている。法廷意見により立てられた定式が裁判官全員の一致によるものでなかった点にも注意しなければならない。事実、この判決についての評釈においても見解は割れており、同判決に賛成するものもあれば、493条どおりに口頭の提供はなお必要であるというものもある。ここで興味深いのは、いずれの見解も信義則を引き合いに出すことである。たとえば、債権者の受領しない意思が明確であり翻意が期待できない場合に債務者に弁済の提供を要求することは、無意味な行為を債務者に強いることになるから、こうした場合には、信義則上、債務者に弁済の提供を免除すべきであるという主張と、債権者の受領しない意思が明確であっても実際に弁済の提供がなされれば翻意する可能性はあるのだから、こうした場合でも債務者は493条ただし書にしたがい弁済の提供をすることが信義則に適うという主張である。ここに信義則の衝突をみることもできるが、同時に、債権者の受領拒絶の強度ないし撤回可能性に関して前提を共有せぬまま議論が展開されたため、問題が複雑化したという経緯をみることもできよう。こうした場面での信義則の衝突は、同判決の評釈により広く露見することになるが、すでに同判決が現れる頃には、ある程度形成されていたものである（長谷部・前掲注33）6頁の記述からこれを窺うことができる。また、於保不二雄『債権総論〔新版〕』（有斐閣、1972年）383頁も参照せよ）。

ある[41]。

　そうであるならば、まず「判例法理」が何でありその射程がどこまでかを確定させることが必要であり、次いで、その「判例法理」が適切か否かを吟味することが必要であろう。これが済んではじめて「判例法理」を明文化するか否かを問うことができるようになり、また、そこでの判断が否だったとしても、続けて「判例法理」とは違ったルールを導入するか否かを問うことができるようになるはずである[42]。「口頭の提供すら不要な場合」を明文化しようというのであれば、まず判例と向き合わなければならない。

　以上を押さえたうえで、「口頭の提供すら不要な場合」の明文化についていえば、ここでも二段構えの姿勢を採用し、典型契約の規定の中に、口頭の提供がなくとも債務者が債務不履行責任を免れる場合（とりわけその要件）を裁判例の類型化を通じて規定し、そうした典型契約の規定を補い、ときに新しい免責要件を法形成するかたちで信義則による一般的介入を認めるといった方法がさしあたり考えられる。また、そうではなく、債権総則の弁済の箇所に「口頭の提供すら不要な場合」を明文化したうえで、債権者の「弁済を受領しない意思が明確」か否かを判定するための基準、もしくは債権者の「弁済を受領しない意思が明確」であると「みなす」ための手続を併せて用意するといった方法も建設的な行き方ではないかと思われる。

〔付記〕本稿はJSPS科研費22730096（研究代表者、谷本陽一）に基づく研究成果である。

　再校段階（2012年10月18日）において、小林友則「契約の履行過程における債権者の責任（一）――合意を基礎におく責任と合意とは異なる原理に基づく負担」名法246号（2012年）107頁に接した。

以上

〔谷本陽一〕

---

41) この点は法制審議会の第22回会議における議論からも窺い知ることができる。前掲注28を参照。
42) もちろん「判例法理」とは異なるルールを明文化するのであれば、そうしなければならないだけの説得的な理由が示されなければならない。

3 弁済による代位

Ⅰ 法制審議会提案

1 提案内容

　弁済による代位に関しては、「民法（債権関係）の改正に関する検討事項」(5) 第1「弁済」11 に挙げられた論点として、次の項目が挙げられている[1]。

　(1) 任意代位の見直し、(2) 弁済による代位の効果の明確化、(3) 一部弁済による代位の要件の見直し、(4) 一部弁済による代位の効果の見直し、(5) 債権者の義務。

　このうち、(2) 弁済による代位の効果の明確化については、ア原債権の消滅を認めるかどうか、イ法定代位者相互間の関係に関する規定の明確化、が論点として挙げられ、関連論点として、①法定代位者間の代位割合を変更する合意の効力、②共同抵当における物上保証人と後順位抵当権者との関係、が挙げられている。

　また、(3) 一部弁済による代位の要件の見直しについては、関連論点として、債権者による単独での権利行使の可否が挙げられ、(4) 一部弁済による代位の効果の見直しについては、関連論点として、保証債務の一部を履行した場合における債権者の原債権と保証人の求償権の関係が挙げられ、(5) 債権者の義務については、関連論点として、①担保保存義務に関する規定の在り方、②担保保存義務違反による免責の効力が及ぶ範囲、が挙げられている。

2 提案前の議論

　民法（債権法）改正検討委員会による「債権法改正の基本方針」（以下、単に

---

[1] 民事法研究会・検討事項〈詳細版〉235頁（[部会資料10-2] 26頁）

「基本方針」という。）においては、まず任意代位を廃止し、弁済をするについて正当な利益を有する者の法定代位のみを認めることとしている。その理由は、債権譲渡の規律が潜脱されるおそれがあること、任意代位制度の現実的な必要性が大きいとは認めがたいこと、に基づいている[2]。

弁済による代位の効果における原債権の消滅については、「原債権は観念するが、それは、弁済により消滅するものであり、同時に、担保権の被担保債権または保証債権の主たる債権として、実質的に求償権の範囲を画するという意味や、債権の効力として認められた権利を行使するとき（たとえば、債務名義の利用）の根拠としての意味にとどめて用いることとする。」と結論づけている[3]。

弁済による代位の効果における、法定代位者相互間の関係に関する規定の明確化については、現民法が規定していない関係を明確にし、個々の規律を明確化している（【3.1.3.13】〈3〉）。代位割合を変更する合意については、合意の効力を認め、その旨の登記がある場合に限り、合意の効力を第三者に対抗することができるものとしている（【3.1.3.13】〈3〉〈シ〉）。さらに、共同抵当における物上保証人と後順位抵当権者との関係については、判例（最判昭和53年7月4日民集32巻5号785頁）に従って、後順位抵当権者が物上保証人に優先するものとしている（【3.1.3.13】〈4〉）。

一部弁済による代位の要件及び効果については、一部弁済者あるいは債権者が単独で権利行使できるかが問題となるが、債権者は単独で権利を行使することができ、一部代位者は債権者の同意なしに権利を行使することができず、権利行使の結果についても一部弁済者は債権者に劣後するものとしている（【3.1.3.14】〈2〉）。

債権者の義務については、現民法と同様な担保保存義務規定を置き、それに加えて債権者が抵当権移転の付記登記手続義務を負うことを定めることとしている（【3.1.3.15】〈1〉〈2〉）。そして、担保保存義務違反があった場合の効果として、代位することができる者の免責を規定し（【3.1.3.15】〈3〉）、その免

---

[2] 『詳解・基本方針Ⅲ』32頁。
[3] 前掲注2) 32-33頁。

責の効果を免責後の第三取得者または物上保証人からの譲受人も主張できることとしている（【3.1.3.15】〈4〉）。

3 法制審議会の議論状況（第8回会議）

(1) 任意代位制度の廃止について

この点については、「第三者弁済の要件の議論に還元される」（松本委員。鹿野幹事も同旨）との理由で議論がなされていない。

(2) 弁済による代位の効果の明確化について

原債権の帰すうについては、「ファントムというような言い方をしたこともありますが、ある種、仮想のものとして想定しているだけです」（内田委員）との説明がなされているが、「原債権は消滅するけれども、原債権は観念」することの意味がよく分からない（岡（正）委員）との意見が出されている。

なお、この点については、倒産実体法の関連規定との整理が必要になる（畑幹事）との意見も出されている。

(3) 一部弁済による代位の要件及び効果について

一部弁済による代位については、権利行使の結果について一部弁済者が債権者に劣後するものと前提すれば、「代位者が担保権を実行できるというときには、債権者が弁済を受けて、なお余剰があるという場合なのではないかという気がします。そして、それであるならば、換価時期選択権とかを認めるために、わざわざ担保権実行が債権者との共同でなければできないとする必要はないのではないか」、債権者優先原則を採用するならば、一部代位者は債権者の同意なしに権利を行使することができないとするまでもなく、「単独実行で構わないのではないかなという気がする」（道垣内幹事）との意見がある。また、「担保権は準共有になって、それがなぜ一方の当事者の行為だけで消滅させられるのかが、私はよく分かりません」（松岡委員）との意見もある。

(4) 債権者の義務について

担保保存義務については、「504条自体を見直すということはよろしいと思いますが、ただ、ここで出ておりますのは、債権者の行為の合理性に着目

した方向の御提案になっておりますけれども、他方で法定代位権者の代位の期待の正当性、取り分け保証人の保護の要請が歴史的にもありますので、両者を合わせて考える必要があると思います。それから、もう一つは改正した後、それを強行規定にするのか、それとも任意規定のままにしておくのかというのがもう一つの論点かと思います。」（中田委員）との意見がある。

4　中間的な論点整理とその後の議論

　中間的な論点整理では、(1) 任意代位の見直し及び、(2) 弁済による代位の効果の明確化については、従前の検討事項と同様の内容である。(3) 一部代位による代位の要件・効果の見直しについても、基本的に従前の検討事項と同様の内容であるが、保証債務の一部履行の場合のほかに、連帯債務の一部履行の場合の原債権と求償権の関係が付加されている。(4) 債権者の義務についても、基本的に従前の検討事項と同様の内容であるが、担保保存義務に関して強行規定とすべきかという点も付加されている[4]。

　そして、これに対するパブリック・コメントを経て、第46回会議で配布された部会資料39「民法（債権関係）の改正に関する論点の検討（11）」では、(1) 任意代位の廃止が提案され、(2) 弁済者が代位する場合の原債権の帰すうについては、原債権は消滅するが求償権の範囲内で弁済者が債権者の有していた一切の権利を行使することができる旨の規定を設けるという考え方が示されている。(3) 法定代位者相互間の関係に関する規定の明確化については、従前と同様の内容である。(4) 一部弁済による代位の要件・効果については、①債権者が単独で原債権の権利等を行使できること、代位者は債権者の同意を得て原債権の権利等を行使できること、②原債権の権利等の行使によって得られる担保目的物の売却代金その他の金銭について債権者が代位者に優先すること、等の規定を設ける考え方が示されている。(5) 債権者の義務については、従前と同様の内容である。

---

[4]　商事法務・中間的な論点整理の補足説明 160-165 頁

II 検討

1 任意代位制度の廃止について

　任意代位制度の廃止に関しては、第三者弁済を積極的に認めるかどうかにかかわってくる問題である。第三者弁済と求償権の発生を肯定すれば、当該求償権を担保するために任意代位を認めるかどうかが問題となる。法制審議会では、この点について、利害関係を有しない第三者弁済を認めると、「強制的な債権譲渡という効果を生ぜしめる」（道垣内幹事）、債権者の意思的関与のない保証を認めることになる等の意見が出されている。確かに、債権譲渡がなされれば、第三者弁済と同様な機能を有することとなる。また、債務者と保証人との間だけで保証契約が成立すると、第三者弁済の利害関係を生みだすことができる。しかし、債権譲渡の場合には、債権譲渡禁止特約によって第三者弁済と同様な機能を阻止しておくことができる。また、保証契約の場合も、債権者の受益の意思表示を必要とするならば、債権者の意思的関与を除外することはできなくなる。

　したがって、「保証ですとか、債権譲渡については、実質的に債権者の交替をもたらすということを含め、その後、それぞれの関係がどうなるのかについて明確な規律があり、しかも、その入口のところで債権者との間の契約という形での債権者の関与があるというものです。独自の正当な利益のない第三者が債務者の意思に反して関与する場合には、そういう方法こそきちんと利用すべき」（沖野幹事）という態度決定にも理由があろう。そうだとすれば、利害関係を有しない第三者弁済を制限し、債権譲渡制度と保証契約制度に基づいて債権者や債務者の意思的関与の機会を保障することにより、任意代位制度を廃止してかまわないのではないかと考える。

2 弁済による代位の効果の明確化について

(1) 原債権の帰すうについて

　弁済による代位の効果に関しては、現在までの判例は、①原債権及びその担保権をそのまま代位者に移転させ、求償権の総額を上限として行使できる

（最判昭和59年5月29日民集38巻7号885頁）、②原債権及びその担保権は、求償権を確保することを目的として存在する附従的な性質を有する（最判昭和61年2月20日民集40巻1号43頁）、と明言してきたのであるから、わざわざ原債権が消滅すると明記する必要性はないだろう。ファントムなどという不明確なレトリックよりも、代位しうる抵当権の付従性と求償権の担保目的での法定移転という性格を双方満足するためには、原債権の消滅などという説明をさしはさまないほうが論理的だろうと思われる。

時効中断については、原債権・求償権ともに権利行使をすれば問題ないし（最判平成7年3月23日民集49巻3号984頁）、原債権を行使すれば求償権の行使とも評価できる（最判平成18年11月14日民集60巻9号3402頁）。求償権の行使しかしていない場合が問題となるが、その場合には原債権には中断効が及ばないと考えてよいであろうから[5]、原債権が消滅しているかどうかは、さして問題にならないのではないかと思われる。

したがって、原債権の消滅を明文化するより、判例に従って求償権を担保するために原債権も法定移転すると解するほうが望ましいと考える。

(2) 法定代位者相互間の関係に関する規定の明確化について

法定代位者相互間の関係については、現民法501条の規定に明記されている以外にも多くの調整が必要となっている。現民法に規定されているもの、現民法を修正すべきもの、現民法に新たに明記すべきもの、を区別して整理すると、次のようになろうかと思われる。

① 保証人と第三取得者との関係
 i 保証人は第三取得者に代位する（現民法1号）。
 ii 付記登記の要否（現民法1号の修正）
  この点については、第三取得者の取得前後で付記登記の要否を分けるのが判例（最判昭和41年11月18日民集20巻9号1861頁）であり、判例を明文化することで足りる（委員会提案も同旨）。
 iii 第三取得者は保証人に代位しない（現民法2号）。
② 保証人が複数の場合の関係

---

[5] 中田裕康『債権総論〔新版〕』（岩波書店、2011年）349頁

ⅰ　保証人間の関係（現民法なし）
　　　人数に応じて平等に代位する（委員会提案も同旨）。
　　ⅱ　物上保証人間の関係（現民法4号）：価格に応じて代位。
　　ⅲ　保証人と物上保証人の間（現民法5号）：人数に応じて代位。
　　ⅳ　保証人兼物上保証人の取扱い（現民法なし）
　　　物上保証人と保証人を兼ねている場合も一人として計算（大判昭和9年11月24日民集13巻2153頁）、人数に応じて平等に代位（最判昭和61年11月27日民集40巻7号1205頁）、とするのが判例であり、判例を明文化することで足りる（委員会提案も同旨）。
③　第三取得者との関係
　　ⅰ　物上保証人と債務者からの第三取得者の取扱い（現民法なし）
　　　保証人と第三取得者と同様の規律でいいと考える。
　　ⅱ　物上保証人からの第三取得者の取扱い（現民法なし）
　　　物上保証人と同様の規律でいいと考える。
④　代位割合変更の合意の効力
　　この点について判例（最判昭和59年5月29日民集38巻7号885頁）は、後順位抵当権者は、事実上反射的に不利益がもたらされるだけであるとして、第三者効を認めている。委員会提案は、変更合意は有効であるが、第三者対抗要件として登記を要するとしており、この提案に賛成する。
⑤　物上保証人と後順位抵当権者との関係
　　債務者所有の甲不動産と物上保証人所有の乙不動産とが共同抵当とされている場合、乙が先に担保権を実行されたとき、物上保証人が債権者に代位して甲不動産の抵当権を取得するが、乙の後順位抵当権者は甲の競売代金について物上保証人に優先して配当を受けるとするのが判例（最判昭和53年7月4日民集32巻5号785頁）である。この明文化に賛成する。

3　一部弁済による代位の要件及び効果について

　一部弁済による代位の要件・効果の見直しについては、現民法502条を

基本的に踏襲し、①一部代位者は債権者の同意なしに抵当権を実行しえないこと、②抵当権の実行に基づく配当等の結果について代位者は債権者に劣後すること（最判昭和60年5月23日民集39巻4号940頁、最判昭和62年4月23日金法1169号29頁等）を明らかにすべきかどうかが問題とされている。

　道垣内幹事の指摘しているとおり、権利行使の結果について一部弁済者が債権者に劣後するものとすれば、代位者が担保権を実行できるのは債権者が弁済を受けてなお余剰があるという場合にほかならないのであって（そうでなければ無剰余取消となる。）、債権者の換価時期選択権を認めるために一部代位者の担保権実行に債権者の同意を要すると解する必要はないと思われる。また、松岡委員の指摘するように、債権者だけが抵当権を実行しうると解する理論的根拠も明らかでない。

　また、現在の実務としては、一部弁済を受け入れる場合、金融機関が同意しない限り代位弁済者は弁済者の代位権を行使しないとの特約（代位権不行使特約）を結ぶことによってリスクを回避している。したがって、一部代位者の不行使原則を明文化しておく必要性は必ずしもないだろう。逆に、債権者が保証人に要求して一部弁済させた場合、債権者には自己の優先額を割り込むまでは抵当権を実行するインセンティブがないため、代位者不行使原則と債権者優先原則をダブルで明文化するならば、一部弁済をした保証人が時期を失して求償権を満足しえなくなってしまうという事態も生じうることを想定しないでいいものだろうか。そうだとすれば、債権者優先原則があれば足り、代位者不行使原則まで定める必要はないこととなろう。

4　債権者の義務について

　委員会提案は、基本的に現民法504条を踏襲しているものであるが、債権者の担保保存義務を明確にし、物上保証人や第三取得者からの譲受人も免責の効力を主張できることとしている（最判平成3年9月3日民集45巻7号1121頁）。これらに対して異論はない。なお、この条項については、中田委員の問題提起が残っているが、この条項を強行規定として位置づける必要性はないのではないかと考える。

［平田　厚］

第2 相殺

1 遡及効の見直し

Ⅰ 法制審議会提案

1 提案内容

「現行民法は、相殺の要件として当事者の一方による意思表示を必要とした上で（民法第506条第1項）、その効力が相殺適状の生じた時に遡及して生ずるとしている（同条第2項）。これは、相殺に遡及効を認めることが、相殺適状により債権債務が清算されているという当事者の期待に合致し、公平であることを理由とするものである。しかし、実務上、相殺に遡及効が認められることにより、既払いの遅延損害金等の処理が煩雑になることを防止するため、実務上は特約により、相殺の意思表示がされた時点で差引計算をするという処理がされていることが指摘されており、前記の当事者の期待の保護の必要性は必ずしも高いとは言えない。また、相殺の遡及効を認める考え方は、必ずしも相殺の要件として意思表示を必要とする考え方と親和的であるわけではないということも指摘されている。このように、相殺に遡及効を認めることが必ずしも合理的であるとは言えないことから、現行法の規定を見直し、相殺の意思表示がされた時点で相殺の効力が生じることとすべきであるという考え方が提示されているが、どのように考えるか。」

2 提案前の議論

(1) 基本方針の提案

民法（債権法）改正検討委員会は、詳解・基本方針Ⅲ 50頁【3.1.3.25】（相殺の効力）で、次のように提案する。

「〈1〉相殺の意思表示が効力を生じたときは、その意思表示をした者およ

び相手方が互いに負担する債務は、その時に対当額について消滅するものとする。

〈2〉債務者でないものが相殺をする場合において、その意思表示をした者に対し債権者が負担する債務および債務者が債権者に対し負担する債務は、その時に対当額について消滅するものとする。」

(2) 民法改正委員会有志案

民法改正委員会有志案は、現行505・506条に相当するセル番号816、817、818・提案407条（相殺）で、次のような提案をする（民法改正研究会・国民・法曹・学界有志案177頁）。

提案407条　相殺

1項：二人が互いに同種の内容の債務を負担する場合において、双方の債務が弁済期にあるとき（以下「相殺適状」という。）は、債務者の一方は、自己の有する債権（以下「自働債権」という。）を用いて、相手方が有する債権（以下「受働債権」という。）に対し、対当額で相殺する意思を表示することによって、その債務を免れることができる。

2項：前項の相殺の意思表示があったときは、双方の債務は相殺適状になった時にさかのぼって消滅する。

3項：相殺の意思表示には、条件又は期限を付することができない。

民法（債権法）改正検討委員会案も、民法改正委員会有志案も、共に意思相殺主義を採用したうえで、検討委員会案は将来効を採用、民法改正委員会有志案は遡及効を維持している。

3　法制審議会の議論状況

法制審議会第8回会議では、「相殺の遡及効」について、委員は、概ね、遡及効の廃止には慎重ないし反対意見である。たとえば、能見委員は、普通の預金者が銀行預金を担保にして銀行から貸付けを受ける場合を例に、遅延利息の異なる2つの債権間においてその差額分が増えていくことを許容するという制度は適当なのか、として、預金者が不利益を受ける問題を提起している。西川関係官は、民法の原則が遡及効を認めないと消費者契約法上

のアプローチができないという問題を指摘している。また、奈須野関係官は、既払いの遅延損害金等の処理は、実務上あまり行われていないことを指摘する。そして、相殺の意思表示がされた時点で相殺の効力が生じるとする規定は任意規定なので、立場の強い側が有利に任意規定を直すことが想定されるので、消費者保護あるいは中小企業の保護の観点から、現状の実務については大きな影響があるとして、遡及効の見直しに明確に反対している。岡（正）委員も、早々と合理的に相殺の意思表示をする人ばかりではないので、公平観念から、遡及効を維持すべきとする。その上で、当事者が相殺の意思表示時に相殺の効力を生じさせるという特約をした場合でも、上記のような金利差があるような場合で意思表示時期が不当に遅いときには権利濫用で調整を考えるべきとする。松本委員は、タイプを2つに分けて考察する。すなわち、預金債権を担保にして銀行が貸付けをしている場合のように最初から見合いになっているような場合には遡及効が初めから発生している議論になじまず、何らかの拍子に結果として相殺が可能なような債権を取得していたというような場合には遡及効を認める方が公平な場合もあるという。

　これに対し、道垣内幹事が、遡及効と相殺の要件の明確化との関係について、上記の預金債権を担保にして銀行が貸付けをしているような場合には、銀行が期限の利益を放棄して相殺の意思表示をした時点で相殺適状が発生し、かつ遅延損害金の発生も止まることになるので、遡及効を維持しても消費者保護にはならないのではないかとの疑問を提起している。そして、山野目幹事は、部会資料に示された改正理由の観点に理解を示し、何がデフォルトルールとして適当かという観点から検討を続けることを提案している。

II　検　討

1　比較法的検討

　比較法としては、近時の諸外国の立法例等において、意思表示により相殺の効力が生ずるとしつつ、スカンジナビア諸国の立法例ほか、ユニドロワ国際商事契約原則第8.5条(3)等、契約法原則第13:106条が、相殺通知の時に債権が消滅するという考え方を採るものとして **[部会資料10-2] 47-48頁**

（民事法研究会・検討事項〈詳細版〉247-248頁）で紹介されている。

これに対して、遡及効のメリットを指摘する有力な見解であり、遡及効の根拠として債務者の破産を回避するという経済政策的効果を取り上げるシュレヒトリーム（Peter Schlechtriem）の見解が我が国でも紹介されており、この見解に基づいて我が国での遡及効の有用性を主張する考えもある[1]。

2 今後の検討課題

(1) 実務的見解

実務の立場としては、次に挙げるように将来効の採用には否定的傾向が強い。法制審議会では、銀行実務で相殺の遡及効を制限していることを改正理由の一つに挙げる。しかし、銀行実務の運用を一般法である民法に反映させる必要性があるか疑問である。また、両債務の利息について、より高利率の利息を支払わなければならない方の当事者は、相殺の意思表示があるまで差額金利について支払義務を負うとの不公平さは無視できないし、どのような法定あるいは約定利率であっても、その支払いを覚悟しなければならないのは酷ではなかろうか[2]。さらに、遅延損害金の処理方法は、遡及効を認めて不当利得として処理する現行法の解釈が明確であると指摘される[3]。こうした実務の意識を克服しなければ将来効の採用は実務界からの反発を招くことになろう。

(2) 将来効と他の制度との関係

(i) 受働債権の債権譲渡との関係

民法（債権法）改正委員会案【3.1.4.08】〈1〉では「債権が譲渡された場合においては、債務者は、譲受人が債務者に対する権利行使要件を備えた時までに譲渡人に対して生じた事由をもって譲受人に対抗することができる。」とし、現行民法468条2項を実質維持している。これについて、「いかなる

---

[1] 深川裕佳『相殺の担保的機能』（信山社、2008年）86頁。
[2] 山本貴揚「相殺の効力と今後の課題」甲南法務研究7号29頁、東京弁護士会法友全期会債権法改正プロジェクトチーム編『債権法改正を考える』（第一法規出版、2011年）348頁、債権法改正研究会メンバー「緊急座談会　債権管理から考える債権法改正（上）」銀法727号20-23頁、論点と実務〈上〉562-564頁。
[3] 佐瀬＝良永＝角田・要点188頁〔髙橋敬一郎〕

抗弁が対抗可能であるかどうかについては」、「債権譲渡と相殺の問題について明文の規定を設けるべきであるとの意見もありえよう。しかし、譲渡債権の債務者が有する抗弁は相殺の抗弁に限られないところ、相殺の抗弁についてのみ具体的な規律を設けることは他の抗弁とのバランスを失しかねないことなどから、具体的な提案は見送ることとした」[4]と説明している。そうすると民法（債権法）改正委員会案では、相殺の「意思表示の時点で」相殺適状を備えていなければならないにもかかわらず、いったん相殺適状にあった場合には、相殺の意思表示が債権譲渡後に行われたとしても（相殺の意思表示と債権譲渡通知の先後の問題）譲受人に対して相殺を主張できることになり、かつ意思表示の時点から債務が消滅することになる。この結論を、遡及効の承認と捉えるべきか、将来効を前提とした相殺要件の緩和と捉えるべきか、検討課題が残る[5]。

(ii) 破産管財事件実務について

また、破産管財事件実務の観点からも次のような批判がなされている[6]。すなわち、銀行実務の運用である相殺の意思表示をした時点での差引計算は、破産管財人に対抗できないものとして取り扱われている（例えば、東京地判昭和47年6月28日金融法務660号27頁）。相殺をする場合の利息及び損害金の計算を相殺の実行日とする銀行実務上の運用を前提とすると、銀行の一方的な計算処理によって債権額の多寡が決定されてしまい、破産財団形成上不利益である。そこで、管財人は、銀行実務を前提とした債権届出に対して異議を述べるべきであるとされているが、遡及効が廃止された場合には、この取り扱いができなくなる。

［須加憲子］

---

4) 詳解・基本方針Ⅲ 309頁
5) 山本・前掲注2) 30-31頁。この問題についての起草者の見解については、深川・前掲注1) 128-129頁。
6) 東京弁護士会法友全期会債権法改正プロジェクトチーム編・前掲注2) 349頁。小野智史＝栗原歩「相殺・弁済改正案の現行金融実務への適合性」ビジネス法務 Vol.9 No.10, 102-103頁。

2　不法行為債権を受働債権とする相殺

I　法制審議会提案

1　提案内容（民事法研究会・検討事項〈詳細版〉248頁、部会資料[10−2]48−49頁）

　民法第509条は、不法行為によって生じた債権を受働債権とする相殺を禁止している。この規定は、①被害者の損害を現実に填補することによる被害者の保護と②不法行為の誘発の防止を理由とするものとされているが、これらの理由からは不法行為債権を受働債権とする相殺のすべてが禁止される必然性がなく、相殺による簡易な決済が過剰に制限されているのではないかという指摘がある。そこで、不法行為債権を受働債権とする相殺が禁止される範囲について、前記の理由が妥当する範囲に限定すべきであるという考え方が提示されている。
　このような考え方に立った上で、不法行為債権を受働債権とする相殺を認めるべき場合又は禁止すべき場合については、以下のような考え方が提示されているが、どのように考えるか。
［A案］民法509条を維持した上で、当事者双方の過失によって生じた同一の事故によって、双方の財産権が侵害されたときに限り、相殺を認めるという考え方
［B案］民法509条を削除し、以下のいずれかの債権を受働債権とする場合に限り、相殺を禁止するという考え方
(1)　債務者が債権者に損害を生ぜしめることを意図してした不法行為に基づく損害賠償請求権
(2)　債務者が債権者に損害を生ぜしめることを意図して債務を履行しなかったことに基づく損害賠償請求権
(3)　生命又は身体の侵害があったことに基づく損害賠償請求権（(1)及び(2)を除く。）

2 提案前の議論

(1) 民法（債権法）改正検討委員会案（詳解・基本方針Ⅲ 59 頁以下）

【3.1.3.28】（損害賠償債権を受働債権とする相殺）

次に掲げる債権の債務者は、相殺をもって債権者に対抗することができないものとする。

〈ア〉債務者が債権者に損害を生ぜしめることを意図してした不法行為に基づく損害賠償請求権

〈イ〉債務者が債権者に損害を生ぜしめることを意図して債務を履行しなかったことに基づく損害賠償請求権

〈ウ〉生命または身体の侵害があったことに基づく損害賠償請求権（〈ア〉および〈イ〉に掲げる請求権を除く。）

(2) 民法改正委員会有志案（民法改正研究会・国民・法曹・学界有志案 178 頁）

411条　不法行為により生じた債権を受働債権とする相殺の禁止

債権が不法行為によって生じたときは、その債務者は、相殺をもって債権者に対抗することができない。ただし、当事者双方の過失に基づく不法行為による同一の事故によって、双方の財産権が侵害されたときは、この限りでない。

3 法制審議会の議論状況

第8回会議においては、禁止されている趣旨も十分意味があるので、一定の制限をつけながら認めていく方向で議論すべきという木村委員の発言、合意相殺で十分である、過失による損害賠償も原則として払いあうことが保険実務にとっても有利であるとして弁護士会の多くの意見では見直しに反対していることを指摘する岡（正）委員の発言がある他は、とくに議論は行われていない。

II　検討

1　問題の所在

　現行民法509条は、不法行為債権が受働債権となる場合には、その債務者（当該不法行為の加害者）が、その債権者（被害者）に対する反対債権をもってする相殺を禁止している。そこで従来、不法行為債権が相互に対立している場合でも、なお受働債権が不法行為債権であるということによって相殺が禁止されるかどうか問題とされてきた。なお、従来の議論では、509条を全廃して、公序良俗や信義則の問題として処理する見解があるので、相殺禁止規定を存置するか自体が問題となりうるが、これでは、相殺が禁止される基準が不明確となるおそれがある。

　法制審議会の検討事項では、相殺禁止を、①現実弁済の必要性と②不法行為誘発の抑止の理由が妥当する範囲に限定する方向で2案が提示されている。A案は民法改正委員会有志案と同内容であり、現行民法と同様に不法行為債権を受働債権とする相殺を原則相殺禁止とし、例外的に過失による同一事故に基づく不法行為債権のみを相殺禁止とする。これに対し、B案は民法（債権法）改正委員会案と同内容であり、損害賠償請求権一般について原則相殺を肯定し、例外的に3つの事項に該当する場合に相殺を禁止し、相殺禁止を原則とする現行法と真逆の立場を採用している。

　実務界では、改正に慎重な評価をしている。東京弁護士会は、実務では合意で相殺していることを理由とする改正否定論の趣旨も踏まえてさらに慎重に検討すべきであり、仮に相殺できるとした場合には相殺禁止の範囲についてさらに検討すべきという態度を採る[1]。大阪弁護士会は、A案・B案とも、「現実弁済による救済を受けさせようとする現行民法509条の趣旨を後退させ、被害者保護にかけるおそれがあり」、双方の合意により相殺は可能として、各案に反対を表明している[2]。次に、現行民法509条の趣旨に立ち

---

[1]　東京弁護士会編著『「民法（債権関係）の改正に関する中間的な論点整理」に対する意見書　I 改正目的関連重要論点について　II全体版』（信山社、2011年）232-233頁。
[2]　論点と実務〈上〉571-573頁。

返り、各案を検討してみよう。

2　立法趣旨

　旧民法の立法趣旨（限定主義）：現行民法509条の母体となった旧民法財産編526条第1号は、「債務ノ一カ他人ノ財産ヲ不正ニ取リタルヲ原因ト為ストキ」を挙げ、「他人の財産を不正に取った場合」に限定して相殺を禁止していた（限定主義）。この規定は、占有回復に関する法規範であるローマ法の法格言「Spoliatus ante omnia restituendus（奪われた物は一切の所為に先立ちて回復せられる）」に由来するフランス法1293条1号（所有者が不当に奪われた物の返還請求）等を参照したものであり、このローマ法の格言（＝現実の履行を必要とするという法根拠）を基礎とするものである[3]。

　現行民法の立法趣旨（包括主義）：限定主義を採用した旧民法に対し、現行民法509条は、不法行為一般について相殺禁止の対象とする「包括主義」を採用している。509条の立法趣旨について、穂積陳重委員は、相殺を許すことが不法行為者に利益を与えてしまうこととなり、ひいては不法行為の誘発（債権の弁済を受けられない債権者が満足を受けられないことの腹いせとして不法行為を行う）を招くおそれがあるので「如何ナル不法行為」をも相殺禁止の対象とし、「近頃ノ新ラシイ法典」（＝ドイツ法）もこのように広く規定している、と説明されている[4]。これに対し、梅謙次郎の『民法要義　巻之三』の初版では被害者の保護のみが指摘されており、訂正増補版で不法行為の誘発防止の観点が補足されている点から、当初、梅委員は現実弁済を重視していることが指摘されている[5]。その後、梅も『民法原理』において制裁的機能から相殺禁止を説明している[6]。結局、梅は、現行民法509条の趣旨として、①不法行為の被害者の保護、②不法行為の加害者は、特に当事者を保護

---

[3]　小川由美子「損害賠償債権の相殺と民法五〇九条（一）」名法122号91頁以下。前田達明『昭和49年重判解』69頁以下。
[4]　能見善久「判批」法協93巻7号1151頁、法典調査会民法議事速記録第二十三巻ノ八三。
[5]　梅謙次郎『民法要義　巻之三』（初版（明法堂、1897年）335頁、訂正増補31版（私立法政大学ほか、1910年）342頁）、この点は藤岡康宏「不法行為債権相互の相殺」『民法の争点II』（有斐閣、1985年）80-81頁の指摘による。
[6]　梅謙次郎講述『民法原理（債権総則）』（和佛法律学校、1900年）1796頁。

するために設けられた制度である相殺による保護を受けるに値しないこと、③不法行為の誘発の防止、の3点を挙げることになる[7]。

3 判 例

　大審院時代の大判昭和3年10月13日民集7巻780頁は、原告が被告の殴打による損害の賠償を請求したのに対し、被告が原告の横領による損害賠償債権をもって相殺を主張したという異時不法行為に関する事案において、相殺の抗弁を否定する。なお、この判決について、能見教授が、両債権が過失に基づく不法行為から生じたものである場合には相殺が許されると解する余地があることを指摘されている。その理由として、殴打と横領という別個の事実に基づく事案であること、かつ、故意不法行為による損害賠償債権であることを挙げている[8]。その後、交通事故の増加に伴い、昭和40年代には相殺を許す下級審判決が漸増する[9]。かかる下級審判決の傾向は、最判昭和49年6月28日民集28巻5号666頁によって否定される。「民法509条の趣旨は、不法行為の被害者に現実の弁済によって損害の填補を受けさせること等にあるから」、双方過失による同一事故によって、双方に物的損害が発生し相互に損害賠償請求権をもつ場合であっても、509条により相殺できないと判断された。さらに最判昭和54年9月7日集民127号415頁・判時954号29頁[10]は、49年判決を踏襲し、交通事故においては、物的損害の場合であっても、現実弁済確保の観点から広く不法行為債権を受働債権とする相殺は禁止されるという最高裁の判断が確立された。

---

7)　梅・前掲注5)訂正増補31版342頁。
8)　能見・前掲注2)1149頁。
9)　滝澤裁判官によると、「昭和49年判決以前においては、不法行為債権相互間の相殺は、少なくとも同一の交通事故を原因とし、かつ、その損害賠償請求権が物損に係る場合には、相殺が禁止される理由はないという理解が裁判実務の一般的な傾向であ」り、裁判例が相殺を認める理由は、①自力救済的、報復的な不法行為を誘発する危険の防止といった配慮の要否、②現実弁済の必要性の有無、③債権相互間の均衡、迅速・簡明な決済を図ることの要否、であり、また、理由の詳述なく「当然」とする裁判例も少なくない、と指摘されている。滝澤孝臣「同一事故に係る不法行為債権相互間の相殺の許否」銀法663号（2006年）42-44頁。
10)　錦織成史「同一交通事故から生じた物的損害賠償債権相互間の相殺」星野英一＝平井宜雄『民法判例百選Ⅱ〔第四版〕』別冊ジュリ137号96頁。

4 509条適用説と非適用説

　従来の通説も、①現実弁済の必要性と②不法行為の誘発防止の観点から、受働債権が不法行為の場合に広く相殺禁止を適用する[11]。

　しかし、現実弁済の必要性を理由に、包括主義を貫くことには疑問が提起されている[12]。前述の54年判決についても大塚喜一郎裁判官が反対意見を述べている。すなわち、双方的不法行為債権相互の場合には、①先に損害賠償請求権を行使した原告は、現実の弁済を受けることができるのに対して、同一事故に基づく損害賠償請求権を有する被告は、原告の右請求に対抗する手段を封ぜられたまま、現実弁済の履行を強制される不合理な結果を生ずること、②さらに、右原告が被告から現実弁済を受けた後に支払能力を喪失した場合には事実上の不公平な結果を生ずること[13]、③治療費、逸失利益等による人的損害については、人の生存にかかわるものであるから現実の弁済を受けさせる必要があるが、物的損害にあっては、合理的理由を見出しえないから、509条は適用されないと解するのが相当、とする。さらに、以下のような意見もある。「現実弁済における損害塡補の機能」について、反訴が許される以上、相殺を禁止しなければ衡平を失するほどの、生活に支障をきたす逼迫した事態が被害者に生じる場合に限って是認されるべきものと考えてよい[14]。一個の事故から債権債務を生じた場合に相殺による解決を許すことが別訴による証拠調べの反復を回避でき、当事者にとって迅速簡明な決済が得られるという訴訟手続上のメリットがある[15]。

　そこで、509条の適用を否定する有力な学説は、①現実弁済と②不法行為の誘発の抑止という立法趣旨は、「自動車の衝突のような同一の事実から生じたものである場合」[16]、「同一の社会的事実から双方当事者について生じ

---

[11] 我妻榮『新訂債権総論』（岩波書店、1964年）330頁、於保不二雄『債権総論〔新版〕』（有斐閣、1972年）418頁。
[12] 藤岡・前掲注5）84頁。
[13] 滝澤・前掲注9）45頁。
[14] 石田穣「判批」法協86巻1号130頁、藤岡・前掲注5）84頁。
[15] 菅原勝伴「同一交通事故による損害賠償債権相互間の相殺」谷口知平＝加藤一郎編『新版・判例演習　民法3　債権総論』（有斐閣、1982）248-249頁
[16] 加藤一郎『不法行為〔増補版〕』（有斐閣、1974年）255頁。

た、いわゆる交叉的不法行為の場合」[17] など、同一事故により双方に損害賠償債務が発生した場合には当てはまらないと主張する。

5 各案について

(1) A案および民法改正委員会有志案について

　A案は、交通事故に関するに関する下級審判決とそれを支持する学説に沿って条文化したものと評価できる。A案で着目すべきは、相殺を可能とする事実関係を「同一の事故」と表現して、交通事故に関する下級審判決を念頭に置いて適用範囲を限定した点である[18]。この点、相殺を可能とする事実関係を「同一生活関係」[19]・「同一の社会的事実」[20] と、広く把握する見解もあったが、これでは広すぎる概念であると問題視されていたところである。

　しかし、A案では、この案が想定する双方過失に基づく交通事故の場合において、現実弁済の確保を後退させる懸念がある。A案では、財産権侵害の場合に相殺が許されるが、物損でも現実弁済の必要性が高い場合もある（後記④参照）。なお、確認しておくが、人身損害の場合には現実に賠償される必要性が高いので、相殺を認めることには問題があろう[21]。また、被告会社所有車（被告の被用者運転）の追突事故により車両が破損し、同乗者（助手として同乗）が死亡し、死亡者の相続人が715条に基づき損害賠償請求したのに対し、被告が死亡した助手の過失により車両破損の損害を被ったとして相殺を主張した最判昭和32年4月30日民集11巻4号646頁のような場合にも、発生した損害が財産的損害ならば相殺を許容することにならないか。

(2) B案および民法（債権法）改正委員会案について

①全体について

　詳解・基本方針Ⅲでは、現行民法の立法趣旨①現実弁済の必要性と②不法行為の誘発防止を踏襲し、〈ア〉〈イ〉について「不法行為などの違法行為の誘発防止」の観点を反映した規律であると説明しており[22]、〈ウ〉について

---

17) 幾代通＝徳本伸一補訂『不法行為法』（有斐閣、1993年）342頁。
18) 倉田卓次『交通事故賠償の諸相』（日本評論社、1976年）278頁注（23）。
19) 薬師寺志光「雙方的不法行為と相殺」法曹雑13巻3号22頁以下、24頁。
20) 幾代＝徳本・前掲注17）342頁。
21) 川井健「民法入門・債権総論　第10章債権の消滅（その9）」法セ398号64頁。

は「法益侵害の内容に着目するもの」であり「『行為』により生じたことすら要求」しないと説明しており、現実弁済の確保を重視した規定となっている。なお、B案においては、不法行為・債務不履行に基づく損害賠償一般に相殺が許容されるので、A案と異なり、社会的に同一の事象または密接に関連する事象に起因して生じる損害賠償債権相互における相殺について要件化する必要性はない[23]と説明されている。このような案は、すでに平井教授によって提唱されていた。すなわち、現行民法509条の趣旨を故意およびそれに準ずる不法行為者には一種の制裁として現実に生じた損害を賠償させることと解し（現行民法の趣旨①②の総合）、故意およびそれに準じる不法行為による損害賠償債権を受働債権とする相殺が禁止されるべきであり、さらに故意の債務不履行にも本条が類推適用されるべきであると考える立場であり、この立場は重要な解釈上の主張であると評価されていた[24]。故意の不法行為に限って相殺を禁止する考え方については、起草者の説明ともそれほど離れないこと、外国にも例があること（ドイツ民法393条、PECL13:107条(c)項、DCFR Ⅲ.6.108 (c)）、日本法でも、故意不法行為等を特別扱いする例のあること（国賠1条2項、破253条1項2号・3号など）に鑑みると、説得力がある、と評価される[25]。

②故意不法行為に限定することについて

「債務者が債権者に損害を生ぜしめることを意図して」との要件を立証することができるのか（故意の立証に近い）、疑問が提起されている[26]。さらに、不法行為の誘発防止という理由を採用するなら、第一に、現行民法の議論において、過失の場合及び故意による不法行為者も「相殺の目的を以て」不法行為を為したに非ざる場合まで禁止することはない、と批判がされてきたので、B案でもこの批判を免れない。第二に、重過失は故意の場合と同様に非

---

22) 詳解・基本方針Ⅲ 60頁。
23) 詳解・基本方針Ⅲ 60頁。
24) 平井宜雄『債権総論〔第二版〕』（弘文堂、1994年）225-226頁。錦織・前掲注10) 97頁。
25) 平野裕之「相殺規定の見直しは必要か」椿ほか・民法改正を考える267-268頁、中田裕康『債権総論 新版』（岩波書店、2011年）392頁。
26) 佐瀬＝良永＝角田・要点188頁〔高橋敬一郎〕。

難可能性が高いとする指摘もあり、重過失の場合にも相殺が禁止されるべきではないか、が問題となろう[27]。

③債務不履行への類推適用について

　従来、不法行為を構成する事実が同時に債務不履行をも構成する、いわゆる請求権の競合する場面において、当事者が債務不履行に基づいて損害賠償を請求した場合に現行法509条を適用ないし類推適用して相殺を否定すべきか問題とされてきた。下級審判決では、債務不履行が不法行為と評価できる場合に債務不履行債権についても相殺を否定する立場を採るものがある[28]。この中には、過失の場合にも509条の適用を肯定する裁判例もあり[29]、B案が故意に限定しているのは、故意不法行為の相殺を否定することと足並みを揃え、下級審裁判例の射程を限定する趣旨と評価できる。

　学説には、「被害者がどちらの法律構成によって損害賠償を請求しているかにかかわりなく、加害者からの相殺には本条の適用がある」とする見解もある[30]。しかし、請求権競合論を採るとしても、「例えば受任者が委任事務処理にあたって受け取った金銭で委任者に引渡すべきものを自己のために費消した場合にも、相殺を認めることは不当ではな」く、契約上の債務不履行として構成されるような不法行為債務について、「相殺はもともと悪いことではないし、不法行為に因る債務で債権者に現実に弁済を得しめる必要」はそれほど強いものではないので、通常の債務不履行の程度範囲をこえた行為は別として、「契約上の債務は相殺で決済されたことに何ら不思議はない」とする考えもある[31]。

---

[27]　平野・前掲注25) 268頁は、「相殺禁止は、故意または重大な過失による不法行為債権を自動債権とする相殺に限定されるべきである」とする。
[28]　例えば、東京地判昭和39年9月17日下民集15巻9号2208頁。
[29]　神戸地尼崎支判昭和54年2月16日判時941号84頁は、使用者の過失（安全配慮義務違反）が問題となった事案である。
[30]　幾代＝徳本・前掲注18) 343頁注（1)、前掲注28)。なお、磯村哲『注釈民法(12)』（有斐閣、1970年) 431頁参照〔乾昭三〕。
[31]　山中康雄「判批」民商59巻1号81頁。

④生命又は身体の侵害があったことに基づく損害賠償請求権について

　従来、損害の種類を考慮して相殺の可否を考える説は、同質的な不法行為債権相互あるいは物損について相殺を肯定しても、人損については現実弁済の必要性から相殺を否定していた[32]。しかし、物損でも重要な場合もあり、人損・物損を区別することはかえって事態を複雑化させ、論理的整合性を欠くという見解もあることに注意する必要がある[33]。

⑤保険について

　なお、検討事項では保険について触れられていないが、保険制度の存在は、相殺の可否に影響させるべきであろうか。従来の議論においては、保険制度の存在を理由として509条適用否定説と肯定説とに分かれていた。

　交通事故実務の観点から、物損について、相殺を許せば賠償責任額だけが保険責任額になるから、双方に責任保険からの全額受給を保障するために、むしろ相殺を禁止した方が被害者保護に資するという見解もある。保険実務では、相殺による単一責任主義的査定（当事者双方の損害額を合算したうえ相互の過失割合で案分し、受取勘定になる方にだけ債権が成立するとみる説）をしていた際においては、実際には支出していながら、保険金で塡補されない部分を生じた被保険者と保険会社とのトラブルが絶えなかったことが指摘されている[34]。民法学説においても、近年では、両当事者が強制責任保険に入っている自動車衝突事故の事例においては、509条を適用し、保険給付を利用して、それぞれの損害賠償を現実にさせることが被害者保護に資するとして相殺を否定する見解も有力である[35]。

　しかしながら、保険学者の中においても、相殺の問題は保険金支払い義務が具体化した後に生じる問題であると考える見解[36]、また、保険契約におけ

---

[32] 前田・前掲注3) 69頁、川井・前掲注21) 64頁。上掲・小川由美子「損害賠償債権の相殺と民法五〇九条（三）」名法127号328頁。
[33] 山野嘉朗「双方過失による衝突と自動車保険」損保42巻3号103頁。
[34] 倉田・前掲注18) 281頁。
[35] 中田・前掲注25) 392頁。前田達明『民法Ⅵ2（不法行為法）』（青林書院新社、1980年）401頁、前田達明『口述債権総論〔第三版〕』（成文堂、1993年）505頁、四宮和夫『事務管理・不当利得・不法行為　中・下巻』（青林書院、1988年）643頁、菅原・前掲注15) 249-250頁。
[36] 倉沢康一郎「双方過失による自動車事故と責任保険」損保37巻2号11頁以下。

る両当事者の意思解釈としても、相殺によって保険金を無駄にすることを承知して相殺を行っているとは考えられないとする見解もあるので[37]、上述のような相殺否定説には根本的な問題が含まれている。

そこで、詳解・基本方針Ⅲ 61 頁では、生命・身体でない法益に対する過失行為による侵害の場合には相殺したとしても、「法律的に見て、B の損害賠償債務は成立したことに相違はなく、ただし、それが後日に相殺により消滅したものというにとどま」り、保険給付義務の消長に影響しないと考えている。したがって、相殺の意思表示を行なった場合でも支払保険金の額は影響を受けないと考えるべきある。

(3) 残された課題

以上でみたように、A 案 B 案ともに検討すべき点が残されている。しかし、現行民法の立法趣旨に忠実であり、債務不履行への類推適用も考えられていることから、B 案を基にさらに検討を加えるのが妥当ではないかと考える。

［須加憲子］

---

[37] 山野・前掲注33) 89 頁以下。

3 法定相殺と差押え、相殺予約の効力

Ⅰ 法制審議会提案

1 検討事項

(1) 審議の対象

　ここで取り上げるのは、法制審議会民法（債権関係）部会（以下、単に「民法部会」という）で示された検討事項(5)のうち、「第2 相殺」、「5　支払の差止めを受けた債権を受働債権とする相殺の禁止（民法511条）」である[1]。検討事項では、①法定相殺と差押え、および、②相殺予約の効力、の2点が主要論点として挙げられている。また、①に関しては、「債権譲渡と相殺の抗弁」、「自働債権の取得時期による相殺の制限の要否」が関連論点として示されている。

　以下では、主要論点である「法定相殺と差押え」と「相殺予約の効力」を中心に、検討事項の内容を紹介するとともに、同部会の審議に先行して法務省関係者も参加する形で組織された民法（債権法）改正検討委員会（座長・鎌田薫早稲田大学教授[当時]。以下、単に「民法改正検討委員会」という）が「債権法改正の基本方針」の中で公表する立法提案を参照し[2]、これと民法部会での審議を比較検討することにより、現在の審議状況を明らかにすることにしたい[3]。

---

1)　民事法研究会・検討事項〈詳細版〉249頁-255頁（**[部会資料10-2]** 50-61頁）、部会資料集第1集〈第2巻〉416-426頁。
2)　法定相殺と差押えおよび相殺予約の効力に関する委員会提案は、第3編債権／第1部契約および債権一般／第3章債権の消滅等／第2節相殺のうち、**【3.1.3.30】**の規定である。基本方針187頁以下、詳解・基本方針Ⅲ 62頁以下。
3)　法定相殺と差押えとの関係の見直しは、相殺制度全般に関わる問題を内包していることから、相殺制度の在り方についての見直しを検討することを意味する。この点につき、民事法研究会・検討事項〈詳細版〉243頁（**[部会資料10-2]** 39頁）、部会資料集第1集〈第2巻〉405頁参照。

(2) 検討事項

(ア) 法定相殺と差押え

　債権の差押え等により支払の差止めを受けた第三債務者は、その後に取得した債権を自働債権とする相殺をすることはできない（民法511条）。この点に関して、受働債権が差し押さえられた場合に、第三債務者が相殺することができるためには、差押え時に自働債権と受働債権の弁済期がいずれも到来していなければならないか、また、到来している必要がないとしても自働債権と受働債権の弁済期の先後が問題となるかという点が、必ずしも条文上明らかではない。判例は、受働債権の差押え前に取得した債権を自働債権とするのであれば、自働債権と受働債権との弁済期の先後を問わず、相殺をすることができると判示している。これに対し、学説上は、差押えの時点で両債権の弁済期が未到来の場合、自働債権の弁済期が受働債権の弁済期より先に到来するときに限り、相殺を対抗することができるとすべきであるという見解が有力に主張されている。判例と有力説の見解の対立は、①自働債権の弁済期が後に到来する場合における第三債務者の相殺に対する期待を保護する必要があるかという点や、②相殺の担保的機能を重視し、相殺権者による優先的な回収を認めることが妥当であるかという点にある。法定相殺と差押えの優劣関係は、特に銀行取引等の金融実務において重要な問題であることから、その優劣の基準を条文上明確にすべきであると指摘されている。これらを踏まえ、法定相殺と差押えの優劣関係について次のような考え方があり得るが、どのように考えるか[4]。

　［A案］受働債権の差押え前に自働債権を取得している限り、自働債権と受働債権の弁済期の先後を問わず、第三債務者は相殺できるという考え方（無制限説）

　［B案］差押えの時点で両債権の弁済期が未到来の場合は、受働債権の差押え前に自働債権を取得し、かつ自働債権の弁済期が受働債権の弁済期よりも先に到来する場合に限り、第三債務者は相殺できるという考え方（制限説）

---

[4]　民事法研究会・検討事項〈詳細版〉249頁（**[部会資料10-2] 51-52頁**）、部会資料集第1集〈第2巻〉416-417頁。

（補足説明）

　検討事項の補足説明によると、[A案] は、最大判昭和45・6・24民集24巻6号587頁（無制限説：多数意見8名、多数意見と結論を同じくする意見3名、反対意見4名）に依拠した提案であり、[B案] は、最大判昭和39・12・23民集18巻10号2217頁（制限説：多数意見7名、反対意見6名[うち4名は無制限説]）に依拠した提案である。補足説明は、現在の判例理論では、受働債権の差押え前に取得した債権を自働債権とするのであれば、自働債権と受働債権との弁済期の先後を問わず相殺をすることができるとするが（無制限説）[5]、学説上は、差押えの時点で両債権の弁済期が未到来の場合、自働債権の弁済期が受働債権の弁済期より先に到来するときに限り、相殺を対抗することができるとすべきであるという見解（制限説）が有力に主張されているとし、制限説を支持する学説の論拠として2点を挙げたうえで[6]、検討の視点を明らかにする[7]。

　（イ）　相殺予約の効力

　実務上、差押え又は仮差押えの命令が発せられたときに、期限の利益を喪失させる旨の合意や、その場合に意思表示を要しないで相殺の効力が生ずるものとする旨の合意（以下これらを「相殺予約」という）をすることがある。この相殺予約の効力を差押債権者又は仮差押債権者（以下「差押債権者等」という）に対抗することができるかについても、前述の法定相殺と差押えに関連して争いがある。判例は、相殺予約の効力を特に制限なく差押債権者等に対

---

[5]　補足説明は、判例はかつて、差押え時に相殺適状にある必要はないが、自働債権の弁済期が受働債権の弁済期より先に到来する場合に限り相殺することができるという見解（制限説）を採っていたとして、最大判昭和39・12・23民集18巻10号2217頁を挙げたうえで、それが最大判昭和45・6・24民集24巻6号587頁により変更され、現在では本文に述べたような立場をとるに至っていると紹介する。民事法研究会・検討事項〈詳細版〉250頁（[**部会資料10-2**] **52頁**）。

[6]　制限説を支持する学説の論拠は、補足説明によれば、自働債権の弁済期が受働債権の弁済期より後に到来する場合、差押債権者が相殺するためには、受働債権を履行しないで受働債権の弁済期が到来するのを待たなければならないが、このように自らの債務不履行を前提として相殺しようとする不誠実な第三債務者の相殺の期待は保護に値しないこと、また、無制限説の考え方は実質的に公示が不完全な物的担保を認めるものであり、債権者平等の原則に反するものであることから、相殺の担保的機能を過大に評価するものであること、の2点にある。民事法研究会・検討事項〈詳細版〉250頁（[**部会資料10-2**] **53頁**）、部会資料集第1集〈第2巻〉418頁。

[7]　民事法研究会・検討事項〈詳細版〉249頁以下（[**部会資料10-2**] **50頁以下**）、部会資料集第1集〈第2巻〉416頁以下。

抗することができるという考え方をとっている。これに対し、学説上は、相殺予約は差押えによる債権回収を回避するものであり、その効力を合理的な範囲に限定すべきであるという見解が主張されるなど、判例の結論に対してはなお異論があるところである。

　検討事項は、上記のような認識に立った上で、次のように指摘した。相殺予約が特に金融取引における債権回収のための手法として重要な役割を果たしていることから、その効力の差押債権者等に対する対抗の可否について明文の規定を設けるべきであるという考え方が提示されている。その場合には、以下のような考え方があり得るが、どのように考えるか[8]。

　［A案］相殺予約の効力を差押債権者等に対抗することを一律に認めるという考え方
　［B案］相殺予約の効力を差押債権者等に対抗することができるのは、自働債権および受働債権が相互に信用を供与しあうという社会的な定型性を有すると認められる関係にある場合に限られるという考え方
　［C案］相殺予約の効力を差押債権者等に対抗することができるのは、自働債権の弁済期が受働債権の弁済期よりも先に到来する場合に限られるという考え方

（補足説明）

　検討事項の補足説明によれば、相殺予約は、法定相殺と差押えにおいて無制限説の立場を採るとしても、自働債権の弁済期が到来しない限り実際には相殺ができないことから、差押債権者等による債権回収に先だって相殺による債権回収を図り得るとする点に意義がある。その効力については、対外的な公示や債権者平等の原則との関係などから、法定相殺と差押えに関連してこれまで様々な議論がされてきた。補足説明は、このように指摘した上で、判例は特に制限なく差押債権者等に対抗することができるという考え方（無制限説）を採っているが、学説には、判例の立場を支持する見解がある一方、自働債権の弁済期が受働債権の弁済期より前に到来する場合に限り相殺を認めるべきであるとして、判例の立場を批判する見解も有力に主張されている

8）　民事法研究会・検討事項〈詳細版〉252 頁-253 頁（**部会資料 10-2**）57 頁）、部会資料集第 1 集〈第 2 巻〉422 頁。

（制限説1）。また、学説には、相殺予約は一定の合理的な期待があると認められる場合に限定するべきであるとし、例えば、預金債権と貸付債権のように、相互に信用を供与し合っており、担保としての機能を有している場合、あるいは、銀行取引のように、相殺予約の特約の存在が公知の事実であるといえる場合に限るとする見解もある（制限説2）。しかし、これらの見解に対しては、無制限説から、相殺予約により自己の債権回収のために勤勉な行動をとった者が差押債権者等よりも保護されるのは当然であるとか、譲渡担保権のように公示が不完全でも物的担保として認められているものもあり、対外的な公示が不完全というだけで相殺予約の効力を否定するのは説得的でないとの反論が加えられているとし、議論の状況を概括的に説明した上で、上記3案の当否を検討すべきものとした[9]。

補足説明によると、［A案］は、昭和45年判決と同様の考え方であり、相殺予約により自己の債権回収のために勤勉な行動をとった相殺権者の相殺の期待を重視する考え方であるが、前述の法定相殺と差押えにおける［A案］（無制限説）および［B案］（制限説）のいずれの立場からも主張され得るものである。［B案］は、検討委員会の立法提案の中ですでに示されており[10]、相殺予約が差押えによる債権回収の回避を可能とする手法であることから、その効力を差押債権者等に対抗することを無制限に認めるのは妥当でないとしたうえで、自働債権と受働債権が、例えば、銀行取引のように、相互に信用を供与しあう社会的定型性を有する関係にある場合に限って、相殺予約の効力を第三者に対抗することを認めるものである。［C案］は、前述の法定相殺と差押えにおける［B案］（制限説）を前提とする考え方である。

(3) **関連問題**

検討事項は、法定相殺と差押えに関連し、併せて検討を要する問題として、「債権譲渡と相殺の抗弁」および「自働債権の取得時期による相殺の制限の要否」を挙げている。

---

[9] 民事法研究会・検討事項〈詳細版〉253頁以下（**[部会資料10-2] 57頁以下**）、部会資料集第1集〈第2巻〉422頁以下。
[10] 自働債権と受働債権の双方が「当事者の特定の継続的取引によって」生じた場合に、相殺予約の効力を第三者に対抗することができる。詳解・基本方針Ⅲ 63頁。

（ア）　債権譲渡と相殺の抗弁

債権の譲受人に対して債務者が相殺の抗弁を主張するための要件については、法定相殺と差押えに類する問題として議論があり、この点についても条文上明確にすべきであるという指摘がある。具体的には、以下のような考え方があり得るが、どのように考えるか[11]。

[A案]　規定を置くべきであるという考え方
[A-1案]　抗弁が切断される時点までに債務者が譲渡人に対する債権を取得していれば、自働債権と受働債権の弁済期の先後を問わず、相殺することができるとする規定を置くという考え方
[A-2案]　抗弁が切断される時点までに債務者が譲渡人に対する債権を取得しており、かつ、その時点で相殺適状にない場合は、自働債権の弁済期が受働債権の弁済期よりも先に到来する場合に限り、相殺することができるとする規定を置くという考え方
[A-3案]　抗弁が切断される時点までに債務者が譲渡人に対する債権を取得しており、かつ、その時点で既に相殺適状にあった場合に限り、相殺することができるとする規定を置くという考え方
[B案]　規定を置かず、解釈に委ねるべきであるという考え方

検討事項の説明によると、[A-1案]は無制限説に対応する考え方、[A-2案]は制限説に対応する考え方、[A-3案]は相殺適状説（法定相殺と差押えの優劣についても、差押え時に相殺適状にあった場合のみ相殺の効力を対抗できるという考え方が主張されることがある）に対応する考え方である。検討事項の説明は、学説の立場および判例の動向を概括的に紹介したうえで、立法提言として、債権譲渡の前から債務者が有している債権を自働債権とする相殺は法定相殺と差押えに関する規律に従うことを明文化するという考え方（検討事項記載の民法改正研究会・国民・法曹・学界有志案178頁）と、諸外国の立法例には、債権譲渡がされた場合における相殺の抗弁の対抗の可否について明記する例（検討事項掲載の「比較法」の項目）がみられること、他方、相殺の抗弁についてのみ抗弁対抗の可否に関する明文の規定を設けるのはバランスを失するとし

---

[11]　民事法研究会・検討事項〈詳細版〉251頁（**[部会資料10-2]　54-55頁**）、部会資料集第1集〈第2巻〉419-420頁。

て、立法による解決に消極の見解（検討事項記載の基本方針224頁）があることも紹介している[12]。

（イ）　自働債権の取得時期による相殺の制限の要否

現行民法では、受働債権の差押え後に取得した債権を自働債権とする相殺が禁止されているが（同法511条）、それ以外には、自働債権の取得時期によって相殺の効力を制限する規定は置かれていない。しかし、差押えや仮差押えの申立てがあった後、差押命令や仮差押命令が第三債務者に送達されるまでの間に、第三債務者が当該差押え等の申立てを知った上で取得した債権を自働債権とする相殺は、同条による相殺の制限を潜脱しようとするものである。そこで、検討事項は、このような場合も相殺の効力を認めないとする旨の規定を新たに設けるべきであるという考え方が提示されているが、どのように考えるかを問うた[13]。

2　提案前の議論

民法改正検討委員会は、前述のように、民法部会の審議に先行して法務省関係者も参加する形で組織されたものであるが、「債権法改正の基本方針」を公表し、その中で、法定相殺と差押えについて、次のような立法提案（以下「委員会提案」という）を行っている[14]。

【3.1.3.30】（弁済を禁止された債権を受働債権とする相殺等の禁止）

〈1〉　弁済を禁止された第三債務者は、債務者に対し有する債権による相殺をもって差押債権者または仮差押債権者に対抗することができるものとする。

〈2〉　〈1〉にかかわらず、弁済を禁止された第三債務者は、その後に取得した債権による相殺をもって差押債権者または仮差押債権者に対抗することができないものとする。

〈3〉　〈1〉にかかわらず、弁済を禁止された第三債務者は、差押えまたは

---

[12]　民事法研究会・検討事項〈詳細版〉251頁（**[部会資料10-2] 54-55頁**）、部会資料集第1集〈第2巻〉419-420頁。

[13]　民事法研究会・検討事項〈詳細版〉251頁（**[部会資料10-2] 55頁**）、部会資料集第1集〈第2巻〉420頁。

[14]　詳解・基本方針Ⅲ 62頁。

仮差押えの申立てがあった後に債権を取得した場合であって、その取得の当時、それらの申立てがあったことを知っていたときには、その債権による相殺をもって差押債権者または仮差押債権者に対抗することができないものとする。

〈4〉差押えまたは仮差押えの申立てがあったこと、差押命令または仮差押命令が発せられたことその他債権の差押えまたは仮差押えの手続を開始させる事由に関する事実が生じたことをもって債権を相殺に適するようにする旨の当事者の意思表示により相殺をすることができる場合において、その債権をもってする相殺は、その債権および差押えまたは仮差押えに係る債権の双方が当事者の特定の継続的取引によって生ずるものであるときに限り、これをもって差押債権者または仮差押債権者に対抗することができるものとする。債権の差押えまたは仮差押えの手続を開始させる事由に関する事実が生じたことをもって相殺が効力を生ずるものとする旨の当事者の意思表示も、同様とするものとする。

〈5〉債権の取立てその他の処分を禁止された者に対し債権を有する者で第三債務者でないものが、その後にその債権による相殺の意思表示をした場合において、第三債務者は、この相殺をもって差押債権者または仮差押債権者に対抗することができないものとする。差押えまたは仮差押えの申立てがあったことを知ってした相殺の意思表示も、同様とするものとする。

委員会提案は、従来の判例・学説との関係でみれば、法定相殺と差押えについては、基本的には無制限説に近い立場と評価することができる。すなわち、①自働債権が差押え以前に取得されたものであれば、受働債権の弁済期の先後のいかんに関わらず、相殺をもって対抗することができる（【3.1.3.30】〈1〉）。ただし、②実際に相殺するためには、相殺の意思表示をする時点において、自働債権の弁済期が到来していなければならない（【3.1.3.21】）。その際、③自働債権の弁済期を受働債権に対する差押えを契機として操作する合意に基づく相殺は、原則として対抗することができないが（【3.1.3.30】〈4〉）、④自働債権および受働債権の双方が「特定の継続的取引」から生ずるもので

あるときは、③の合意でもって相殺を対抗することができる（【3.1.3.30】〈4〉）。

委員会提案が内容の点で現行民法511条とほぼ同趣旨であるにもかかわらず、まずもって相殺が可能であることを立言するのに1つの項を割く条文を提示する理由は、検討委員会の趣旨説明によれば、第三債務者が差押え又は仮差押えにより弁済が禁止される以前に取得した債権による相殺をもって差押債権者等に対抗することが許容されなければならないとの基本的立場を明らかにするためである[15]。

一方、相殺予約の効力については、相殺予約の合意は原則として差押債権者等に対抗できないものであるとしたうえで、この原則に対する例外として、相殺に供される債権が当事者間の「特定の継続的取引」によって生ずるものであるときは、そのような合意の効力を差押債権者等に対抗することを認めている（【3.1.3.30】〈4〉）。これにより、「継続的な取引関係にある者らの間においては、相互に債権債務の関係に立つことにより信用を与え合っている関係にあると評価することができ、相殺に関する合意の対外的な効力を例外的に是認する仕組みに支えられつつ、頻繁に相手方の信用を調査しなければならない負担から解き放たれる」ことになる[16]。このような考え方は、前述の民法部会で示された検討事項のB案とほぼ同趣旨の提案ということができる。

委員会提案は、「民法において、自働債権とされるべき債権が取得された時期や状況からみて相当でないと認められる場合の相殺を禁止するとともに、相殺の意思表示をする状況設定などを操作しようとする一定形態の合意の効力を否定する旨の規律を設けることが相当である」との考え方に基づき[17]、相殺の可能性を特約により作出しようとする合意について、どのような形態の合意を規制の対象とするか、また、どのような場合において合意の効力を否定するかという視点から、規制を加えることを提案するものである[18]。しかしながら、検討委員会のいう相殺予約の合意に係る「継続取引」の定義と範囲については、要件が必ずしも明確ではなく、疑義が残るも

---

15) 詳解・基本方針Ⅲ 70頁。
16) 詳解・基本方針Ⅲ 65頁。
17) 詳解・基本方針Ⅲ 67頁。
18) 詳解・基本方針Ⅲ 71頁。

のとなっている。

　本立法提案の解説によれば、「継続的取引」の適用範囲は、もっぱら自働債権が「当事者の特定の継続的取引によって生ずるもの」と認められるかどうかによって定まるところ、取引の継続性は、「頻度という量的な観念に依存することなく、社会的定型性の認知という質的な評価に立脚して行われる」という[19]。この「継続的取引」の基準によると、例えば、銀行が行う預金の受入れとこれを担保にして行う資金の貸付は、社会的な定型性が認められる。これに対し、建物を賃借している者がたまたま賃貸人に金銭を貸し付けるという取引は、賃料債権と貸付債権との間において相互を当然に担保視することを是認するだけの社会的な定型性を肯定することができないということになる[20]。しかし、果たして、そのような判断が的確であるかどうか。この点については、更に検討の余地があるというべきであろう。銀行取引の内容は多様であり、適用範囲において疑問が残るものが存したり、外延をどこに認めるかについて争いが残ったりするようであれば、銀行取引の安定性にも影響が出るとした懸念も表明されている[21]。また、銀行取引以外の企業間取引などにおいても、継続的取引の判断にあたり、当事者間に相互信用供与の関係が認められるか否かというところでの議論は残るといわねばならない[22]。

3　法制審議会の議論状況

(1)　趣旨説明

　民法部会では、法定相殺と差押えに関する上記のような検討課題の提示を受けて、平成22年4月27日（火）の第8回会議において審議が行われた[23]。

　まず、審議に先立ち、事務局の松尾博憲関係官より、前述の部会資料に即

---

19)　詳解・基本方針Ⅲ 75頁。
20)　詳解・基本方針Ⅲ 75頁
21)　三上徹「相殺」金法1874号（2009年）48-49頁。
22)　山形康郎「債権法改正が銀行の相殺実務に及ぼす影響」銀法722号（2010年）44頁。
23)　［第8回会議議事録］44-53頁。このほか、部会資料集第1集〈第2巻〉120-130頁にも収録されている。

して判例および学説の状況を概観したうえで、次のような趣旨説明が行われた[24]。

「法定相殺と差押えの関係は、特に銀行取引等の金融実務において重要な問題であることから、条文上、明確にすべきであるという考え方が提示されていますが、その場合にはこれまでの判例と有力説の対立を踏まえると、単に昭和45年判決の結論を明文化するか否かということを検討するだけではなく、法定相殺と差押えの関係について、その在り方を改めて検討することが必要である」、「この問題を検討する際の視点としては、自働債権の弁済期が受働債権の弁済期よりも後に到来する場合に、相殺権者の相殺の期待は保護に値するかという点と、相殺の担保的機能を重視することにより、相殺権者がほかの一般債権者よりも、優先的に債権を回収することを認めることが妥当かという視点が重要である」が、「これらの視点から法定相殺と差押えの優劣関係についてどのように考えるべきか、また、これらの視点以外に法定相殺と差押えの優劣関係の検討に当たって、ほかに留意すべき点があるかという点について、御意見をいただきたい」。

(2) 法定相殺と差押え

当日の審議では、松尾関係官による上記の趣旨説明を受けて、鎌田薫部会長の司会のもとに、まず、法定相殺と差押えについて審議が行われた[25]。出席委員等からは、条文上明確にすべきであるという考え方に対して、特段の異論は出なかった。その上で、実務家出身の委員の中から、受働債権の差押え前に取得した債権を自働債権とするのであれば、自働債権と受働債権との弁済期の先後を問わず相殺を可能とする判例法理（無制限説）を明文化すべきであるという意見が多く出された（大島博委員、中井康之委員、三上徹委員、木村俊一委員、岡正晶委員など）。その理由として、弁済期の先後は偶然性にも左右されることが多いこと、過去40年にわたる判例法理の実務的運用は尊重されるべきであること、相対立する債権債務があるときには自らの債務が自らの債権の担保的機能を果たしていると期待している第三債務者を差押債権者よりも保護すべきであること、民事再生法や会社更生法上の相殺禁止規定が無制限説を前提としていることとの整合性を図るべきであることが挙げら

---

24) ［第8回議事録］45頁。なお、ここで事務局の説明に際して参照すべき資料として示されたものは、検討事項〈詳細版〉（10-2）である（［同議事録］44頁の松尾関係官の指示参照）。
25) ［第8回会議議事録］44頁以下。議事の概況等については、商事法務・中間的な論点整理の補足説明172頁以下。

れ、無制限説を支持する方向での意見が述べられた。

　これに対し、委員の中からは、無制限説について、①自働債権の弁済期が未到来で受働債権の弁済期が到来している場合に、第三債務者が受働債権の弁済を拒みつつ、自働債権の弁済期が到来した段階で相殺することを許容する点で不当であるという意見（能見善久委員）が出された。また、相殺すらできない差押債権者の差押えへの期待を一定程度保護するために相殺を制限する必要があるという観点から、②差押えの時点で両債権の弁済期が未到来の場合、自働債権の弁済期が受働債権の弁済期より先に到来する場合に限り、相殺を対抗することができるという考え方（制限説）を考慮すべきであるという意見（高須順一幹事）があった。

　しかし、これらの意見に対しては、無制限説の立場を支持する側から、次のような反論が加えられている。すなわち、①については、通常、期限の利益喪失条項が付されていることから、受働債権の弁済を拒み、債務不履行状態を長期間継続させた上で、自働債権の弁済期が到来した時点で相殺するという不当な相殺が行われることはほとんどないこと、また、相殺ができる場合には少なくとも自働債権は履行遅滞に陥っていることになり、指摘されるような相殺は必ずしも不当ではないこと（三上徹委員）、また、②については、なぜ偶然によって決せられる自働債権と受働債権との弁済期の先後によって相殺の可否が決せられるか疑問であること（中井康文委員）、むしろ制限説を採った場合には、期限の利益喪失事由により弁済期を操作することが重要になるが、その結果、法的知識に乏しい者にとっては相殺することが期待できなくなる点で公平ではないこと（三上徹委員）、制限説を採った場合、金融機関が借り手の負担軽減のために返済期限の延長を行うと、それにより相殺が認められない事態が生じ、金融機関が返済期限の延長に慎重になる恐れがあること（藤本拓資関係官）が指摘された。このほか、無制限説を採ったとしても、不当な相殺については、相殺権の濫用として相殺の効力が否定されるという意見（三上徹委員）もあった。

(3)　相殺予約の効力に関する議論

　相殺予約については、その効力を差押債権者または仮差押債権者（差押債権者等）に対抗することの可否について明文の規定を設けるかどうかが議論

された[26]。出席委員等からは、検討事項で示された3案のうち、C案（相殺予約の効力を差押債権者等に対抗することができるのは自働債権の弁済期が受働債権の弁済期よりも先に到来する場合に限られるという考え方）に賛成する意見は出ず、法定相殺と差押えに関する場合と同様、相殺予約の効力についてもA案（相殺予約の効力を差押債権者等に対抗することを一律に認めるという考え方）を支持するものが比較的多数であった（中井康之委員、三上徹委員など）。これは、第三債務者の相殺の利益はたまたま差押えをしてきた差押債権者等の利益に比して保護されるべきであるということが理由とされている。ただ、無制限説に立つとしても、仮差押えが債務者に信用不安が生じていない状態でも可能であることからすると、それを期限の利益喪失条項にして相殺に結びつけて考えることが果たして妥当といえるかどうかは疑問の余地がないわけはないとして、仮差押えを原因とする期限の利益喪失については更に検討を要するという意見（中井康之委員）もあった。

一方、B案（相殺予約の効力を差押債権者等に対抗することができるのは、自働債権および受働債権が相互に信用を供与しあうという社会的な定型性を有すると認められる関係にある場合に限られるという考え方）については、これに賛成する意見（高須順一幹事）があったほか、利益衡量の観点からは、一定の社会的な定型性の関係にある場合には、相殺予約の効力を制限する方がバランス感覚に優れ、無制限説を明文化したとしても制限的な考え方が主張し続けられる可能性があることから、できるだけ明確な形で明文化することが望ましいとする意見（山野目章夫幹事）もあった。しかし、B案に対しては、条文化することが難しいと思われるとする意見（能見善久委員）や、実務において相互に債権を持ちあう取引には様々な類型があることから、条文を設ける場合には慎重な検討を要するという意見（大島博委員）が述べられている。

(4) 関連論点

(ア) 債権譲渡と相殺の抗弁

法定相殺と差押えの優劣関係については、無制限説を採用したとしても、債権譲渡があった場合、譲受人の保護の必要性も考慮されなければならな

---

[26] ［第8回会議議事録］44頁以下。議事の概況等については、商事法務・中間的な論点整理の補足説明175-176頁に要約がある。

い。検討事項では、そのような観点から、債権譲渡があった場合の譲受人と債務者による相殺の抗弁との関係について、規定を設けるべきか否か。設けるとした場合、どのような要件を定めるべきかを審議するものとした[27]。この点につき、民法部会の審議では、債務者において将来相殺できる地位ないし利益を一律に保護するという考え方（A-1案）には疑問であるという意見（岡正晶委員）が述べられ、この場合には、相殺の抗弁が切断される時点までに債務者が譲渡人に対する債権を取得しており、かつ、その時点で既に相殺適状にあったときに限り相殺することができるとする規定を置く考え方（A-3案）に賛成する意見（岡正晶委員の個人意見）や、事案に応じた解決を可能とするには現時点では規定を設けない方がよいとする考え方（B案）を支持する意見（岡正晶委員所属の弁護士会の多数意見）が披歴された。

これに対し、委員の中には、相殺の抗弁が切断される時点までに債務者が譲渡人に対する債権を取得していれば、自働債権と受働債権の弁済期の先後を問わず相殺することができるとする規定を置くという考え方（A-1案）が望ましいとしつつも、この問題は債権の譲渡禁止特約の効力と関連する問題であり、譲渡禁止特約の効力が現在よりも大幅に否定されるような考え方が採られない限り、どのような考え方も採り得るとする意見（三上徹委員）を述べる者もあった。また、この問題を検討するにあたっては、転付命令と相殺の関係の問題も重要であると指摘する意見（三上徹委員）も述べられた。

　（イ）　自働債権の取得時期による相殺の制限の要否

自働債権の取得時期による相殺の制限の要否については、差押命令や仮差押命令が第三債務者に送達されるまでの間に、第三債務者が当該差押え等の申立てを知った上で取得した債権を自働債権とする相殺の効力を認めないとする旨の規定を新たに設けるべきであるという考え方について、審議が行われた[28]。この点につき、後述のいわゆる「たたき台」での審議では、この考え方が想定している適用場面は差押命令の申立てから送達時までのごく短い

---

[27]　[第8回会議議事録] 52頁以下。議事の概況等については、商事法務・中間的な論点整理の補足説明 174-175 頁に要約がある。

[28]　[第8回会議議事録] 52頁以下。議事の概況等については、商事法務・中間的な論点整理の補足説明 175 頁に要約がある。

期間であることが指摘され、規定を設けることの必要性について疑問を呈する意見（鎌田部会長）があった。また、この問題に関連して、差押えとの関係だけではなく、支払不能となった債権者に対して債務を負う者が支払不能後に新たに取得した他人の債権を自働債権として相殺する場合の相殺の効力を民法で制限することの要否についても、併せて検討すべきであるという意見（岡正晶委員）も述べられた。

　この問題については、さらに、パブリック・コメントに付す前の原案（いわゆる「たたき台」）[29]について審議を行った際に、自働債権の取得時期による相殺の制限の要否の問題が取り上げられた[30]。この問題が破産法72条1項4号を参照して提案されたものであるとすれば、破産法上、形式的に同号の要件を充足したとしても、相殺の期待を保護すべき場合には同法72条第2項各号により例外的に相殺が認められることから、そのような例外を認めるべき場合の有無（差押後に取得した債権の原因が差押前であれば相殺が可能であるか否か）についても検討の必要があるかどうかとの意見（山本和彦幹事）が出された[31]。また、別の委員からは、支払不能になった債務者が支払不能後に取得した債権を自働債権として相殺する場合の効力を民法で制限するのは現行破産法のレベルからいっても超えているとの意見（中井康之委員）が述べられた。

4　中間的な論点整理

(1)　中間的な論点整理のたたき台

　民法部会は、前述のとおり、平成23年1月25日（火）開催の第22回会議において、パブリック・コメントに付す前の原案（いわゆる「たたき台」）を前に審議を行っている。ここでは、内容の審議というより、中間的な論点整理のための文章表現に関する質疑が中心であった。中間整理案の表現で問題

---

29)　部会資料集第1集〈第6巻〉440-442頁（**[部会資料22] 19-21頁**）。
30)　**[第22回会議議事録] 26頁**以下。
31)　山本和彦委員は、中井康之委員の質問に答えて、「倒産手続においても、倒産手続開始決定後の債権の取得については、2項の例外は適用にならない」と述べ、債権取得した場合における前の原因は考慮しないという点で現行法制は一貫していると説明している。**[第22回会議議事録] 28頁**。

となったのは、例えば、「債権譲渡と相殺の抗弁」について、債権取引に与える影響」の観点を表す文言を入れること（高須順一幹事）、「自働債権の取得時期による相殺の制限の要否」について「潜脱しようとするものであることから」という断定的な書き振りはやや書き過ぎで、例外的な規律があり得るような余地を残す形が望ましいこと（山本和彦幹事）、などであった[32]。

(2) 中間的な論点整理

民法部会は、その後の審議を経て、平成23年5月10日、「民法（債権関係）の改正に関する中間的な論点整理」（以下、「中間的な論点整理」という）を補足説明とともに公表し[33]、これをパブリック・コメントの手続に付した。この中間的な論点整理をみると、次のように整理されている。

① 法定相殺と差押え

受働債権となるべき債権が差し押さえられた場合に、第三債務者が相殺することができるためには、差押え時に自働債権と受働債権の弁済期がいずれも到来していなければならないか、また、到来している必要がないとしても自働債権と受働債権の弁済期の先後が問題となるかという点について、条文上明確にしてはどうか。

その際には、受働債権の差押え前に取得した債権を自働債権とするのであれば、自働債権と受働債権との弁済期の先後を問わず相殺をすることができるとする判例法理（無制限説）を前提としてきた実務運用を尊重する観点から、無制限説を明文化することの当否について、無制限説により生じ得る不合理な相殺を制限するために無制限説を修正する必要があるとの意見があることに留意しつつ、更に検討してはどうか。

② 債権譲渡と相殺の抗弁

債権の譲受人に対して債務者が相殺の抗弁を主張するための要件について、法定相殺と差押えに関する規律（上記①）に従うことを条文上明確にするかどうかについては、法定相殺と差押え、譲渡禁止特約の効力及び転付命令と相殺との関係に関する検討結果を踏まえて、債権譲渡取引に与え

32）［第22回会議議事録］27頁。
33）法定相殺と差押えについては、商事法務・中間的な論点整理の補足説明172頁以下。なお、公表直前の中間的な論点整理案における法廷相殺と差押えについては、部会資料集第1集〈第6巻〉749頁［**部会資料26**］64頁）参照。

る影響にも留意しつつ、更に検討してはどうか。
③　自働債権の取得時期による相殺の制限の要否

　差押えや仮差押えの申立てがあった後、差押命令や仮差押命令が第三債務者に送達されるまでの間に、第三債務者が、当該差押え等の申立てを知った上で取得した債権を自働債権とする相殺は、民法511条による相殺の制限を潜脱しようとするものである場合があることから、このような場合には相殺の効力を認めないとする旨の規定を新たに設けるべきであるという考え方がある。このような考え方の当否について、例外的に相殺の効力を認めるべき場合の有無も併せて検討する必要がある（破産法72条2項各号参照）との指摘に留意しつつ、更に検討してはどうか。

　また、支払不能となった債権者に対して債務を負う者が、支払不能後に新たに取得した他人の債権を自働債権として相殺する場合の相殺の効力を、民法で制限することの要否についても、検討してはどうか。
④　相殺予約の効力

　差押え又は仮差押えの命令が発せられたこと等の事由が生じた場合に期限の利益を喪失させる旨の合意や、その場合に意思表示を要しないで相殺の効力が生ずるものとする旨の合意に関して、判例は、相殺予約の効力を、特に制限なく差押債権者等に対抗することができるという考え方を採っているとの見解が有力であるが、学説上は、相殺予約は差押えによる債権回収を回避するものであり、その効力を合理的な範囲に限定すべきであるという見解が主張される等、判例の結論に対しては、なお異論があるところである。相殺予約の効力を差押債権者又は仮差押債権者（差押債権者等）に対抗することの可否に関する明文の規定を設けるかどうかについては、自働債権と受働債権の弁済期の先後によって、相殺予約の効力を差押債権者等に対抗することの可否を決するという考え方は採らないことを確認した上で、その効力を一律に認めるという考え方（無制限説）を採るべきか、それとも一定の場合にその効力を制限すべきかについて、更に検討してはどうか。

　現在、法務省においては、各大学や単位弁護士会、各種の研究機関などから寄せられた意見等[34]を集約し、2013（平成25）年の2月を目途とす

る中間試案の取りまとめに向けて、第2ステージの審議に入っている。

II 検討

1 法定相殺と差押え

　支払の差止めを受けた債権を受働債権とする相殺の禁止は、現行民法511条が規律するところである。同条は「支払の差止めを受けた第三債務者は、その後に取得した債権による相殺をもって差押債権者に対抗することができない」と規定するのみで、受働債権が差し押さえられた場合に、第三債務者が相殺することができるためには、差押え時に自働債権と受働債権の弁済期がいずれも到来していなければならないか、また、到来している必要がないとしても、自働債権と受働債権の弁済期の先後が問題となるかという点が、必ずしも明らかではない[35]。

　法定相殺と差押えとの優劣関係につき、検討事項では、受働債権の差押え前に取得した債権を自働債権とするのであれば、自働債権と受働債権との弁済期の先後を問わず相殺をすることができるとする判例法理を明文化すべきであるという考え方（無制限説）と、差押えの時点で両債権の弁済期が未到来の場合、受働債権の差押え前に自働債権を取得し、かつ自働債権の弁済期が受働債権の弁済期より先に到来する場合に限り、相殺を対抗することができるという考え方（制限説）が示され、審議に付された。検討の視点は、検討事項の補足説明が指摘するように、自働債権の弁済期が受働債権の弁済期よりも後に到来する場合に、相殺権者の相殺の期待は保護に値するか、相殺の担保的機能を重視することにより、相殺権者が他の一般債権者よりも優先的に債権を回収することを認めることが妥当か否かにある。この点、民法部会の審議では、無制限説を支持する意見が比較的多数であった。

---

34) 一般社団法人金融財政事情研究会編『民法（債権関係）の改正に関する中間的な論点整理』に対して寄せられた意見の概要』（金融財政事情研究会、2012年）1228-1255頁[**部会資料33-3**]（平成24年3月12日補訂）**361-388頁**］。意見等の分析は別の機会に行う予定である。

35) 詳細は、伊藤進「差押えと相殺―第三者の権利関与と相殺理論」星野英一編『民法講座第4巻債権総論』（有斐閣、1985年）373頁以下、鳥谷部茂「相殺の第三者効は、現状のままでよいか」講座・現代契約と現代債権の展望第2巻［債権総論(2)］（日本評論社、1991年）323頁以下。

相対立する債権債務があるときのお互いの認識としては、自ら負っている債務が担保的機能を果たし、それを前提に取引関係を継続しているところがある。とりわけ、中小企業は債権回収の手段をそれほど多く持っているわけではなく、相殺の担保的効力に少なからず期待をしている[36]。第三債務者が有するのは、将来、相殺できる地位、相殺できるかもしれない利益であり、これは期待利益に過ぎないかもしれないが、それを制限説で絞るほどのことではないようにも思われる。第三債務者が対立する債権債務を持っており、今は相殺適状ではないけれども、将来、相殺できる期待ないし利益を有しているような場合に、第三債務者の利益と差押えをしてきた差押債権者等の利益を比較したとき、それまで継続的な取引関係の下で債権債務のあることを信頼してきた第三債務者が突然に担保手段を失うという事態は、やはり許容し難いものといえよう。

　実務界においては、昭和45年判決（無制限説）が出てから40年近い月日が経ち、今日に至るまで最高裁判所の判決に基づいた運用が長年続いてきたという実態がある。そのような実務の積み重ねを無視して、昭和39年判決（制限説）が出た後の弁済期を操作する状態に戻すというのは、何ら正当化できる合理的な根拠が見当らない。また、金融機関においては、貸付先の状況に応じて返済期限の延長などを行うことがあるが、返済期限の延長を行った場合に、できたはずの相殺ができないということになると、返済期限の延長に慎重にならざるを得ないインセンティブを与えることになり、その結果、中小企業を含めた金融の円滑化が阻害されることにもなりかねない。

　確かに、無制限説に立った場合、第三債務者が自分の自働債権の弁済期が来ていない段階で、受働債権の弁済期が来ているようなときに、長々と債務不履行を続けて弁済を拒みつつ、自働債権の弁済期が来るのを待って相殺するということが懸念されるかもしれない。しかし、そのような事態があれば、それは相殺権の濫用の問題として取り扱い、その相殺予約の効力を否定することで十分対応できるはずである。

---

36) 長谷川貞之「相殺と交互計算」根田正樹＝大久保拓也編『支払決済の法としくみ』（学陽書房、2012年）242頁以下、深川裕佳「債務者以外の者による相殺（第三者の相殺）について」法時84巻8号（2012年）50頁以下。

要するに、法廷相殺と差押えの問題は、相殺予約の効力を現在の実務に限って認めるか、何らかの修正を加えるかという視点から、相殺予約の効力との関連で議論される必要があり、また、不当な相殺については、相殺権の濫用として、どのような場合に相殺の効力を否定するかという問題と密接に関わっている。これらの議論との関連では、法定相殺と差押えをめぐる問題は、幾分、紆余曲折が予想されるところである。

2 債権譲渡と相殺

　債権譲渡がされた場合に、債権の譲受人に対して債務者が相殺の抗弁を対抗するための要件は、法定相殺と差押えの関係に関する議論と同様に争いがある。この点につき、検討事項の補足説明は、無制限説に従った判例（最判昭和50年12月8日民集29巻11号1864頁）があるとしながらも、その事案は特殊であって、いまだ判例の立場は明確でないとされているとし、一方、学説上は、法定相殺と差押えに関する議論と同様に考えるべきであるとする見解も主張されているものの、債権譲渡と相殺の場合には、取引安全の要請も考慮する必要があることや、債務者は譲渡禁止特約により債権譲渡の自己への対抗を防ぐこともできたはずであること等を理由として、法定相殺と差押えの場合に比して相殺権者を保護する必要性が低くなると理解する見解が有力であると指摘し、検討事項の［A-2案］（制限説）や［A-3案］（相殺適状説）を支持する見解が多いと解説する。民法部会の審議では、前述のように、将来相殺できる地位や利益を一律に保護してよいか疑問であるという意見や、この問題は債権の譲渡禁止特約の効力と関連する問題であり、譲渡禁止特約の効力が現在よりも大幅に否定されるような考え方が採られない限り、どのような考え方も採り得るとする意見、また、この問題を検討する際には、転付命令と相殺の関係の問題についても併せて検討すべきであるとする意見もあり、具体的な方策について意見の一致はみられない。

　債権譲渡がされた場合、権利の帰属が変更されるのみならず、譲渡取引という債権の具体的な取引まで発生し、売買代金も払われているかもしれない。そのような場合に、債権の譲渡人との関係で、将来、相殺できるかもしれない地位ないし期待利益を一律に保護してよいかといえば、疑問で問題で

ある。債権譲渡の場合には、法定相殺と差押えとの関係について無制限説を採用したとしても、譲渡代金を支払う譲受人の保護の必要性が別途問題となる。債権譲渡の目的の多様性を考えれば、事案に応じた解決を可能とするため、現時点では規定を設けない方がよいとする意見もあるが、債務者は譲渡禁止特約により債権譲渡の自己への対抗を防ぐこともできたはずであるといえなくもない。この点に配慮して、取引安全の要請を重視するならば、抗弁が切断される時点までに債務者が譲渡人に対する債権を取得しており、かつ、その時点で既に相殺適状にあった場合に限り、相殺することが許容されるとする立場［A-3案］（相殺適状説）が妥当とされよう。その限りでは、法定相殺と差押えに関する規律は修正されることになる。そして、これに反する相殺予約の効力は、相殺権の濫用の問題として取り扱い、そのような事情があれば、その限りで無効とされるべきであろう。

　このほか、債権譲渡と相殺の問題は、債権譲渡禁止の特約の効力や転付命令との関係（転付命令は差押えが前提となるものであるが、債権者の地位が移転するという点で債権譲渡に類似する。また、相殺の遡及効が否定された場合には、転付命令に相殺の効力を対抗できないという考え方が採られる可能性がある）など、他の制度と密接に関連しており、明文の規定を設ける際にはこれらの制度との関係にも配慮する必要がある。諸外国の立法例には、債権譲渡がされた場合における相殺の抗弁の可否について明文を設けている例がいくつかみられる[37]。債権譲渡と相殺の抗弁について規定化を図る場合には、これらを参考としつつ、多角的な検討が必要である。

3　自働債権の取得時期による相殺の制限の要否

　法定相殺と差押えの問題に関連して、検討事項では、自働債権の取得時期による相殺の制限の要否が取り上げられ、これが部会の第8回会議および第22回会議で審議されている。この問題が想定している場面が、差押命令

---

[37]　ドイツ民法392条：債務者が債権者に対して有する債権の相殺は、債務者が差押えの後に自己の債権を取得したとき、または自己の債権の弁済期が差押えの後にかつ差し押さえられた債権よりも遅く到来したときは、債権の差押えによって排除される。フランス民法1295条：(1) 債権者が第三者に対して行った権利の譲渡を単純に承諾した債務者は、もはや、承諾前に譲渡人に対抗することができた相殺を譲受人に対抗することができない。／(2) 債務者に送達されたが債

や仮差押命令が第三債務者に送達されるまでの間に、第三債務者が当該差押え等の申立てを知った上で取得した債権を自働債権とする相殺の効力にあるとすれば、差押命令の申立てから送達時までのごく短い期間に生じる稀有な問題といえなくもない。そうであれば、相殺権の濫用の問題として扱うことも可能であり、とくに民法で固有の規定を設ける必要性は乏しいようにも思われる。

また、自働債権の取引時期による相殺の制限の可否の問題が、民法511条にいう差押えだけではなく、支払不能との関係をも含むものであれば、破産法72条との関係が検討されなければならない。破産法では、破産手続開始後に取得した債権を自働債権とする相殺の効力は認められない（同法72条1項1号）。そのうえで、債務者が支払停止等の危機時期にあることを知って、危機時期以降、破産手続開始前に取得した債権を自働債権とする相殺についても、その効力を否定する旨の規定が設けられている（同法72条1項2号から4号まで）。一方、破産法では、形式的に上の2号から4号までの各要件は、相殺の期待を保護すべき場合には、例外的に相殺が認められるとされている（同法72条2項各号）。このように、支払不能となった債権者に対して債務を負う者が支払不能後に新たに取得した他人の債権を自働債権として相殺に供する場合の相殺の効力については、破産法において参考にされるべき規定がすでに設けられており、相殺の期待を保護すべき場合には同法第72条第2項各号により例外的に相殺が認められることになる。従って、この問題が、差押えとの関係だけではなく、支払不能との関係をも含むものとすれば、このような例外を認めるべき場合の有無について民法で規律することが妥当か否か、支払不能の概念を民法に持ち込むことによって新たに理論的な整合性の問題を生じないのかなど、慎重に検討する必要がある。処理の方向としては、民法で規律するよりも、破産法等の倒産法制の中で処理するのが適切であるように思われる。

務者がなんら承諾しなかった譲渡は、その通知後の債権の相殺のみを妨げる。このほか、同様の規定が、ユニドロワ国際商事契約原則第9.1.13条、ヨーロッパ契約法原則11：307条にもある。民事法研究会・検討事項〈詳細版〉252頁（**部会資料10-2** **56-57頁**）、部会資料集第1集〈第2巻〉421-422頁。

4　相殺予約の効力

　相殺予約は、差押え等の事由が生じたときに、期限の利益を喪失させる旨の合意や、その場合に意思表示を要しないで相殺の効力が生ずるものとする旨の合意など、期限の利益喪失条項に関する合意であるが、実務では様々な形態で用いられている[38]。このような相殺予約は、法定相殺と差押えの関係において無制限説の立場を採るとしても、自働債権の弁済期が到来しない限り実際には相殺ができないことから、差押債権者等による債権回収に先だって相殺による債権回収を図るために用いられることが多い。しかし、相殺予約は、それが対外的に公示されないものであるから、その効力を差押債権者等に対して対抗し得るか否かが争われている。とりわけ問題となるのは、自働債権と受働債権の弁済期が異なっており、受働債権の方の弁済期が先に到来し、自働債権の弁済期がまだ到来していない場合である。このような場合、法定相殺と差押えにおいて無制限説を採っていても、期限の利益喪失約款がないと相殺はできない。差押えを理由とする期限の利益喪失約款があれば、受動債権の差押えによって期限の利益が失われ、自動債権の弁済期が到来し、相殺が可能となる。期限の利益喪失約款を設ける意義は、このような場合に相殺を可能とする点にある。当事者間でこのような期限の利益喪失約款を合意することは、公序良俗（民法90条）に反しなければ有効といえるが、その効力を法定相殺と差押えの範囲を超えて差押債権者等に及ぼすことができるかどうかである。

　民法部会の審議では、相殺予約の効力を差押債権者等に対抗することができるのは自働債権の弁済期が受働債権の弁済期よりも先に到来する場合に限られるという考え方（制限説）に賛成する意見はみられなかった。出席委員の中からは、相殺予約の効力を一律に認めるという考え方（無制限説）を支持する意見と、差押債権者等に対抗することができるのは自働債権および受働債権が「相互に信用を供与し合う社会的な定型性を有する関係」にある場合に限られるとする意見（限定的無制限説）の双方が出されている。両説の論

---

[38]　鳥谷部茂「〈特集・非典型担保をめぐる解釈と立法〉相殺予約」法時73巻11号（2001年）49頁以下。

拠とその当否については、前述の検討事項が示すとおりであるが、後者の社会的な定型性の関係という概念は極めて不明確であり、実務に混乱を生じさせる恐れが高い。しかし、一方、無制限説を採用したとしても制限的な考え方が主張し続けられる可能性を否定できないとすれば、それは無制限説を採用した意味が半減する。そうならないためにも、できるだけ明確な形で無制限説の立場を明文化することが望まれる。

また、相殺予約については、それが対外的に公示されないものであるから、一定の取引類型について無制限説を採用することを認めつつも、それ以外の取引類型については制限説を採用して相殺を対抗することができる場合を制限すべきであるという考え方もあり得よう。しかし、実務においては、相互に債権を持ち合う取引には様々な類型があり、類型化による適用範囲の選別は、条文上の表現の採否も含めて、難しいといわなければならない。実務では、無制限説を前提とした運用が長年積み重なってきており、様々な業態のサービスに無制限説を前提としているものが少なくない。こうした実態は無視できないものがある。

このように考えると、相殺予約についても、基本的には法定相殺と差押えの場合と同様、無制限説を前提とした方向での意見集約が妥当であるように思われる。その上で、不当な相殺権の行使があった場合については、相殺権の濫用の問題として取り扱い、その相殺予約の効力を否定すべきかどうかを検討することになろう。いずれにせよ、今後の動向が注目されるところである。

［長谷川貞之］

4　相殺権の濫用

I　法制審議会提案

1　検討事項

(1)　審議の対象

　ここで取り上げるのは、法制審議会民法（債権関係）部会（以下、民法部会という）で示された検討事項（5）のうち、「第2 相殺」、「6 相殺権の濫用」である[1]。ここでは、相殺権の濫用に関する検討事項の内容を紹介するとともに、同部会の審議に先行して法務省関係者も参加する形で組織された民法（債権法）改正検討委員会（座長・鎌田薫早稲田大学教授［当時］。以下、検討委員会という）が「債権法改正の基本方針」の中で公表する立法提案を参照し[2]、これと同部会での審議を比較検討することにより、現在の審議状況を明らかにすることにしたい[3]。

(2)　検討事項

　個別的な相殺禁止の規定に抵触するわけではないが、一般債権者との関係で公平の理念に反する場合には、裁判例や学説上、権利濫用の法理により相殺が認められないと解される場合がある（相殺権の濫用）。検討事項は、このような場合があること、および、その要件について、明文の規定を置くべきであるという考え方があるが、これをどのように考えるかを問うた[4]。

---

1)　民事法研究会・検討事項〈詳細版〉255 頁（**[部会資料 10-2] 61-62 頁**）、部会資料集第 1 集〈第 2 巻〉426-427 頁。
2)　相殺権の濫用に関する委員会提案は、第 3 編債権／第 1 部契約および債権一般／第 3 章債権の消滅等／第 2 節相殺のうち、【3.1.3.31】に示されている。基本方針 189-190 頁、詳解・基本方針Ⅲ 76-77 頁。
3)　相殺権の濫用をめぐる問題は、法定相殺と差押えの問題とも密接に関連している。このことは、法定相殺と差押えに関する検討事項の審議でも表れている。
4)　民事法研究会・検討事項〈詳細版〉255 頁（**[部会資料 10-2] 61 頁**）、部会資料集第 1 集〈第 2 巻〉426 頁。

(3) 補足説明

検討事項の補足説明は、権利濫用の法理により相殺権の濫用が問題となり得る具体例として、裁判例や学説上、狙い撃ち相殺、同行相殺、駆け込み相殺、および担保付き債権を自働債権とする相殺の事例があるとし、これらについて規定を設けることの可否を検討すべきものとした[5]。

①狙い撃ち相殺：AがBに対する数個の債権を有し、そのうち1個の債権をCが差し押さえ、転付命令が出された。BがAに対して1個の反対債権を有していたところ、Cによって差し押さえられた債権の弁済期が、他の債権の弁済期よりも遅かったにもかかわらず、Bが差し押さえられた債権を受働債権として相殺する場合（大阪地判昭和49年2月15日金法729号33頁）。

②同行相殺：A銀行の甲支店にBの預金があり、かつ、A銀行の乙支店が、B振出しの手形をCから割り引いて所持している状態で、B振出しの手形が不渡りとなった場合において、A銀行がCに対して手形の買戻しを請求するのではなく、A銀行のBに対する手形債権とBの預金債権とを相殺する場合（A銀行による相殺を認めた事例として、最判昭和53年5月2日判時892号58頁）。

③駆け込み相殺：A銀行に対し預金債権を有するBの振り出した手形を所持するCが、Bの経営状況が悪化していることを察知して、当該手形をA銀行に割り引いてもらい、手形が不渡りになった段階で、A銀行が手形債権と預金債務とを相殺する場合。

④担保付き債権を自働債権とする相殺：AのBに対する債権に担保権が設定されており、当該担保権の行使によって全額の弁済を受けることができる状態にあるにもかかわらず、Aがその債権を自働債権として、Cから差押えを受けたBのAに対する債権を受働債権とする相殺をする場合（相殺権の濫用が否定された事例として、最判昭和54年3月1日金法893号43頁）。

2 提案前の議論 ―民法改正検討委員会の立法提案

民法改正検討委員会は、前述のように、民法部会の審議に先行して法務省

---

[5] 民事法研究会・検討事項〈詳細版〉255頁（**部会資料10-2] 61-62頁**）、部会資料集第1集〈第2巻〉426-427頁。

関係者も参加する形で組織されたものであるが、債権法改正のための「基本方針」を公表し、その中で、法定相殺と差押えについて、次のような立法提案（以下「委員会提案」という）を行っている[6]。

【3.1.3.31】（相殺権の濫用）
弁済を禁止された第三債務者は、相殺をする権利の行使が差押債権者または仮差押債権者との公平を害すると認められる場合において、相殺をもって差押債権者または仮差押債権者に対抗することができないものとする。

基本方針の立法提案【3.1.3.31】においては、差押債権者や仮差押債権者との関係で公平が害されると認められる場合、第三債務者が行う相殺について濫用により対抗できない場合があることを認める旨の提案がなされている。これは、法定相殺と差押えにおける無制限説の立場に立脚するものであるが、もっぱら効果の次元において、対立する債権の当事者の間ではなく、差押債権者や仮差押債権者との関係で、相殺することが権利濫用にわたる場合には、それを許さないとすることを明らかにするための提案であって、現行民法1条3項の具体的類型化にほかならない[7]といえよう。

もっとも、民法改正検討委員会の立場は、倒産手続における相殺権の濫用を扱った裁判例（大阪地判平成元年9月14日判時1348号100頁）などを参考として、濫用の基準が、第三債務者と差押債権者・仮差押債権者との間の債権者間の公平を害するかどうかに主眼が置かれることを示唆する文言とすることにとどめている。これは、相殺権の行使が濫用と評価されて相殺をすることができないとされる場合、【3.1.3.30】により相殺が許される場合であっても、相殺を許さないという趣旨であり、本提案の意義はその点にあるといえる。

3　法制審議会の議論状況

民法部会での審議は、平成22年4月27日（火）の第8回会議において、前述の法定相殺と差押え、および相殺予約の効力に関する検討事項の審議に続いて行われた[8]。相殺権の濫用については、出席委員より2・3の発言が

6）　詳解・基本方針Ⅲ 76頁。
7）　詳解・基本方針Ⅲ 76頁。

見られる程度で、時間も押し迫ったことから、さほど突っ込んだ議論は行われていない。出席委員のうち、相殺権の濫用に言及するのは三上徹委員と中田裕康委員である。両委員の発言の間には、それに対応する鎌田薫部会長から若干の説明が加えられている。両委員からは、相殺権の濫用として相殺が認められない場合があること、および、その要件に関する明文の規定を設けるべきであるという考え方について、賛成する意見と反対する意見との双方が述べられた。

〇三上徹委員の発言

　　資料に挙がっている4つの例の中で、「同行相殺と担保付債権との相殺は、判例は濫用ではないと言っているわけで、買戻し請求ができる場合を例にとると、銀行から見れば与信先である割引依頼人に買戻し請求をさせるということは、その取引先の信用を悪化させる可能性もあるわけで、そういうときにほかの債権者のことを考えて、買戻し請求権を行使できるならそうすべきで、それを行使しないのは濫用だ、などと言われる筋合いはない」、「担保付債権の場合も、他に担保がじゃぶじゃぶあるのに相殺するならば、確かに狙い打ち相殺といわれても仕方ないかもしれませんが、例えば価値がそれなりに見込める不動産があっても、売り方によっては蹴込む可能性もあるわけですし、不動産を競売しての回収には時間が掛かりますから、預金との相殺の方がはるかに簡単で、確実に回収ができるということを考えますと、よほどのことがない限り、担保付債権だからといって、相殺が権利濫用になることはない」、「そういう意味で、資料の濫用の事例で、①と③と、②と④はレベルが違い、明確に分かれるはずですが、①、②、③、④の順番に並んでいるということは非常に誤解を招くというか、①と③は原則、濫用になる類型、②と④はむしろ原則適法、例外的に①、③に該当して濫用になる類型ではないかという点を指摘させていただきたいと思います。」[9]

〇鎌田薫部会長発言

---

8)　［第8回会議議事録］53-54頁。このほか、部会資料集第1集〈第2巻〉130-131頁にも収録されている。
9)　［第8回会議議事録］53-54頁。

「これらが濫用になるということで掲げているのではなくて、従来、問題とされたものにこういうのがあるという趣旨のもので、今の②と④は、それぞれ判決が最終的に相殺を認めた事例でございますので、その点、誤解の生じないように配慮はさせていただきたいと思います。」[10]

○中田裕康委員発言

　「……同行相殺自体は別に悪いことではないのではないかというのが、今の三上委員の御指摘だと思います。そうしますと、……問題は……、いつの段階で取得した債権について相殺が封じられるかということにありそうです。これは実は詳細版資料の55ページの2（自働債権の取得時期による相殺の制限の要否―筆者注）で書かれていることと関連すると思うんですけれども、恐らくこの問題と相殺権の濫用とを併せて検討することになるのかなと思います。」[11]

4　中間的な論点整理

(1)　中間的な論点整理のたたき台

　民法部会は、平成23年1月25日（火）の第22回会議において、パブリック・コメントに付す前の原案（いわゆる「たたき台」）[12]について審議を行った際、相殺権の濫用については提案記載の文章表現を含めて若干の検討を行っている[13]。

　まず、出席した岡本雅弘委員から、「相殺権の濫用につきましては『規定を設ける方向で、更に検討してはどうか』という記載振りに整理されていますけれども、相殺権の濫用も権利濫用の一例にすぎないという理解からすれば、権利濫用の一般規定があれば足りるのであって、相殺権の濫用について特別な規定を置く必要はないという考え方もあり得るところではないかと思いまして、ここの部分については、かつての部会の議論がどうだったかというのはあるのかもしれないですけれども、方向性を示さないニュートラルな記載にしていただけないか」との修正提案がなされた[14]。

---

10)　[第8回会議議事録] 54頁。
11)　[第8回会議議事録] 54頁。
12)　部会資料集第1集〈第6巻〉442頁（[部会資料22] 21頁）。
13)　[第22回会議議事録] 26頁以下。

続いて、他の出席委員から相殺に関する別の論点に関する質疑応答があった後、高須順一幹事から、濫用の問題について確かに一般的な権利濫用規定はあるが、相殺権の濫用という問題についてはやはり独自に取り上げる価値があり、部会での議論は規定を設けることを検討した方がいいのではないかというような議論であったとし、「方向で」という言葉を残しても、決して部会の議論に反するものではないとの発言があった[15]。これに対し、村上正敏委員からは、「相殺権の濫用について、一定の方向で検討するということで意見が一致するというところまではいっていなかったと思います。もちろん、検討の対象にするべき問題かとは思いますけれども、方向を打ち出すほどのコンセンサスがあったかどうかについては、疑問ではないかなというのが私の感覚です」との発言があり[16]、部会での理解に齟齬がみられる。この点について、鎌田部会長は、「この辺は議事録を精査し、また本日の御発言を踏まえて検討させていただきます」と述べるにとどまり[17]、これ以上の審議は行われなかった。

(2) 中間的な論点整理

民法部会は、その後の審議を経て、平成23年5月10日、「民法（債権関係）の改正に関する中間的な論点整理」（以下「中間的な論点整理」という）を補足説明とともに公表し[18]、これをパブリック・コメント（同年6月1日から8月1日まで）の手続に付した。中間的な論点整理では、前述の岡本雅弘委員の修正提案および村上正敏委員の感想めいた発言が考慮された結果、相殺権の濫用につき方向性を示さないニュートラルな立場から、「規定を設ける方向で」が削除され、単に「〜更に検討してはどうか」という形での立法提案となっている。当初の「検討事項」から「中間論な論点整理」までの変遷（変更点をアンダーラインで示す）を辿ると、民法部会における相殺権の濫用に対する捉え方の推移の一端を知ることができる。

---

14)　［第22回会議議事録］27頁。
15)　［第22回会議議事録］29頁。
16)　［第22回会議議事録］29頁。
17)　［第22回会議議事録］29頁。
18)　中間的な論点整理および補足説明は、法務省のHPでも入手可能のほか、商事法務・中間的な論点整理の補足説明177頁。なお、公表直前の中間的な論点整理案における相殺権の濫用については、部会資料集第1集〈第6巻〉751頁（**[部会資料26] 65-66頁**）参照。

4 相殺権の濫用

［部会資料 10-1］検討事項（5）／［部会資料 10-2］検討事項（5）詳細版
　個別的な相殺禁止の規定に抵触するわけではないが、一般債権者との関係で公平の理念に反する等の場合に<u>は、裁判例や学説上</u>、権利濫用の法理により相殺が認められないとされる場合がある（相殺権の濫用）。このような場合があること及びその要件について、明文の規定を置くべきであるという考え方があるが、どのように考えるか。

［部会資料 22］中間的な論点整理のたたき台（2）
　個別的な相殺禁止の規定に抵触するわけではないが、一般債権者との関係で公平の理念に反する等の場合に、権利濫用の法理により相殺が認められないとされる場合がある（相殺権の濫用）。このような場合があること及びその要件に関する明文の規定を設けることの当否については、<u>特に自働債権の取得時期との関係で相殺権の濫用の問題が生じるということに留意しつつ、規定を設ける方向で、更に検討してはどうか</u>。

〈中間的な論点整理〉
　　個別的な相殺禁止の規定に抵触するわけではないが、一般債権者との関係で公平の理念に反する等の場合に、権利濫用の法理により相殺が認められないとされる場合がある（相殺権の濫用）。このような場合があること及びその要件に関する明文の規定を設けることの当否について、特に自働債権の取得時期との関係で相殺権の濫用の問題が生じるということに留意しつつ、<u>更に検討してはどうか</u>。

　現在、法務省においては、各大学や単位弁護士会、各種の研究機関などから寄せられた意見等[19]を集約し、2013（平成 25）年の 2 月を目途とする中間試案の取りまとめに向けて、第 2 ステージの審議に入っている。

---

[19]　一般社団法人金融財政事情研究会編『民法（債権関係）の改正に関する中間的な論点整理に対して寄せられた意見の概要』（金融財政事情研究会、2012 年）1255-1259 頁（**［部会資料 33-3］388-392 頁**）。意見等の分析は別の機会に行う予定である。

II 検討

1 相殺権の拡張と濫用

　相殺は、二当事者間が互いに相手方に対して同種の債務を負担している場合に、一方から他方に対する意思表示によって、その債務を対当額で消滅させる制度である（民法505条1項）。このような相殺は、債権債務の簡便な決済方法であると同時に（相殺の簡易決済機能）、相手方の財産状態が悪化した場合に、相手方に対して有する債権（自働債権）を、相手方の有する債権（受働債権）額の限度において、他の債権者に優先して回収する方法でもある（相殺の担保的機能）[20]。実務上は、後者の担保的機能が重視されている[21]。前述のように、昭和45年判決が法定相殺と差押えの優劣関係および相殺予約の効力のいずれについても無制限説の立場を採ることを明らかにしたことにより、相殺の認められる範囲が広がった。しかし、相殺が広く認められると、一般債権者や差押債権者との関係で、公平を損なうと考えられるような場合も生じ得る。この点、検討委員会における基本方針の立法提案の段階では、差押債権者等との関係から公平性に問題があるケースにおける相殺権の濫用が取り上げられているが、その要件を準則化したものを規定化する方向を志向しているわけでなく、権利濫用（民法1条3項）の具体的類型化として、これまでの運用水準をそのまま明文化するに留まることが示唆されているにすぎない。これに対し、民法部会の審議では、一般債権者との関係と公平の理

---

[20] 長谷川貞之「相殺の担保的機能とその拡張」民法レベルアップ講座（辰巳法律研究所、2000年）281頁以下。担保的機能における相殺は、①相殺の意思表示によって一般財産から最優先の控除ができる点で、担保の役割を実質的に果たしていること、②相殺の意思表示がなされるまでは担保の対象である債権（受働債権）の消滅・変更は自由である点で、担保的拘束を受けないこと、③自働債権・受働債権が群れをなし、かつ、流動することが可能である点で、根抵当権の被担保債権の流動性と同質であり、他方、担保対象の流動性の点では、集合債権担保の流動性を兼備していること、また、④相殺が担保的「機能」にとどまり、担保的「構成」に進まないのは、相殺において中間処分の否定、清算・配当といった問題が生ぜず、債権の消滅が本来必要な場合だけを債権法的秩序の中で債権消滅の方法により達成しようと意図していることに、その特質をみることができる。なお、裁判例の分析につき、髙橋眞「相殺の担保的機能をめぐって（上）」法教298号（2005年）81頁以下参照。
[21] 髙島由美子「相殺をめぐる裁判例と問題点」判タ1156号（2004年）54頁以下。

念から、検討する対象を少し広げて問題提起がされ、相殺権の濫用として相殺が認められない場合があること、および、その要件に関する明文の規定を設けるべきであるという考え方について、賛成する意見と反対する意見との双方があった（第8回会議および第22回会議）。規定を設けることに反対する意見は、相殺権の濫用は権利濫用の問題であり、権利濫用の一般規定があれば足りるとするものである。これに対し、規定を設けることに賛成する意見は、相殺の効力を広く認める場合には、相殺権の濫用による制約が重要となることから、特別の定めを置くことに意義があるとするものである。

2　権利濫用が問題となる類型

相殺権の濫用が問題となるのは、法定相殺と差押えや相殺予約の効力について無制限説を採った場合に、相殺が広範囲に及び、本来の担保的機能を逸脱したと考えられる事態が生じることにある。検討事項の補足説明に即してみれば、相殺権の濫用が問題となる主要な事例は以下の場合である[22]。

①狙い撃ち相殺：AがBに対する数個の債権を有し、そのうち1個の債権をCが差し押さえ、転付命令が出された。BはAに対して1個の反対債権を有していたことから、両債権の対当額での相殺の可否が争われた。この場合、判例は、Cによって差し押さえられた債権の弁済期が他の債権の弁済期よりも遅かったにもかかわらず、Bが差し押さえられた債権を受働債権として相殺することは信義則に反し権利の濫用として許されないとしている（前掲大阪地判昭和49年2月15日）。

②同行相殺：A銀行の甲支店にBの預金があり、かつ、A銀行の乙支店が、B振出しの手形をCから割り引いて所持している状態で、B振出しの手形が不渡りとなった。この場合に、A銀行がCに対して手形の買戻しを請求するのではなく、A銀行のBに対する手形債権とBの預金債権とを相殺したとき、この相殺がBの一般債権者の利益を不当に害するものかどうかが争われた。この場合、判例はA銀行による相殺を認めている（前掲最判昭和53年5月2日）。

---

[22]　このほか、佐久間弘道「相殺の対外効と相殺権の濫用」『現代裁判法大系第24巻［銀行取引・証券取引］』（新日本法規、1998年）224頁以下参照。

③駆け込み相殺：A銀行に対し預金債権を有するBの振り出した手形を所持するCが、Bの経営状況が悪化していることを察知して、当該手形をA銀行に割り引いてもらい、手形が不渡りになった段階で、A銀行が手形債権と預金債務とを相殺対当額で相殺することが可能かどうかが争われた。この点について、いまだ該当する判例はないが、A銀行とCが通謀の上、このような取引を行うことは権利の濫用として、相殺の効力が否定される可能性がある。

④担保付き債権を自働債権とする相殺：AのBに対する債権に担保権が設定されており、当該担保権の行使によって全額の弁済を受けることができる状態にあるにもかかわらず、Aがその債権を自働債権として、Cから差押えを受けたBのAに対する債権を受働債権とする相殺をした。この場合、Cの利益を不当に害するのではないかが問題となり得るが、これだけでは権利の濫用にはならないというのが判例の立場である（前掲最判昭和54年3月1日）。

前述の三上委員の分析によると、上記の濫用事例のうち、①と③の事例と、②と④の事例はレベルが違い、両者は明確に区別されなければならない。①と③の事例は原則濫用となる類型であるのに対し、②と④の事例はむしろ原則適法とされる類型である。

相殺の権利濫用について規定を設けることに賛成する立場では、相殺の効力を広く認める場合には、相殺権の濫用による制約が重要となることから、特別の定めを置くことには十分な意義がある。これによれば、同行相殺（②）や担保付債権との相殺（④）の場合は、判例でも相殺権の濫用には当たらないとされており、原則として相殺権の濫用ではないから、規定を設ける必要ない。これに対し、狙い撃ち相殺（①）や駆け込み相殺（③）については、独自の規定を設けることが必要となる。相殺権の濫用が特に問題となるのは、支払不能や危機時期に陥った相手方に対する債権を支払不能後に新たに取得した上で、これを自働債権とする相殺であるから、これについて相殺の制限に関する規定を設けることは十分に意義あることといえよう。

以上のように、相殺権の濫用が問題となる場面は多様であり、一律に規定することは困難である。むしろ具体的事案に即した検討を必要とされる場合

が多く、今後も更なる裁判例に蓄積が待たれるところである。

〔長谷川貞之〕

第3 更　改[1]

I　法制審議会提案

1　提案内容

(1)　更改による当事者の交替の要否（民法第514条から第516条まで）

「当事者が交替をする旨の合意は更改には含まれないこととして、債務者の交替による更改及び債権者の交替による更改の規定を削除すべきであるという考え方が提示されている。また、このような考え方を採る場合には、実務上の混乱を生じさせないようにするために、債権者の交替による更改に相当する内容の合意があった場合には、債権譲渡の合意があったものとみなし、債務者の交替による更改に相当する内容の合意があった場合には、免責的債務引受の合意があったものとみなす旨の規定を置くべきであるという考え方が併せて提示されている。以上のような考え方について、どのように考えるか。」（民事法研究会・検討事項〈詳細版〉258頁（**[部会資料10-2] 66頁**））

(2)　旧債務が消滅しない場合の規定の明確化（民法第517条）

「旧債務が消滅しない場合についての同条の規定内容を明確化すべきであるという考え方が提示されているが、どのように考えるか。」（民事法研究会・検討事項〈詳細版〉259頁（**[部会資料10-2] 68頁**））

(3)　提案の要旨

(a)　「旧債務の存在及び新債務の成立」の提案趣旨について、「旧債務の存在と新債務の成立が更改の効力要件であることは、条文上明記されていないため、更改の要件を明確化する観点から、これらの点についても条文上明記すべきであるという考え方が提示されているが、どのように考えるか。」と説明する（民事法研究会・検討事項〈詳細版〉257頁（**[部会資料10-2] 65頁**））。

(b)　「更改による当事者の交替の要否」の提案趣旨について、次のよう

---

[1]　「更改の要件の明確化（民法第513条）」については、法制審議会においてほとんど議論はなかったため、本稿では扱わない。

に説明する。

「債権譲渡や免責的債務引受によっても、更改による当事者の交替と同様の結果を実現することは可能である。そこで、当事者の交替は更改には含まれないこととして、債務者の交替による更改及び債権者の交替による更改の規定は削除すべきであるという考え方が提示されているが、どのように考えるか。」「当事者の交替は更改に含まれないとした場合には、実質的にこれらに相当する内容の合意がされたときに、新債務の負担の合意が無因の債務負担の合意であるとして、その有効性を否定される可能性があるという指摘がされている。これまで有効とされてきた合意と同内容の合意の有効性が否定されるとすれば、実務上の混乱を生じさせるおそれがあるという指摘である。これを踏まえて、債権者の交替による更改に相当する内容の合意があった場合には、債権譲渡の合意があったものとみなし、債務者の交替による更改に相当する内容の合意があった場合には、免責的債務引受の合意があったものとみなす旨の規定を置くべきであるという考え方が提示されているが、どのように考えるか。」（民事法研究会・検討事項〈詳細版〉258-259頁（[**部会資料10-2**] **67頁-68頁**））

(c) 「旧債務が消滅しない場合の規定の明確化」の提案趣旨について、次のように説明する。

「まず、『当事者の知らない事由』という文言は、解釈上、債権者の知らない事由のみを意味するとされている。これは、当事者の知っていた事由による場合に旧債務が消滅する根拠が、債権者の債権放棄の意思に求められるため、専ら債権者の知・不知のみが問題となると考えられるからである。また、『更改によって生じた債務が』『取り消されたとき』という要件は、更改によって生じた債務が取り消された場合をいうのか、それとも更改契約が取り消された場合を意味するのかについては、その区別の意味も含めて対立がある。さらに、『当事者の知らない事由によって』という文言は『成立せず』という要件のみを限定しているのか、『取り消されたとき』という要件をも限定しているのかという点については、学説が分かれている。」（民事法研究会・検討事項〈詳細版〉259頁（[**部会資料10-2**] **68頁**））

2 提案前の議論

(1) 更改による当事者の交替の要否

　民法（債権法）改正検討委員会は、同委員会による債権法改正の基本方針【3.1.3.34】（債務者または債権者を交替させる旨の契約の効力）において、次のように提案する（詳解・基本方針Ⅲ 89-90頁）。

　「〈1〉債務者でない者を債務者として従前の債務を消滅させる旨の契約をその債務者でない者と債権者とがした場合は、債務引受けの合意がされたものとする。

　〈2〉債権者でない者を債権者として債務者が従前の債権者に対し負う債務を消滅させる旨の契約がされた場合は、債権を譲渡する旨の合意がされたものとする。」

(2) 旧債務が消滅しない場合の規定の明確化

　基本方針【3.1.3.35】（更改前の債務の不存在または更改後の債務の不発生と更改の効力）では、次のように提案されている（詳解・基本方針Ⅲ 93-94頁）。

　「〈1〉更改は、更改前の債務が存在する場合に限り、効力を生ずるものとする。

　〈2〉債権者および債務者が更改の効力を生じないものとする事由があることを知って更改の契約をした場合において、更改前の債務は、消滅するものとする。ただし、更改の契約が公序または良俗に反する場合は、この限りでないものとする。

　〈3〉更改の契約を取り消すことができる事由がある場合において、債権者（更改の契約を取り消すことができる者を除く。）がその事由があることを知って更改の契約をしたときは、更改前の債務について免除の申込みの意思表示をしたものとみなすものとする。ただし、更改の契約が取り消された場合に限るものとする。」

3 法制審議会の議論状況

(1) 更改による当事者の交替の要否

　(a)　第8回会議では、「更改による当事者の交替」の規定を削除すべき

か、みなし規定を置くべきかについて、野村豊弘委員から、実務での必要性の有無を確認すべきという意見があり、鎌田薫部会長も調査すべきとした。一方で、中井康之委員ならびに林道晴委員からは、パブリックコメントでの確認が必要との留保付ではあるが、実務で問題になるケースはあまりないように思われるという意見がでた。

(b) 民法（債権関係）の改正に関する中間的な論点整理において、次のように述べられている（商事法務・中間的な論点整理の補足説明178頁）。

「更改による当事者の交替の制度は、今日では債権譲渡や免責的債務引受と機能が重複しているという問題意識を踏まえて、債務者の交替による更改及び債権者の交替による更改の規定（民法第514条から第516条まで）をいずれも削除する方向で、更に検討してはどうか。

また、当事者を交替する旨の合意が更改に含まれないことを明らかにする観点から、債権者の交替による更改に相当する内容の合意があった場合には、債権譲渡の合意があったものとみなし、債務者の交替による更改に相当する内容の合意があった場合には、免責的債務引受の合意があったものとみなす旨の規定を設けることの要否についても、更に検討してはどうか。」

(2) 旧債務が消滅しない場合の規定の明確化

商事法務・中間的な論点整理の補足説明179頁では、提案趣旨で説明した点について、条文上明確にする方向で、更に検討してはどうか、とされている。

II 検 討

(1) 更改による当事者の交替の要否

規定を削除することについては異論はない。現行の「債務の要素の変更」から「債権者の交替」ならびに「債務者の交替」を除外するのであれば、残された「債務の要素の変更」とは何かを明確化する必要がある。明確化の具体的内容について、基本方針【3.1.3.33】（更改の意義）は、「債務の目的の変更」と「債務の性質の変更」とを区別する提案を行っている。前者の場合には、当事者の主観的要件である「債務を消滅させる意思」が必要であるが、後者の場合には必要としない。なぜなら、「債務の性質を変更する場合には、

同時に従前の債務を消滅させる意思を必然的に伴うと考えられる」(詳解・基本方針Ⅲ 88 頁) からである。

　法制審議会の中間論点整理では、「債務の性質の変更」の場合に主観的要件を不要とするか、いかなる場合であれ主観的要件を求めるのかは必ずしも明確ではないが、主観的要件としての「旧債務を消滅させる意思」は「債務の要素」がいかなるものであっても、必要とすべきであろう。フランス民法 1273 条においても、「更改は、なんら推定されない。更改を行う意思は、その行為から明白に引き出されるものでなければならない。」と規定されている ([**部会資料 10-2**] 65 頁)。

　みなし規定については、実務において、当事者の交替による更改が使われている場面がそれなりにあるのであれば、必要であろう。債権者の交替については、債権譲渡とみなす旨を置くことになるであろう。債務者の交替についてはどのような規定を置くかが問題となる。基本方針【3.1.3.34】は、債務者の交替は債務引受とみなされ、別途、債務免除の合意がある場合には免責的債務引受の効果が生じるとする。なぜなら、免責的債務引受はあくまでも債務引受の一類型であるので、債務者の交替による更改は原則類型である債務引受とみなすことになるからである。

　これに対して法制審議会の中間論点整理では、「債務者の交替による更改に相当する内容の合意があった場合には、免責的債務引受の合意があったものとみなす旨の規定を設ける」方向での提案がなされている。現行規定に基づいて行われる債務者の交替による更改は免責的債務引受と重複しているため、機能から考えると免責的債務引受とみなした方が適切である。確かに、債務引受が基本類型であると言えるが、移行期の混乱を避けるために規定を置くのであれば、実務における機能の面からの乖離がない方が望ましいであろう。

(2)　旧債務が消滅しない場合の規定の明確化

　現行 517 条は理解しづらい規定となっているため、明確化は必要である。基本方針【3.1.3.35】が示すように、新債務の不発生と更改の効力については、更改に無効事由がある場合と、更改の契約が取り消された場合とに分けて規定するのが適切であろう。「旧債務の不存在」については、更改の成立

要件の範囲となるので、要件の部分に規定を置いた方が適切であろう。
　「更改に無効事由がある場合」についての規定が更改の成立要件の範囲となるか、旧債務が消滅しない場合の規定となるのかは問題となる。この点については、無効事由があるかまたは、取り消されたことによって新債務が発生しないという範疇での規定の方が理解がしやすいと考える。

〔小笠原奈菜〕

第4　免除及び混同

I　法制審議会提案

1　提案内容

(1)　免除規定の見直し（民法第519条）

「債務者の意思に反する場合には免除が認められないこととする方向で、免除の規定を改めるべきという考え方が提示されているが、どのように考えるか。」（民事法研究会・検討事項〈詳細版〉260頁（**[部会資料10-2] 70頁**））

(2)　混同規定の見直し（民法第520条）

「混同に関しては、現在のところ、特に見直しをすべきという具体的な改正提言が見受けられない。……全面的に見直す場合には、どのような点に留意する必要があるか。」（民事法研究会・検討事項〈詳細版〉260頁（**[部会資料10-2] 69頁**））

(3)　提案の要旨

法制審議会民法部会は、「免除規定の見直し」の提案趣旨について、次のように説明する。

「まず、債務を履行することについて、債務者にも利益がある場合が想定され、この場合に、債権者の免除の意思表示のみによって債務の免除が認められると、債務者の利益が一方的に奪われる事態が生ずる可能性があると指摘されている。」「また、現行法上、第三者の弁済（民法第474条第2項）や債務者の交替による更改（民法第514条ただし書）は、いずれも、債務者の利益になると考えられる行為であるにもかかわらず、債務者の意思を尊重するという考え方から、債務者の意思に反して、第三者が債務を弁済することや、債務者の交替による更改をすることは認められないとされているところ、債権者の一方的な意思表示により免除ができるとする現行法の規律は、これらの他の規定の考え方と一貫しないという指摘がある。」（民事法研究会・検討事項〈詳細版〉260頁（**[部会資料10-2] 70頁**））。債務者の意思を反映させる仕組

みとしてはA案とB案があり得、「［A案］は、免除を契約として構成し、債務者との合意がなければ、債権が消滅しないとすることにより、債務者の意思を反映させるという考え方である。」（民事法研究会・検討事項〈詳細版〉260－261頁（**部会資料10-2**］71頁））。「［B案］は、債権者の単独の意思表示によって債権の消滅という効果が発生するが、債務者がこれに対する異議を述べた場合には、意思表示の時にさかのぼって当該債権消滅の効果が発生しなかったこととすることにより、債務者の意思を反映させようとするものである。」（民事法研究会・検討事項〈詳細版〉261頁（**部会資料10-2**］71頁））。

2　提案前の議論

(1)　免除規定の見直し

基本方針【3.1.3.40】（免除の意義）では、次のように提案されている（詳解・基本方針Ⅲ138頁）。

「〈1〉債権者は、債務者との合意によって債務を免除することができるものとする。

〈2〉債務者が、債務を免除する旨の債権者の意思表示に対し相当の期間内に異議を述べなかった場合には、〈1〉の合意がされたものとみなすものとする。」

(2)　混同規定の見直し

基本方針【3.1.3.42】（混同）では、現行法を維持する提案がなされている（詳解・基本方針Ⅲ147頁）。

3　法制審議会の議論状況

(1)　免除規定の見直し

（a）　第13回会議では、山野目章夫幹事から、免除についても、債務者の利益になると考えられる行為であっても、債務者の意思を尊重するという考え方で統一すべきという意見が出て、債務者の意思を反映させるべきということについて反対意見はなかった。

債務者の意思を反映させる仕組みの在り方として、免除を契約として構成する上記［A案］に反対する意見が多数あった。中井康之委員から、債務者

の合意をとるコストが時間的にも費用的にもかかるという意見があり、また、奈須野太関係官から、免除が生じる局面においては、債務者の行方は知れなくなっていることが類型的に多いので、単独行為とするほうが実務的にメリットがあるという意見があった。

　(b)　商事法務・中間的な論点整理の補足説明180頁では、次のように述べられている。

「債権者の一方的な意思表示により免除ができるとする規律を見直し、債務者の意思に反する場合には免除が認められないこととするかどうかについて、免責的債務引受（前記第15、3 (1)）や第三者による弁済（前記第17、2 (2)）など、利益を受ける者の意思の尊重の要否が問題となる民法上の制度間の整合性に留意しつつ、更に検討してはどうか。

　また、債権者が債権を放棄する旨の意思表示をすることにより、債権者は債務者に対して債務の履行を請求することができなくなるが、債務者は引き続き債務の履行をすることができるということを内容とする債権の放棄という制度を設けることの要否について、検討してはどうか。」

(2)　混同規定の見直し

　(a)　第13回会議では、混同の規定自体は必要であることで意見は一致した。混同の例外について、広く認めるべきという意見が多数だった。例外の拡張の方法として、中田裕康委員から、混同が認められる場合を狭く解して本文の射程範囲を絞る方法と、例示を拡充してただし書を広げる方法とが提示された。

　(b)　商事法務・中間的な論点整理の補足説明181頁では、混同の例外を条文上明確にすることの要否について、検討してはどうか、とされた。

Ⅱ　検　討

(1)　免除規定の見直し

　利益を受ける者の意思の尊重の要否が問題となる他の民法上の制度との整合性を考慮し、免除についても債務者の意思を反映させる仕組みは必要である。方法としては、免除を単独行為として構成した上で、債権者の免除の意思表示に対して、債務者が異議を述べた場合には、遡及的に免除の効果が発

生しなくなるとする上記［B案］が適切であろう。免除を契約と構成した場合、債務者の合意を得るコストがかかる。たとえば、大量に小口債権を持っている企業が損失を確定させるために免除を行いたい場合であっても、債務者の合意を得るためのコストが膨大となってしまう。債権譲渡のように、小口債権に関する特別法を制定したうえで対処することも可能だろうが、現行民法と同様に単独行為と構成することによって対処可能であれば、あえて契約として構成する必要はないと考える。

(2) 混同規定の見直し

混同の例外の定め方については、ただし書を広げる方法ではなく、本文の射程範囲を絞る方法の方が適切であると考える。混同の例外を広く認める方向で、例外の例示を拡充する方法だと、具体的に例示にあてはまらない債権債務については混同により消滅してしまうという危険性があろう。

［小笠原奈菜］

第5 決済手法の高度化・複雑化への民法上の対応の要否（多数当事者間の決済に関する問題について）

I 法制審議会提案

1 提案内容

(1) 集中決済機関

「実務上、多数の当事者間における債権債務の決済を、集中決済機関（CCP）を介在させて行うことがある。この決済の過程においては、取引参加者AB間の債権が、AのCCPに対する債権とCCPのBに対する債権とに置き換えられる…ところ、この置き換えにかかる法律関係を明確に説明するのに適した法的概念が現行法には存在しないという問題が指摘されている。そこで、決済の安定性を更に高める等の観点から、このような法律関係を明解に説明するための法的概念を民法に設けるべきであるという考え方が提示されているが、どのように考えるか。」（民事法研究会・検討事項〈詳細版〉262頁（**[部会資料10-2] 72頁**））。

(2) 提案の要旨

「実務上、膨大な数の債権債務が相互に発生する関係にある多数の当事者間においては、その債権債務の決済を、集中決済機関（CCP）を介在させて行うことがある。」「このような決済方法は、取引参加者相互の間に発生する多数の債権債務を取引参加者とCCPとの間の債権債務に置き換えた上で、取引参加者とCCPとの間の債権債務を差引計算することにより、①決済を簡易化してコストを削減するという簡易決済機能と、②債権債務を差引計算するとともに、CCPが取引参加者の間に介在して当該差引計算後の決済尻の履行を保証することにより、他の取引参加者の倒産等による債務不履行の危険を軽減するという担保的機能を果たしていると言われている。」（民事法研究会・検討事項〈詳細版〉262頁（**[部会資料10-2] 73頁**））。「決済の安定性を更に高めるために、CCPを介在させた決済の手法と、債権譲渡や差押えとの

関係を、立法により明確にすることが望ましいという指摘がある。」(民事法研究会・検討事項〈詳細版〉263頁（[**部会資料10-2**] 74頁))。

2 提案前の議論

基本方針【3.1.3.37】では、一人計算として、民法に規定を設ける提案がなされている（詳解・基本方針Ⅲ 117頁以下）。

3 法制審議会の議論状況

(1) 第13回会議では、CCPを介在させた決済に関する法律関係について明文の規定を設けるべきであることについて意見が一致した。しかし、民法に規定を設けるべきかについては、反対意見と、基本的な部分については設けるべきという意見が拮抗した。

反対意見の理由としては、集中決済と切り離して、一つの債権が二つに分化する部分のみや、債権の消滅のみを民法に入れると弊害が生じる可能性もあることが挙げられた。松本恒雄委員から、CCPの許認可の要件や、倒産した場合にどうするのかということまで踏まえて、全体を一つの特別法で規定すべきという意見が出された。

これに対して、賛成意見の理由としては、債権の消滅や一本の債権が二つに置きかわるということは、基礎となる概念であり、正に民法レベルの話であることが挙げられた。

(2) 商事法務・中間的な論点整理の補足説明183頁では、CCPに関する規定を民法に設けるべきかについて、次のように述べられている。

「また、仮にこのような規定が必要であるとしても、これを民法に置くことの適否について、債権の消滅原因という債権債務関係の本質について規定するのは基本法典の役割であるとする意見がある一方で、CCPに対する規制・監督と一体として特別法で定めることが望ましいとする意見があることに留意しつつ、更に検討してはどうか。」

II 検討

(1) CCPを介在させた決済に関する法律関係についての明文の規定について

実際に実務で使われているCCPを介在させた決済方法について、法的に説明できない状況であるならば、それについて明文の規定を置く必要はあろう。明文規定があることにより法的安定性が保たれ、より安全に取引が可能となると考えられる。

(2) 民法に規定を設けるべきかについて

全体を一つの特別法で規定すべきであり、一つの債権が二つに分化するという一部のみを民法に規定するべきではない。CCPの認可の要件、倒産の場合の処理、登記の方法・内容、差押や債権譲渡との関係など、制度全体を整備せずに一部のみを民法に規定した場合には、悪用される可能性がある。たとえば、CCPが、他の債権者に先駆けて債権を回収することも可能となりうる。また、一つの債権がある者を通して二つに分化するという法制度は、集中決済の場合に必要であり、ほとんどの場合、企業間取引におけるものであろう。仮に、一般人が関わるとしても、少なくともCCPは法人であることが前提とされるので、完全に対等な当事者間の取引とはならない。したがって、一部の規定では意味をなさず、しかも悪用される可能性の高い規定を民法に設ける必要はないと考える。

[小笠原奈菜]

第6章　契約の成立

第1　契約に関する基本原則等

I　法制審議会提案

1　提案内容

　解釈により認められている契約に関する基本原則ないし基本的な規律について検討するとして、4点挙げられる[1]。

(1)　契約自由の原則

　契約自由の原則を条文上明確にすべきか、条文化する場合にどのように構成すべきかについての検討が提案されている。契約自由の原則は、近代法における大原則とされてきたものであり、内容としては、一般に、契約締結の自由、相手方選択の自由、内容決定の自由、方式の自由が挙げられる。そこで、この原則を貫くと、強者に一方的に有利な契約内容となるなど、弱者の利益が害されるおそれがあることも指摘されることから、契約自由に対する制約の在り方をどう考えるかが問題となる。また、方式の自由とその制限については各国の法政策により異なるが、わが国においては諾成主義が原則とされ、これを明文化するのか、さらに、その例外ないし制限（要物契約や書面の作成など）についても問題となる。

(2)　契約の成立に関する一般的規定

　契約の成立に関する一般的規定を置くべきか否かについて問題提起される。現行民法は、申込と承諾を中心に構成するが（521条～532条）、当事者が契約内容について交渉しつつ合意を形成していく場合もあり、ここでは契約の成否について争われる事例も少なくない。そこで、今日、契約成立に高い期待や信頼を生じさせたことに対する責任法理が発展しているから一般的規定を設ける必要はないとの考え方もあるが、紛争の予防や争いになった場合の判断の手かがりを提供するなどの面で必要であるとの指摘もある。そし

---

[1]　第9回会議（民事法研究会・検討事項〈詳細版〉266頁以下［**部会資料11-2**］1頁以下））参照。

て、仮に必要だとして、その具体的規律については、合意の内容は当事者の意思や契約の性質に照らして決することなどを明記する考え方と、一般的規定を設けず、申込と承諾によって成立するとのみ規定し、申込と承諾の概念やその成立に関するルールの明確化を図る考え方もある。

(3) 原始的に不能な契約の効力

原始的不能について条文上明確にすべきか否かについての検討が提案される。判例及び伝統的見解は、この場合、契約は無効と解してきたが、これに対し、不能の原因が契約締結の直前か直後かにより債務不履行責任の発生が左右されることは妥当ではないとして、原始的か否かで区別しない考え方も有力である。

無効説（最判昭和25・10・26民集4巻10号497頁）は、契約当事者の通常の意思は、当初から実現不可能と分かっていれば契約を締結しなかったであろうと考えられることなどを根拠とする。これに対し、有効説は、債務者が履行を約束した以上原始的不能の契約も有効に成立し得るとする考え方であるが、原則として無効とみて例外的に有効とすべきとの考え方もある（例外として、①当事者双方が給付の原始的不能を知らない状態で、不能である場合のリスクを甘受する意思で契約を締結する場合、②不能である給付の債務者が契約締結に際して履行の可能性を保証する場合など）。なお、無効説は、契約を無効としたうえで、契約交渉段階での当事者の注意義務違反を理由とする信頼利益の賠償を認めるのに対し、有効説は、後発的な債務不履行の場合と同様に履行利益の賠償を認める。したがって、無効説では不能の時期により損害賠償の内容が大きく異なるとも思われるが、信頼利益と履行利益の違いが明確ではないとみると、両者の実質的な差異は大きくない。

(4) 債権債務関係における信義則の具体化

信義則を具体化する規定を設けるべきか否かの検討が提案される。債務者は、合意がなくても、本来的な給付義務の他に様々な付随義務を負うと解されており、また、債権者も弁済の受領時における協力義務などを負うことがあるとされる。そして、これらの義務の存立根拠は一般に信義誠実の原則に求められることから、この原則を債権債務関係において具体化し、これらの義務の法的根拠を明確にする一般的規定を設けるべきかが問題となる。

2 提案前の議論

(1) 契約自由の原則

　民法（債権法）改正検討委員会（以下では、「検討委員会」と略称する）試案は、債権編の冒頭で契約自由の原則を基本原則として掲げ、「当事者は、自由に契約を締結し、その内容を決定することができる」（【3.1.1.01】）との規律を設ける[2]。そこでは、契約締結の自由（契約締結に係る自己決定権）と内容決定の自由（契約内容形成に係る自己決定権）のみを規定する。そして、これらの原則に対する制約として、公序良俗違反や意思表示の瑕疵に関する規定、交渉破棄・締結拒絶、契約交渉段階での情報提供義務・説明義務違反などが問題となるが、契約法・法律行為法に関するものはそれぞれの箇所で扱われるとして、ここでは明記されない。また、契約自由の原則と並んで重要となる平等取扱い（差別禁止）の原理・思想についても、それは契約自由を制約する個別の制度・準則の中で扱われ得ること、民法全体に関わる原理であること、その具体的内容について議論の余地があることから、規律を設けることを見送った[3]。

(2) 契約の成立に関する規律

　検討委員会試案では、まず、「契約は、当事者の合意のみによって成立する。ただし、法令にこれと異なる定めがあるときまたは当事者の反対の定めのあるときは、この限りでない。」（【3.1.1.02】）との規律を設ける[4]。諾成主義の原則を明文化し、意思が契約の拘束力の根拠となることを明らかにする。

　その上で、同試案は、契約を成立させる合意について、「〈1〉契約は当事者の意思およびその契約の性質に照らして定められるべき事項について合意がなされることにより成立する。〈2〉前項の規定にもかかわらず、当事者の意思により、契約を成立させる合意が別途必要とされる場合、契約はその

---

[2]　詳解・基本方針Ⅱ 3-7 頁。
[3]　中田裕康「民法（債権法）改正と契約自由」法の支配 156 号（2010）33 頁は、検討委員会試案は、契約自由の原則を尊重しつつ、その制約がある場合にはその規範内容をできるだけ明確に示し、民事実体法の規律の透明性を高めようとするものとして評価する。
[4]　詳解・基本方針Ⅱ 7-9 頁。

合意がされたときに成立する。」(【3.1.1.07】)との規律を置く[5]。これは、契約の成否をめぐる紛争を予防するためには手がかりになる規定が必要であるとの立場から、両当事者が契約を成立させるために合意すべきであると定めた事項（＝契約の拘束力を生じさせるために定めるべき事項）についての合意が原則となる（〈1〉）。しかし、契約の内容として定める事項について合意していたとしても、当事者が改めて契約を成立させる合意（終局的合意）を必要とした場合にはそれに拠る（〈2〉）。

このような検討委員会試案に対しては、既に実務家より、実務上の契約成否及び成立時点の解釈との整合性について問題視する見解がみられる。すなわち、実際には契約成立と評価できない形態での取引があり、契約の成立については、諾成契約の原則と、申込と承諾という成立形態を確認するのみで、それ以外の契約成立の検討は個別の契約類型においてなされるのが実情に即するとされる[6]。

(3) 契約締結時の履行不可能・期待不可能

前述したように、伝統的見解は、原始的不能な給付を目的とする契約を無効としたうえで、契約交渉段階での当事者の注意義務違反を理由とする信頼利益の賠償を認めてきた[7]。このような見解に対しては、偶発的・外的事情に依拠する不能を契約の成否に直結させることに対する疑問や後発的不能の場合との均衡から、原始的不能の契約を有効とみる見解[8]や、契約当事者の下した評価（意思）により処理する見解[9]もある。

そして、検討委員会試案は、原始的不能の契約の効力について、「契約上

---

[5] 詳解・基本方針 II 28-34 頁。
[6] 佐瀬＝良永＝角田・要点83-84頁（西村光治弁護士のコメント）は、請負、委託等の役務提供型の契約では、とりあえず作業を開始しながら契約交渉を行う取引形態が存在し、このような契約の構成要素のいくつかについては合意は成立していないし、「契約の性質に照らして定められるべき事項」についての合意も成立していないが、契約不成立と評価するのも不自然だとする。また、契約条件の合意と法的効果を発生させる旨の合意を特に区別する実益があるのかも疑問だとする。
[7] 我妻榮『債権各論 上巻』(岩波書店、1954) 38頁以下、80頁以下。
[8] 北川善太郎『契約責任の研究』(有斐閣、1963) 278頁以下、373頁、星野英一『民法概論IV（契約）』(良書普及会、1986) 50頁以下、広中俊雄『債権各論講義〔第6版〕』(有斐閣、1994) 78頁、中田裕康『債権総論 新版』(岩波書店、2011) 109頁など。
[9] 奥田昌道『債権総論〔増補版〕』(悠々社、1992) 30-31頁、潮見佳男『債権総論〔第2版〕I』(信山社、2003) 45頁以下など。

の債務の履行が契約締結時点で既に履行することが不可能であった場合、その他履行をすることが契約の趣旨に照らして債務者に合理的に期待できなかった場合も、その契約は、反対の合意が存在しない限り、有効である。」(【3.1.1.08】)との規律を設ける[10]。これは、伝統的な無効説と有効説のいずれの考え方も採用せず、契約当事者のリスク分配を尊重し、今般の取引慣行・比較法的動向を考慮して、当事者の意思が不分明な場合には有効とする処理を原則とするものだと説明する。そして、契約が有効とされる場合には、後発的な債務不履行と同様に、債権者は損害賠償請求権と契約解除権を有する。

(4) 債権債務関係と信義則

　検討委員会試案は、「〈1〉債務者は、債務の履行に当たり、信義に従い誠実に行動しなければならない。〈2〉債権者は、債権の行使に当たり、信義に従い誠実に行動しなければならない。〈3〉〈1〉および〈2〉のほか、債権債務関係において、当事者は、信義則に従って行動する義務を負う。」(【3.1.1.03】)との規律を設ける[11]。〈1〉は、債務者の履行に際しての付随義務や履行過程における具体的行為義務の根拠となり、〈2〉は、債権者の受領義務、誠実行為義務(協力義務)に関わり、いずれも現行民法1条2項を具体化したものだとする。〈3〉は、当事者が特に合意していなくても、契約目的の実現のための行動義務や、当該債権債務関係に付随する義務(保護義務、安全配慮義務)、さらには契約交渉段階の義務(【3.1.1.09】【3.1.1.10】)の根拠とする。

3　法制審議会の議論状況

(1) 契約自由の原則について

　契約自由の原則を明文化すること、及びこの原則に対する制約に関する規律を設けることについては異論はみられない。ただし、その制約規定をどこに置くべきかについては議論がある。検討委員会試案と同様に法律行為一般(総則編)の中で処理するか、あるいは契約自由の原則に関連づけて規定すべ

---

[10]　詳解・基本方針Ⅱ 34-38頁。
[11]　詳解・基本方針Ⅱ 10-15頁。

きか見解が分かれる[12]とともに、その書き方についても議論がある[13]。なお、制約原理は契約内容の自由に関わる問題であり、それとは別に契約締結の自由については特に慎重な配慮を要するとの意見[14]もある。

(2) 契約の成立に関する一般的規定

実務家メンバーを中心に、このルールを固定化すると柔軟な解決が困難になるとの危惧[15]や、すべての契約に共通する一般的規定を設けることは困難であるとの否定的見解[16]が主張された。これに対し、研究者を中心としたメンバーからは、現行民法においては契約の成立に関する規定はなく、これまで合意により成立することが前提とされてきたが、その合意概念を明確にするために一般的規定を設ける必要性が強調されている[17]。

(3) 原始的に不能な契約の効力

ここでも、実務家からは、伝統的な無効説の立場や契約締結前（原始的不能）と締結後（後発的不能）では責任構成が異なるとの指摘[18]がみられる。また、履行利益賠償を認めることに対しては、事業者はそういうことも見込んで契約交渉に当たらなければならないことで、取引実務に悪影響を及ぼすとの意見[19]もある。

これに対し、検討委員会のメンバーでもあった研究者は、問題は当事者が原始的不能を知らない場合の処理だとして、その債務不履行構成の妥当性が説かれ、さらに、具体的な規定内容の提案がされている[20]。

---

12) 第9回会議議事録の鹿野幹事及び山本（敬）幹事の発言参照。
13) 「公序良俗及び強行規定に反しない限り」という表現に留めるのか、あるいはより具体的に規定するかについて議論がある（前掲注 12）における山本（敬）幹事及び野村委員の発言参照）。
14) 例えば、賃貸借や金融機関との取引においては、高齢者や外国人は契約を締結してもらえないという問題もあり、契約締結の自由についてはこの点で配慮を要するとする（前掲注 12）における能見委員の発言参照）。
15) 例えば、消費者は、悪徳商法の業者に対して、最終的に意思が確定していないから契約は成立していない、という争い方が採りにくく、事業者側も、契約が成立したと思ったのに無効にされては困るとのおそれもあるとする（前掲注 12）における西川関係官の発言参照）。
16) 不動産取引や金融取引のような厳格な運営実態にある契約類型もあれば、労働契約のような比較的緩やかな類型など一律ではないことが指摘される（前掲注 12）における新谷委員及び木村委員の発言参照）。
17) 前掲注 12）における道垣内幹事、山本（敬）幹事、沖野幹事の発言参照。なお、規定内容に関しては議論がある。
18) 前掲注 12）における奈須野関係官及び岡委員の発言参照。
19) 前掲注 12）における木村委員の発言参照。

(4) 信義則の具体化

債権債務関係における信義則の具体化についてイメージすることが難しいとの指摘もあるが、信義則が機能する場面に着目する見解が提示されている。すなわち、1つは、債権の行使や債務の履行の際に誠実に行動すべきとする誠実行動原則の観点から信義則が問題となる場面であり、ここでは現行民法1条2項が妥当する。もう1つは、契約関係における義務の発生根拠として信義則が機能する場面であり、この意味での条文が検討されるべきであるとする[21]。このような方向は、前述した検討委員会試案と同様である。

II 検　討

1　契約自由の原則

法制審による提案は、条文化すべき契約自由の原則の範囲とそれに対する制約の内容及び方式の自由（諾成主義の原則）の扱いである。検討委員会試案は、契約締結の自由と内容決定の自由のみを規定し、制約原理は契約法・法律行為法の規定に放逐し、諾成主義の原則に関しては別規定を設ける。このような状況において、法制審では制約原理を中心に議論されている。

近代法の大原則として定着している契約自由の原則を明文化するとともに、弱者保護の観点からその制約原理を明らかにすることについては異論はないであろう。そして、方式の自由（諾成主義の原則とその例外）は、主に契約の成立に関わる問題であり、その一般的規定の中で扱われるのが適当である。そこで、明文化されるべき契約自由の原則としては、相手方選択の自由も包含した契約締結の自由と内容決定の自由に集約されるであろう。この点で、検討委員会試案の方向は評価できる。また、その制約原理については、契約締結に際しての平等取扱い（差別禁止）や経済的弱者たる当事者の保護などを考えると、契約自由の原則に関連させて規定を置くことに意味がある[22]。なお、制約原理の書き方についてはなお検討を要する[23]。

---

20) 前掲注12) における道垣内幹事及び潮見幹事の発言参照（潮見幹事は、有効というよりも無効とはならないという形で書くべきであるとする）。
21) 前掲注12) における潮見幹事及び中田委員などの発言参照。
22) 前掲注12) における鹿野幹事の発言参照。

2　契約の成立に関する一般的規定

　法制審は、契約成立のための合意に関する一般的規定を置くべきか、必要だとしてその規定内容をどうするかを問題とする。検討委員会試案は、諾成主義の原則を明文化し、それを踏まえ、当事者の意思を尊重した合意に関する規律を設ける。そして、法制審の議論においては、固定的ルールを設けることに対する懸念を表明する実務家と合意概念を明確化すべき必要性を強調する研究者の立場が対峙する。

　既に指摘されるように、契約成立の形態が多様化している現状にあっては、行為規範ないし裁判規範としての基本的なルールを設ける必要性は否定できないであろう。その規律内容については考え方が分かれるが、その際、当事者の合意（意思）をどの程度尊重すべきかはなお検討を要する。すなわち、近時の新たな契約責任論（以下では、「新理論」と称しておく）においては、契約責任の問題を債権・債務の発生原因である契約に接合させて構成し、「契約の拘束力」を根拠に契約規範を理解する[24]。そこで、契約は成立したのかどうか、その契約内容はどのようなものかを確定する基本原則が「合意原則」とされるものであり、これは「契約の当事者は、互いに合意したことに拘束される」という積極的側面と、「契約の当事者は、本法その他の法律の定めに基づく場合を除き、互いに合意していないときには拘束されない」という消極的側面を有している。そして、このような「合意原則」に対しては、それをどこまで優先させるべきか（信義則を媒介にした権利義務関係の創設を認めないのか）、また、合意は明示的な場合にのみ設定されるのか（客観的な状況や法典の規定などは参酌されないのか）、などが議論される[25]。

　これまでも、一般に、契約内容の確定は、当事者の自律的な合意（自律的決定）と信義則などによる他律的規範による補充（他律的決定）という2つの作業からなされるものとして理解されており（二元論）、この点は異論はない

---

23)　前掲注13) 参照。
24)　潮見佳男「総論―契約責任論の現状と課題」ジュリ1318号（2006）81頁以下、山本敬三「契約の拘束力と契約責任論の展開」同91頁以下など参照。
25)　内田＝大村他「特別座談会　債権法の改正に向けて（上）」ジュリ1307号（2006）126-127頁（鎌田薫教授及び山本敬三教授発言）参照。

であろう。したがって、ここでの議論は、自律的決定と他律的決定のいずれに重点を置いて契約法規範を捉え民法典における規定を考えるべきかという問題に帰着するであろう。

3　原始的に不能な契約の効力

　法制審の提案は、原始的に不能な契約の効力に関する規定を設けるべきか、その際、伝統的無効説と有効説の対立をどう考えるかである。検討委員会試案は、この点に関して当事者の意思が明らかでない場合には原則として契約を有効とする規定を設け、債務不履行規定により処理する。これを受け、法制審においては、無効説に立つ見解を支持する実務家と有効説の妥当性を説く研究者の立場がここでも対峙している。

　有効説は、原始的不能（契約締結前）の場合も後発的不能（債務不履行）と同様の準則により処理する。これは、契約交渉段階における債務者の義務違反を根拠とする責任構成が問題となる場面である。契約交渉の不当破棄、説明義務・情報提供義務に関しては、法制審においても別個に審議対象とされている。しかし、このような構成に対しては、責任の法的性質をどうみるのか、仮にこの点は今後の判例・学説に委ねるとしても、被違反義務の存立根拠は契約の前後で異ならないか（締約前の段階で債務不履行構成する場合の「債務」とは何か）、また、新理論が不履行責任の帰責根拠とする「契約の拘束力」との関連をどう説明するかなど問題が残る。

　検討委員会試案（【3.1.1.08】）も原則有効説に立つが、契約を無効としたい当事者は、履行が不可能・期待不可能であったことを主張・立証しただけでは足りず、「反対の合意」まで主張・立証しなければならない。しかも、契約締結の段階で履行が不可能であり、債務者に対する履行請求権が認められない（【3.1.1.56】）にもかかわらず、契約としての効力を認めることは、実務には受け入れ難いのではないか[26]。したがって、原始的不能な給付については、原則として契約は無効とみて、当事者の意思により例外的に有効とする処理方法が理解し易いように思われる。

---

[26]　佐瀬＝良永＝角田・要点84頁（春島律子弁護士のコメント）参照。

4 信義則の具体化

　法制審は、債務者の付随義務及び債権者の受領義務（協力義務）などの存立根拠としての信義則の規律を設けるべきか否かの検討を提案する。検討委員会試案は、現行民法1条2項を具体化した規定と並び信義則上の義務の根拠規定を設ける。そして、法制審の審議においても検討委員会試案と同方向の主張がみられる。

　信義則は、契約関係の内容を調整または規制する機能を有するが、契約（合意）の尊重とのバランスをどう解するかは、各国の沿革と法政策により異なる[27]。そこで、検討委員会試案及び法制審は、当事者の合意に基づく給付義務のみならず、その他種々の付随義務の存立根拠として信義則を観念することから、そこでの債権債務関係は従来の理解よりもより広範な構造を有する概念として解しているといえる。このような構造把握は、合意を基礎とする義務と信義則上の義務を関連づけた債務（義務）構造の理解を前提としなければならないはずである。したがって、本来的義務（給付義務）に関する規律とこれに対比させた広範な債権債務関係上の義務に関する規律が検討されるべきではないか[28]。しかし、このような見地からは、検討委員会試案は種々の義務が交錯しており分かりづらい規律になっている（特に、【3.1.1.03】における〈1〉〈2〉と〈3〉の関係）[29]。

　この点に関しては、ドイツ債務法が1つの解決モデルを提供する[30]。ドイ

---

[27]　例えば、イギリス法では契約の解釈に際しては当事者の意思及び利益を重視し、取引の安定性・予測可能性を確保しようとする。これに対し、ヨーロッパ大陸諸国では契約正義を重視し、北欧諸国の契約法はドイツ法よりも公平性及び合理性を重視する（Giuditta Cordero Moss, "International Contracts between Common Law and Civil Law: Is Non-state Law to Be Preferred? The Difficulty of Interpreting Legal Standards Such as Good Faith," *Global Jurist* : Vol. 7 : Iss. 1 (Advances), Article 3, at 4, 14 (2007).)。

[28]　長坂純「契約債務関係の構造」『明治大学法学部創立130周年記念論文集』(2011) 343頁以下参照。

[29]　なお、民法改正研究会（代表：加藤雅信教授）の試案では、総則編に一般的な信義則規定が置かれ、別に債権編の中で「債権者及び債務者の権利及び義務」に関する規定（試案399条）を設ける。すなわち、①「債務者は、債務の本旨に従って債務の履行をしなければならない」、②「債権者は、その債権の性質に従って、債務者による債務の履行を受領しなければならない」との規定の後に、④「債務者の債務の履行及び債権者の履行の受領は、信義誠実の原則に従って行わなければならない」との規定を設ける（民法改正研究会（代表：加藤雅信）『民法改正と世界の民法典』（信山社、2009）588頁所収の民法改正研究会・仮案〔平成21年1月1日案〕参照）。

ツ民法（BGB）は、まず、242条に信義則に関する一般規定を置く[31]。そして、同280条1項は「債務者が債務関係から生じる義務に違反した場合には、債権者はこれにより生じた損害の賠償を請求し得る。」と規定し、すべての給付障害を包括する「義務違反」という統一的な概念を採用した。この280条にいう債務関係とは、広い意味での債務関係を意味する。すなわち、同241条1項は、「債務関係に基づき債権者は、債務者に対して給付を請求することができる。給付は不作為でもよい。」と規定し、さらに同条2項で「債務関係は、その内容により、各当事者に相手方の権利、法益及び利益に対する配慮を義務づける。」と規定する。1項は、当事者間の特別結合から生じる給付に関する権利、つまり債務者の給付義務と対峙する債権者の請求権を関連づける狭義の債務関係である。これに対し、2項は、特別結合から生じる具体的な法律効果の総体を意味する広義の債務関係であり、狭義の債務関係を包含するものである。これらの債務関係から生じる義務は、給付に関連する義務（241条1項）に限定されるものではなく、その他の義務（同条2項）及び法律行為に類似した債務関係から生じる義務（とりわけ契約締結上の過失に基づく義務（同法311条2項・3項））も包含する。

　ドイツにおいては、いわゆる積極的債権侵害論の展開過程で契約義務構造に関する理論的蓄積が認められ、給付利益（給付結果）の保持へ向けられる給付義務・付随義務、さらには完全性利益保護義務という形での理解が定着した[32]。これを踏まえ、上述したように、ドイツ債務法は、「義務違反」という給付障害を包括する統一的概念を採用するとともに義務の存立根拠規定を設けており、参考とされるべきではないか。

〔長坂　純〕

---

30)　詳細については、長坂純『契約責任の構造と射程』（勁草書房、2010）108頁以下参照。
31)　「債務者は、取引の慣習を顧慮し信義誠実に適うように、給付を行う義務を負う」（条文訳は、椿＝右近編『ドイツ債権法総論』（日本評論社、1988）7頁による）。
32)　長坂・前掲注30）13頁以下参照。

第2 契約交渉段階

I 法制審議会提案

1 提案内容

(1) 総　論

　現行民法は、契約成立に至るまでの契約交渉段階における当事者の権利・義務についての規定を設けていない。しかし、契約交渉に入った当事者間の関係は、何らの接触もない者の間の関係より緊密であり、交渉の相手方に損害を被らせないようにする信義則上の義務を負うのではないかとの指摘がされており、判例上も、この段階における信義則上の義務に基づく当事者の責任を認めたものがある。このような判例を参照しつつ、契約成立に至るまでの契約交渉段階に関する規律を検討するに当たっては、どのような点に留意する必要があるか（民事法研究会・検討事項〈詳細版〉272頁（**[部会資料11-2]** 11頁））。

(2) 契約交渉の不当破棄

　契約交渉段階において、当事者は、自由に交渉することができ、契約を締結するか否かも自由であるのが原則である（契約自由の原則）。しかし、判例上、契約交渉破棄事例において、契約交渉を不当に破棄した者に対して、契約準備段階における信義則上の注意義務違反を理由とする損害賠償責任が認められている。

　現代的取引においては、契約内容や交渉過程が複雑化し、契約成立前に相当の時間と費用を要するケースが増え、契約交渉破棄に関する紛争も少なくないとの指摘もある。そこで、契約交渉を不当に破棄した者に対する損害賠償責任について、判例を踏まえた明文規定を設けるべきという考え方があるが、どのように考えるか（民事法研究会・検討事項〈詳細版〉272頁（**[部会資料11-2]** 11頁以下））。

(3) 契約締結過程における説明義務・情報提供義務

契約を締結するに際して必要な情報は、各当事者が自ら収集するのが原則と言われてきた。しかし、判例上、契約締結過程における信義則上の説明義務違反を理由とする損害賠償責任を認めるものがある。

現代においては、当事者間に情報量・情報処理能力に格差がある場合も少なくないこと等を踏まえ、契約締結過程における信義則上の説明義務又は情報提供義務違反を理由とする損害賠償責任についての規律を設けるべきという考え方があるが、どのように考えるか（民事法研究会・検討事項〈詳細版〉274頁（**[部会資料11-2] 15頁**））。

(4) 契約交渉等に関与させた第三者の行為による交渉当事者の責任

契約交渉当事者は、契約の交渉や締結に第三者を関与させることが少なくないが、現行民法には、その第三者の行為により相手方に損害が生じた場合における交渉当事者の責任について定めた規定はない。

そこで、契約の交渉や締結に関与させた第三者が、前記（2）及び（3）の契約締結前の段階において課せられる信義則上の義務に違反する行為を行った場合に、交渉当事者が損害賠償責任を負う旨の明文規定を設けるべきとの考え方が提示されているが、どのように考えるか（民事法研究会・検討事項〈詳細版〉276頁（**[部会資料11-2] 18頁**））。

2 提案前の議論

(1) 総　論

民法（債権法）改正検討委員会の「基本方針[1]」では、法制審議会の提案内容にある「総論」に関する固有の議論は特にないが、交渉当事者の義務として、以下の内容を規定している。

(2) 契約交渉の不当破棄

【3.1.1.09】（交渉を不当に破棄した者の損害賠償責任）

「〈1〉当事者は、契約の交渉を破棄したということのみを理由としては、責任を問われない。

---

[1] 詳解・基本方針Ⅱ 39頁以下。

〈2〉 前項の規定にもかかわらず、当事者は、信義誠実の原則に反して、契約締結の見込みがないにもかかわらず交渉を継続し、または契約の締結を拒絶したときは、相手方が契約の成立を信頼したことによって被った損害を賠償する責任を負う。」

契約自由の原則により、契約交渉を中止することは原則として自由であるところ、その例外として、交渉を破棄した当事者が損害賠償責任を負う場合があることは、従来から判例・学説により認められている。「基本方針」の提案要旨によると、本提案は、この原則（〈1〉）と例外（〈2〉）とを明文で規定するものであり、これがあるかないかによって従来からの結論が変わるものではないとする。

責任の要件である「信義誠実の原則に反して、契約締結の見込みがないにもかかわらず交渉を継続し、または契約の締結を拒絶したとき」とは、①契約を締結する可能性がないにもかかわらず交渉を継続した場合および、②契約締結が確実になるなど、契約締結に対する正当な信頼が相手方に形成された後に契約の締結を拒絶した場合[2]の2つを指すが、具体的にどのような場合に交渉当事者の行為が信義誠実の原則に反するのかは、取引ごとに判断する必要があるとしている[3]。

責任の内容は損害賠償であり、相手方が契約の成立を信頼したことにより被った損害（いわゆる信頼利益）が賠償されるべき損害であるとする。

本提案は、契約成立の箇所に本規定を置いているが、このことは本責任を契約責任と捉えることを含意せず、不法行為責任と構成することを排除するものではないとして、その法的性質についてはあえて明らかにしていない。

---

[2] もっとも、②は、契約の締結拒絶が契約自由の原則に対する例外として不当と評価される場合をすべて規律するものではない。たとえば、家を借りようとする者が外国人であることを理由に家主が賃貸借契約の締結を拒絶した場合、これは、不当な契約締結拒絶の問題にあたるが、交渉当事者が契約の成立を信頼させたことが問題になっているわけではないので、本提案の対象とはならない。詳解・基本方針II 42頁。
[3] ①の場合には、契約を締結する可能性がないにもかかわらず、いたずらに交渉を継続したことが信義誠実の原則に違反するかどうか、②の場合は、契約締結に対する正当な信頼が相手方に形成された後に契約の締結を拒絶したことが、それまでの経緯に照らして信義誠実の原則に違反するかどうかが、それぞれ問題となる。

(3) 契約締結過程における説明義務・情報提供義務

【3.1.1.10】（交渉当事者の情報提供義務・説明義務）

「〈1〉当事者は、契約の交渉に際して、当該契約に関する事項であって、契約を締結するか否かに関し相手方の判断に影響を及ぼすべきものにつき、契約の性質、各当事者の地位、当該交渉における行動、交渉過程でなされた当事者間の取決めの存在およびその内容等に照らして、信義誠実の原則に従って情報を提供し、説明をしなければならない。

〈2〉〈1〉の義務に違反した者は、相手方がその契約を締結しなければ被らなかったであろう損害を賠償する責任を負う。」

提案要旨[4]によると、本提案は、契約の一方当事者が、相手方に対して情報提供義務・説明義務を負う場合があること、および、情報提供義務・説明義務に違反した交渉当事者は、それによって相手方が被った損害を賠償しなければならないことについて、従来の判例・学説を確認するものである。

情報提供義務・説明義務が課されるのは、相手方が契約を締結するかどうかを適切に判断することができるようにするためであるから、情報提供義務・説明義務は、これらの事項を対象とすることを明らかにしている[5]。また、情報提供義務・説明義務の有無の判断に際して考慮されるべき要素について、これまでの裁判例を参考に列挙することにより、その明確化を図ったとしている。

責任の内容は、相手方がその契約を締結しなければ被らなかったであろう損害の賠償であり、具体的には、契約を締結するために要した費用などが含まれる。情報提供義務を負う一方当事者がその義務に違反しなければ、相手方がその契約を締結したであろうという場合、その契約を締結していたならば得られたであろう利益は、賠償されるべき損害には含まれない。

責任の法的性質については、契約交渉の不当破棄の場合と同様に明らかにしていない。

---

4) 詳解・基本方針Ⅱ 43頁以下。
5) これらの対象事項について、事実と異なることを表示した場合は「不実表示」であり、情報提供義務あるいは説明義務を尽くさずに、相手方を故意に錯誤に陥らせたり、相手方の錯誤を故意に利用して契約を締結させた場合は「詐欺」の問題となるという。

(4) 契約交渉等に関与させた第三者の行為による交渉当事者の責任

【3.1.1.11】（交渉補助者等の行為と交渉当事者の損害賠償責任）

「当事者は、契約交渉のために使用した被用者その他の補助者、契約交渉を共同して行った者、契約締結についての媒介を委託された者、契約締結についての代理権を有する者など、自らが契約交渉または締結に関与させた者が【3.1.1.09】または【3.1.1.10】に掲げられた行為をしたとき、【3.1.1.09】または【3.1.1.10】の規定に従い、相手方に対して、損害賠償の責任を負う。」

交渉当事者が、自らが契約の交渉または締結に関与させた第三者（独立的補助者を含む）の行為について、前記（2）（3）の責任を負うとする規定である[6]。責任の要件は、交渉当事者自らが当該第三者を契約交渉ないし契約締結に関与させることであり、交渉補助者には、被用者のほか、独立的補助者を含む。

ここでも、その責任の法的性質は明らかにされていない。本提案により導かれる帰結は、契約責任（もしくは契約責任類似の責任）と捉える立場から説明できるばかりか、責任の性質を不法行為責任と捉える立場からも、この立場に属する有力な見解が、補助者責任の面では契約責任構成に仮託すべきことを提唱していることに照らせば受け入れ可能と説明されている。

3 法制審議会の議論状況

(1) 総　論

各論に掲げた個別論点の他に検討すべき論点として、契約終了後における信義則上の義務の検討が必要ではないかとの意見が出されたが、それ以上の議論は展開されていない（[第9回会議議事録] 24-25頁）。

(2) 契約交渉の不当破棄

a　立法化について　立法化自体に消極的な意見としては、信義則上の義務を何らかの形で規定することは非常に困難であるとの指摘（奈須野関係官）が出たほか、民法のなかでこれを明確にすることによって、立法の意図を越

---

[6] 本提案に掲げられた補助者、共同交渉当事者、媒介者、代理人らの個人責任を負うか否かについては、本提案の射程外であるとする。詳解・基本方針Ⅱ 50 頁。

えた形で悪用されるような場面がかえって出てくるのではないかという懸念（木村委員）が示された。また、具体的なケースを想定した上での問題点として、消費者、保険契約当事者などが損害賠償責任を負うことにならないかという点（岡田委員、西川関係官、藤本関係官）、団体交渉を拒否された使用者が、労働組合に対し、民事損害賠償責任を追及することが可能になるという解釈が成り立つことになりはしないかという点（新谷委員）等が挙げられている。

このような消極意見の懸念に対しては、本責任の中身は、交渉過程における注意義務というものが信義則に基礎づけられ、その下で他方当事者の契約成立への信頼、この者の地位を保護するという枠組みを採っており、語弊はあるが、709条の権利侵害と過失という枠組みと基本的には同じことを採用しようとしているにすぎないとして、損害賠償責任の認められる範囲が不当に広がることはないという趣旨の反論（潮見幹事）があるほか、慎重に要件を絞り込んだ上での明文化の意義を積極的に評価する意見（高須幹事、中井委員）もあった。

以上の見解に対し、どのような場合に契約交渉の不当破棄の責任を認めるかということのほかに、その責任の性質、賠償範囲といった責任の中身など大きな問題が判例や学説でも残されていることに鑑み、立法化するか否かについての結論を留保する見解（能見委員）も示されている（[第9回会議議事録] 25-30頁）。

　b　**責任の法的性質**　基本的には不法行為責任のルールによるべきという意見（潮見幹事、補助者の部分についてだけ契約責任型の処理をするのが望ましいとする）が出されたほかは、目立った意見は出されていない。ただ、不法行為責任と捉えた場合の問題点として、契約交渉により被害者が被った経済的損失をどこまで保護すべきか、また、これを契約の箇所に規定することの意味を考えなければいけないとの指摘（能見委員）があった（[第9回会議議事録] 27-29頁）。

　c　**中間的な論点整理**　「契約交渉の不当破棄に関する規定を設けるという上記の考え方の当否について、規定の具体的な内容を含めて、更に検討してはどうか。これを明文化する場合の規定内容を検討するに当たっては、損害賠償の要件に関しては契約交渉の破棄が原則として自由であることに留意し

た適切な要件の絞り込みの在り方が、効果に関しては損害賠償の範囲や時効期間等がそれぞれ問題になることから、これらについて、契約交渉の不当破棄に基づく損害賠償責任の法的性質などにも留意しながら、更に検討してはどうか。」(商事法務・中間的な論点整理の補足説明194頁)

(3) 契約締結過程における説明義務・情報提供義務

a 立法化について まず最初に、説明義務・情報提供義務が課される事項の範囲について、「当該契約を締結するか否かの判断に影響を及ぼす事項」に限定する考え方と、これに限らず、契約締結に際して当然知っている情報も含めるべきという考え方が紹介された。これに対しては、当該契約を締結するか否かの判断に影響を及ぼす事項というのが、どの程度のものまでを指すのかが曖昧で、取引に支障が出るのではないかとの懸念(大島委員)が示されたほか、基本は説明義務・情報提供義務はないというのが前提のはずであり、特殊な事例を一般化するのは相当ではない(奈須野関係官)といった立法化自体に消極的な意見も出された。さらに、具体的なケースを想定した上での問題点(労働契約及び雇用契約について新谷委員、金融商品及びM&Aの取引について奈須野関係官、消費者契約及び保険契約について藤本関係官)も多く提示された。これに対しては、立法化は、民事ルールにおける消費者保護を進めるということで非常に大きな意味がある(西川関係官)、結局は要件論の話で、要件をよく見極めて抽出して、一定の格差のある場面で、説明義務・情報提供義務を積極的に規定していくべき(中井委員)との肯定的な意見も出された([第9回会議議事録] 30-33頁)。

b 責任の要件 「当該契約を締結するか否かの判断に影響を及ぼす事項」に限定する考え方に対しては、少なくとも効果として損害賠償責任を定めるところでは、当該契約を締結するか否かの判断に影響を及ぼす事項に関する義務のみを定める合理的な理由はない(山本(敬)幹事)との意見があった。また、説明義務が生じる場合の考慮要素については、問題となっている情報がどれくらい重要なのか、どれくらい世の中に周知しているものか、あるいは消費者と事業者との間で情報の所在が偏っているのか、といった事情なども幅広く考慮に入れて検討して欲しい(西川関係官)との要望が出された([第9回会議議事録] 31-33頁)。

c 中間的な論点整理　「説明義務・情報提供義務に関する規定を設けるという上記の考え方の当否について、規定の具体的な内容を含めて更に検討してはどうか。

　説明義務・情報提供義務に関する規定を設ける場合の規定内容を検討するに当たっては、説明義務等の対象となる事項、説明義務等の存否を判断するために考慮すべき事情（契約の内容や当事者の属性等）などが問題になると考えられる。また、説明義務・情報提供義務違反の効果については、損害賠償のほか相手方が契約を解消することができるかどうかも問題になり得るが、この点については意思表示に関する規定（特に後記第30、4及び5参照）との関係などにも留意する必要がある。これらについて、説明のコストの増加など取引実務に与える影響などにも留意しながら、更に検討してはどうか。」（商事法務・中間的な論点整理の補足説明196頁）

(4)　契約交渉等に関与させた第三者の行為による交渉当事者の責任

　a 立法化及び責任の要件について　消費者契約法5条の規定が、消費者センターでは使いやすいとはいえないことを理由として立法化に肯定的な意見が出されたが（岡田委員、ただし契約交渉当事者の意義を明確にすべきとの要望）、主に要件論との関係で、立法化についての懸念や問題点を指摘する見解が目立った。具体的には、両交渉当事者とは独立的な立場で交渉に関わる者や（奈須野関係官）、両当事者から委託を受けている場合（山野目幹事）についての取り扱い、当事者の属性についての考慮の必要性（山野目幹事）等が挙げられた。これに対しては、この場面では、あくまでも交渉当事者が、相手方に対して、信義則上どのような義務を負っているのかという問題が前提としてあることに注意が必要で、第三者が誰であれ責任を負うべきなのかという議論をする必要はないとの指摘（潮見幹事）がなされた（**[第9回会議事録]** 34－36頁）。

　b 中間的な論点整理　「当事者が第三者を交渉等に関与させ、当該第三者の行為によって交渉の相手方が損害を被ることがあるが、このような場合に交渉当事者が責任を負うための要件や効果は必ずしも明らかではない。そこで、これらの点を明らかにするため、新たに規定を設けるかどうかについて、その規定内容を含めて更に検討してはどうか。

規定内容について、例えば、被用者その他の補助者、代理人、媒介者、共同して交渉した者など、交渉当事者が契約の交渉や締結に関与させた第三者が、契約前に課せられる前記1又は2の信義則上の義務に違反する行為を行った場合に、交渉当事者が損害賠償責任を負うとの考え方があるが、これに対しては、交渉当事者がコントロールすることのできない第三者の行為についてまで責任を負うことにならないかとの懸念も示されている。そこで、交渉当事者の属性、第三者との関係、関与の在り方などにも配慮した上で、上記の考え方の当否について、更に検討してはどうか。」（商事法務・中間的な論点整理の補足説明 198 頁）

II 検討

1 総論

「契約交渉段階」に関して現行法に固有の規定はないところ、中間的な論点整理では、「第 22 契約に関する基本原則等」、「第 23 契約交渉段階」、「第 24 申込みと承諾」について定めている。後述するように、契約交渉の不当破棄に関する責任の問題は、契約成立や申込みの撤回の問題と連続的な繋がりがあるにもかかわらず、規定の位置は全て別立てとなっている。また、「第 24 申込みと承諾」に関する規定は、主としていわゆる「申込承諾型」の契約を想定したものであるのに対し、「第 22 契約に関する基本原則等」では、いわゆる「練り上げ型」の契約をも含めた一般的な形での契約成立に関するルールの構築が志向されている。分かりやすい民法を目指すのであれば、そもそも契約に関する「基本原則」、「交渉過程」「申込みと承諾」の問題についての相互関係を明らかにする必要があると思われる。

2 契約交渉の不当破棄

(1) 隣接領域の明確化の必要性

契約交渉の不当破棄に関する責任については、明文化するかどうかは別としても、一定の場合にこれを認めるべきという結論自体には異論はないものと思われる。問題は、審議会でも議論されたように、そのための適切かつ明

確な要件を定立することができるのか、損害賠償の範囲はどうあるべきか等、具体的な規定内容にあるとも言える。

しかし、明文化の是非や具体的な規定内容を検討する前提として、契約交渉の不当破棄責任として論じられるものについて、どこまでが既存の法制度で対応可能であり、どこからが対応できずに法の空白地帯となっているのかを明らかにすべきではないだろうか。たとえば、①契約成立時期の問題。契約の成立時期は、いつまでが契約交渉段階の問題として扱われるのかという問題と表裏であるため、契約交渉の不当破棄についての責任を論じる前提として明らかにしておく必要がある。現行法では、申込みと承諾が合致したときに契約が成立すると解されているが、それだけでは契約成立時期を明らかにするには不十分である（いわゆる練り上げ型の契約の成立時期の問題、未定条項を含む契約の成立をどのように考えるか等）。今回の改正作業においては、契約成立に関する一般規定を設けることの是非についても検討対象とされているところ、その検討に際しては、交渉破棄との関係も意識する必要があろう。

また、②申込みの撤回との関係についても注意が必要である。まだ申込みに至らない段階での交渉破棄と、申込み段階での破棄（申込みの撤回）とはどのような関係にあるのか。中間的な論点整理では、承諾期間の定めのある申込み及び承諾期間の定めのない隔地者に対する申込みについて、申込者がその撤回権を留保できる旨の規定を新設することが提案されているが（商事法務・中間的な論点整理の補足説明204頁以下）、その場合には、契約交渉不当破棄の責任は生じないのか[7]。そうだとすると、申込みに至らない段階の交渉破棄の方が責任が重くなる可能性があるが、それでよいのか。また、そもそもいつから申込みになるのかという問題もある。

さらに、③本来の予約との関係はどのようなものか。契約成立前に交わされた合意が本来の予約（双務予約）と認められるのであれば、その場合の交渉破棄は、予約不履行の問題となるはずである。今回の改正では、本来の予約についての明文化は検討されていないようであるが、交渉段階における当事者の合意が本来の予約にあたるのはどのような場合で、その効果はいかな

---

[7] 審議会においても、撤回権など留保すると契約交渉の不当破棄になる可能性が減るのではないかとの懸念が示された（**[第9回会議議事録]** **47頁**における能見善久委員の発言）。

るものか。これと交渉不当破棄の責任との関係についても検討する必要がある。

最後に、契約交渉不当破棄の責任の法的性質とも関係するが、④不法行為責任との関係も問題である。締約意思がないのに漫然と交渉を継続する場合には、契約自由の原則の埒外として違法性を認め、不法行為責任を問うことも可能なはずである。重複して規定するというのなら、不法行為との関係、棲み分けを明確にすべきであろう。

このように、契約交渉の不当破棄に関する責任を正しく把握するためには、まず何よりもこれに隣接する法制度の適用領域を明確にすべきである。これが明らかにされていない現状下において、交渉破棄の責任を立法化することには反対である[8]。

(2) 責任の法的性質

法制審議会では、責任の法的性質は解釈に委ねることを前提に、規律を設けるべきという考え方（「基本方針」がこの立場である）が紹介され、審議においても目立った議論は交わされていない。たしかに、判例においても、交渉破棄の責任の性質論により具体的な要件・効果論に違いが生じているわけではないので、その性質論に拘泥する必要はないのかもしれない。しかし、責任を立法化をするのであれば、やはり他の制度との関係でその性質を明らかにしておく必要があると考える（性質論を明文化するか否かは別問題）。契約に関する規定（損害賠償の範囲等）の見直しが法定債権に及ぼす影響についての検討も予定されていることから（商事法務・中間的な論点整理の補足説明491頁以下）、責任の性質論が効果論に影響を及ぼす可能性も否定できない[9]。

(3) 要件論

審議会の審議においては、立法化に消極的な意見も含めて、全体的に「結局は要件論次第」という論調がみてとれる。私見は、現時点での立法化には反対であるが、仮に立法化する場合には、交渉を破棄したことのみをもって責任を問われることがないようにすべきはもちろんのこと、一般不法行為等

---

[8] 詳細は、有賀恵美子「契約交渉破棄の責任―その関連条文の明確化の必要性―」円谷峻編『社会の変容と民法典』293頁以下（成文堂、2010年）。
[9] 柳沢知樹「損害賠償範囲の明確化が肝要 契約交渉破棄責任と債権法改正」ビジネス法務2009年2月号26頁参照。

の他の制度との棲み分けにも配慮すべきと考える。この領域が生成途上で流動的であることに鑑みて（たとえば、多数当事者が関与する交渉破棄事例）、あえて抽象的で概括的な要件を設けるにとどめた方が相応しいとの指摘もあるように[10]、具体的かつ限定的な形で要件を設けることについては消極に考える。

(4) 効果論

申込みの撤回や本来の予約との関係を度外視するかぎり、交渉の不当破棄の責任の内容は、損害賠償ということになろう。「基本方針」が、「契約の成立を信頼したことにより被った損害」の賠償とし、損害賠償の範囲の定めるにあたり、「信頼利益」、「履行利益」という語を用いていないことは、これらに付与される意味が論者により異なっている現状からすると正当と考えられる。ただし、立法化するのであれば、機会喪失利益の取り扱いについても明らかにしておく必要がある。

もっとも、そもそも現状での立法化自体に疑問がある上に、交渉破棄に対する損害賠償責任の範囲を明文化すると、その損害賠償額よりも交渉破棄により得られる利益が上回るのであれば、その道義的な是非は別として、契約交渉を破棄するという機会主義的行動が助長されることが考えられる。そして、そのような中で損害賠償額の範囲が不明確であれば、賠償リスクを回避するための予防法務的な費用がかさむという事態も予想されるとの指摘がある[11]。何のための立法化なのかを再度問い直す必要があろう。

3　契約締結過程における説明義務・情報提供義務

(1) 原則論の確認

契約交渉の不当破棄についての責任に関しては、原則として交渉破棄は自由であることを確認する旨の明文規定を設ける方向で検討が進められている。すなわち、中間試案は、①契約を締結するかしないかの自由、②契約の相手方を選択する自由、③契約の内容決定の自由、④契約の方式の自由について、これを契約自由の原則として明文化することを提案している（商事法

---

10) 池田清治「契約締結上の過失の規定をどう考えるか」椿ほか・民法改正を考える 212 頁。
11) 柳沢・前掲注 9) 26 頁。

務・中間的な論点整理の補足説明187頁)。仮にこのような規定が明文化された場合、交渉破棄が原則として自由であることは、①の範疇の問題として明らかにされたとみることができる。

　一方、契約締結過程における説明義務・情報提供義務に関しても、一般的には情報格差がないことを前提とするかぎり、契約当事者は自らの判断と責任において取引を行うのが原則のはずである。ところが、審議会でも中間的な論点整理においても、この原則論の確認については触れられるところがない。原則論がどこにあるかは、その義務や責任の広狭に影響する重要問題であるから、これらの義務を明文化する場合には、契約交渉の不当破棄の場合と同様に、原則論も明文化すべきと考える。

(2) 責任の法的性質

　ここでも、契約交渉の不当破棄の場合と同様に、責任の性質は明らかにされていない。しかし、説明義務・情報提供義務の問題についても、詐欺、錯誤、不実表示、債務不履行、担保責任、不法行為等の隣接領域との関係が問題となるのだから、これらの義務を明文化する以上は、その法的性質論についても明らかにする必要があると考える(性質論を明文化するか否かは別問題)。また、これらの義務が認められる根拠(専門家責任、情報の偏在等)についても、明文化するかどうかは別として、立法段階で明らかにしておくべきと考える。

(3) 要件論

　審議会での議論を見て明らかなとおり、契約締結過程における説明義務・情報提供義務を立法化するか否かについても、結局は要件論に負うところが大きい。仮に立法化するとして、説明義務・情報提供義務を負う対象事項を一定の範囲に限定すべきことは共通認識と思われる。かといって、宅建業法のような具体的列挙も現実的ではない。

　判例は、信義則上の説明義務違反に基づく責任を認めてはいるが、そこでの説明義務の内容について一般的な基準を設けているわけではなく、取引類型(金融取引、不動産取引、フランチャイズ契約など)や、金融取引の場合は顧客の属性を考慮した上で、具体的にその義務内容を決している[12]。このような状況に鑑みると、説明義務・情報提供義務が課される対象について、「当該

契約を締結するか否かの判断に影響を及ぼす事項」という抽象的な限定を設けることにさほどの意味があるとは考えられない。中間的な論点整理では、説明義務の存否の判断に当たって考慮すべき事項として、契約の内容・性質、当事者の地位・属性・専門性の有無、交渉経緯、問題となっている情報の重要性・周知性、情報の偏在の有無、当事者間の信認関係の有無などが挙げられている（商事法務・中間的な論点整理の補足説明 198 頁）ところ、結局はこのような事項を考慮しながら、具体的な説明義務の内容についても決していくほかないと思われる。

(4) 効果論

詐欺取消や錯誤無効など、他の隣接する制度で認められる効果は別として、ここでの説明義務・情報提供義務違反に基づく固有の責任内容としては、損害賠償が考えられているようである。ここでも、契約交渉の不当破棄の場合と同様に、一概に信頼利益、履行利益といった基準を設けることは不適切である。また、説明義務違反の場合には、たとえば環境瑕疵に関する場合のように、その損害賠償額の算定が特に困難なケースもある。さらに、慰謝料請求の可否についても検討の余地があろう[13]。

また、認めるかどうかは別として、契約解除の可否（大阪高判平成 11 年 9 月 17 日判タ 1051 号 286 頁は肯定[14]）についての検討も必要なのではないか。

(5) 誤解是正義務・助言義務

説明義務と区別すべき問題として、誤解是正義務及び助言義務がある。誤解是正義務については、融資一体型変額保険について積極的に勧誘行為を行

---

12) 中田裕康・山本和彦・塩谷國昭編『説明義務・情報提供義務をめぐる判例と理論』判タ臨時増刊 1178 号（2005 年）、有賀恵美子「契約締結上の過失」能見善久＝加藤新太郎編『論点体系判例民法 5 契約 I』23 頁以下（第一法規、2009 年）参照。
13) 環境瑕疵の場合において、その損害賠償額の算定は困難な問題であるが、手付金相当額、目的物件の交換価値の減少分を損害とする判例があるほか、最判平成 16 年 11 月 18 日民集 58 巻 8 号 2225 頁は、公団住宅の値下げ販売の事案で、既購入者の慰謝料請求を肯定している。以上に対し、最判平成 15 年 12 月 9 日判タ 1143 号 243 頁は火災保険契約の締結にあたり、保険会社が地震保険の内容等に関する情報提供・説明に不十分・不適切な点があったことを理由とする慰謝料請求を否定している。
14) 大阪高判平成 11 年 9 月 17 日判タ 1051 号 286 頁は、建築前のマンション販売において、売主による事前の説明と完成マンションの状況とが一致せず、そのような状況があったとすれば、買主が契約を締結しなかったと求められる場合には、買主はマンション売買契約を解除することができるとする。

った銀行に認められており（大阪地判平成12年12月22日金法1604号37頁）、助言義務はワラント取引で認められている（広島高判平成9年6月12日判タ971号170頁など）。投資家は自らの判断と責任において取引を行うのが原則であるにもかかわらずこのような義務が認められていることの意味や、説明義務との関係についても検討が必要である。

4　契約交渉等に関与させた第三者の行為による交渉当事者の責任

　ここでの固有の問題として、審議会でも指摘されたように、そもそも「契約交渉当事者」、「第三者」の意義を明らかにする必要がある。しかし、これらの問題は、「契約交渉の不当破棄」及び「契約締結過程における説明義務・情報提供義務」違反の責任の性質とその範囲の問題に負うところが大きいため、ここで俄に決することはできない。

　なお、審議会の提案では、「第三者」の個人責任との関係については検討されていない。この点に関連して、融資をする金融機関は、その資金の使途に関する不動産契約についての説明義務を負わないのが原則であるところ、「特段の事情」があればこれを認める判例も存在する（最判平成15年11月7日判タ1140号82頁は「特段の事情」の存在を否定、最判平成18年6月12日判タ1218号215頁は肯定）。その場合には、今回の改正提案で認められる責任との関係も問題となり得るため、やはり個人責任との関係についての検討も避けられないであろう。

［有賀恵美子］

第3 申込みと承諾

1 総論

I 法制審議会提案

1 提案内容

本稿では、法制審議会民法(債権関係)部会第9回会議(2010年5月18日開催)において審議の対象とされた申込み及び承諾に関する検討事項のうち「申込み及び承諾の概念」ならびに「対話者間における申込み」について検討する[1]。

(1) 申込み及び承諾の概念

「現行民法には、申込みや承諾の定義規定はなく、これらの概念の意義は解釈にゆだねられているところ、契約の申込みや承諾に関する一連の規定を設ける前提として、申込み及び承諾の意義を条文上明確にすべきという考えがあるが、どのように考えるか[2]。」

関連論点として、申込みの推定規定の要否があり[3]、「相手方による応諾があった時点で、それを受け入れるかどうかの選択の余地を認めることが不当であると考えられるような一定の事例(例えば、店頭における商品の陳列と代金の表示、商品目録の送付等による不特定の者に対する申入れの場合等)を抽出することにより、申込みと推定される場合についての規定を設けるべきであるという考え方があるが、どのように考えるか[4]。」という検討事項が挙げられて

---
[1] 本稿で取り上げていない検討事項については、民事法研究会・検討事項〈詳細版〉278頁([**部会資料11-2**]**20頁**)以下参照。
[2] 民事法研究会・検討事項〈詳細版〉278頁([**部会資料11-2**]**21頁**)。
[3] このほか、交叉申込みも関連論点として挙げられているが、法制審議会においては特に議論の対象となっていない 民事法研究会・検討事項〈詳細版〉279頁([**部会資料11-2**]**23頁**)。
[4] 民事法研究会・検討事項〈詳細版〉279頁([**部会資料11-2**]**23頁**)。

いる。

(2) 対話者間における申込み

「通信手段等の高度な発達によって対話者間の契約に関する規定の重要性が増しているとの指摘があるところ、例えば、対話者間における承諾期間の定めのない申込みの効力については、商人間の特則として、直ちに承諾しなかったときは効力を失うとする規定（商法第507条）が設けられているのに対し、現行民法にはこれに相当する規定が存在しない。

そこで、このような商法の規定も参照しつつ、対話者間における申込みの効力等の規律を明確化すべきであるという考え方があるが、どのように考えるか[5]。」

2 提案前の議論

(1) 契約の成立要件

契約は意思表示の合致によって成立するものであるが、現行民法にはこの点についての明文の規定はない。もっとも、伝統的に契約は申込みと承諾の意思表示の合致によって成立するとされており[6]、現行民法にもこれを前提として申込みと承諾に関する諸規定が置かれている。

こうして、一方による申込みと他方による承諾が契約成立のモデルとされているが、現実の契約では交渉を経た上で契約が成立することが多く、このような場合に申込みと承諾を区別する必要性が乏しいことも指摘されている[7]。こうして、申込みと承諾に解消し得ない形での契約成立の態様を前提とすると、契約の成立要件に関する一般的な規定を置くことが考えられることとなる。

この点について、民法改正研究会による改正提案は、「契約の交渉と成立」と題する款の中で契約の成立について以下の規定を置いている[8]。

---

5) 民事法研究会・検討事項〈詳細版〉288頁（**[部会資料11-2] 39頁**）。
6) 我妻榮『債権各論　上巻』56頁（岩波書店、1954年）など、近時の体系書においても申込みと承諾による契約の成立を基本原則と位置付けるものが多い。たとえば、加藤雅信『契約法』29頁（有斐閣、2007年）など。
7) 山本敬三『民法講義Ⅳ−1契約』26頁（有斐閣、2005年）。
8) 民法改正研究会・国民・法曹・学界有志案190頁。

民法改正研究会案460条①：契約は、申込みの意思表示と承諾の意思表示の合致によって成立する。この場合において、契約は、承諾の意思表示が申込者に到達した時に成立する。

同研究会の案では、この規定に続き交渉による契約の成立に関する諸規定を置いているが、契約成立に関する規定は、申込みと承諾の合致を原則としている。

これに対して、民法（債権法）改正検討委員会による「債権法改正の基本方針」（以下、「基本方針」）では、契約成立の基本原則として、「契約を成立させる合意」についての規定を提案する[9]。

【3.1.1.07】（契約を成立させる合意）
〈1〉 契約は、当事者の意思およびその契約の性質に照らして定められるべき事項について合意がなされることにより成立する。
〈2〉 前項の規定にもかかわらず、当事者の意思により、契約を成立させる合意が別途必要とされる場合、契約はその合意がされたときに成立する。

「基本方針」においては、契約が申込みと承諾によって成立することを明言する提案はなく、【3.1.1.07】で合意によって契約が成立することを定めるのみとなっている。【3.1.1.07】の提案要旨では、申込みと承諾によらない契約の成立態様の存在を前提に、申込みと承諾に関する規定とは別個に、契約成立の規定を置くことが適切であるとしている。この点は、法制審議会においても「申込みと承諾」に先行する「契約に関する基本原則等」の中で検討事項として、「契約の成立に関する一般的な規定を置くべきであるという考え方について、どのように考えるか。」[10] という問題点が示されている。

---

9) 詳解・基本方針Ⅱ 28頁以下。
10) 民事法研究会・検討事項〈詳細版〉267-288（**[部会資料11-2] 4頁**）。

(2) 申込みおよび承諾の概念

現行民法には申込みおよび承諾についての定義規定はなく、これらの定義については学説に委ねられていた。一般に申込みとは承諾があれば契約を成立させる意思表示であるとされ、承諾があれば直ちに契約が成立することから申込みと申込みの誘引の区別が問題となる。両者の区別については、意思表示の内容およびその相手方の特定の度合いなどを基準として決せられるとされている[11]。

この点、「基本方針」は、申込みと申込みの誘引との区別が実際上問題となり、両者の区別が一般市民には必ずしも明らかでないことを理由に、申込みの定義規定を置く必要があるとして、以下の提案をする[12]。

【3.1.1.12】（申込み）
〈1〉 申込みは、その承諾により契約を成立させる意思表示である。
〈2〉 申込みは、それにより契約の内容を確定しえないときは、その効力を生じない。

また、申込みの推定規定として、事業者による不特定の者に対する契約内容の提示に関する規定を提案する[13]。

【3.1.1.18】（事業者による不特定の者に対する契約内容の提示）
事業者がその事業の範囲内で、不特定の者に対し契約の内容となるべき事項を提示した場合、提示された事項によって契約内容を確定しうるときは、その提示は申込みと推定する。

他方、承諾については以下のように定義する。ここで承諾を定義する意味は、交叉申込みによる契約の成立を否定する点にあるとしている[14]。

---

11) 我妻・前掲注6) 57頁など。
12) 詳解・基本方針Ⅱ 51頁以下。
13) 詳解・基本方針Ⅱ 65頁以下。
14) 詳解・基本方針Ⅱ 71頁以下。

【3.1.1.21】（承諾）
承諾は、申込みに同意して、契約を成立させる意思表示である。

「基本方針」では申込み及び承諾の定義に関して、諸外国における立法例を参照している[15]。法制審議会の検討事項では、「基本方針」の提案は示されていないものの、「基本方針」の提案要旨中に立法例が挙げられており、法制審議会における検討事項は「基本方針」の問題意識が反映されている。

(3) 対話者間における契約の成立

現行民法は隔地者間における契約の成立の場面について規定を置いており、意思表示の発信から到達までに時間的間隔があることが前提となっている。これに対して、時間的間隔のない対話者間における契約成立について、民法は規定を置いていない。

学説では、対話者間においても申込みと承諾の意思表示を観念した上で、申込みの効力について隔地者間とは異なる扱いをするのが一般的である。すなわち、対話者間における申込みは対話の終了によって効力が消滅し、対話終了まではいつでも撤回することができるというものである[16]。民法改正の議論においてもこうした理解を明文化する方向での条文提案がされており、「基本方針」の提案は以下の通りである[17]。

【3.1.1.17】（対話者間における申込みの撤回・失効）
〈1〉 対話者の間において、契約の申込みを受けた者が対話の終了までに承諾をしなかったときは、その申込みは、その効力を失う。ただし、申込者が反対の意思表示をしたときは、この限りでない。

〈2〉 対話者間でなされた申込みは、対話が終了するまで、いつでも撤回することができる。

「基本方針」は、申込みに関する提案において「隔地者」という文言は用

---

15) 詳解・基本方針Ⅱ 52 頁および 72 頁。
16) 我妻・前掲注 6) 60 頁など。
17) 詳解・基本方針Ⅱ 63 頁以下。

いていないが、上記提案中のように「対話者」に関する規定を置いている。もっとも、「対話者」の定義を明文では設けず、この点は解釈に委ねるとしている。

3 法制審議会の議論状況

(1) 総論

　法制審議会第9回会議においては、主に申込みと承諾についての規定を置く理論的な意味についての議論がなされている（部会資料集第1集〈第2巻〉179頁以下）。検討事項としては、承諾期間の定めのない申込みの効力なども準備されていたが、こうした各論的な点についての議論はされていない。

　会議では、契約は合意によって成立するという一般原則と申込みと承諾による契約成立に関する規定の関係や、申込みと承諾によらないで契約が成立するいわゆる「練り上げ型」の契約成立態様との関係が論じられている。

　議論の中での興味深い意見として、まず、契約の成立について、練り上げ型も含めすべて申込みと承諾による意思表示の合致によって成立するという理解を示して、申込みと承諾に関する規定は、意思表示一般の問題に位置づけるべきであるとの指摘がある（道垣内幹事）。また、契約成立の態様に、従来「隔地者間」と呼ばれていた申込みと承諾との間に時間的ギャップがある場合と、「何度も交渉して、だんだん話が詰まっていくというタイプ」の契約締結プロセスがあって、民法の規定の対象の整理の必要を述べるものがみられる（能見委員）。

(2) 申込みの推定規定への懸念

　申込みの概念に関して、商取引実務においては、なるべく申込みと推定しないような仕組みが望ましいという意見が出されている（奈須野関係官）。ここでは、商品目録等に掲載した商品が在庫切れであった場合に、商品目録の送付を申込みではなく申込みの誘引として処理するほうが実務的には有益であるという。この点について、取引実務界から申込みの推定規定を設けることが実務に混乱を招くおそれもあるとの懸念が示されている点が指摘されている（大島委員、藤本関係官）。

(3) 隔地者概念

議論の中で、「隔地者」の意味を整理すべきであるという意見がみられる。たとえば、通信手段を用いる場合とそれ以外の区別を設けるべきであるとの主張がなされている（能見委員）。一方で、現代の取引においては発信と到達との間に時間的ギャップがそれほどないため、隔地者概念ないしこれを前提とする申込みと承諾に関する議論の必要性に対する疑問も呈されている（中井委員）。他方、申込みと承諾という契約の成立の仕方についての基本的な考え方を示すことへの意義を認める意見もある（中田委員）。

(4) その後の議論

第22回会議（2011年1月25日）での「民法（債権関係）の改正に関する中間的な論点整理（以下、中間的な論点整理）に向けた議論の中でも、上述の議論が確認されており、特に新たな論点は加えられていない[18]。

II 検 討

1 申込みと承諾概念の意義

(1) 契約成立モデルとしての申込みと承諾

伝統的に契約は相対立する意思表示の合致によって成立するものとされ、契約を成立させる意思表示は申込みと承諾に分解される。申込みと承諾によらない契約の成立の態様として従来から論じられていたのは、交叉申込みや意思実現による契約成立を認めるかという問題であった。

これに対して、現実の取引においては、必ずしも申込みと承諾によらない契約の成立がありうることが指摘されている。すなわち、「交渉型」あるいは「練り上げ型」と称される契約の成立態様であり、契約締結に先立つ当事者による交渉が行われた上で契約の成立がなされるものである[19]。このような契約成立の態様においては、申込みと承諾の意思表示を区別することは容易ではなく、そもそもかかる類型を申込みと承諾モデルで説明することは無

---

[18] 商事法務・中間的な論点整理の補足説明200頁以下
[19] 従来の議論状況も含めて、池田清治『契約交渉の破棄とその責任』195頁以下。（有斐閣、1997年）。

意味であるともされる[20]。

こうして、今日では申込みと承諾による契約の成立態様は、契約の成立の一つの例にすぎないことは共通の理解になっており、民法改正の提案においてもこうした理解に基づいて契約の成立に関する規定が提案されているのはすでに示した通りである。

(2) 比較法的検討

契約の成立を申込みと承諾に分解する考え方は、意思表示概念を生んだドイツ法に典型的に見られる。ドイツ民法は、申込みと承諾に関する一連の規定を有しており、法制審議会でも比較法として参照されている。

これに対して、フランス民法典では、契約の成立に関する規定の中で申込みと承諾を明確に区別していない。フランス民法1108条では、契約が合意によって成立することを前提としており、申込みと承諾という二つの意思表示に分解はしない。もっとも、フランスの判例および学説は、契約の成立の問題を申込みと承諾の概念を用いて分析しており、近時のフランス民法改正案においては、条文提案として申込みおよび承諾に関する規定を置くことを提案するものがある[21]。

このように契約の成立を申込みと承諾に分解して論じるのは比較法的にも一般的である。法制審議会の資料でも示されているように、近時のヨーロッパの統一法などにおいてもこれらの規定は存在している。ただし、これらの立法は申込みと承諾による契約の成立は契約成立の一態様であり、他の契約成立のモデルがあることを前提としている[22]。

(3) 申込みと承諾モデルへの疑問

以上のように、契約の成立を申込みと承諾の意思表示に分解する見解は一般的なものといえるが、他方で、現実の取引にこのような考え方がどこまで適合的かという点については疑問も呈されている。

---

20) 平井宜雄『債権各論Ⅰ上契約総論』166頁（弘文堂、2008年）。
21) Pierre Catala, Avant-projet de réforme du droit des obligations et de la prescription, pp.82 et 83, La documentation Française, Paris 2006.
22) PECL、DCFRなどにこのような規定がみられる。PECL2：211条「（申込みと承諾による契約の成立に関する節）の規定は、契約を締結する過程を申込みと承諾とに分けることができない場合にも、適切な補正を加えた上で準用される。」同条の提案要旨においても、契約の成立態様が申込みと承諾によらない場合があることが述べられている。

すなわち、現実の取引（それも重要な取引の多く）が、契約が成立前の交渉を経て成立するものであり、契約の成立を申込みと承諾とに分解して説明することが困難ないし無意味であることについては上述の通りである。さらに、申込みと承諾による契約成立モデルにおいては、二つの意思表示が合致する、いわゆるミラーイメージルール（鏡像理論）を前提としているが、交渉を経て契約が成立する場面では、ミラーイメージルールを貫徹することができないという問題点も指摘されている[23]。ここから、「基本方針」にみられるように、契約の成立については、本質的あるいは重要な部分についての合意があれば認めるという見解が有力に主張され、申込みと承諾による契約成立に関する規律の意味が問われることになるのである。

そこで、民法改正にあたり、申込みと承諾に関する規律は不要なのか、という問題が生じるが、比較法的にもこれらの規定を置くのは一般的である。では、申込みと承諾概念にはどのような意義があるのであろうか。

(4) 申込み・承諾モデルの有用性

契約の成立を申込みと承諾に分解する法技術は、自然法理論に起源を有するとされており[24]、申込みという意思表示をとりだし、それに一定の意味を与える点に契約成立を申込みと承諾とで説明する意義があると考えられる。この点に関連して、申込みの意思表示を単独行為ととらえる見解が存在するが[25]、一定の説得力を持つように思われる。こうした見解を前提とすると、法制審議会の議論において指摘されるように、民法の申込みと承諾に関する規定が、「申込みを受けた側が優遇されている」（能見委員発言）ことも十分に理解可能である。

そこで、民法改正にあたっては申込みと承諾によるモデルを契約成立の一態様として、交渉による契約成立モデルと区別することで、申込みの意思表示に積極的な意義を付与することも考えられるのではないだろうか。法制審議会の議論をさらに発展させる意味でも、どのような場面で申込みと承諾に

---

23) 平井・前掲注20) 145-146頁。
24) この点については、筏津安恕『私法理論のパラダイム転換と契約理論の再編』67頁以下（昭和堂、2001年）、滝沢昌彦『契約成立プロセスの研究』1頁以下（有斐閣、2003年）。
25) 滝沢・前掲注24) 59頁以下。

関する規律が妥当するのかを精査する必要があろう。この点に関しては、申込みと承諾に関する規定と密接に関係する「隔地者」の概念についても再考の余地があろう。

2　隔地者概念

(1) 隔地者概念に関する議論

　現行民法では、申込みと承諾に関するルールさらには意思表示に関するルールにおいては、隔地者間における意思表示について規定されている。ところが、隔地者とは何か、といえば、十分な説明がされているとは言い難い。この点は法制審議会における議論でも指摘されているところであり、「隔地者」という用語が適切かどうかについても議論の必要があると思われる。

　現行民法の制定における法典調査会の議論では、書面の形式の意思表示が郵送される場面を前提として議論がなされていた。しかし、電話・広告等の書面以外の通知方法による意思表示や対話者間における意思表示の場合も問題とされていないことから、隔地者と対話者といった概念の具体性を欠く結果になったことが指摘されている[26]。申込みと承諾による契約の成立の場面で想定されている隔地者とはどのような場面なのか、これをあらためて整理する必要がある[27]。

(2) 現代的「隔地者」論の必要性

　たしかに通信手段の発達した現代において、意思表示の発信から到達までに時間的ギャップが起こることは現実的ではない。しかし、現代においても、たとえば電子メールを利用したやり取りにおいて、文字化けなど意思表示が変形するリスクが想定され、この意味で発信と到達との間に何らかのギャップが生まれる可能性が存在する。意思表示を申込みと承諾の概念に分解する意義は契約不成立の場合のリスク配分にある以上、現代的取引において生じうるリスクを適切に分配できる制度が望ましい。

　この点、申込みの意思表示に一定の拘束力を持たせることを前提とする申

---

[26]　内池慶四郎「承諾の効力と契約成立時期の問題」法学研究 80 巻 1 号（2007 年）9 頁。
[27]　この点、筏津・前掲 24) 68 頁以下において契約成立の態様を①交渉型か初対面型か、②共同方式か対向方式か、という区別からの分類が参考になる。

込みと承諾モデルでは、申込みの意思表示にあたり合理的な判断がなしうる当事者が予定されていると考えるべきではないだろうか。したがって、消費者取引において消費者が申込者になる場合には、消費者に過度なリスクを負担させるのは適切ではなく、申込みと承諾モデルの適用を制限することが望ましいと思われる。かかる方向性の一つとしては、関連論点にあげられている申込みの推定規定を置くことが考えられる。「基本方針」等にみられるように事業者による広告等を、申込みと推定することは申込者＝事業者と承諾者＝消費者との間のリスク分配を考える上では妥当であろう。法制審議会の議論においては、実務界からこのような規定を置くことへの懸念もみられるが、申込みと評価されたことによって、直ちにそのすべてについて履行責任を負うとまで考える必要はなく、当該意思表示がなされた状況から申込者が負うべき履行義務の範囲を考えることも可能である。すなわち、一種の主観的履行不能を認めることで、事業者に過度な負担とならないような調整を行うことも可能であろう。

3　結びにかえて

　以上のように、申込み・承諾モデルの前提となる思想やリスク分配についてはさらに検討する余地があると思われる。申込みの意思表示に関しては、その撤回可能性が問題とされるが、申込みの撤回の問題と契約締結過程の責任との関係を整理する必要がある。申込み承諾モデルの積極的意義をどこまで強調するかはともかくとしても、契約成立の場面におけるリスク分配については慎重に検討すべきであり、とりわけ、対等な当事者間と非対等な当事者間の区別を意識した議論が望ましい[28]。

［加藤雅之］

---

[28]　北居功「法典論からみた民法改正」椿ほか・民法改正を考える42頁。

2 承諾期間の定めのある申込み

Ⅰ 法制審議会提案

1 提案内容

(1) 承諾の期間の定めのある申込み

(a) 申込者が申込みを撤回する権利を留保した場合

「承諾期間の定めのある申込みは、承諾期間の経過までは撤回することができず（申込みの拘束力。民法第521条第1項）、承諾期間が経過したときは申込みの効力が失われるとされているから（同条第2項）、承諾期間の定めのある申込みについては、その撤回の可否という問題が生じないようにも思われる。しかし、契約の申込みの際に申込者がこれを撤回する権利を留保していた場合には、学説上、申込みの拘束力は及ばず、申込者は申込みを撤回することができると解されている。」「そこで、承諾期間の定めのある申込みであっても、申込者が申込みを撤回する権利を留保した場合には、申込みの拘束力が及ばないことを条文上明確にすべきであるという考え方が提示されているが、どのように考えるか。」[1]。

(b) 承諾期間内に到達すべき承諾の通知の延着

「承諾期間内に承諾が到達しなければ、申込みは効力を失うとされているので（民法第521条第2項）、承諾期間の経過後に承諾が到達しても、契約は成立しないのが原則である。しかし、延着した承諾が通常の場合にはその期間内に到達すべき時に発送したものであったときについて、民法第522条は、申込者がその旨を知ることができるときに、延着通知の義務を負わせ（同条第1項）、これを怠ったときは承諾が延着しなかったものとみなすとして（同条第2項）、被申込者の信頼を保護しようとしている。しかし、この規定に対しては、承諾の効力の発生時期について、発信主義を改めて到達主義を採用

---

[1] 民事法研究会・検討事項〈詳細版〉281頁（[**部会資料11-2**] 26-27頁）。

すべきであるとする立場を前提に（略）、承諾が延着した場合について特別の規定を設ける必要はない（その規定を削除すべきである）という考え方が提示されている。他方で、同様に到達主義を採用すべきであるという立場を採った上で、なお民法第522条の規定を維持し、その延着通知を怠ったときには承諾期間の満了時に契約が成立したものとみなすこととすべきであるという考え方も提示されている。」「このように民法第522条の規定を削除又は維持すべきであるという考え方について、どのように考えるか。」[2]。

(c) 遅延した承諾の効力

「承諾期間内に承諾が到達しなければ申込みは効力を失い（民法第521条第2項）、承諾期間の経過後に承諾が到達しても契約は成立しないのが原則であるが、申込者は、遅延した承諾を新たな申込みとみなすことができるとされているので（同法第523条）、これに対して改めて承諾をすることにより、契約を成立させることができる。しかし、このような場合には、申込者が、遅滞なく承諾者に通知することにより、遅延した承諾を、新たな申込みではなく、有効な承諾と扱うことができるものとすべきであるという考え方がある。」「このような考え方について、どのように考えるか。」[3]。

(2) 提案の要旨

(a) 法制審議会民法（債権関係）部会は、「申込者が申込みを撤回する権利を留保した場合」の提案趣旨について、次のように説明する。

「民法第521条第1項は、承諾期間の定めのある契約の申込みは撤回することができない（申込みの拘束力）と定めているが、その趣旨は、契約の申込みを受けた者（被申込者）は、調査その他の準備を始めてしまうのが通常であるから、申込みによって与えられる契約締結の可能性についての被申込者の信頼を保護し、不測の損害を与えないようにすることにある。そのため、申込者がいつでもこれを撤回することができる権利を留保した場合において、その留保が申込みの到達前又は申込みと同時に、相手方に到達するようにされたときは、被申込者の信頼を保護する必要がなくなるので、同項は適用されないと解されている。」「そこで、承諾期間の定めのある申込みであっ

---

2) 民事法研究会・検討事項〈詳細版〉283頁（**部会資料11-2**） **30頁**）。
3) 民事法研究会・検討事項〈詳細版〉284頁（**部会資料11-2**） **32頁**）。

ても、申込者が申込みを撤回する権利を留保した場合には、申込みの拘束力が及ばないことを条文上明確にすべきであるという考え方が提示されているが、どのように考えるか。」[4]。

(b) 法制審議会民法（債権関係）部会は、「承諾期間内に到達すべき承諾の通知の延着」の提案趣旨について、次のように説明する。

「承諾期間内に承諾が到達しなければ、申込みは効力を失うとされているので（民法第521条第2項）、承諾期間の経過後に承諾が到達しても、契約は成立しないのが原則である。」「しかし、民法第522条は、延着した承諾が通常の場合にはその期間内に到達すべき時に発送したものであることを申込者が知ることができるときには、遅滞なく相手方に対して承諾が延着した旨を通知する義務を申込者に負わせ（同条第1項）、これを怠ったときは、承諾は延着しなかったものとみなすとしている（同条第2項）。これは、通常の場合には承諾期間内に到達するはずの時期に承諾の発送をした被申込者の信頼を保護しようとするものであり、延着通知を義務付けられる申込者の負担が、延着の通知を受けないため被申込者の被る損失に比べ、小さいとの利益衡量に基づいているとされる。」「これに対して、承諾の効力の発生時期について、現行法とは異なり到達主義を採用することを前提に（略）、承諾が延着した場合について特別の規定を設ける必要はないとする考え方もある。この考え方は、到達主義の下では、意思表示をした者がその意思表示の不到達及び到達遅延のリスクを負うのであり、そのような意思表示一般の場合と異なる特別の規定を設ける理由がないとする。」「他方で、承諾の効力の発生時期について、同様に到達主義を採用すべきであるという立場を採った上で、なお民法第522条の規定を維持すべきであるという見解もある。この見解は、さらに、延着通知を怠ったときには承諾期間の満了時に契約が成立したものとみなすべきであるという考え方も併せて提示している（参考資料2［研究会試案］・190頁）。」「このように民法第522条の規定を削除又は維持すべきであるという考え方について、どのように考えるか。」[5]。

(c) 法制審議会民法（債権関係）部会は、「延着した承諾の効力」の提案趣

---

[4] 民事法研究会・検討事項〈詳細版〉281頁（**部会資料11-2**］27頁）。
[5] 民事法研究会・検討事項〈詳細版〉283-284頁（**部会資料11-2**］31頁）。

旨について、次のように説明する。

「承諾期間内に承諾が到達しなかった場合には、申込みの効力が消滅するため（民法第521条第2項）、承諾期間の経過後に承諾が到達しても契約は成立しないのが原則である。しかし、この原則を貫くと、申込者か承諾者のいずれかの側から改めて申込みをし、相手方が承諾しなければ契約が成立しないことになるところ、承諾期間はもともと申込者の意思で設定されたものであるから、申込者が承諾期間の経過後もなお契約の成立を望むのであれば、簡易な方法でこれを実現して取引の迅速を図るのが、当事者双方にとって有益であると考えられる。このような趣旨から、民法第523条は、申込者が、遅延した承諾を新たな申込みとみなした上で、改めて承諾をすることにより、契約を成立させることができるようにしている。」「これに対し、申込者が、遅滞なく承諾者に通知することにより、遅延した承諾を、新たな申込みではなく、有効な承諾と扱うことができるものとすべきであるという考え方がある。この考え方は、上記のような民法第523条の趣旨からすると、遅延した承諾を新たな申込みとみなすのでは、改めて承諾をする必要がある点で迂遠であり、むしろ遅延した承諾を有効な承諾と扱うことにより、申込者による承諾を省いて簡明に契約を成立させるべきであるという考慮に基づくものとされている。」「このような考え方について、どのように考えるか。」[6]

2　提案前の議論

(1)　基本方針の提案

(a)　期間の定めのある申込みの撤回・失効

　民法（債権法）改正検討委員会は、同委員会による債権法改正の基本方針【3.1.1.13】（期間の定めのある申込みの撤回・失効）で次のように提案する[7]。

「〈1〉承諾の期間を定めてした契約の申込みは、その期間内に承諾されなかったときは、その効力を失う。

　〈2〉〈1〉の申込みは、撤回することができない。ただし、申込者が撤回

---

6)　民事法研究会・検討事項〈詳細版〉284-285頁（[部会資料11-2] 32-33頁）。
7)　詳解・基本方針Ⅱ 53頁。

する可能性を留保していたときは、この限りでない。」

　同委員会は、対話者間であっても、承諾期間を定めた申込みの場合は承諾期間の経過までに承諾すれば、契約は成立すると期待するのが通常であってかつ正当であることから、隔地者間と対話者間の申込みを区別する理由はないとし、隔地者間にのみ適用される準則と理解されている現行法521条を対話者間における申込みにも当てはまるものとして規定する[8]。また、申込者が撤回可能性を留保した場合の申込みの有効性について、同委員会は、当事者の意思を無視してまで撤回可能性を否定する必要はないことから、期間の定めのある申込みをする場合にも、申込者はその撤回可能性を留保できることを明文で明らかにすべきとする[9]。

(b)　承諾期間内に到達すべき承諾の通知の延着

　同委員会は、【3.1.1.14】(承諾期間内に到達すべき承諾の通知の延着)で現民法522条は削除することを提案する[10]。同委員会は、【3.1.1.22】(隔地者間の契約の成立時期)で承諾について到達主義を採用することから、承諾が遅延した場合はそもそも効力を生ぜず、意思表示をした者が不到達および到達遅延のリスクを負うのは意思表示一般の場合と異なることはないことから、承諾について特別の規定を設ける理由はないとする[11]。

(c)　遅延した承諾の効力

　同委員会は、【3.1.1.15】(遅延した承諾の効力)で「遅延した承諾は、申込者が、これを承諾と扱う旨遅滞なく承諾者に通知したときは、承諾としての効力を有する。この場合、申込みの効力は失われなかったものとみなす。」ことを提案する[12]。現民法523条は、延着した承諾を新たな申込みとみなすことで新たな申込みを要せずに契約を成立させることが可能であるという限度では簡便であるが、改めて承諾をする必要性があり、契約成立が遅れ迂遠であることから、同委員会は、遅延した承諾を有効な「承諾」と扱うことができるものとする[13]。

---

8)　詳解・基本方針Ⅱ 53頁。
9)　詳解・基本方針Ⅱ 54頁。
10)　詳解・基本方針Ⅱ 54頁。
11)　詳解・基本方針Ⅱ 55頁。
12)　詳解・基本方針Ⅱ 56頁。

(2) 民法改正委員会有志案

　民法改正委員会有志案は、現行521条（承諾期間の定めのある申込み）・522条（承諾の通知の延着）・523条（遅延した承諾の効力）に相当するセル番号978・981・980において次のような提案をする[14]。

　現行521条を修正する提案461条3項は、「承諾の期間を定めてした契約の申込みは、その期間内に相手の承諾の意思表示を受けなかったときは、その効力を失う。申込者は、撤回権を留保したときを除き、承諾の期間を定めてした契約の申込みを撤回することができない。」とする。留保された撤回権に関する規定として新設された提案461条4項は、「承諾の期間を定めてした契約の申込みが撤回権を留保してなされた場合において、その撤回前に相手方の承諾の意思表示が到達したときは、申込者は撤回権を失う。」とする。

　現行522条を修正する提案462条2項は、「前項の場合において、隔地者間の契約の申込者は、通常であればその承諾が承諾期間内に到達すべきものであることを知ることができるときは、相手方に対し延着の通知をしなければならない。この通知がなされなかったときは、承諾期間の満了時に契約は成立したものとみなす。」とする。

　現行523条を修正する提案462条1項は、「申込者は、契約の申込みが前条第一項から第三項までの規定によって効力を失った後に到達した承諾を新たな申込みとみなすことができる。」とする。

3　法制審議会の議論状況

(1) 第9回会議（平成22年5月18日）

　法制審議会第9回会議では、「承諾期間の定めのある申込み」について大きな議論はなかったが、いくつかの意見が出された[15]。申込者が申込みを撤回する権利を留保した場合について、能見委員からは、撤回権を留保していると不当破棄になる可能性は減るが、余り広く契約交渉の不当破棄の責任が

---

13) 詳解・基本方針Ⅱ 56-57頁。
14) 民法改正研究会・国民・法曹・学界有志案 190頁。
15) ［第9回会議議事録］47頁。

及ぶことになると、撤回権を留保する意味がなくなるため、申込みの撤回と契約の不当破棄の関係の理論的関係について注意すべきとの意見があった。また、承諾期間内に到達すべき承諾の通知の延着について、沖野委員は、「申込と承諾による契約締結関係の規律」とそれを規律する「一般的な信義則」がオーバーラップするのかという問題を指摘し、契約の締結過程における信義則との関連では、延着した承諾を受け取った申込者は期間内に到達したはずであることが明らかなときは、通知すべきなのではないか、という。

(2) 第22回会議（平成23年1月25日）

法制審議会第22回会議では、「民法（債権法）の改正に関する中間的な論点整理のたたき台（2）」として、「承諾期間の定めのある申込み」は次のように提示された[16]。「(1) 承諾期間の定めのある申込みであっても、申込者がこれを撤回する権利を留保していた場合には撤回ができるものとしてはどうか。(2) 承諾期間経過後に到達した承諾の通知が通常であれば期間内に到達するはずであったことを知ることができたときは、申込者はその旨を通知しなければならないとされている（民法第522条）、承諾について到達主義を採ることとする場合にこのような規律を維持するかどうかについて更に検討してはどうか。(3) 申込者が遅延した承諾を有効な承諾と扱うことができるものとするかどうかについて、更に検討してはどうか。」。

II 検 討

1 撤回権の留保

(1) 521条1項の立法趣旨

現行521条は期間の定めのある申込みは撤回することはできないと規定し、申込みの任意撤回を認めない。その理由として、立法者は、理論上申込みは承諾を受けるまではまったく拘束力はなく申込者はいつでもこれを取消すことができるものといわなければならないが、被申込者が承諾をなすまでに調査や準備をしている間に突然申込みの取消しにあえば、意外の損失を被

---

16) ［部会資料22］26頁。

り、不便が甚だしいことを指摘する[17]。

しかし、伝統的な学説は、申込みの拘束力は、申込みから生じる契約締結の可能性についての相手方の信頼を保護するためのものであるから、この信頼を裏切らない範囲で申込みの拘束力は排除されると解し[18]、申込者があらかじめ撤回の事由を留保した場合は、相手方も撤回を覚悟しているのだから、撤回を認めるべきとする[19]。近時の学説も、現行521条1項は、当事者の意思の不明な場合を補充する補充規定と解することができるから、申込者がその申込みに拘束されず何時でもこれを撤回する権利を留保した場合は、相手方が申込みを信頼することはうすいゆえ、拘束力を認める必要がなく、本条1項を適用する必要はないと解する[20]。

(2) 比較法的検討

比較法的にみると、原則として申込みは撤回可能であるとする立法アプローチに対し、原則として撤回不可能であるが撤回可能性を留保することを認めるアプローチがある。後者の立法例としては、ドイツ民法第145条（申込みの拘束力）、スイス債務法第7条1項が法制審議会において指摘されている[21]。

(3) 私　見

学説上、承諾期間の定めのある申込みであっても撤回権を留保していた場合には申込みの拘束力が及ばないと解されていたことを明文化することには意義がある。撤回権留保の規定は、契約交渉の不当破棄が問題となる場面で不合理な撤回を回避する機能が期待されるが、契約交渉の諸段階における責任との理論的関係を整理する必要があるだろう。

---

17)　梅謙次郎『民法要義 巻ノ三（債務編）』［復刻版］380頁（有斐閣、1984年）。
18)　末川博『契約法（上）』38頁（岩波書店、1958年）。
19)　我妻栄『債務各論 上巻（民法講義V1）』60頁（岩波書店、1954年）。
20)　谷口知平・五十嵐清編『新版 注釈民法（13）』（補訂版）451頁［遠田新一］（有斐閣、2006年）。
21)　民事法研究会・検討事項〈詳細版〉282-283頁（**部会資料11-2**）28-30頁）。

2　延着の通知義務

(1)　立法趣旨

　相手方に過失がないにもかかわらず承諾の通知が延着した場合、契約は成立しないとするのは、契約成立を期待する相手方には酷なことであるが、原則をまげて契約が成立するものとすれば、意思の合致がないのに強いて契約を成立させ申込者に酷となるおそれがある。このような場合は、原則に従い契約は成立しないが、相手方を保護するため、遅滞なく相手方に対して承諾が延着した旨を通知する義務を申込者に負わせたもの、とするのが522条の立法理由であると説明されている[22]。しかし、近時の学説によれば、522条1項は、到達までは承諾者の支配領域に属する承諾の意思表示が延着した場合の危険負担の責任を承諾者から軽減することを、信義則上申込者の通知義務の不履行にかからされているものと解されている。

(2)　比較法的検討

　ドイツ民法149条（承諾通知の延着）、スイス債務法5条（遠隔地における承諾期間の定めのない申込み）は、申込者に延着の場合の通知義務を課しているが、スイス債務法3条（承諾期間の定めのある申込み）は、承諾が承諾期間に遅れて到着した場合、申込者は拘束を免れると規定し、申込者に通知義務を課さない。

(3)　私　見

　法制審議会の提案が到達主義を採用する当然の帰結として、申込者の通知義務は不要であるとすることが、各種の契約類型において妥当な結論を導くのは問題となる。また、M&Aや不動産売買など、特殊な契約成立過程を経る契約については、当事者意思の解釈を考慮しなければならないであろう。

3　遅延した承諾の効力

(1)　立法理由

　延着した承諾を新たな申込みとみなす現行523条の立法理由は次のよう

---

[22]　谷口知平・五十嵐清編『新版　注釈民法 (13)』（補訂版）459頁［遠田新一］（有斐閣、2006年）。

に説明される。すなわち、現行523条は、承諾が延着したとしても、承諾者の期待利益に不利益はないが、申込者にも不利にならなければ、信義衡平上そのまま延着承諾に対する旧申込者の新たな承諾で契約を成立させるものである。また、目的物の価格の変動や転売条件等の面で旧申込者に不利であれば、延着承諾を無効とし、申込内容を改めた旧申込者の再申込みに対する旧承諾者の再承諾によって契約を成立させることができる。これらは決して申込者にのみ有利な特権というものではなく、契約締結上の両当事者の利益のために信義則上認められた流動的な基本原則である[23]。

(2) 比較法的検討

現行民法523条は、遅延した承諾の効力につき、これを新たな申込みとみなすことができると規定する。新たな申込みをせずに契約を成立させることができるというメリットはあるが、新たな申込みとみなすために申込者はこれに承諾をしなければならず、迂遠であることが指摘される[24]。比較法的には、近時は遅延した承諾を有効な承諾と扱う立法があり、迅速かつ合理的な契約成立を可能にするためには妥当なものであると考えられる。ヨーロッパ契約法原則2：207条（延着した承諾）、ユニドロワ国際商事契約原則 第2.1.9条（遅延した承諾、通信の遅延）、国際物品売買契約に関する国際連合条約 第21条、オランダ民法第6編223条1項は、いずれも遅延した承諾を承諾と扱うことで、契約の成立を簡便にしている。

(3) 私　見

現行の考え方を維持しつつも、迅速で簡便な契約成立を認めることができる点において合理的であり、遅延した承諾を有効な承諾として扱うことができるとする法制審議会の提案には賛同できる。

［松浦聖子］

[23) 谷口知平・五十嵐清編『新版 注釈民法（13）』（補訂版）466頁［遠田新一］（有斐閣、2006年）。
[24) 詳細・基本方針Ⅱ 56頁。

3　隔地者間の契約の成立等

Ⅰ　法制審議会における検討事項

1　検討事項

　法制審議会における検討事項は次のものである。
(a)　申込者の死亡又は行為能力の喪失
　「民法第525条は、同法第97条第2項が適用されない例外的場面を定めているが、このうち『申込者が反対の意思を表示した場合』については、当然のことを定めた規定であり、削除すべきであるとの考え方が提示されている。
　また、『その相手方が申込者の死亡若しくは行為能力の喪失を知っていた場合』の具体的な適用範囲については、申込みの発信後、到達前における申込者の死亡又は行為能力の喪失の場合に適用されるとする考え方が通説的見解であるとされるが、被申込者が承諾の発信をするまでの申込者の死亡又は行為能力の喪失の場合にまで適用されるとする見解もあり、立法論としては後者の見解に立って明文規定を設けるべきであるという考え方が提示されている。
　このような立法論として提示されている考え方について、どのように考えるか。」（民事法研究会・検討事項〈詳細版〉289-290頁（**[部会資料11-2]** 41-43頁））。
(b)　隔地者間の契約の成立時期
　「隔地者間の契約の成立時期に関する民法第526条第1項は、承諾の通知を発した時に契約が成立すると定め、意思表示の到達主義（同法第97条第1項）に対して例外的に発信主義を採用している。
　しかし、この規定に対しては、かねてより、承諾期間内に承諾が到達しなかった場合について規定する同法第521条第2項との関係で、どのように整合的に理解すべきか疑義があった上に、現代においては承諾通知が延着す

る現実的な可能性は低いこと等から、あえて到達主義の原則に対する例外を設ける必要性が乏しいという指摘がされている。

　そこで、承諾についても原則どおりに到達主義によるものとすべきであるという考え方が提示されているが、どのように考えるか。」（民事法研究会・検討事項〈詳細版〉290-293頁（**[部会資料11-2]** **43-47頁**））

(c)　申込みに変更を加えた承諾

　「民法第528条は、申込みに変更を加えた承諾は、その申込みの拒絶とともに新たな申込みをしたものとみなすこととし、もとの申込者がこの変更された新たな申込みに承諾を与えれば、契約が成立するものとしている。ところで、ここでいう変更については、その具体的内容は条文上明らかでないが、契約の全内容から見てその成否に関係する程度の重要性を有するものであることを要し、軽微な付随的内容の変更があるにすぎない場合には、当該承諾は有効であると解する見解がある。

　そこで、申込みに変更を加えた承諾は、その申込みの拒絶とともに新たな申込みをしたものとみなすとする民法第528条の規律を基本的に維持した上で、どの程度の変更であれば当該承諾がなお有効となるかという判断基準を明記すべきであるという考え方が提示されているが、どのように考えるか。」（民事法研究会・検討事項〈詳細版〉293-295頁（**[部会資料11-2]** **48-51頁**））

(1)　関連論点

　「隔地者間の契約の成立時期」のところで、①「民法第526条第2項（意思実現行為による契約の成立）の見直し」と、②「民法第527条（申込みの撤回の通知の延着）の削除」についての関連論点が示されている。まず、①「民法第526条第2項（意思実現行為による契約の成立）の見直し」に関しては、承諾についても到達主義を採ることを前提とし、526条1項を見直す場合、意思実現行為によって契約が成立する場面において、申込者に対する承諾の意思表示の到達に相当するような事実を要しないという到達主義に対する例外的な規律を維持するという考え方について、どのように考えるか。さらに、「意思実現行為による契約の成立も、『承諾の通知を必要としない』（526条2項）だけであって、承諾の意思をもって行われることが必要であるとして、意思実現行為の時に承諾の意思がなかった場合について錯誤の規定を準用す

べきであるという提案」についてどう考えるかが関連論点として問題提起されている。また、②「民法第527条（申込みの撤回の通知の延着）の削除」については、承諾について到達主義を採用する場合には、民法第527条を削除して、一般原則に従い、意思表示の効力の発生時において契約成立の成否を決定すべきかについて関連論点として問題提起されている。（民事法研究会・検討事項〈詳細版〉291-293頁（[部会資料11-2] 45-47頁））

2　検討事項提案前の議論

(1)　基本方針の提案

民法（債権法）改正検討委員会は、同委員会による債権法改正の基本方針で、次のような提案を行っている。（詳解・基本方針Ⅱ 67頁以下）

(a)　申込者の死亡又は行為能力の喪失

【3.1.1.19】（表意者の死亡または行為能力の制限）

「【1.5.21】は、相手方が承諾を発信するまでに、申込者の死亡、またはその意思表示について意思能力を欠く状態となったこと、もしくは行為能力の制限の事実を知った場合には、適用しない。」（詳解・基本方針Ⅱ 67-70頁）

なお、【1.5.21】の規定は次のようなものである。「隔地者に対する意思表示は、表意者がその意思表示を発した後に死亡し、または意思能力を欠く状態となったとき、もしくはその意思表示について行為能力が制限されたときであっても、そのためにその効力を妨げられない。」（詳解・基本方針Ⅰ 169頁）

(b)　隔地者間の契約の成立時期

【3.1.1.22】（隔地者間の契約の成立時期）

「〈1〉隔地者間の契約は、承諾が申込者に到達した時に成立する。

〈2〉申込者の意思表示または取引上の慣習により、承諾の意思表示が申込者に到達することを必要としない場合、契約は、承諾の意思表示と認めるべき事実があった時に成立する。

〈3〉前項の場合において、承諾の意思表示と認めるべき事実があった時に申込みの相手方に承諾の意思がなかったときについては、錯誤の規定を準用する。」（詳解・基本方針Ⅱ 73-76頁）

【3.1.1.23】（申込みの撤回の通知の延着）

「現民法527条は、これを削除する。」。(詳解・基本方針Ⅱ 76-77頁)
(c) 申込みに変更を加えた承諾
【3.1.1.24】(申込みに変更を加えた承諾)
「〈1〉 承諾者が、申込みに変更を加えてこれを承諾したときは、その申込みの拒絶とともに新たな申込みをしたものとみなす。ただし、当事者の意思およびその契約の性質に照らして申込みに実質的変更が加えられていないときは、変更がなされた部分を除いた内容で契約は成立する。
〈2〉 〈1〉ただし書の規定は、つぎの場合には適用しない。
　〈ア〉 申込者が、承諾者によって加えられた変更を契約内容とすることをあらかじめ拒絶する意思を表示していたとき
　〈イ〉 申込者が、承諾の到達後遅滞なく承諾者に異議を述べたとき
　〈ウ〉 承諾者が、自らの加えた変更が契約内容にならないのであれば契約を締結しない意思を表示していたとき」(詳解・基本方針Ⅱ 77-80頁)

(2) 民法改正委員会有志案

民法改正委員会有志案からは、次のような提案がなされている。(『現行条文からみる民法改正研究会・国民・法曹・学界有志案190-191頁、124頁)

(a) 申込者の死亡又は行為能力の喪失
463条(申込者の死亡又は行為能力の喪失)
「(現行525条に同じ)(新)第五十二条(意思表示の効力発生時期等)第二項の規定は、申込者が反対の意思を表示したとき又はその相手方が申込者の死亡若しくは行為能力の喪失の事実を知っていたときは、適用しない。」。

なお52条第2項の規定は、「前項の意思表示は、表意者が通知を発した後に死亡し、又は制限行為能力者となったときであっても、そのために効力を妨げられない。」となっている。

(b) 隔地者間の契約の成立時期
460条(契約の成立とその時期)
「①契約は、申込みの意思表示と承諾の意思表示の合致によって成立する。この場合において、契約は、承諾の意思表示が申込者に到達した時に成立する。
②(省略—筆者)

③契約の申込みの意思表示に対し、その意思表示の内容又は取引上の慣習により承諾の通知を必要としないときは、契約は、承諾の意思表示と認めるべき事実によって、成立する。この場合において、契約は、その事実があった時に成立する。」

なお現行民法527条「申込みの撤回の通知の延着」の削除が提案されている。

(c) 申込みに変更を加えた承諾

462条（承諾の意思表示のみなし申込み等）

「① （省略―筆者）

② （省略―筆者）

③ （現行528条に同じ）承諾者が、申込みに条件を付し、その他変更を加えてこれを承諾したときは、その申込みの拒絶とともに新たな申込みをしたものとみなす。」

3　法制審議会での議論状況

(a) 申込者の死亡又は行為能力の喪失

ここでの検討事項に関し特段の討議はなされていないが、道垣内幹事から、承諾について到達主義を採るのであれば、525条と同様に、承諾についても発信後承諾者が死亡した場合や能力を喪失した場合に関する規定を設ける必要があるとの指摘がなされている。

(b) 隔地者間の契約の成立時期

インターネットの普及によって通信手段が多様化している現在の状況のなかで、隔地者という概念について、それが何を意味するのかについて整理する必要があるとの意見が多く出されている。また申込みと承諾というのは意思表示の一般の問題なのか、それとも契約成立の一部を取り分けて隔地者間の場合のみに用いられる意思表示の特則であるのかということを明確にする必要があるとの指摘もなされている。他にも、今日の現代的な社会では、承諾が届くのに時間かかるという点は、格別の考慮を払う必要はないが、受取拒絶という到達主義の限界のような問題も出てくることから、受取拒絶の場合をどうするかを一体として検討する必要があるとの意見や、到達主義を採

った場合には、契約の成否を判断するのに到達の有無を確認する必要が生じることから、実務でのコストアップにつながるとの意見も述べられている。
(c) 申込みに変更を加えた承諾

　どの程度の変更であれば当該承諾をなお有効とすることができるかの判断基準について、「契約の成立に関する一般規定」（民事法研究会・検討事項〈詳細版〉267頁以下（[部会資料11-2] 4頁以下）参照）のところと関連して、本提案の基準も、客観的な基準によって決めるのではなく、当事者の意思や契約の趣旨を基準にすべきであるとの意見が出されている。さらに、変更が契約全体からみて実質的な変更にあたらないとされ、契約の成立が認められる場合に、その変更を加えた部分を、どのように解すればよいかについて討議がなされ、当事者間のやりとりのうちの最後の意思表示がそのまま契約内容になるわけではない（ラストショット・プリンシプルをとらない）とすれば、当事者の意思が合致していない部分の補充のルールが必要となるとの意見が述べられている。

II　検　討

(a) 申込者の死亡又は行為能力の喪失

　現行民法525条の「その相手方が申込者の死亡若しくは行為能力の喪失の事実を知っていた場合」の解釈について学説は、①申込みの発信後、到達前における申込者の死亡又は行為能力の喪失の場合にのみ適用されるとする考え方（鳩山秀夫『増訂日本債権法（各論）上』（岩波書店、1924年）25頁、我妻榮『債権各論　上巻』（岩波書店、1954年）58頁）と、②申込み到達後、被申込者が承諾の発信をするまでの申込者の死亡又は行為能力の喪失の場合にまで適用されるとする考え方（梅謙次郎『民法要義巻之三債権編』（有斐閣書房、1912年）390頁、石田穣『民法Ⅴ（契約法）』（青林書院、1982年）33頁）とに分かれている。①の見解は、525条を97条2項に対する特則と考え、525条は、申込みの意思表示が到達するまでに生じた事由についての規定であると解する。そのことから、申込みの到達によって、97条1項により意思表示の完全な効力が生じたならば、もはや525条が適用される場面ではないとする。これに対して②の見解は、525条が規定された趣旨は、当事者の意思に基づくもの

で、申込みの相手方に不測の損失を与えることを回避することにあるとする。したがって、申込みの相手方が承諾の発信をする前であれば、相手方を害することにはないことから、申込みの通知の到達した後も、承諾通知の発信前であれば、525条が適用されるとする。先にみたように検討事項は、立法論として②の見解に立つことの是非についてであり、民法（債権法）改正検討委員会の基本方針でも、先にみたように、②の立場による提案がなされている。

　この点に関しては、①の見解によれば、525条の適用はかなり制限的なものとなってしまうであろうし、②の見解が主張する525条の趣旨を考慮すれば、②の見解のように解するのが妥当といえよう。

　他方で525条中の「申込者が反対の意思を表示した場合」という部分を削除すべきかについては次の理由から否定すべきと考える。検討事項の補足説明でも述べられているように、97条2項は強行規定ではないと解されるため、表意者が反対の意思を表示していた場合にその意思に従うべきことは、私的自治の一般原則上当然のことといえよう。そして、その論理からすれば、525条中の「申込者が反対の意思を表示した場合」についても、同様に解されることになろう。しかし、「申込者が反対の意思を表示した場合」については、契約の成立に関する重大な例外となることから、そのことを明示する意味で、条文上は削除せずに残すのが望ましいのではなかろうか。

(b)　隔地者間の契約の成立時期

　隔地者間の契約成立の時期に関しては、法制審の討議でも多くの指摘があったように、まず隔地者という概念が何を意味するのかを明確にする必要があると思われる。法制審の討議では、隔地者の概念が、申込みと承諾との間の時間的な間隔を指すことについては大方の合意はなされているものの、具体的にその時間的な間隔というものが、単に通信手段によって生じるものなのか、あるいは契約の成立に向けた意思表示の段階的なプロセスをも含むのかということについてまだ十分な議論がなされているとはいえない。ここでの隔地者の概念が、発信から到達までの通信手段によって生じる時間的間隔のみを指すものとすれば、承諾における発信主義は、現在においては通信手段が高度に発達していることから、そのメリットは小さくなったといえ、承

諾の到達をもって契約の成立とするのが合理的であろう。しかし、ここでの隔地者概念が、段階的にプロセスを踏んで話が詰まっていくという契約締結プロセスが採られるもの（以下、「練り上げ型の契約」とする。）をも含んだものとすれば、道垣内幹事が討議のなかで指摘されているように（**[第9回会議議事録] 38頁**）、練り上げ型の契約を含めて、すべての契約が申込みと承諾による意思表示の合致によって成立するとするのかということについて検討する必要が生じることになろう。そして、練り上げ型の契約も申込みと承諾による契約の成立に含まれるとするのであれば、その場合に、承諾の到達により契約が成立するとするのが妥当であるのかを改めて検討しなければならないと思われる。

　筆者としては、練り上げ型の契約をも申込みと承諾による契約の成立に含める場合、特に消費者取引において混乱を生じる恐れがあり、また練り上げ型の契約における契約の成立については、申込みの誘引や交渉段階との区別を明確にした個別の規定を設ける必要があると思われることから、申込みと承諾による契約の成立は、申込みによって契約の重要な内容が確定していて、相手方がこれに同意するか否かによって契約の成立が決せられる類型（承諾により直ちに契約が成立する場合）のみを指すのが妥当と考える。したがって、申込みと承諾による契約成立と練り上げ型の契約成立とは区別すべきであり、練り上げ型の契約成立についての規定を民法におくのであれば、承諾の到達によって契約が成立するという規定の仕方ではなく、練り上げ型の契約の成立に関する独立した規定を置くことが望ましいと考える。

　以上のことから、本提案における申込みと承諾による契約の成立に、練り上げ型の契約類型を含まないとすれば、承諾の到達により契約が成立するという立場を妥当と考える。

　関連論点の①「民法526条第2項（意思実現行為による契約の成立）の見直し」に関しては、売主から10か月間の間に、数十回にわたり石炭の送付を受けていたものが、それを異議なく受領していた場合（大判昭和8年4月12日民集12巻1461頁）のように、取引上の慣習等によって契約の成立を認める必要もあるといえ、現在の526条2項の規定は維持されるべきであろう。そして、承諾につき到達主義を採用する場合には、基本方針が指摘するように

「承諾の意思表示が申込者に到達しないにもかかわらず、契約の成立を認めるという意味をもつ」ことになることから「承諾の意思表示が申込者に到達することを必要としない場合」と規定するのには賛成である（詳解・基本方針Ⅱ75頁）。また、意思実現行為については契約成立に関しての特別の規定となることから、錯誤の規定の準用について条文化する必要もあるであろう。

関連論点の②「民法527条（申込みの撤回の通知の延着）の削除」に関しては、補足説明で述べられているように、「承諾について到達主義を採用した場合には、申込みの撤回の通知を発信した後に承諾の通知を受領した申込者も、承諾の通知を発信した後に申込みの撤回の通知を受領した承諾者も、共に自己の通知が相手方に到達した時点を確認しなければ契約の成立の成否を判断することができない」ことを考慮すれば現行527条を不要と解するのは妥当と考えられる。

(c) 申込みに変更を加えた承諾

検討事項では、現行民法528条の規律を維持した上で、承諾にあたって申込みに加えた変更が、軽微な付随的内容にすぎない場合には、当該承諾を有効であると解する見解があることを前提に、その変更がどの程度のものであれば軽微な付随的内容といえるのか、その判断基準が問題とされている。

そして、法制審での討議をみると、山本（敬）幹事から「契約の成立に関する一般規定」（民事法研究会・検討事項〈詳細版〉267頁以下［**部会資料11-2**］4頁以下）参照）のところで、契約の成立については、「その契約の核心的部分（中心部分、本質的部分）についての合意が必要だとする考え方」が有力であり、そこでの核心的部分は、客観的に決まるものではなく、当事者にとって、その契約の成否を左右させる事柄についての合意があるかどうかによって決まるとするのが妥当であることから、それとの関連で、本検討事項の基準についても、「契約を離れて客観的に決まるのではなくて、当該当事者にとってその契約の成否を左右させるような事柄について変更があったかどうか、その意味で各当事者の意思や契約の趣旨が決め手になる」との意見が述べられている（［**第9回会議　議事録**］45頁）。もっとも、「契約の成立に関する一般的規定」（民事法研究会・検討事項〈詳細版〉267頁以下［**部会資料11-2**］4頁以下）参照）のところで問題とされているのは、「当事者が契約内容について

交渉しつつ合意を形成していく場合のように、一方の申込みと他方の承諾という整理になじまない類型のもの」とされていることから、本検討事項を考えるにあたっては、先の (b)「隔地者間の契約の成立時期」のところと同様に、契約の成立に関連して、申込み承諾による契約の成立のなかに、練り上げ型の契約も含めるのか否かについての立場をまず明らかにする必要があると思われる。

　そして、先の (b)「隔地者間の契約の成立時期」のところで述べたように、筆者としては、練り上げ型の契約と申込みと承諾によって成立する契約とを区別し、契約成立について別々の規定を置くことが望ましいと考えている。したがって、ここでいう申込みは、契約の重要な内容が明確に確定しているものを指し、それに対する承諾は、その申込み通りの内容で契約を成立させる意思表示と解することから、改めて変更の加えられた承諾の有効性の判断基準を置く必要はないと考える。

〔太矢一彦〕

第4　懸賞広告

I　法制審議会提案

1　提案内容

　懸賞広告については第9回会議で議論されたが、まずは、議論のたたき台とされた部会資料を紹介しよう[1]。
(1)　懸賞広告を知らずに指定行為が行われた場合
　懸賞広告を知らずに行為を行った場合でも報酬請求権を取得することを条文上明記することが提案されている。ただし、「懸賞広告者としては、客観的にはその期待が実現されているのであるから、報酬支払義務を負担させても不当ではない」[2]という実際的な理由に基づき、法的性質（単独行為説か契約説か）は解釈にゆだねるとされている。
(2)　懸賞広告の効力・撤回
　a　懸賞広告の効力について、広告者が行為をする期間を定めたか否かによって区別し、定めた場合には期間の経過により効力を失い、定めなかった場合には相当期間の経過により効力を失う旨を条文上明記することが提案されている。隔地者間における申込みの効力がモデルになっている。
　b　撤回の可能な時期について、①広告者が行為をすべき期間を定めた場合には、その期間は撤回できないとする提案がされている。なお、現行法は、期間を定めたときは「撤回をする権利を放棄したものと推定する」が（530条3項）、部会資料は、権利放棄の推定ではなく、一律に撤回を認めない[3]。もっとも、広告者は撤回の権利を留保することはできるので、実質的には大差ない。②また、期間を定めなかった場合についても、行為を完了した者がいない間は撤回できるとする現行530条1項を改め、行為に着手し

---
1)　民事法研究会・検討事項〈詳細版〉296頁以下（**[部会資料11-2] 51頁以下**）。
2)　民事法研究会・検討事項〈詳細版〉297頁（**[部会資料11-2] 53頁**）。
3)　民事法研究会・検討事項〈詳細版〉298頁（**[部会資料11-2] 55頁**）。

た者がいない間に限り撤回を認める旨の案も紹介されている。しかし、行為に着手した者がいるか否かは広告者には分からない等の理由から、部会資料では積極的には採用されていない[4]（→この点のみが基本方針（後述）との違いである）。

　c　撤回の方法について、現行法では、まずは広告と同一の方法により撤回すべきとされ（530条1項）、同一の方法によることができない場合にのみ他の方法によることができる（同条2項1文）。しかし、他の方法によったときは撤回を知った者に対してのみ効力を有するところ（同条2項2文）、それなら、他の方法による撤回を、同一の方法によることができない場合に限定すべき理由はないとされた。なお、同一の方法による撤回はすべての者に対して効力を生じ、他の方法による撤回は知った者に対してのみ効力を生じるという点は維持されている。

(3)　懸賞広告の報酬を受ける権利

　現行法は、行為をした者が数人あるときの決定方法について広告者の意思を推定する規定を有するが（531条1項）、広告者の意思によれば足りるので不要であり、また、現行531条3項（「前2項の規定は……これと異なる意思を表示したときは、適用しない」）も不要であるとして削除することが提案されている。ただし、同条2項（数人が同時に行為を行ったときのルール）は維持されている。

2　提案前の議論

(1)　債権法改正の基本方針

　上記のような部会資料の提案は、民法（債権法）改正検討委員会による債権法改正の基本方針を受け継いだものである[5]。すなわち、基本方針の【3.1.1.27】は、行為をした者が広告を知らなかったときでも、広告者は報酬を与える義務を負う旨を規定しており、さらに、【3.1.1.28】は、懸賞広告の失効の時に関して、①広告者が行為をする期間を定めた場合については、承諾期間を定めた契約の申込みに関する【3.1.1.13】を準用して、期間

---

4)　民事法研究会・検討事項〈詳細版〉298頁（**[部会資料11-2] 56頁**）
5)　詳解・基本方針Ⅱ98頁以下

内に行為がされなかったときには広告は失効するとし、②広告者が行為をする期間を定めなかった場合については、承諾期間を定めない申込みに関する【3.1.1.16】を準用して、合理的な期間が経過すれば失効するとした。また、【3.1.1.28】〈3〉は、広告者が期間を定めなかったときは、行為に着手する者がない間に限り広告の撤回を認める（前述したように部会資料には受け継がれなかった）。そして、同〈4〉は、広告の撤回が広告と同一の方法によらない場合は、撤回を知った者に対してのみ効力を生じるとする。つまり、現行530条2項とは異なり、広告と同一の方法によって撤回できる場合でも他の方法による撤回を認め、その代わり、他の方法による撤回は、これを知らない者に対しては効力を有しないのである[6]。

以上に対して、数人が同時に行為をした場合に関する【3.1.1.29】は現行の531条2項を受け継いだものであり、また、優等懸賞広告に関する【3.1.1.30】も現行の532条と同じ内容であって、いずれも現行法を維持している。現行531条の1項と3項は削除されているが、上記の通り、部会資料でも同様の提案がされている。

(2) 民法改正研究会有志案

これに対して、民法改正研究会による有志案は、法的性質論に重点を置いている[7]。すなわち、有志案の465条1項は「ある行為をした者に一定の報酬を与える旨を広告した者は（以下この目において「懸賞広告者」という。）、不特定多数の者に対し、契約の申込みをしたものとみなす」とし、その行為がされたときは、意思実現に関する同460条3項に基づいて契約が成立して報酬を受ける権利が生じる（同466条）。したがって、広告を知らないで行為をした場合には報酬を請求できない。これに対して、基本方針や部会資料で問題とされたその他の論点（広告の失効の時期、広告と異なる方法による撤回の効力など）については、ほぼ現行法と同様である。

---

[6] 詳解・基本方針Ⅱ 101 頁
[7] 民法改正研究会・国民・法曹・学界有志案 191 頁以下

3 法制審議会の議論状況

(1) 法制審議会の議論

　部会資料について第 9 回会議において議論されたが[8]、まず、広告を知らないで行為をした者の報酬請求権に関して、奈須野関係官が、懸賞広告の方法による研究開発を考えるなら（実際に行われているという趣旨ではないようであるが）、「その指定行為をやる人を増やしていく」ことが制度趣旨なので、広告を知らないで偶然に行為をした者に報酬を認める必要はないと批判している。また、同関係官は、広告の撤回についても、広告後に海外で行為がなされた場合や広告者自身の努力によって行為が達成された場合などもあるので撤回の制限は相当ではないと指摘し、さらに、第 26 回会議においても、行為に着手した場合の撤回の制限に対して、第三者が着手したか否かは広告者には分からないと批判して「第三者が指定行為に着手した旨を通知した場合には」とする提案をしている。

　また、能見委員は、懸賞広告という言葉を使わないで申込み・承諾という枠組みの中で分かりやすく位置付けられないかとの発言をしているが、これは有志案の発想に近い。

(2) 中間的な論点整理

　以上のような議論を経て、中間的な論点整理においては[9]、まず、広告を知らないで行為をした者の報酬請求権について、「学説上はこれを肯定する見解が有力であり、この立場を条文上も明記すべきであるとの考え方がある」としつつも、「懸賞広告は報酬によって指定行為を促進することを目的とする制度であり、偶然指定行為を行った者に報酬請求権を与える必要はないとの指摘」にも留意しつつ、更に検討することとされた。また、行為に着手した場合の撤回の制限についても、「懸賞広告をした者にとって第三者が指定行為に着手したことを知ることは困難であるとの批判」に考慮しながら更に検討するとされている。

　このように、部会資料とはニュアンスの異なる点もあるが、これ以外につ

---

8)　法務省のホームページで公開されている議事録に依って紹介する。
9)　商事法務・中間的な論点整理の補足説明 211 頁以下

いては、ほぼ部会資料の提案に沿っている。もっとも、中間的な論点整理では、ある程度のコンセンサスがある場合に限り「〜とする方向で、更に検討してはどうか」または「〜としてはどうか」という表現が使われているが[10]、懸賞広告については、このような表現が使われた個所はない。

II 検 討

紙数の関係もあるので、以下では、特に二つの論点に絞ってコメントをしたい。

1 広告を知らずに行為を行った場合の報酬請求権

懸賞広告の法的性質（契約か単独行為か）にも関係する問題であり、広告が契約の申込みであるとする契約説によるなら、広告を知らずに行為を行っても（申込みに対する）承諾にはならないので報酬請求権は発生せず、他方、広告は（行為を条件とする）債務の負担であるとする単独行為説によるなら、広告を知らなかった場合でも報酬を請求できる。ドイツ民法には報酬請求権が生じる旨の明文があるが（BGB657条）、日本の民法起草者は、「斯カル場合ハ実際極メテ稀ナルノミナラス広告ヲ知ラスシテ広告ニ指定シタル行為ヲ為タル者ニモ報酬ヲ与フヘキモノトスルハ蓋シ其必要ナカル可シ」という[11]。したがって契約説に依っているが、他方、立法によって学説の対立に結論を出すことは避けたいとして、あえて申込みや承諾という表現は使っていない。

学説においても当初は契約説が通説であったが、我妻説の改説以来[12]、単独行為説が有力となり今日では多数説とされる[13]。現在でも契約説を採用する見解もあるが、広告を知らなかった場合にも信義則によって報酬請求権を認め、また、（民法の制度とは別に）単独行為としての懸賞広告もあり得るとする[14]。このように、学説の対立にもかかわらず、広告を知らなかった者にも

---

[10] 商事法務・中間的な論点整理の補足説明 6 頁
[11] 廣中俊雄編著『民法修正案（前三編）の理由書』507 頁（有斐閣、1987 年）
[12] 我妻榮『債権各論上巻』73-74 頁（岩波書店、1954 年）
[13] 谷口知平＝五十嵐清編『新版注釈民法（13）〔補訂版〕』509 頁〔植林弘＝五十嵐清〕（有斐閣、2006 年）
[14] 例えば、川井健『民法概論 4〔補訂版〕19 頁』（有斐閣、2010 年）

報酬を認める点については大方の一致があるように思われ、中間的な論点整理の提案は、これに沿ったものと言える。ただ、中間的な論点整理では法的性質は解釈にゆだねるとされているが、このような立法がされると、やはり学説にも大きなインパクトを与えるであろう。

これに対して、研究開発などを念頭にした批判があるのは興味深い。確かに、懸賞広告の例として従来は「迷い犬」などが挙げられていたが、他にも色々な利用方法が考えられるので、広告を知らずに行為をした者に報償を与えることが広告の趣旨に合わない場合もあり得る。しかし、それなら、その旨広告に明示すればよいし、明示されていなくとも、意思解釈の問題として解決できよう。

2 広告の撤回が認められる時期

現行法は行為が完了するまでは広告の撤回を認めるが、中間的な論点整理においては、行為に着手した後は撤回を認めない意見が紹介されている。これに対しては、前述のように、行為に着手した者がいるか否かは広告者には分からないという批判があるが、広告者は撤回権を留保すればよいし、その上で、信義則に反するような撤回については、撤回の制限や損害賠償により解決が可能であろう。

しかし、着手した旨の通知を要求する提案は別の問題提起の契機ともなり、行為の完成についても同様の問題が考えられる。ある者が行為を完成したとして報酬を受けた後に、別の者がより早く完成していたことが判明した場合、この者（早く完成した方）に報酬請求権があり[15]、広告者は、既に報酬を受けた者に対して不当利得の返還請求をすることになるが、これでは法的安定性を害するであろう。行為を完成した者に合理的な期間内に通知することを要求し、広告者は、通知をした者の中でもっとも早く完成した者に対して報酬を支払えば免責されるとするべきではなかろうか。

［滝沢昌彦］

---

[15] 478条により広告者を免責する余地はあろう。

第5 約　款（定義及び要件）

Ⅰ　法制審議会提案

1　提案内容[1]

(1)　総　論

　約款の定義および要件について、民法（債権関係）改正に関する検討事項（以下「検討事項」という）では、総論として、約款の規定化に関して検討する際、どのような点に留意すべきかが問われている。

(2)　約款の定義

　検討事項では、約款の定義に関して、「例えば、多数の契約に用いるためにあらかじめ定式化された契約条項の総体をいうとする立法提言があるが、このような定義では、現在の契約実務では約款規制の対象になるとは想定されていないものまで規律の対象とされる可能性がある等の問題点があると指摘されている。そこで、このような指摘も踏まえ、規律の対象となる約款の定義についてどのように考えるか」が問われている。

　関連論点としては、個別の交渉を経て採用された条項の取扱い、契約の中心部分に関する契約条項の取扱いがあげられている。

(3)　約款を契約内容とするための要件（約款の組入れ要件）

　検討事項では、約款を用いた契約では、「大量の取引事務の合理的・効率的処理の要請に留意しつつも、契約内容を認識することについての相手方の利益との調和を図る必要があるとの指摘がされている」ことから、約款の組入要件についてどのように考えるかが問われている。

　関連論点としては、相手方が合理的に予測することのできない内容の条項（不意打ち条項）についてどう考えるか、また、不意打ち条項の問題は条項の内容規制の問題かが問われ、従来の提案や学説があげられている。

---

[1]　民事法研究会・検討事項〈詳細版〉301頁〔**部会資料11-2**］**60頁以下**〕以下より法制審議会の議論に関連する箇所を中心に抜粋した。

2 従来の立法提案

(1) 約款の定義について

　約款の定義について、民法（債権法）改正検討委員会（以下「検討委員会」という）試案【3.1.1.25】〈1〉、民法改正研究会試案468条1項[2]は、同一の定義を定めており、それによれば、「約款とは、多数の契約に用いるためにあらかじめ定式化された契約条項の総体」とされる。

　これらに先行して1998年に公表された山本豊教授による改正提案（以下「山本豊案」という）では、「一方当事者により一般的かつ反復的な使用のためにあらかじめ準備され使用された契約条項」とする定義が置かれている[3]。山本豊教授によれば、一方当事者による準備は作成に限られないとされている[4]。

　検討委員会によれば、約款による取引では、まず、相手方による内容の認識困難が指摘され、認識がある場合でも、多数取引の画一的取扱いのための契約条項の定型性から、交渉力の不均衡、条項の意味に対する隠蔽効果、実質的交渉可能性の減殺をもたらすことが指摘されている。かかる点から、検討委員会は、約款につき、多数取引における画一的取扱いと定型性を盛り込んだ定義を置いている[5]。

　事業者間契約についても約款の規律が及ぶこと、個別交渉条項について規律の対象外とすること、対価や契約目的物などの契約の中心部分に関する条項に関しては規律の対象とするか否かは解釈に委ねることとしている[6]。民法改正研究会試案では、468条3項に個別の交渉を経なかった条項について信義則、権利濫用に反して、相手方の利益を一方的に害する場合に無効とする規定が用意されている。

---

[2] 民法改正研究会・国民・法曹・学界有志案192頁による。
[3] 4-1（約款の契約への採用）（山本豊「契約の内容規制」山本敬三他『債権法改正の課題と方向』（商事法務研究会、1998年）100頁）。
[4] 山本豊・前掲注3)「契約の内容規制」96頁。
[5] 詳解・基本方針Ⅱ84頁。
[6] 詳解・基本方針Ⅱ84頁以下。

(2) 約款の組入れ要件について

約款の組入れ要件に関して、検討委員会試案では【3.1.1.26】に規定が置かれ、民法改正研究会試案では、468条2項、3項に規定がある。検討委員会試案では、まず、当事者の約款による旨の合意があること、および、相手方に対する開示または開示が困難な場合、によって構成され、民法改正研究会試案は、相手方への提示または提示が困難な場合、によって構成されている。民法改正研究会は、約款による申込みまたは承諾がなされた場面を想定している (468条2項) が、当事者の約款による旨の合意は条文に反映されてはいない。山本豊案も、書面による交付または交付が困難な場合、といった形で約款の内容の相手方への了知可能性が要件に盛り込まれているが、約款による旨の合意については条文に直接反映していない。

各提案は、原則として、約款の相手方への開示ないし提示または書面の交付を要求し、例外としてそれらが困難な場合について定める。例外については、①約款使用者が、相手方に対し契約締結時に約款を用いる旨の表示をし、かつ、契約締結時までに約款を相手方が知り得る状態に置いたことを要するとするもの (検討委員会試案)、②約款使用者が約款を用いるであろうことを契約の締結時に相手方が知り、又は知ることができ、かつ、相手方が約款の内容をあらかじめ知ることができる状態にしていたことを要するとするもの (民法改正研究会試案)、③契約締結場所における見やすい掲示等によって約款の内容を知る機会を与えることを要するとするもの (山本豊案) に分かれる[7]。

関連論点としての不意打ち条項に関しては、民法改正研究会は、468条4項に無効とする旨の規定を設ける。山本豊教授は、「その内容が相手方により契約締結時までに理解されていたことを条項使用者が証明した場合をのぞき」契約の構成部分とならないとする旨の規定を置く[8]。これに対し、検討委員会は、明確な基準を設けることが困難であることや不意打ち条項が同時に不当条項と重複する場合も少なくないことから、明文の規定を置かないとしている。もっとも、検討委員会は、不意打ち条項の排除を不当条項規制に

---

7) 民事法研究会・検討事項〈詳細版〉303頁 ([**部会資料11-2**] **64頁**) のまとめによる。
8) 山本豊・前掲注3)「契約の内容規制」101頁。

先行するものと見て規制を置くべきとする考え方もあることを指摘している[9]。

3　法制審議会の議論状況[10]

(1)　総論について

　約款規制採用に積極的な意義を認める意見として、一対多という実質、画一的処理の要請から約款アプローチを採る意義ありとする意見（沖野眞已幹事）や不当条項規制において約款であることが何らかの意味を持つかどうかとする意見（中田裕康委員）、消費者や事業者が約款の重要さを認識する意義があるという意見（岡田ヒロミ委員）がある。

　既存の法体系との関係に関し、既存の行政法規による規制や消費者契約法による規制の実態把握の必要があるとする意見（奈須野太関係官、木村俊一委員、高須順一幹事）や約款規制の「一般的な考え方」を示し、既存の約款規制を安定的なものにする意義があるとする意見（大村敦志幹事、高須幹事）や既存の法体系との齟齬の回避の要望（労働契約について新谷信幸委員）があった。

　約款の多様性から規律対象の場面を共有する必要性が指摘されている（奈須野関係官、藤本拓資関係官）ほか、組入れ規制と不当条項規制の区別の主張がある（山本敬三幹事、大村幹事、沖野幹事、潮見佳男幹事、松本恒雄委員）。

　また、実務との齟齬を回避することの要望（約款の変更などをあげている、岡本雅弘委員）に対し、実務を前提にした議論をすべきでないとする意見もあった（道垣内弘人幹事）。

　その他に、交渉力に格差がなくても希薄な合意は規制の対象とするのかとする質問（岡正晶委員）や、約款条項の記載は平易かつ明確でなければならないことの明示、条項使用者不利の原則の検討が主張された（中井康之委員）。

(2)　約款の定義について

　まず、定義を設ける意義・問題点については、組入れ要件を設けるとそこ

---

9)　詳解・基本方針Ⅱ 95 頁以下。
10)　約款については第 11 回会議（平成 22 年 6 月 29 日）に不当条項規制と合わせて実施。両者を厳密に分けることは困難だが、本稿では約款に関する（**[第 11 回会議議事録] 25 頁**）までの内容に限定した上、別の項目との関連で論じられたものも含めて、内容をみて関連部分ごとに整理した。

第 5 約 款（定義及び要件）

から外れた場合に規律できないなど問題が起こらないか、より一般的な規定が必要でないかとする意見（鹿野菜穂子幹事）、約款が多様で認識の違いがあるから定義を置くべきであるとする意見（中田委員）が出された。

さらに、定義に関しては、事務局提案の定義はあいまいなどとして厳格な定義を指向する意見（大島博委員）や約款概念や範囲が広くなると、意思の一致が弱い形態での合意が効力を持つことにお墨付きを与える側面があり、弱者の保護にならない側面もあるのではないかとする意見（藤本関係官、道垣内幹事）が出された。

これに対し、広い定義を指向する意見として、組入れと不当条項規制を分けると、組入れ規制の要件としての約款の定義は事務局提案のようなものになる。その上で、不当条項規制の可否等を論じるべきとする意見（山本敬三幹事、中井委員）や、明確な定義と妥当な定義を分けて考えるべき、形式的には約款に当たるとした上妥当性の観点から採用要件の例外をどのように設けるべきかという形で議論すべきであるとする意見（大村幹事）が出された。さらに、組入れ要件は、約款の社会的権能に鑑み余り厳格なものにすべきでないとする意見もある（岡本委員。なお、岡本委員は不当条項規制については、提案に対して広すぎることから反対している。消費者契約と事業者間契約を区別した規制も主張）。

約款の拘束力については、契約説構成への疑問として、慣習による場面もあるのではないかとする意見（木村委員）が出されたほか、契約説に包摂されない場面を検討すべきという意見（大村幹事）や合意による場合、特別法による場合があるとする意見があった（山川隆一幹事）。

事業者間契約を対象とすべきかに関しては、保護の必要性に積極的な意見（大島博委員）と保護の必要性に消極的な意見（藤本関係官、岡本委員）が出されている。

関連論点として個別交渉を経て採用された約款について、約款規制の対象にならないのかとする質問が出され（山川幹事）、約款規制の対象とならないと考えるべきとする意見（中井委員）もあるほか、法律に詳しくない中小企業もいるので、丸ごと約款と捉えるか捉えないかという立場が望ましいとする意見（奈須野関係官）があった。

中心部分に関する条項についても、当然に規制の対象にならないと解すべきでないとする意見がある（中井委員）。

(3) 組入れ要件について

まず、組入れ要件の根拠に関しては、一般の契約に比して、厳しい立場、緩い立場（正当化は困難とする）、同じ立場の3つがあるとする意見（能見善久委員）が出され、関連して、組入れ要件が契約の成立の要件を緩和するものであれば、緩和の根拠が必要であるとする意見があった（道垣内幹事）。

これに対しては、組入れ規定の位置づけにつき、組入れ規定がなくても元々合意が成立するかしないかで緩和となる立場も厳格となる立場もありうるとする意見（山川幹事）や、当事者の合意から契約の拘束力を認める民法の原則の応用で、「約款による」合意により約款の組入れを基礎づける意見（山本敬三幹事、鹿野幹事）が出された。さらに、大量取引の要請から一定の場合には組入れ要件が若干緩和されることもあるとする意見（鹿野幹事）、認識可能性だけで相手方に内容形成を全面的に委ねるのは一般契約法から考えると緩めることになるのではないかとする意見（沖野幹事）、了知可能性を根拠にする立場と意思や組入れについての合意を根拠にする立場の区別の指摘（潮見幹事）があった。

組入れ要件の方向性に関しては、適正な約款の明確化が望ましいとする意見（岡田委員）、顧客のわかりやすさが重要であるから、形式を余り重視すべきでないとする意見（藤本関係官）、不特定多数の相手方から同意の取り付けは困難であるとする意見（奈須野関係官）があった。

組入れ要件における考慮事情について、特に開示が要求されるとする、山本敬三幹事による説明や、開示を要求することは、行為規制を課すという性格が強く、コストベネフィットを考える必要があるのではないかとする意見（山下委員。不当条項規制との連動が必要）があった（高須幹事よりコストの多様性から疑問とする意見がある）。

その他に、約款によることが慣習になっている場合や社会通念上周知の事実となっている場合には、約款締結時までに約款の開示を求められれば開示できる状況にありさえすれば、組入れを認めても良いのではないかとする意見（岡本委員）があった。また、開示、組入れの要件での約款の交付でよい

か、説明義務を尽くすことが必要か、両者は別の問題ではないかとする意見（沖野幹事）があった。

関連論点として、不意打ち条項について論じられ、まず、不意打ち条項の位置づけについて、不当条項規制とは性格を異にするという山本敬三幹事や沖野幹事の意見があったほか、産業育成等の観点に配慮すべきであるという意見（奈須野関係官。これに対して高須幹事は疑問を呈している）があった。

不意打ち条項の判断基準については、相手方がこの契約をする際にそのような条項まで約款に含まれていると通常予測することができたかどうかであるという山本敬三幹事による説明があった。

4 民法（債権関係）の改正に関する中間的な論点整理

法制審議会民法（債権関係）部会（以下「部会」という）第22回会議（平成23年1月25日）では、民法（債権関係）の改正に関する中間的な論点整理のたたき台で上記の審議での議論を踏まえた提案がされた。約款の定義、組入要件についてほぼ検討事項と同様の内容が示されたが、約款の変更についてのたたき台が付け加えられている。審議では、組入要件のうち、その表現や内容につき修正提案等が出されているほか、第11回の会議では議論があまりなかった合意に関する議論がされ、第25回会議（同年3月8日）における改訂版を経た上、第26回会議（同年4月12日）で「民法（債権関係）の改正に関する中間的な論点整理」（以下「中間的な論点整理」という）が決定した（同年5月10日公表）。中間的な論点整理では、「第27 約款（定義及び組入要件）」として、まず「1 約款の組入要件に関する規定の要否」では、民法に約款に関する規定がないので、約款の組入要件を民法に設ける必要があるかどうかにつき「約款を使用する取引の実態や、約款に関する規定を有する業法、労働契約法その他の法令との関係などにも留意しながら、更に検討してはどうか」が問われた。「2 約款の定義」では、約款の定義について「更に検討してはどうか」が問われた。「3 約款の組入要件の内容」では、その内容について「更に検討してはどうか」が問われ、「約款の組入要件の内容を検討するに当たっては、相手方が約款の内容を知る機会をどの程度保障するか、約款を契約内容にする旨の合意が常に必要であるかどうかなどが問題になると考

えられるが、これらを含め、現代の取引社会における約款の有用性や、組入要件と公法上の規制・労働関係法令等他の法令との関係などに留意しつつ、規定の内容について更に検討してはどうか」、「上記の原則的な組入要件を満たす場合であっても、約款の中に相手方が合理的に予測することができない内容の条項が含まれていたときは、当該条項は契約内容とならないという考え方があるが、このような考え方の当否について、更に検討してはどうか」が問われている。「4　約款の変更」では、「約款使用者による約款の変更について相手方の個別の合意がなくても、変更後の約款が契約内容になる場合があるかどうか、どのような場合に契約内容になるかについて、検討してはどうか。」が問われている[11]。

　さらに、中間的な論点整理に対し、パブリックコメントの手続を経た上で、部会第50回会議（平成24年6月26日開催）において、約款に関しても、中間試案に向けたいわゆる第2ステージの議論が開始している。

　第2ステージの資料である「民法（債権関係）の改正に関する論点の検討（14）（以下「論点の検討」という）」（民法（債権関係）部会資料42。12頁以下）では、「第2　約款（定義及び組入要件）」として、「1　約款の組入要件に関する規定の要否」に関しては、「組入要件」に関する規定を民法に設けるものとしてはどうか」、「2　約款の定義」では、約款の定義として、「（多数の契約に用いるために）あらかじめ定式化された契約条項の総体」としてはどうか、「3　約款の組入要件の内容」では、約款の組入要件の一つとして、(1)「契約の当事者がその約款を契約内容にする旨の合意」を必要とする提案、(2)「約款使用者の相手方が契約締結時までに約款の内容を認識する機会があること」を必要とする提案、(3)「約款使用者の相手方が約款に含まれていると合理的に予測できない条項が契約内容になるかどうかについて」、【甲案】として「上記(1)及び(2)の要件を充たす場合であっても、契約の外形、約款使用者の説明その他の当該契約を締結する際の具体的事情を踏まえ、約款に含まれていると相手方が合理的に予測することができない条項は、契約の内容にならない旨の規定を設けるものとする」、「[また、このルールは、約款使

---

[11]　商事法務・中間的な論点整理の補足説明218頁**[204頁]** 以下。

用者の相手方が事業者であるときは、適用しない旨の規定を設けるものとする。]」、【乙案】として「規定を設けない」が提案されている。「4　約款の変更」として、(1)「約款使用者が相手方の個別の同意なくして約款を変更することができるか」およびその要件について、「【甲案】約款使用者は相手方の同意を得ないで約款を変更することができる旨を定めた約款中の条項の効力について、規定を設けるものとする。【乙案】約款の変更に関する条項が約款中に定められているかどうかを問わず、約款を変更することができる旨の規定を設け、その要件を定めるものとする。【丙案】規定を設けないものとする」案が示されている。(2) として「上記 (1) において甲案又は乙案を採る場合に」、「約款使用者が約款を使用する要件として、約款を変更する必要性のほか、①使用者が約款を変更することができる範囲にどのような限界があるか、②使用者が約款を変更するに当たって必要な手続があるか、③約款の変更に異議がある相手方を保護するための措置が必要かなどが問題になるが、これらの点についてどのように考えるか。」が提案されている。

II　検　討

1　総論・約款概念（定義）

(1)　約款規制の規律を民法に導入すべきか

そもそも民法に約款規制の規律を導入すべきかが問題となるところ、事業者間契約を対象とすることに消極的な見解もあるが[12]、約款による取引が広範に利用されている一方、一般的な規制がない実態に鑑み、本稿では導入することを前提に検討したい。

(2)　どのような約款を想定するか

Iの2に見た、従来の立法提案では、約款概念について概ね広い定義が採用されている。これは、ドイツ民法305条（旧約款規制法1条）1項の影響であると考えられる。ドイツ民法305条1項（契約への普通取引約款の組入れ）によれば、約款とは「多数の契約のためにあらかじめ作成された契約条件の

---

[12]　金融法務委員会「債権法改正に関する論点整理（約款に関する内容規制）」NBL949号（2011年）16頁以下が約款アプローチに慎重な姿勢を示す。

すべてであって、契約当事者の一方（約款使用者）が相手方に対して契約締結時に設定するもの」とされる[13]。かかる広い概念を採用する理由は、定型化された契約条件が使用されることで、顧客の法的地位が侵害される場面を可能な限りカバーするためであると理解されている[14]。

「約款」の下で議論される定型条項群には保険約款に代表される高度に洗練された緻密で複雑なものから、乗船切符の裏面に記載された若干の文言にいたるまで、多様なものがありうる[15]。約款が使用される場面は多様になっており、それに比例して内容規制の必要な範囲も広がっている。このように約款概念は拡張傾向にあることがかねてより指摘されていること[16]を考慮すれば、組入れ段階では広い定義を採らざるを得ないのではないかと考える。厳密な定義は、その妥当範囲を狭めることから適切ではないであろう。

(3) 約款の拘束力

約款の拘束力の根拠に関しては、大別して、私的団体による自主制定法に法源性を認める法規説、約款による契約の契約性を重視する契約説、約款の形成態様や規制態様の多様性から拘束力の根拠を一元的に基礎づける必要はないという多元説[17]、法規範と契約規範の間に制度的規範を置くことを主張する制度説の4つに分かれる[18]。そして現在は、契約説が主たる立場である[19]。

判例は、大判大正4年12月24日民録21輯2182頁が「苟モ当事者双方カ特ニ普通保険約款ニ依ラサル旨ノ意思ヲ表示セスシテ契約シタルトキハ反証ナキ限リ其約款ニ依ルノ意思ヲ以テ締結シタルモノト推定スヘク」と判示

---

[13] 翻訳は、岡孝編『契約法における現代化の課題』（法政大学出版局、2002年）193頁による。
[14] 石田喜久夫編『注釈ドイツ約款規制法〔改訂普及版〕』（同文館、1999年）13頁〔高嶌英弘〕。
[15] 河上正二『約款規制の法理』（有斐閣、1988年）113頁。約款概念については河上・前掲同頁以下や石原全『約款法の基礎理論』（有斐閣、1995年）21頁以下の検討がある。
[16] 山本豊「約款規制」ジュリ1126号（1998年）114頁、同「約款」内田貴＝大村敦志編著ジュリ増刊『民法の争点』（有斐閣、2007年）219頁。
[17] なお、潮見教授は、多元説と理解される谷川久教授の見解を、白地商慣習説を基調としつつ、契約説への接近を図る見解と位置づける（谷口知平＝五十嵐清編『新版注釈民法（13）〔補訂版〕』（以下潮見「普通取引約款」で引用する）』（有斐閣、2006年）181頁〔潮見佳男〕）。
[18] 河上・前掲注15）『約款規制の法理』179頁以下。
[19] 契約説への学説の流れについて潮見・前掲注17）「普通取引約款」179頁以下。これに対し石原・前掲注15）『約款法の基礎理論』は法規説に立つ（同説の課題である法規範制定を認める国家からの授権の問題につき同書244頁以下）。

したが、これは契約説にたつものと理解されている[20]。

前述したように、約款が使用される場面は極めて多岐に渡っており、約款概念についても広い立場を支持することを示した。この点は、約款の拘束力についても同様に考える。そうであるとすると、方向性としては、多元説の示す方向性が実態に合致しているものと考える。しかしながら、多元説に対しては、法規説、契約説の難点を克服していないという批判が向けられている[21]。それ故、立法に際しては、約款の拘束力をその契約性から当事者の意思的関与に求める契約説を軸にすべきであると考える。契約説は、当事者の合意にその正当化理由を有する点で、意思表示、法律行為、契約等における解釈手法の活用が考えられること、さらに信義則、公序良俗違反等の一般条項を通じた内容の直接規制になじむことが指摘できる[22]。したがって、これらの規制になじむ契約説を約款概念の基軸に据えた上で、当事者の意思的関与にかかわらず、慣習や個別法規によって基礎づけられる場面も想定するという多元的理解を反映させるという形で立法は構想されるべきではなかろうか[23]。

(4) 約款アプローチを取る意義[24]

約款ないし不当条項規制のアプローチは、河上教授により2つの方向性に整理されている。一方は、「約款」ないし「標準契約」という外観に着目して、個別的合意とは異なる規制に服せしめる方向であり、他方は、個々の条項の内容や契約当事者の属性に着目して規制を加える方向である[25]。約款

---

[20] 河上・前掲注15)『約款規制の法理』182頁。もっとも河上教授によれば、その後の判例は学説の混乱振りを反映していることが指摘されている(河上・前掲注15)同183頁)。
[21] 河上・前掲注15)『約款規制の法理』182頁。
[22] 河上教授が約款規制の「三つの砦」と表現する、約款の採用不採用、約款の解釈、直接的内容規制という法的装置である(河上・前掲注15)『約款規制の法理』171頁)。本稿の対象部分は「第一の砦」が中心であり、「第二の砦」に関わる議論が含まれることになる。潮見・前掲注17)「普通取引約款」176頁以下。
[23] 個別法規や慣習法により約款の法規範性が認められる場合につき大村敦志『消費者法［第4版］』(有斐閣、2011年) 212頁以下。
[24] 河上・前掲注15)『約款規制の法理』160頁以下。河上正二「総論」河上正二他著『消費者契約法─立法への課題─』(商事法務研究会、1999年) 12頁以下も参照。約款ないし不当条項規制のアプローチにつき山本豊・前掲注3)「契約の内容規制」76頁以下では、不当条項アプローチ、約款アプローチ、消費者契約条項アプローチ、約款と消費者契約条項の混合アプローチ、非交渉条項アプローチが検討されている。

を用いた取引に着目する約款アプローチが前者に相当し、不公正取引がなされたか否かに着目する不公正取引規制アプローチ、当事者間の交渉力格差に着目する交渉力アプローチ[26]、消費者と事業者の取引に着目する消費者アプローチなどは後者に相当するものと解されよう。河上教授は、規制立法のスタイルとしては、両者を規制の目的に合わせて組み合わせる他はないとしている[27]。

この点、わが国には、既に消費者契約法が存在し、この意味では消費者アプローチにたつ規制立法が存在している。消費者契約法を前提にして民法に約款規制、不当条項規制の規律を設ける意義はどこに求められるといえようか。

この点、事業者間契約における不当条項規制において意義を有することが考えられる。従来、事業者ないし商人間取引における不当条項を規制すべきかに関しては議論があった[28]。消費者と異なって、事業者ないし商人は、経済的弱者とは言い切れず、司法による契約への介入はより謙抑的になされるべきだからである。しかしながら、事業者間においても交渉力や経済的地位に優劣があり、事業者対消費者におけると同様の構造があることについては異論がないであろう。そうであるとすると、消費者契約法の規律とは別に約款規制の規律を設けることでかかる場面の規律を可能にする意義があると思われる[29]。

(5) 付随的部分と中心部分の区別論

約款規制の規律の及ぶ範囲について、合意の構造という観点から、合意の中心部分と付随的部分を区別した上、後者にのみ約款規制が関わることが主張されてきた[30]。

これを肯定する河上教授は、合意を核心的合意部分と付随的合意部分に分

---

25) 河上・前掲注15)『約款規制の法理』120頁。
26) 山本豊教授は、交渉力アプローチの立場から約款アプローチの適切さに疑問を呈している(山本豊『不当条項規制と自己責任・契約正義』(有斐閣、1997年)75頁、山本豊・前掲注16)「約款」221頁)。
27) 河上・前掲注15)『約款規制の法理』121頁。
28) 潮見・前掲注17)「普通取引約款」218頁。
29) 山本豊・前掲注3)「契約の内容規制」76頁。

第 5 　約　款（定義及び要件）　233

ける。前者は、契約の核となるべきもので、売買契約では、契約目的物の種類、品質、数量、価格などがこれに当たるという。さらに、この核心的合意内容を取引過程において実現するための様々な技術的問題について定められた部分、売買契約における引渡日時、場所、引渡方法などがあり、これらについては、当事者の主観的意思を問題とすることが可能であるとする。これに対して、約款規制が問題となる付随的合意部分は、その他の付随的条件群や紛争処理のための条件群であり、正常な取引関係を望む当事者の主観的意図とは相容れない性格を持つことが多いとされている。そして、「付随的合意部分としての約款は、核心的合意部分の成立に伴って、一定の取引環境に置かれた顧客が相手方に与えた同意の外観とその責任性に基づき、核心的合意に連動する形で、個別契約に入り込んだ特殊な法律行為的所産」と説明されている[31]。

　中心部分と付随的部分とを分け、前者を約款規制の対象から外すことは、伝統的な契約自由によって基礎づけられるものであるところ、これに対しては、内容規制面という観点から「『なぜ核心的合意部分は、無条件で尊重されなければならないのか』という点にこそ、批判の目を向ける必要があるのではなかろうか」という潮見教授の指摘がある[32]。潮見教授の整理に従えば、従来の見解は、中心部分に相当する給付・反対給付の部分については、自己決定がなされていることから約款規制の法理を認めることに消極的であったが、近時は、対価的給付の部分についても不均衡ないし不公正な内容について規制を及ぼすことが提唱されているという[33]。

　約款の概念に関して合意の中心部分と付随的部分とを分ける法技術的な意味は、前者に関して約款規制の対象外とすることに意味がある。約款規制に関する議論に照らす限り、両者については、基本的には区別されるべきもの

---

30)　河上・前掲注 15)『約款規制の法理』249 頁以下。区別論の立場から山本豊「不当条項規制と中心条項・付随条項」河上正二他著『消費者契約法―立法への課題―』（商事法務研究会、1999 年）94 頁以下の検討も参照。なお、中心条項と付随的条項の間に中間的条項を定立する見解もある（廣瀬久和「内容規制の諸問題」私法 54 号 45 頁（1992 年））。
31)　河上・前掲注 15)『約款規制の法理』252 頁。
32)　潮見・前掲注 17)「普通取引約款」219 頁。潮見佳男「不当条項の内容規制」河上正二他著『消費者契約法―立法への課題―』（商事法務研究会、1999 年）144 頁以下の分析も参照。
33)　潮見・前掲注 17)「普通取引約款」178 頁。

であるといえよう。他方で、現代では契約の内容が複雑化し、一定の契約では給付内容を約款で記述する場合があることが指摘されている[34]。中心部分に該当するか、付随的部分に該当するかは契約解釈を通じて明らかにされるものと考えられるが[35]、そうであれば、約款規制の対象となるかの範囲の決定についても解釈に委ねるべきものと考える余地もある。

　合意の中心部分と付随的部分とを区別しないとする立場には、約款規制に関して議論された問題、当事者による没交渉、交渉力等の不均衡といった法理が、現在では契約一般の問題と捉えられることが背後にあるように思われる。民法の改正にあたり、これらの法理がどこまで民法に採用されるかは1つの問題であるが、約款規制の対象範囲に入ることで、これらの一般法理よりも緩やかな要件で規制の対象になることになる。かかる観点からは、その区別は困難である場合があるとしても、中心条項は当事者の自己決定に本来は委ねられるべきであると解される以上、中心条項と付随の条項の区別は残しておくべきではないか。中心条項に該当するが、内容の不当性などから何らかの規律が要請される場合には、約款規制によるのではなく、一般法理に基づいて規制することが本来であると解される。

(6) 約款と個別交渉条項の区別論

　約款が個別交渉された条項（以下「個別交渉条項」という）から区別され、後者については規制が及ばないとすることは従来から認められているものと解される。もっとも、いかなる要件のもとで「個別交渉条項」と認めうるかが問題となる[36]。ここでの交渉は実質的なものであることを要することには異論はなく、約款を使用する事業者が形式的に交渉しても個別交渉を経たとはいえないと解される。

　したがって、まず、実質的交渉を経て締結された条項は、約款には含めな

---

[34] 山本豊・前掲注3)「契約の内容規制」84頁。山本豊教授はかかる点を踏まえても中心部分の区別論を支持する。もっとも山本豊教授は、前掲注30)「不当条項規制と中心条項・付随条項」101頁で、潮見説も中心条項が無条件で尊重されなければならないとまでは述べていないことから、両者の議論が十分かみ合っていない感があると指摘する。

[35] 河上教授も両者の区別は個々の状況に照らして慎重に検討する必要を指摘する（河上・前掲注15)『約款規制の法理』164頁)。この点は、中心部分と付随的部分の区別に意義を認める山本豊教授も同様である（山本豊・前掲注3)「契約の内容規制」84頁)。

[36] 河上・前掲注15)『約款規制の法理』137頁以下。

い旨の規定を設けるべきであろう。しかし、どのような交渉があれば実質的交渉がなされたといいうるかは一義的に明確ではない。この点について、河上教授は、ドイツにおける旧約款規制法のもとでの議論に基づいて一定の基準を示している。それによれば、①顧客が、個々の条項につき、内容・法的効果・他の条項との関連等につき、おおよそ認識し理解していること、②顧客の契約条項の内容形成への影響可能性があることが指摘されている。その上で、実際に個別的合意が認定されるのは、当該条項の本質的部分に修正が施されているか、特定条項の存続と引き換えに相当の値引きまたは付加的給付などの形で約款使用者側の明白な譲歩がある場合に限られるように思われるとする[37]。

これらを踏まえて、顧客の条項の内容等に対する認識や顧客が条項の変更に影響可能性を有することを内容に盛り込む余地はありうるであろうが、明文化されることで硬直的になることを避けるべきと思われるので、実質的交渉の内容については、解釈に任せるべきではなかろうか。

2 約款の組入れ要件

部会では、契約説を前提にした議論がなされているところ、前述したように約款規制の種々の手法との関係で、アプローチとして支持したい。

契約説による構想では、「当事者の約款による意思」という要件とその前提となる「相手方の認識可能性の確保」という要件が必要となろう[38]。

「当事者の約款による意思」をどういった形で示すかに関しては、明示のものだけでなく黙示のものも含めてよいと思われる。したがって、書面性を要求する必要はないと解する。

「相手方の認識可能性の確保」について、従来の立法提案では開示にとどまるか書面の交付まで求めるかの2つの立場が示されているが、書面の交付に限定することまでは必要なく、開示でよいのではないか。開示には当然書面の交付による場合が含まれよう。それに加えて開示が困難な場合の例外

---

37) 河上・前掲注15)『約款規制の法理』149頁以下。その上で河上教授は、約款と個別的合意の境界は非常に微妙であるとする（河上・前掲注15)『約款規制の法理』152頁）。
38) 潮見・前掲注17)「普通取引約款」181頁以下による契約説の分析参照。

を認める構想を支持したい。さらに、どの程度までの開示を要求するかに関しては解釈に委ねるべきと考える[39]。

3 不意打ち条項について

ドイツ民法305c条（旧約款規制法3条）は、不意打ち条項について定めており、それによれば、「契約の外観を基準とするときわめて異例であり、約款使用者の契約相手方が当該条項を考慮に入れる必要がないもの」とされている[40]。ドイツ民法305c条に定めるように、不意打ち条項に該当する場合、契約の構成部分にならないと解釈され、約款解釈の準則の一つにあげられることもある[41]。

その一方で、不意打ち条項は、約款規制の手段としては、不十分であることが指摘されている。すなわち、不意打ち条項が規制の対象となるのは、契約相手方が予測できない点にある。したがって、内容的に不合理であっても、慣行化しているような内容の条項は、不意打ち条項に該当せず、規制が及ばないことになる[42]。不当条項の規制手段としては、不意打ち条項準則はかかる限界を有するものである。

では、不意打ち条項規制に関する規律を導入することには意味がないのであろうか。不当条項規制は、条項の内容自体の不当性、不合理性を根拠に規制を行う、いわゆる直接的規制の問題であるのに対し、不意打ち条項準則は、相手方当事者の予測可能性に根拠を有する約款の組入れの問題である。その意味で両者は性格が異なるものといえよう[43]。かような点に鑑みると、不当条項規制と別に不意打ち条項の排除規定を導入する意義はあると考える。

---

[39] 潮見・前掲注17)「普通取引約款」186頁。
[40] 岡・前掲注13)『契約法における現代化の課題』194頁の翻訳による。
[41] 潮見・前掲注17)「普通取引約款」195頁以下。もっとも、潮見教授は、原島重義教授の見解を引用して同準則は厳密には解釈準則でないとしている（195頁）。
[42] 潮見・前掲注17)「普通取引約款」195頁。
[43] 審議会で山本敬三教授がこの点を指摘する（[**第11回会議議事録**] **19-20頁**）。

4　不当条項規制との関係

　法制審議会の検討事項や中間的な論点整理、論点の検討においては、不当条項規制と約款の組入れの問題を分ける立場が取られている。たしかに、両者は別の問題であるが、その関係に鑑みれば、約款の定義に際してもどのような不当条項規制がなされるかと関連づけて考える必要があろう。

　約款の拘束力についての契約説を支持する理由はここにもある。契約説が有力化した背景には、契約一般における正当化理由としての自己決定の尊重という枠組み、さらに契約解釈の一応用場面としての約款解釈による内容規制、さらには信義則や公序良俗といった一般条項等を通じた直接的内容規制という法的装置の活用による、約款ないし不当条項の正常化への試みがあった[44]。かかる点から、不当条項規制につきどのような構想が採られるかは、約款の定義や組入れの問題にも深い関わりがあると考えられる。そして、上記の法的装置を前提とした立法提案がなされる限り、約款の定義、組入れにおいても基本的に契約説を前提にした構想を支持したい。

5　約款の変更

　約款の変更についての規定に関しては導入する意義を認めるべきであると解したい。もっとも、その上で、どのような要件で約款の変更を認めるかに関しては、慎重な検討を要するものと考える。

　例えば、長期の契約関係においては、契約の環境が変更し、それに契約内容を調整することが要請されるが、一方当事者のみを変更権者とするべきか、どのような手続を踏んでいれば、変更が正当化されるかは問題となる。一般的には、当該条項が中心条項に近づけば近づくほど、約款の変更について当事者による合意が要請され、付随的な色彩が強ければ、一方的な変更権を認めてもよいといえそうである。中間的な条項については、変更に際して相手方の関与をどこまで認めるか、どのように認めるかが問題であろう。このような約款の変更における規律内容に参考になる議論として、銀行取引

---

[44]　潮見・前掲注17)「普通取引約款」176頁。

における利率変更条項がある。銀行取引などでは、あらかじめ利率変更条項が規定されていることが多い。基準割引率および基準貸付利率など客観的な指標がある場合には、銀行側に変更権を認めても、それが客観的に内容上正当性を有するか否かの判断は比較的容易といえる場合が多いであろう。その場合でも、相手方には契約解除権を伴う異議権を認める必要があると考える。他方で、より一般的に一方当事者による約款の変更権を念頭におくと、客観的な基準がないことも多いと思われるので、各当事者の変更請求権を認めた上、相手方に解除権を伴うような異議権を認めることが望ましいと思われる。

この点、ドイツでは、銀行約款12条4項に「利率の変更：増額における顧客の告知権」として利率変更条項の規定がある。同項では、変動利率の場面で利率の変更は、顧客とのその都度の融資合意に基づき行われる、とし、一方的な変更権を認めてはいない。さらに、顧客には解約権が認められている。なお、この点に関し、公法上の銀行で、貯蓄を奨励することを主要な任務とする貯蓄銀行の2009年10月改正前貯蓄銀行約款17条2項1文が、貯蓄銀行に「公平な裁量に基づく（ドイツ民法315条）」報酬や利率の変更権を定めていたところ、ドイツ連邦通常裁判所は、2009年4月21日の判決で[45]、不当条項の内容規制に関するドイツ民法307条1項、2項1号に基づき、消費者との銀行取引において上記利率変更条項の効力を否定した[46]。その結果、「顧客とのその都度の融資合意」に基づいて利率の変更が行なわれるように約款の内容が変更されたという経緯がある[47]。かかる約款規制の展開は日本法にとっても参考になろう。

約款の変更の問題は、より一般的には事情変更の原則の問題や再交渉義

---

[45] BGH XI ZR 78/08（BGHZ　180, 257）.
[46] ドイツ民法307条1項は、「普通取引約款に含まれる条項は、当該条項が信義誠実の原則に反して約款使用者の契約相手方を不相当に不利益に取り扱うときは、無効とする。不相当な不利益は、条項が明確でなく、又は平易でないことからも生じる。」と定め、同条2項1号は、「ある条項が次の各号のいずれかに該当する場合であって、疑いがあるときは、不相当に不利益な取扱いと推定する。1 法律の規定における本質的基本思想から逸脱し、合意すべきでないとき」と定める（翻訳は岡・前掲注13) 194頁以下による）。
[47] 本問題に関しては、中村肇「ドイツの銀行取引における利息調整条項について―近時の判例の展開と銀行約款の変更を中心に―」明治大学法科大学院論集10巻（2012年）221頁参照。

務、再交渉請求権の問題と関連しても検討する必要があろう。

［中村　肇］

第7章　法律行為

第1 法律行為に関する通則
——公序良俗違反論を中心に——

Ⅰ 法制審議会提案

　法制審議会民法（債権関係）部会は、法律行為に関する通則について、法律行為の定義規定の新設及び現行民法90条から92条の見直しを提案している。本稿では、第10回会議等において特に議論が集中した民法第90条の具体化を中心に検討する。

1 提案内容

(1) 公序良俗について[1]

(a) 公序良俗違反の具体化（暴利行為の明文化）

　「民法第90条は、法律行為の効力を是認すべきでない場合に適用される一般条項として、様々な場面で活用されてきたが、一般条項の適用の安定性や予測可能性を高める観点から、いわゆる暴利行為（伝統的には、他人の窮迫、軽率又は無経験に乗じて、過大な利得を獲得する行為）について、これまでの判例や学説の到達点を踏まえ、公序良俗違反の具体化として明文規定を設けるべきであるという考え方がある。このような考え方について、どのように考えるか。」

(b) 「事項を目的とする」という文言の削除（民法第90条）

　「民法第90条は、その文言上、公の秩序又は善良の風俗に反する『事項を目的とする』法律行為を無効としている。しかし、現在の判例・学説の一般的な理解によると、厳密に、法律行為が公序良俗に反する事項を目的としているかどうかではなく、法律行為が行われた過程その他の諸事情を考慮して、当該法律行為が公序良俗に反しているかどうかが判断されているとされる。そこで、このことを条文上明確にするため、『事項を目的とする』とい

---

1) 以下の提案内容及び補足説明については、民事法研究会・検討事項〈詳細版〉312頁（[部会資料12-2] 4頁）以下より抜粋した。

う文言は削除すべきであるという考え方が提示されているが、どのように考えるか。」

(2) 提案の補足説明

(a) 暴利行為の明文化

　法制審議会民法部会は以上の提案について補足説明を加えている。暴利行為の明文化が上記の「一般条項の適用の安全性や予測可能性を高めること」を目的とすることに加え、明文化に際し、近時の消費者契約や投資取引等の領域における民法90条の適用の増加を踏まえ、従来の暴利行為準則の見直しも検討されるべきとする。また暴利行為の効果に関しても、絶対的無効、相対的無効、取消しのいずれとすべきかという点も検討されるべきとしている。

(b) 「事項を目的とする」という文言の削除

　補足説明では「法律行為が行われた過程その他の諸事情を考慮して、当該法律行為が公序良俗に反しているかどうかが判断されている」場面として以下の場面が列挙されている。公序良俗に反する事項と不可分の関係にある合意（例えば、犯罪行為をすれば報酬を支払うという約束）、目的は公序良俗に反しないが、金銭的利益が結び付くことによって公序良俗に反する合意（例えば、公務員に金銭を与えて正当な職務行為をさせる場合）、その行為自体は公序良俗に反しないが、公序良俗違反の行為と因果の牽連があるがあるために無効とされる合意（例えば、賭博の用に供することを知って金銭を貸す行為（最判昭和61年9月4日判時1215号47頁）など）である。

2　提案前の議論

(1) 基本方針の提案

　民法（債権法）改正検討委員会は、同委員会による債権法改正の基本方針【1.5.02】（公序良俗）で、次のように提案する[2]。

【1.5.02】（公序良俗）

---

2) 詳解・基本方針 I 50頁。

〈1〉 公序または良俗に反する法律行為は、無効とする。
〈2〉 当事者の困窮、従属もしくは抑圧状態、または思慮、経験もしくは知識の不足等を利用して、その者の権利を侵害し、または不当な利益を取得することを内容とする法律行為は、無効とする。

　検討委員会は提案の趣旨を次のように述べる。第一に「事項を目的とする」の削除に関しては、「現在の一般的な理解によると、法律行為の内容だけでなく、法律行為が行われる過程の事情も考慮することが認められている」ためとする。第二に暴利行為論の明文化に関しては、「伝統的な暴利行為の定式の前半部分」「を意思決定過程に関する主観的要素ととらえ、後半部分」「を法律行為の内容に関する客観的要素ととらえた上で、両者の相関関係によって不当性を判断」するという「現代的暴利行為論」の主張に従い新設するとしている。
　〈1〉と新設された〈2〉の関係については、〈2〉を「〈1〉の具体化として〈1〉に続けて規定するのは、公序良俗の射程に、個人の権利・自由を保護することを目的とした保護的公序といわれるものが含まれることを明確化し、〈2〉の要件を直接みたさない場合でも、〈1〉でカバーする可能性があることを示すためである」とする。
　〈2〉の主観的要素のうち、「困窮」は従来の「窮迫」に、「思慮」「経験」の不足は従来の「軽率、無経験」に対応するが、「従属もしくは抑圧状態」に関してはこれらが利用される場合でも自由な意思決定を妨げられることに変わりはないためであり、「知識」の不足に関しては、情報・交渉力の格差を利用して不当な契約を締結させる場合も対象に含めるためであるとされている。
　〈2〉の客観的要素について従来の「過大な利得を獲得する」から「不当な利益を取得すること」へと改めたことに関しては、「主観的要素がそなわる程度が大きければ大きいほど、当事者が自由に決めたとはいいがたくなり、そのような場合は、現代的暴利行為論が説くように、『いちじるしく過当』とまではいえなくても、『不当』といえる程度の利益を取得することが内容とされていれば、法律行為の効力を否定してよいとも考えられるから」

であるとする。また「その者の権利を害し」を新たに加えた趣旨は、「不当な利益」の取得とは言えない場合でも被害者の「権利」が侵害されている限り、救済を認めるべきという考慮に基づくとする[3]。

(2) 民法改正研究会有志案

民法改正研究会は有志案50条［法律行為の効力］において以下のように提案する[4]。

第50条
①略
②法律行為は、法令中の公の秩序に関する規定（以下「強行規定」という。）に反するときは、無効とする。
③前項によるもののほか、法律行為は、公の秩序又は善良の風俗に反するときは、無効とする。

公序良俗規定に関して、動機の不法等を判断対象とする点から現行規定の「事項を目的とする」を削除している点では民法（債権法）改正検討委員会案及び法制審議会の提案と一致しているが[5]、暴利行為論の明文化はされていない。加藤雅信教授は、暴利行為論が「自律と他律の微妙なバランスにのっているものだけに、慎重に考える必要がある」と、明文化には消極的である[6]。なお、同研究会では消費者契約法8条、9条の内容を「消費者公序」として民法典に取り込むべきかという問題も議論されたが、「変動が激しい消費者法を取り込むことにより……民法典の安定性を失わせる」として否定されている[7]。

---

[3] 詳解・基本方針Ⅰ 50-52頁。
[4] 民法改正研究会・国民・法曹・学界有志案124頁。
[5] 民法改正研究会編『日本民法改正試案（民法改正研究会・仮案〔平成20年10月13日案〕）第1分冊：総則・物権』（有斐閣、2008年）49頁（以下本書を「日本民法改正試案」という。（民法改正研究会（代表　加藤雅信）『民法改正と世界の民法典』（信山社、2009年）493頁以下所収、501頁参照））。
[6] 民法改正研究会・国民・法曹・学界有志案68頁。
[7] 日本民法改正試案55-56頁。

3　法制審議会の議論状況

(1)　法制審議会民法（債権関係）部会第 10 回会議の議論状況

(a)　暴利行為の明文化の可否

　民法第 90 条関連では「事項を目的とする」の削除について、特に異論がなく、暴利行為論の明文化に議論が集中した[8]。明文化の可否をめぐっては、現行の民法第 90 条が具体性に欠け利用しにくいこと、暴利行為規範の明確化は消費者保護等の観点から有意義であるとの意見が述べられた（岡田委員等多数）。また、判例・学説上承認されてきた法理の明文化という観点からの賛成意見も多い（鹿野幹事等）。

　一方、明文化による自由な経済活動の萎縮が懸念されること（奈須野関係官）、暴利行為論が機能するのは、詐欺・強迫などの意思表示に関する規定や消費者契約法上の表意者保護が及ばない限定された場面であり、明文化の実益は必ずしも大きくないこと（木村委員）、暴利行為だけを民法第 90 条の具体化として明文化すると、同条の一般規定としての性格が不明確になるおそれがあること（岡本委員）などから、慎重な検討が必要であるとの意見も述べられた。

(b)　暴利行為の要件に関する総論的な議論

　暴利行為の要件について、主観的要素と客観的要素を相関的に衡量し、財産処分に関する自己決定権侵害が認められる場合に法律行為の拘束力が否定されるという考え方を踏まえるべきとの意見（山本(敬)幹事）や、伝統的要件の現代化は必要があるが、効力否定の場面を契約自由の範囲を逸脱する行為に限定すべきであるとの意見（鹿野幹事）、公序良俗規定の安易な適用を避け、適用のハードルを下げるのではなく予測可能性を高める方向で要件を検討すべきであるとの意見（深山幹事、木村委員）などが述べられた。

(c)　暴利行為の要件に関する各論的な議論

　要件に関する各論的意見として、主観的要素に相手方の従属状態や抑圧状態に乗じることを加えるべきであるとの意見や、客観的要素の「著しく過当

---

[8]　部会資料集第 1 集〈第 2 巻〉201 頁（**[第 10 回会議議事録] 1-12 頁**）。以下の議論の紹介は、商事法務・中間的な論点整理の補足説明 225 頁以下の整理によるところが大きい。

な利益」について、主観的要素と相関的な衡量をすることにより、「著しく過当」とまで言えなくても「不当」な利益を得るものであれば暴利行為に該当し得るとの意見、客観的要素として、自己が権利を獲得する場合だけでなく、相手方の権利を不当に侵害すること（例えば、相手方を廃業させること）も挙げるべきであるとの意見が述べられた（以上、山本（敬）幹事）。他方、このような意見に対して、事業者と消費者との間の一般的な情報格差に乗じた場合が暴利行為の主観的要素を充たすかどうかが不明確であるなど、暴利行為の外延が不明確になるおそれがあり、その結果取引実務に萎縮的効果が生じないかとの疑問を呈する意見（藤本関係官）、「著しく」という要件を除外することには疑問があるとの意見（木村委員）がある一方で、削除の方向で賛成との意見（岡委員）も述べられた。なお従来、主観的要素、客観的要素と呼ばれてきたものの前者のうち「当事者の困窮・従属・抑圧状態、思慮・経験・知識の不足」の部分はむしろ客観的状況であるのに対して、「乗じて」の部分は主観的な、あるいは内心の問題であること、「乗じて」とは不均衡状態の単なる認識で足りるのかといった指摘がなされた（山川幹事）。

(d)　公序良俗違反とは別に暴利行為に関する規定を設ける考え方

　交渉力の格差等を不当に利用した取引については無効という強い規範的効力を持つ規定ではなく訓示的な規定を設けるか、無効という効果を前提としない要件を柔軟にした規定を置くべきとの提案もあった（奈須野関係官）。これは暴利行為を公序良俗とは別に規定することを示唆するものであるといえる。

(e)　公序良俗に反するその他の類型

　利得要件を要求するのに適しない類型に関して、契約締結過程の不当性に着眼して法律行為を無効にする一般法理である「状況の濫用」についても明文化を検討すべきとの意見が述べられた（西川関係官、松本委員）。ただし、その位置づけについてはこうした過大な利得以外の類型を個別に規定していくのか、暴利行為の規範の中に含み得るような形で立法していくのか検討すべきとの問題提起がなされている（大村幹事）。

　また、公法上の取締法規にはこれに反する意思表示が無効になるものがあるが、取締法規と異なる意思表示の効力について民法に規定を設けることが

できるか検討する必要があるとの意見（中井委員）があった。
(2) 中間的な論点整理
　以上の議論に基づき第26回会議（平成23年4月12日開催）において、「民法（債権関係）の改正に関する中間的な論点整理」が決定され、以下のような提案がなされた（「事項を目的とする」という文言の削除については新たな提案なし）[9]。前述 I 1 からの変更点のみを示す。

　「暴利行為に関する明文の規定を設けるものとするかどうかについて、自由な経済活動を萎縮させるおそれがあるとの指摘、特定の場面についてのみ具体化することによって公序良俗の一般規定としての性格が不明確になるとの指摘などがあることに留意しつつ、更に検討してはどうか。」

　暴利行為論の明文化にあたり、従来の「主観的要素に関しては、相手方の従属状態、抑圧状態、知識の不足に乗じることを付け加えるか、客観的要素に関しては、利益の獲得だけでなく相手方の権利の不当な侵害が暴利行為に該当し得るか、また、『著しく』という要件が必要かについて、更に検討してはどうか。」

　「また、暴利行為のほかに、例えば『状況の濫用』や取締法規に違反する法律行為のうち公序良俗に反するものなど、公序良俗に反する行為の類型であって明文の規定を設けるべきものがあるかどうかについても、検討してはどうか。」

(3) 法制審議会民法（債権関係）部会第30回会議の議論状況
　第30回会議でも引き続き議論が行われた。ごく簡単に要約すると、明文化に賛成する委員は主として、判例法理の明文化の必要性（高須委員）や弱者（例えば労働者）保護を理由として挙げる（新谷委員）。ただし、判例の到達点を明文化するとしても暴利行為を公序良俗の一類型として位置付けることに関しては異論が多かった（「別枠説」：道垣内幹事、深山幹事、松本委員）。ただし暴利行為を法形成を促す規定として位置付け、あくまで公序良俗と関連付けて規定すべきとの意見もあった（山本（敬）幹事、大村幹事、松岡委員）。また、明文化に賛成の多くの委員・幹事が主観的要件の拡張として「知識の不足」

---
[9] 商事法務・中間的な論点整理の補足説明 226 頁。

の追加を主張する。

　反対意見としては、暴利行為を明文化することによりかえって判断が硬直化するのではないかとの意見があった（岡本委員、永野委員、佐成委員、村上委員）。

II　検　討

1　暴利行為論の明文化の要否

(1)　予見可能性の確保

　では以上の各論点について検討する。まず明文化に賛成する論者は予見可能性の確保を重視する。暴利行為論は公序良俗違反の一類型として日本法に定着しており[10]、判例法理を検索する枠組みは既に十分用意されている。したがって、あえて明文化する必要性はないとも言える[11]。後述（II 2）のように暴利行為の成否を判断する枠組を「要件」として規定するならば、過去の類似判例に準拠する思考方法よりもより明確性が確保され得る。しかし今日の判例のように「総合判断」の枠組みとして規定する場合であっても、判断要素を構造化することにより、無限定な争点の拡散を防ぎ、当事者のみならず裁判官にとっても予測可能性を高める役割を果たし得る[12]。明文化による判断の硬直化への懸念に関しては、（規定の位置とも関係するが）公序良俗の一般規定と暴利行為規定を連続的なものととらえることにより法形成が促されるのではないだろうか（後述のドイツ法ではそうした現象がみられる）。

(2)　経済活動への影響

　そうだとしても、明文化による経済活動への萎縮作用をどう考えるべきか。たしかに「事業者間取引では交渉ポジションの優位性を利用するのが通常」との指摘（奈須野関係官）はもっともである。しかし他方で、不公正な取

---

[10]　判例の傾向に関しては、織田博子「戦前判例における公序良俗」椿寿夫・伊藤進編『公序良俗違反の研究―民法における総合的検討―』（日本評論社、1995年）52頁以下及び中舎寛樹「戦後判例における公序良俗」同65頁以下参照。

[11]　山田卓生「一般条項について見直す必要はあるか」椿ほか・民法改正を考える』（日本評論社、2008年）50頁。

[12]　小粥太郎「民法上の一般条項と要件事実論―裁判官の法的思考」大塚直ほか編『要件事実論と民法学との対話』（商事法務、2005年）102頁以下。

引に対する規制が十分でない場合、そのことが中小事業者や消費者の経済活動を萎縮させる可能性もある。もちろん個別立法による規制も考えられるが（もちろんそれにも限界はある[13]）、「個別立法によってこれを事前規制するよりも一般条項による被害救済の実績を積み重ねた上で個別立法の制定および改正に繋げていく方が合理的であり、経済活動の自由に対する制約の程度も少な」いとの指摘もある[14]。今日の公序良俗論において経済・取引秩序に反する行為に対する規制が重要な役割を担っていることを考えれば、「交渉ポジションの優位性を利用」することが「優越的地位の濫用」に該当する場合、独禁法のみならず民法上もある一定の範囲で規制の対象になりうることを宣言することには大きな意味があろう[15]。

(3) 原理的課題

次に加藤教授により指摘された暴利行為と他律的原理の一つとされる「莫大損害 laesio enormis」との関係について検討する。ドイツ判例は給付不均衡の問題を今日 BGB138 条 2 項の暴利行為規定によってではなく、BGB138 条 1 項の良俗違反一般規定により処理している（いわゆる「暴利類似行為（Wucherähnliche Geschäft）」)。その際、「特別重大な不均衡」が存在する場合には利得者の「非難すべき態度」が推定されるとする「推定準則（Vermutungsregel）」が判例法理において確立している（学説の一部はこれを「莫大損害の再生」と呼び批判する）[16]。判例の特徴を示すと第一にこの推定準則による解決は、もっぱら、消費者信用契約の事例に限定されている。これは利息制限法が存在しないドイツの特殊性に由来する[17]。なお近時では代金を終身定期金として受け取ることを目的とした高齢者による自己所有不動産の売

---

[13] 例えばデート商法に関する名古屋高判平成 21 年 2 月 19 日判時 2047 号 122 頁の事案では、消費者契約法上の取消期間制限を徒過させるべく契約締結後も不当な態様を取っていた。そうした場合には依然として公序良俗が重要な役割を果たす。

[14] 佐瀬＝良永＝角田・要点 16 頁〔石那田隆之〕

[15] 取引の公正さは本来民事法上の問題であり、独禁法上の「優越的地位の濫用規制は、取引の公正という私法秩序を補うもの」との指摘もある。越智保見「流通激変の環境下における優越的地位の濫用規制の新たな課題」公正取引 724 号（2011 年）24 頁。

[16] 「特別重大な不均衡」給付間の価値の差が 100％を超える場合に認められる（RGZ 150,1；BGHZ 80, 153)。

[17] ドイツ法において利息制限法が撤廃された経緯に関しては、小野秀誠『利息制限法と公序良俗』（信山社、1999 年）121 頁。

買の事例にも推定準則が用いられつつあるが、実際には高齢者が病気を患っていることが認定されているケースが多く、しかも相手方は不動産業者であることが多いことなど、実際には給付不均衡のみで無効が認められているわけではなく、また利得者には推定を覆す特殊事情を反証することが認められている[18]。第二にこの推定準則は事業者間取引では認められておらず、また動産売買でも認められたケースは少ない[19]。ドイツの判例における推定準則はドイツの特殊性に由来する部分が大きく、また内容の異常性を利得者による契約の他律的契約形成の徴表として見るものであって、他律的・実質的秩序原理の復活を志向するものではないだろう[20]。今日の有力な見解によれば、暴利行為はむしろ当事者の基本権を侵害する場面として位置付けられており[21]、法秩序の中に適切に位置付けられるべきものであろう。

2 要件・効果

(1) 要件に関する総論的な問題

以上の点から暴利行為論の明文化に賛成するとしても、①規定の位置、②無効判断の枠組みを「要件」として規定するのか、それとも諸要素の「相関関係」によって判断するのかが問題となろう。というのも、後者によるならば公序良俗違反の一般条項との区別が不明確になるという批判があり得る一方で、前者によるならば暴利行為規定は結局その厳格さのゆえに適用を回避され一般条項のほうで解決される可能性があるからである。

③そして仮に諸要素の相関関係による判断を肯定するとしても、客観的要

---

[18] 判例は推定準則が莫大損害の再生を意味しないとする（BGH NJW 2002,429; BGH NJW 2002, 3165）。近時の判例に関しては、堀川信一「暴利行為論における利得者側の主観的要件について―ドイツにおける議論を参考に―」大東法学第19巻第1号（2009年）307頁以下参照。
[19] 堀川・前掲注18) 319頁。
[20] ドイツ普通法上の「莫大損害」は「正当価格論」とは（影響は否定しないが）異なる性格のものであった（堀川信一「莫大損害（laesio enormis）の史的展開（3・完）―その法的性質と要件・効果の結びつきを中心に―」一法 第4巻第1号（2005年）189頁以下）。詳論は避けるが、近時のドイツの研究も莫大損害と正当価格論を異なるものと位置付ける（Kalb, Laesio enormis im gelehrten Recht, 1997.）。野村教授は法制審議会の議論の中で、莫大損害が受け入れられなかった理由を問うている（部会資料集第1集〈第2巻〉第10回議事録209頁）が、ドイツに関する限りその理由は「取引の安全」の重視にあったと見るべきではないかと考える（RGZ 150,1 はそのように説明する）。
[21] 山本敬三『公序良俗論の再構成』（有斐閣、2000年）204頁以下。

素を必ず何らかの形で充足しなければならないのか、それとも内容の不当性を問わない、いわゆる「状況の濫用」のようなタイプも相関関係の中で認めていくのか。

　①②の問題について、暴利行為規定を持つドイツではBGB138条2項は、ドイツ民法典が制定された当初から利得者側の主観的要件である「乗じて」の立証の困難さゆえにBGB138条1項による判断にとって代わられた。ライヒ裁判所は利得者側の主観的要件を「非難すべき態度」に緩和し、その後判例は被利得者側の主観的要件も「精神的な苦境（seelische Notlage）」や「経済的に弱い立場（wirtschaftliche schwäche Lage）」へと緩和した。こうした状況を受け1976年改正では、BGB138条2項の被利得者側の主観的要件に「強制状態」が追加された[22]。BGB138条2項の要件についてはこれを動的要素として理解することにより1項による解決に制限を加えるべきとの見解が以前から存在する[23]。わが国においても暴利行為の伝統的定式は守られていないとの指摘は以前からあり[24]、厳格な要件を定めることは、結局のところ新設された暴利行為規定を「死産」させることとなろう。したがって、従来の暴利行為準則を生かしつつ、各要件の表現に幅を持たせ、それらの衡量を認めるべきであろう。また上記のBGB138条1項及び2項の関係にみられるように、暴利行為準則と公序良俗違反の一般規定を並列させることは相互の法形成を促す作用をもつ。暴利行為規定は公序良俗規定の中に置かれるべきであろう。

　③その際、相関関係的判断の結果、内容の不当性を問わずに無効を導くパターンを認めてよいか問題となる。筆者は現段階ではそうしたパターンを公序良俗規定の内部で認めるべきではないと考える（なお後述のように客観的要件については従来とは別の観点からの規定が必要であると考える）。「状況の濫用」という法理を暴利行為とは別に認めるべきであるとの意見が法制審議会でも出されたが、この問題については錯誤、詐欺・強迫や現在検討されている意思表示規定の拡張との関係性及びバランスをさらに詳しく検討するべきであろ

---

22)　大村敦志『公序良俗と契約正義』（有斐閣、1995年）213頁以下。
23)　Koziol, Sonderprivatrecht für Konsumentenkredit？, AcP 188（1988）, 191ff.; Jung,Das wucherähnliche Geschäft,2000,S.77ff.
24)　大村・前掲注22）352頁以下。

う[25]）。

(2) 要 件
(a) 主観的要件

①被利得者側の主観的要件に関しては、法制審議会の提案どおり、被利得者側の主観的要件を現代化することには賛成である。ただその時の表現については、ドイツの判例でしばしば使われる「精神的な苦境」及び「経済的に弱い立場」、あるいは更に一般化し「自由な判断を妨げる事情」といったより概括的な表現とすべきか、具体的な場面を列挙し、最後に例示であることを示す意味で「等」とするか二つの規定の仕方があろう。例を示すほうが親切ではあろう。なお法制審議会の各委員や司法書士会からは「知識の不足」も追加すべきことが提案されている[26]。単なる知識の不足に基づき望まない契約を締結してしまった場合、そのすべてを無効にすることは当然にできない。したがって、こうしたものが主観的要件として組み込まれたとしても、「著しい」内容の不当性や利得者の悪性が極めて強い場合でなければ無効は認められないだろう。

②次に、利得者側の主観的要件である「乗じて」についてである。ドイツでは契約自由を基礎とする法秩序のもとで、暴利を「良俗」に反する禁圧すべき行為として扱うためには、暴利者の強度の主観的悪性が要求されねばならないと考えられていたものと思われる[27]。

日本において暴利行為論を「保護的公序」という「公序」の側面から基礎付けるときには、被利得者側の自由な判断を妨げる事情と内容の過酷さ等があれば、被利得者の保護には十分であるようにも思われる[28]。しかし、詐欺・強迫とのバランスや安易な適用への歯止めを考えるならば、（被利得者の状況や契約締結過程の事情並びに内容の過酷さから推認しうる場合が多いとしても）や

---

25) オランダ法における状況の濫用法理が参考になると思われるが、現在詳細な検討が行われつつある。詳しくは内山敏和「オランダ法における状況の濫用（1）―我が国における威圧型不当勧誘論のために―」北園145巻3号（2009年）445頁参照。
26) ［第28回会議参考人説明資料・日本司法書士会連合会「司法書士から見た民法（債権関係）改正に関する意見書」］**10頁**。
27) 林幸司「ドイツ法における良俗論と日本法の公序良俗」前掲注10）132頁。近時では、無効を主張される相手方の信頼や取引の安全の保護が必要ではない場面として利得者側の悪性の存在を理解する見解も現れている（Jung, a. a. O., S.27f.）。

はり利得者側の主観的要件を要求するべきであろう。ではそれを従来どおり「乗じて」とすべきか。ここでは、被利得者側の状況に対する認識に加え、過大な利得等を得る「意図」まで要求すべきか、あるいはそれらについての単なる「認識」あるいは認識しうる地位にありながらこれを重過失により認識し得なかった場合で十分か問題となろう（なお「公序良俗に反する」という意識までは必要ないだろう）。ドイツのように「非難すべき態度」という概念を用いることも可能であるが、日本ではこれまで利得者側の主観的要件について十分な議論があったとはいえない（そもそも利得者側、被利得者側を区別することなく「主観的要件」としていた）。したがって、従来どおり「乗じる」という表現を採用し、その中での学説・判例の発展を待つこととなろう。

(b) 客観的要件

客観的要件に関しては「著しく」という文言を削除することが提案されている。その趣旨は、主観的要件の充足度に応じて、客観的要件の充足度を緩和しうるというものである。

まず規定の仕方として、利得者の「利得」の側面からの契約内容の把握で良いか問題になり得るように思われる。日本が参考にしたドイツの暴利行為規定が「利得」に焦点を当てているのは、「過大な利息を取ること」が古くから倫理的に非難されてきたことや、それに応じて、暴利特別法（そして後には刑法典）によってそうした行為が処罰の対象とされてきたことに由来する[29]。したがって、「利得」という表現にこだわる必要はないだろう。

暴利行為論を保護法理と位置づけるならばここで重要なのは利得者が過大な利得を獲得することではなく、むしろ被利得者が「不相当、不要もしくは一方的な負担」を負わされた点である[30]。例えば、認知症の高齢者の判断能力の低下に乗じてなされた不公正な土地の売買につき公序良俗違反が肯定さ

---

[28] たとえば独禁法上の優越的地位の濫用について「商慣習に照らし不当に不利益を与える」ことが濫用行為となるが、そこでは「濫用の意図」は問題とはされていない（松風宏幸「『優越的地位の濫用に関する独占禁止法上の考え方』の概要」金法1916号（2011年）22頁以下）。なおドイツではかつてライヒ裁判所は競争相手の抑圧、殲滅の意図を要求していた（RGZ 134, 342）。

[29] 暴利行為論の歴史に関しては、大村・前掲注22）65頁以下参照、小野・前掲注17）1頁以下参照。

[30] そうした点で暴利行為と不法行為に共通する面があることを指摘するものとして、山本・前掲注21）205頁。

れた大阪高判平成21年8月25日（判時2073号36頁）では、当該取引が被利得者にとって「客観的な必要性の全くない（むしろ被控訴人（被利得者※筆者注）に不利かつ有害な）取引」という点が強調されている。また自社の商品を従業員に大量に購入させ、支払い能力を超える債務を負わせる契約を公序良俗に反するとした大阪地判平成20年1月30日（判時2013号94頁）も、客観的に見て、資産状態に照らして過大・不相当、不要であることを重視しており、価格と商品の価値の不均衡は問題とはされていない。現代的暴利行為論の例としてしばしばあげられるいわゆる「ホステス保証」に関しても、給付の不均衡が問題となる事例ではなく、被用者、雇用者という地位を利用してホステスにとって意味のない保証をさせることに公序良俗違反性が見出されている（最判昭和61年11月20日判時1220号61頁は否定例。）[31]。以上から、暴利行為の客観的要件は被利得者側の負担の側面から規定すべきであると考える。「著しい」という表現については、上記の観点からは必ずしも重要ではなく撤廃に賛成である（もちろん内容が「著しく」不相当である場合にそのことが無効判断にプラスに作用することを否定するものではない）。

　法制審議会の議論では、事業者間におけるDPI取引では資金難の事業者が一見すると不利な契約を締結させられているように見え、それを無効にすることは不当であるとの指摘（奈須野関係官）がなされた。契約上のリスク回避のために通常よりも厳しい内容の契約が締結されているのであり、そうしたリスク回避の視点を踏まえたうえで「不相当」と言える程度のものでなければ公序良俗違反とはならないだろう[32]。こうした点は、表見的な公序良俗違反性を覆す事情として利得者側が立証することとなろう。

---

31) ただしホステス保証は、これが有効とされればホステスの退職の自由が侵害されるという点で人権を侵害する行為としても位置付けることが可能である（たとえば奥田昌道＝安永正昭編『法学講義民法1総則〔第2版〕』（悠々社、2007年）82頁以下〔滝沢昌彦〕）。

32) ドイツでもそうした判断がなされており、事業者間取引においては一見すると「特別重大な不均衡」が存在する事例でも給付の不均衡が認められていない事例がある（BGH NJW 1980,445.）。日本でも事業者間取引においてはこうしたリスク分配の視点、あるいは経営判断の視点が判断要素に取り込まれている（たとえば東京地判平成15年6月20日金法1699号67頁では将来債権の包括的集合譲渡担保が経営判断の下で行われ、かつ会社債権者にも不利益とならない点から公序良俗違反性を否定した）。

(3) 効　果

　効果については法制審議会ではほとんど議論がなかった。しかし、公序良俗違反の一類型であることに加え、「暴利行為の相手方保護の観点からも効果を『取消し』に変更すべき必要性は低い」との指摘もされている[33]。また暴利行為論の位置付けはあくまで意思表示法、消費者契約法等の手段が尽きた場合の最終手段である以上、要件面でのハードルが高い半面、強力な効果が与えられるべきである。無効の中身に関しては、公益的公序と私益的公序の区別の観点から、絶対的無効・相対的無効のいずれとすべきか、という議論がある一方で、両者は区別できないのではないかという指摘もある[34]。以上の点から現段階において、取消しと明記する必要はなく、効果については「無効」とし、その中身については判例・学説の発展に任せるべきである。

　次に無効の中身として一部無効を正面から認めるべきか、ヨーロッパ契約法原則4：109条（2）及びユニドロワ国際商事契約原則第3.10条（2）のように契約内容の改定（訂）による契約維持を認めるべきか、という点も問題となりうる。しかし、この問題についても現段階において正面から一部無効や契約内容の改訂を明文化する必要はないものと考える。

　なお、複合契約の場合、一方の公序良俗違反の効果が他方の契約の無効をもたらすか、という問題がある。特に現代の消費者契約の事例で暴利行為論が問題となる場合には、売買契約等に加えてクレジット契約も締結していることが多い[35]。ただし、この問題に関しては、無効の箇所で複数の法律行為の無効に関する提案がなされており、そちらの検討に譲ることとする[36]。

3　そのほかの問題点

　「事項を目的とする」という文言の削除に関して、立法者がこうした表現を取った明確な根拠ははっきりしないが、少なくとも当事者の主観等を排除

---

[33]　論点と実務〈上〉』699頁。
[34]　暴利行為には私益的側面だけでなく、公益的側面も有していることについては、織田博子「公序良俗違反無効」椿寿夫編『法律行為無効の研究』（日本評論社、2001年）309頁。
[35]　判例の詳細については、都筑満雄「複合契約と公序良俗（上）(下)―無効判断枠組みの解明に関する一考察―」国民生活研究第47巻第2号20頁（2007年）、第47巻第3号18頁（2007年）参照。
[36]　民事法研究会・検討事項〈詳細版〉379頁（**[部会資料13-2]　45頁**）。

する積極的な意図があったとは見受けられない[37]。また今日の民法 90 条の適用場面を見るならば反対する理由がなく、削除すべきと考える。また公序良俗と不当条項規制の関係については、従来、公序良俗の解釈論としても議論されてきたが、消費者契約法 10 条はその根拠を信義則に求めている。法制審議会提案では不当条項リストが公序良俗論とは別に準備されていることから[38]、この問題についてはそちらの検討に譲る。

次に、取締法規違反、強行法規違反と公序良俗との関係についてである。法制審議会では「強行規定と意思表示との関係については、同条〔民法第 91 条〕にも同法第 90 条にも明示的には定められていない。また、同法第 91 条の『公の秩序』という文言は、同法 90 条の『公の秩序又は善良の風俗』という文言の一部のみを取り出した形になっているため、両者の関係についても、条文上明らかでない」、として 90 条と 91 条の関係が問題視されていた[39]。

従来から、強行法規違反の無効の根拠を 91 条の反対解釈により導き出し公序良俗の問題と区別する立場と、両者を一体のものとして考える立場が存在していた[40]。検討委員会案【1.5.03】では「法律行為の当事者が法令の規定と異なる意思を表示したときは、その意思に従う。ただし、その規定が公序または良俗に関するときは、この限りでない」という規定案を提案している。趣旨説明では、強行法規が公序だけでなく良俗をも具体化したものであるものと位置付け、それを明確化したのが本規定であるとする。取締法規に関しては、当事者がこれと異なる意思表示をしても【1.5.03】本文により原則有効と扱われるが、ただし取締法規が「公序または良俗に関する」ものと解釈されるときは、その意思を無効にするとしている[41]。民法改正研究会案は従来の通説に従い強行法規違反を公序良俗違反とは別のものとして扱う[42]。

法制審議会ではもっぱら、強行規定かどうかを区別することの可否やその程度、区別の基準の在り方、区別をする場合における個々の規定の表現に議

---

37) 大村敦志『民法読解　総則編』(有斐閣、2009 年) 261-262 頁。
38) 民事法研究会・検討事項〈詳細版〉352 頁 [**部会資料 13-2**] **1 頁**)。
39) 民事法研究会・検討事項〈詳細版〉315 頁 [**部会資料 12-2**] **11 頁**)。
40) 学説の状況については、滝沢昌彦「公序良俗と強行法規」前掲注 10) 253 頁以下。
41) 詳解・基本方針 I 63-66 頁。

論が集中し、従来の強行法規違反が無効であることの根拠、特に公序良俗違反との関係は議論がほぼ無かった[43]。

従来の通説の91条反対解釈説には今日批判がある[44]。例えば、物権法定主義や家族法秩序に関しては「公序」の問題とし、取締法規違反に関しては判例において当事者の主観が重視されている以上、これを良俗の問題に関連付けることができるのではないか[45]。以上の点から検討委員会案に賛成である。

最後に法制審議会では、慣習と任意規定の優先関係、現行民法92条と法適用通則法3条の不整合について立法的解決を図るべきか問題とされた[46]。

改正検討委員会案【1.5.04】は、「法律行為に慣習があるときは、その慣習に従う。ただし、その慣習が公序もしくは良俗に反するとき（公序もしくは良俗に関する法令の規定に反するときを含む。）、または当事者がその慣習と異なる意思を表示したと認められるときは、この限りでない」とし、これにあわせて【1.5.05】法適用通則法3条も公序良俗や強行法規に反しない限り、慣習は法律と同一の効力を有する旨へと修正すべきと提案する。提案の趣旨は、法令の規定よりも私的自治が優先するのであれば、その結果の集積たる慣習が法令に優先するというものである（したがって当然に合意は慣習に優位する）[47]。

法制審議会では、慣習が任意規定に常に優先することへの不安から、意思を推定するという現行法の規定を支持する意見（新谷委員、岡委員、中井委員）、今日の国際的動向から優先することを前提としつつ合意した慣習や当事者間で確立した慣行という限定を付すべきとの意見（潮見幹事）が出された[48]。

---

42) 研究会案50条2項で強行法規違反を定め、3項で「前項によるもののほか」として公序良俗違反を定める。法律行為の内容に関する要件として従来から適法性と妥当性を区別し、前者を強行法規違反、後者を公序良俗違反とする見解に従ったものである。なおこの見解による場合には、取締法規違反の位置付けが問題となるが、3項の公序良俗違反により処理される。日本民法改正試案5頁。なお同試案の段階では、50条1項が強行法規違反を50条2項が公序良俗違反とされていた。
43) 部会資料集第1集〈第2巻〉213頁以下（**[第10回会議議事録]** 12頁以下）。
44) 『新版注釈民法（3）』238頁〔森田修〕、大村敦志『契約法から消費者法へ』（東京大学出版会、1999年）270頁以下等。
45) 滝沢・前掲注10）「公序良俗と強行法規」262頁。
46) 部会資料第1集〈第2巻〉539頁（**[部会資料12-2]** 13頁）。
47) 詳解・基本方針 I 66頁以下及び70-71頁。

以上の見解を踏まえ次のように考えることができるのではないか。①原則は、合意した慣習と当事者間で確立した慣行に拘束されるが、②当事者間にそうした慣習、慣行が存在しない場合には、同種の取引において一般的な慣習に従うこと、③ただし、そうした慣習を当該事案に形式的に妥当させることが合理的でない場合や当事者が慣習に従わないことを合意している場合には慣習が排除される[49]。

III むすびに代えて

本来であれば、意思表示のその他の規定と暴利行為論の関係、無効の後の不法原因給付との関係、脱法行為の問題等についても検討しなければならないが、既に紙幅が尽きた。最後にこれまでの検討をまとめて結びとしたい。

まず、暴利行為論の明文化については、経済・取引秩序の維持が今日の公序良俗違反の中で重要な役割を占めていることに鑑み賛成したい。しかし、明文化にあたっては、仮に相関関係判断を採用するとしても、最低限、①利得者側の主観的要素、②被利得者側の主観的要素、③内容の不当性の三点を何らかの形で満たすべきであり、③を問わない形での明文化には反対である。ただ、③の表現に関しては、現代的暴利行為論の事例を考慮して、利得者の「利得」の側面からではなく、被利得者側の「負担」の側面から表現を考えるべきである。また強行法規・取締法規・公序良俗の関係については、法規違反は規定の目的が公序の維持にあり、かつ、私法上も効力を否定することが規定の目的となっているものは強行法規違反とし、それ以外のものは当事者の主観等を考慮して公序良俗の一般規定の枠内で無効判断を行うべきであると考える。

［堀川信一］

---

48) 部会資料部会資料第1集〈第2巻〉213-219頁（**[第10回会議議事録] 12-17頁**）。
49) 以上につきヨーロッパ契約法原則1：105条、ユニドロワ国際商事原則2004第1.9条、国際物品売買契約に関する国際連合条約第9条参照（民事法研究会・検討事項〈詳細版〉318頁（**[部会資料12-2] 15-16頁**））。

第2　意思能力・日常生活行為

I　法制審議会提案

1　提案内容

　法制審議会民法（債権関係）部会は、「意思能力・日常生活行為」についての検討事項として次のことを挙げている[1]。
(1)　規定の要否
　「意思能力を欠く状態で行われた法律行為の効力が否定されるべきことは、判例・学説上、異論のないところであり、民法の基本的な法理の一つであるといわれることもある。しかし、現行民法は、その旨を明らかにする規定を置いていない。
　この点については、高齢化等の進む社会状況の下で、意思能力の有無をめぐる法的紛争が現実にも少なくないことを踏まえ、新たに規定を設けるべきであるという考え方があるが、どのように考えるか。」
(2)　要件（意思能力の定義）
　「現行民法においては、行為能力に関する規定中の『事理を弁識する能力を欠く常況』という文言が、意思無能力の状態にあることを指しているとされており（民法第7条）、この『事理を弁識する能力』という文言を用いて意思能力を定義すべきであるという考え方が提示されている。他方、この文言は、判例上、不法行為の過失相殺において被害者に要求される能力を示すために用いられており、適当でないと指摘し、『法律行為をすることの意味を弁識する能力』とすべきであるという考え方も提示されている。
　これらの考え方について、どのように考えるか。」
(3)　日常生活に関する行為の特則
　「現行民法は、成年被後見人及び被保佐人がした行為のうち、日常生活に

---

[1]　民事法研究会・検討事項〈詳細版〉320頁以下（**[部会資料 12-2] 17 頁以下**）。

関するものについては、例外的に、行為能力の制限を理由として取り消すことができないとしている（同法第9条、第13条参照）。他方で、現行民法の解釈上、『日常生活に関する行為』であっても意思無能力を理由とする無効主張は可能であるという立場が有力である。

　しかし、意思能力を欠いた状態でされた意思表示であっても、『日常生活に関する行為』に当たる場合には、当該行為を確定的に有効とすべきであり、そのことを明文化すべきであるという考え方がある（……〔検討委員会試案〔本書でいう「基本方針」〕〕・25頁）。この考え方は、『日常生活に関する行為』について、意思無能力を理由として法律行為の効力を否定することができるとすると、特に成年被後見人の行為については、意思能力を欠いた状態で行われた行為かどうかが常に問題となるため、取引の相手方にとっては法律行為の効力が不安定になり、成年被後見人自身が日常生活に関する行為を行う必要性に対応できなくなるおそれがあることを理由とする。

　もっとも、この考え方に対しては、意思能力を欠く状態で行われた意思表示の効力を確定的に有効とすると、表意者の保護が十分に図れなくなるおそれがあると指摘されている。例えば、日常生活に必要な物品の売買契約を、不必要であるのに異なる相手方との間で繰り返すような場合には、個々の売買契約はそれぞれ日常生活に関する行為に当たると考えられるため、表意者の保護が図られないことになってしまうという指摘である。

　以上を踏まえ、前記のような考え方について、どのように考えるか。」

(4) 効　果

「意思能力を欠く状態で行われた法律行為の効力について、判例は、無効としているところ、一般に、この無効とは意思無能力者の側からのみ主張することができるもの（相対的無効）であると解されている。これを踏まえた立法論としては、相対的無効という効果がほとんど取消しと変わりがないことを指摘して、取消しとすべきであるという考え方が提示されている。他方で、現行法の解釈上の一般的な理解にしたがって、その効果を無効とする（それが相対的な無効であることは解釈にゆだねる。）という考え方も提示されている。

　これらの考え方について、どのように考えるか。」

2 提案前の議論

(1) 基本方針の提案

　民法（債権法）検討委員会（以下、「検討委員会という」。）は、債権法改正の基本方針（以下、「基本方針」という。）において、「意思能力」（【1.5.09】）および「日常生活に関する行為」の特則（【1.5.10】）について次のとおり提案している[2]。

a　意思能力（【1.5.09】）

「〈1〉　法律行為をすることの意味を弁識する能力（以下「意思能力」という。）を欠く状態でなされた意思表示は、取り消すことができる。

　〈2〉　〈1〉の場合において、表意者が故意または重大な過失によって一時的に意思能力を欠く状態を招いたときは、意思表示は取り消すことができない。ただし、表意者が意思能力を欠いていたことを相手方が知り、または知らなかったことにつき重大な過失があったときは、この限りでない。

　＊　効果に関して、次のように定めるという考え方もある。

　〈1〉　法律行為をすることの意味を弁識する能力（以下「意思能力」という。）を欠く状態でなされた意思表示は、無効とする。

　〈2〉　〈1〉の場合において、表意者が故意または重大な過失によって一時的に意思能力を欠く状態を招いたときは、意思表示はその効力を妨げられない。ただし、表意者が意思能力を欠いていたことを相手方が知り、または知らなかったことにつき重大な過失があったときは、この限りでない。」

b　日常生活に関する行為の特則（【1.5.10】）

「現民法9条ただし書に該当する行為は、意思能力を欠く状態でなされたときでも、取り消すことができない。

　＊1　効果に関して、次のように定めるという考え方もある。

　　　　現民法9条ただし書に該当する行為は、意思能力を欠く状態でなされたときでも、その行為を妨げられない。

　＊2　本案および＊1案について、現民法9条ただし書に該当する行為に

---

2)　基本方針24頁・25頁、詳解・基本方針Ⅰ79頁・86頁。

関する特則を置かないとする考え方もある。」

(2) **民法改正研究会試案**

民法改正研究会は、「意思能力の欠如」（同試案7条）について試案として次のように提案している[3]。

「①：事理を弁識する能力を欠く状態でなされた意思表示に基づく法律行為は、取り消すことができる。
②：意思表示をした者が故意又は重大な過失により事理弁識能力を欠いていたときは、その取消しの効果は次の各号に掲げる者に対抗することができない。
一　事理弁識能力を欠いている事実について善意（……）の相手方
二　事理弁識能力を欠いている事実について悪意（……）の相手方と当該意思表示の後に法律上の利害関係を有するに至った善意の第三者」

なお、民法改正研究会では、意思無能力者のした日常生活行為の効力についての提案はなされていない（未成年者については同試案9条①三参照）。

3　法制審議会の議論状況

意思能力・日常生活行為について、法制審議会民法（債権関係）部会は、第10回会議（平成22年6月8日開催）において検討し、その後、中間的な論点整理に向けて審議し（「民法（債権関係）の改正に関する中間的な論点整理のたたき台」（第22回会議〔平成23年1月25日開催〕）、「たたき台改訂版」（第25回会議〔平成23年3月8日開催〕））、第26回会議（平成23年4月12日開催）において「民法（債権関係）の改正に関する中間的な論点整理」を決定し、同年5月10日付けで公表した。また、法務省民事局参事官室の責任において、「民法（債権関係）の改正に関する中間的な論点整理の補足説明」を作成した。このうち、意思能力・日常生活行為についての中間的な論点整理は次のとおりである[4]。

---

[3]　民法改正研究会・国民・法曹・学界有志案113頁（セル番号20-23）。
[4]　商事法務・中間的な論点整理の補足説明231頁以下。

(1) 要件等

a 意思能力の定義

「意思能力を欠く状態で行われた法律行為の効力が否定されるべきことには判例・学説上異論がないが、民法はその旨を明らかにする規定を設けていない。そこで、意思能力を欠く状態で行われた法律行為の効力について明文の規定を設けるものとしてはどうか。

その場合には、意思能力をどのように定義するかが問題となる。具体的な規定内容として、例えば、有効に法律行為をするためには法律行為を自らしたと評価できる程度の能力が必要であり、このような能力の有無は各種の法律行為ごとに検討すべきであるとの理解から、『法律行為をすることの意味を弁識する能力』と定義する考え方がある。他方、各種の法律行為ごとにその意味を行為者が弁識していたかどうかは意思能力の有無の問題ではなく、適合性の原則など他の概念が担っている問題であって、意思能力の定義は客観的な「事理を弁識する能力」とすべきであるとの考え方もある。これらの考え方の当否を含め、意思能力の定義について、更に検討してはどうか。」

b 意思能力を欠く状態で行われた法律行為が有効と扱われる場合の有無

「意思能力を欠く状態で行われた法律行為であっても、その状態が一時的なものである場合には、表意者が意思能力を欠くことを相手方が知らないこともあり、その効力が否定されると契約関係が不安定になるおそれがあるとの指摘がある。また、意思能力を欠いたことについて表意者に故意又は重大な過失がある場合には、意思能力を欠くことを知らなかった相手方に意思能力の欠如を対抗できないという考え方がある。これに対し、意思能力を欠く状態にある表意者は基本的に保護されるべきであるとの指摘もある。

以上を踏まえ、意思能力を欠く状態で行われた法律行為が有効と扱われる場合の有無、その具体的な要件（表意者の帰責性の程度、相手方の主観的事情等）について、検討してはどうか。」

(2) 日常生活に関する行為の特則

「意思能力を欠く状態で行われた法律行為であっても、それが日常生活に関する行為である場合は意思能力の不存在を理由として効力を否定することができない旨の特則を設けるべきであるとの考え方がある。これに対して

は、不必要な日用品を繰り返し購入する場合などに意思無能力者の保護に欠けるおそれがあるとの指摘や、意思能力の意義について当該法律行為をすることの意味を弁識する能力とする立場に立てばこのような特則は不要であるとの指摘がある。これらの指摘も踏まえ、日常生活に関する行為の特則を設けるという上記の考え方の当否について、更に検討してはどうか。」

(3) 効　果

「現在の判例及び学説は、意思能力を欠く状態で行われた法律行為は無効であるとしているが、これは意思無能力者の側からのみ主張できるなど、その効果は取消しとほとんど変わりがないことなどから、立法論としては、このような法律行為は取り消すことができるものとすべきであるとの考え方も示されている。このような考え方に対し、取り消すことができる法律行為は取消しの意思表示があるまでは有効と扱われるため取消しの意思表示をすべき者がいない場合などに問題を生ずること、取消しには期間制限があるために意思無能力者の保護が十分でないこと、意思無能力者が死亡して複数の相続人が相続した場合の取消権の行使方法が明らかでないことなどから、意思能力を欠く状態で行われた行為の効果を主張権者が限定された無効とすべきであるとの考え方もある。これらを踏まえ、意思能力を欠く状態で行われた法律行為の効果を無効とするか、取り消すことができるものとするかについて、更に検討してはどうか。その検討に当たっては、効力を否定することができる者の範囲、効力を否定することができる期間、追認するかどうかについての相手方の催告権の要否、制限行為能力を理由として取り消すこともできる場合の二重効についてどのように考えるかなどが問題になると考えられるが、これらについて、法律行為の無効及び取消し全体の制度設計（後記第32〔無効及び取り消し〕）にも留意しつつ、検討してはどうか。」

II　検　討

1　要　件（意思能力の概念構成）

意思能力を欠く者のした法律行為がその効力を否認されるべきこと（以下、「意思無能力の法理」という。）については、学説・判例上ほぼ一致している[5]。

しかし、問題となっている個々の事件の解決に適合的な法技術として意思能力を概念構成することの必要性は、一部の学説から指摘されたにすぎない[6]。そこで、現実の事件を法的に処理することを容易にさせる諸要素を抽出して意思能力を概念構成する作業が必要となる。また、他の法制度・法理とも関連づけて意思無能力の法理の適用範囲を確定することも必要である[7]。

なお、意思能力は、法律行為のみならず法的に意義あるその他の容態（例、不法行為）についても問題となる概念であるが、法律行為をするのに必要な意思能力が基本であるから、ここでは、個々の法律行為をするのに必要な意思能力のあり方について検討し、その上で、意思無能力に適合的な効果および日常生活行為の特則について検討することにする[8]。

ところで、1907年のスイス民法16条は、幼年・精神病・精神耗弱・飲酒などの精神の未熟または障害という生物学的要素と合理的に行為をする能力を欠いているという心理学的要素との2つの要素を顧慮して判断能力（意思能力）を概念構成している[9]。これに対して、日本では、この2つの要素をともに顧慮して意思能力を概念構成する学説は勿論古くから存在するが、最

---

5) 少数説として、舟橋説は、意思無能力の法理が行為能力制度に昇華し転化したため、およそ財産的法律行為について意思能力という概念を認める余地がなく、一時的心神喪失者等の行為については錯誤に関する民法95条を類推適用して真意欠缺を理由とする無効と処理すべきである、と主張する（舟橋諄一『民法総則』（弘文堂、1954年）44頁以下、同「意思能力、特にその行為能力との関係について」九州大学法政研究29巻1＝2＝3合併号351頁以下（1963年））。
6) 川島武宜『科学としての法律学』（弘文堂、1964年）69-70頁。
7) 意思能力と行為能力・事理弁識能力との関係については、村田彰「意思能力と事理弁識能力」赤沼康弘編『成年後見制度をめぐる諸問題』（新日本法規、2012年）28頁以下を参照されたい。
8) なお、検討委員会は、「意思表示の受領能力」（【1.5.22】）について、「意思表示の相手方がその意思表示を受けた時に意思能力を欠く状態」、と提案するが、意思能力を行為の能動的側面に着目して概念規定する以上、「意思能力」に代えて「意思表示を受領する能力」とか「受領能力」とでも表現すべきであるように思われる。
9) 1992年のオランダ民法もまた、生物学的要素と心理学的要素を顧慮して意思能力（第3編34条1項）について次のように規定している（邦訳は、民事法研究会・検討事項〈詳細版〉322頁（[部会資料12-2] 21頁）から引用した）。
「(1) 継続的または一時的に精神能力に障害を来している者が意思表示をしたときは、その障害が当該行為と関係する利益についての合理的な評価を妨げる場合、またはその表示がこの障害の影響の下で行われた場合には、この表示に対応する意思が存在しないものとみなされる。法律行為が精神障害者にとって不利益となるときは、その不利益が法律行為の時点で合理的に予測され得なかった場合を除き、当該表示は障害の下で行われたものと推定する。」

近の有力学説は、心理学的要素を顧慮するものの、生物学的要素を顧慮することなく意思能力を概念構成している[10]。検討委員会もまた、生物学的要素を顧慮することなく意思能力を概念構成している。問題は、意思能力を概念構成する上で、この2つの要素を顧慮すべきか、また、顧慮するとしてもどのように取り入れるかであろう。

(1) 生物学的要素

年齢による精神の未熟はここでは措いて、精神の障害という生物学的要素を顧慮しないで意思能力を概念構成すると、次のような問題がある。

a まず、契約法理との関係が問題となる。例えば、意思無能力も錯誤も表示に対応する真意の不存在という点では同じであり、意思無能力のケースを民法90条で処理することも場合によっては可能である。しかし、契約法理が精神能力に支障のない者（通常人）を念頭においた法理であるから、意思能力を概念構成する場合には、契約法理との差異を明確にするために、生物学的要素を含めるべきである。また、契約法理には、取引の安全（＝相手方・第三者の保護）という要請もあるので、善意（無過失）の相手方・第三者よりも意思無能力者の方を保護することを正当化するためには、意思能力に生物学的要素を含める必要がある。

b 次に、投資取引のような複雑な契約のケースについては、意思能力に生物学的要素を含めなければ、通常人でも意思無能力者として処理することが可能になる。しかし、通常人については意思能力の問題として処理すべきでないから、意思能力に生物学的要素を含めるべきである。

c 更に、ある者の精神能力の有無・程度が精神科医によって鑑定される場合に、生物学的要素は不可欠な要素であるように思われる。

なお、生物学的要素としての精神の障害は、継続的なもの（例：精神病）と一時的なもの（例：酩酊、情動）とを問わないが[11]、いずれにせよ、心理学的要素に影響を及ぼすものでなければならない。

---

10) この点に関する学説については、須永醇「成年無能力制度の再検討」法と精神医療5号48-49頁（1991年）、同『意思能力と行為能力』（日本評論社、2010年）13頁註（5）を参照されたい。

(2) 心理学的要素

　検討委員会は、意思能力を「法律行為をすることの意味を弁識する能力」と概念構成している。また、法制審議会民法（債権法関係）部会では、「事理を弁識する能力」とすべきとする意見も出されている。民法改正研究会もまた意思能力をそのように概念構成している。しかし、このような概念構成では次のような問題がある。

　a　法律行為をするのに必要な意思能力を考える場合には、意思表示のプロセスの各段階に要求される精神能力に着目する必要がある。すなわち、表意者は、ある動機に基づいて一定の適切な効果を欲する意思（真意）を形成（決定）してこれを表示しなければならないから、その前提として、ある動機に基づいて真意を形成（決定）してこれを表示するのに必要な精神能力を有しなければならないはずである。したがって、判断能力とか（事理）弁識能力にのみ着目して意思能力を概念構成すべきではない。

　b　意思能力が意思表示の全プロセスにおいて要求されるとするなら、表示上の錯誤（例、言い誤り、書き損じ）のような行為支配の失敗が精神の障害により生じたケースも意思能力の問題として処理されるべきであるから、制御能力もまた心理学的要素に含まれるべきである。

(3) 小　括

　意思能力を概念構成する場合、生物学的要素も心理学的要素もともに顧慮すべきである。そうして、生物学的要素には年齢による精神の未熟と精神の障害とがあり、このうちの精神の障害は、継続的なものと一時的なものとを問わないが、心理学的要素に影響を及ぼすものでなければならない。また、心理学的要素については、意思表示のプロセスの各段階に要求される機能的

---

11)　刑法上の議論ではあるが、内藤謙教授は、構成要件に該当する違法な行為について責任を負う能力（責任能力）の1要素である生物学的要素としての「精神の障害」の主なものとして、「精神病（精神分裂病〔統合失調症〕、そううつ病、進行麻痺など）、意識障害（酩酊、睡眠状態、情動〔一般用語では激情〕など）、精神の変性（精神薄弱〔知的障害〕、いわゆる精神病質など）」を挙げている（同「責任能力（一）」法学教室70号48頁（1986年）（同『刑法講義総論（下）Ⅰ』（有斐閣、1991年）791頁）。佐伯仁志教授もまた、「精神の障害」について、「統合失調症（精神分裂病）・そううつ病などの精神病の他、酩酊・情動のような一時的な意識障害も、その程度が高い場合には含まれ、さらに、知的障害（精神遅滞）も含まれると解されている」、と述べている（同「精神障害と責任能力」石川正興編『犯罪学へのアプローチ―日中犯罪学学術シンポジウム報告書―』（成文堂、2010年）76頁）。

能力に着目する必要があり、制御能力をもこれに含めるべきである。そうして、両要素の関係については、前述したように、生物学的要素が心理学的要素に影響を及ぼすものでなければならないが、生物学的要素としての精神の障害を特定し、その生物学的要素が心理学的要素に影響を及ぼしていることを明らかにすることができるなら、意思無能力の立証が比較的容易になろうから、生物学的要素は意思無能力の立証に際しても有用であるように思われる。しかし、生物学的要素の要否および心理学的要素の内容いかんなどについて学説が未だ確定していないようであるから、意思能力を「法律行為をするのに必要な精神能力」と概念構成するにとどめ、意思能力を構成する要素の抽出などについては学説に委ねるべきであろう。

2 効 果

(1) 主張権者

　意思無能力の法理の実質的意義が精神能力の未発達・不完全な者を保護することにあるのだから、行為の効力の有無は意思無能力者側の選択に任せるべきである。そこで、そのためには意思無能力者側のみが行為の効力の発生を否認できるようにすべきだとするなら、相対的無効（取消的無効）構成または取消構成とすることが考えられる。

(2) 追認・法定追認・相手方からの催告

　意思無能力の効果を「無」に等しい意味での「無効」と解すると、無効な行為を追認しても、その効力は生ぜず、「新たな行為をしたものとみな」されることになる（民法119条〔以下、民法の条数を引用する場合は「民」とする〕・基本方針【1.5.52】）。しかし、前述のとおり、行為の効力の有無は意思無能力者側の選択に任せるべきであるから、行為を確定的に有効にすることもまた意思無能力者側の選択に任せるべきである。したがって、意思能力を回復した本人は、追認して無効主張権（相対的無効〔取消的無効〕構成の場合）または取消権（取消構成の場合）を放棄することができる、とすべきである。

　次に、制限行為能力者のケースについては、その相手方からの追認の催告（民20条）や制限行為能力者のした行為の法定追認（民125条）に関する規定が用意されている。そして、制限行為能力者は、意思能力が継続的に不完全

な者を画一的な基準（年齢・審判）によって類型化された者であり、保護機関が付き、公示されている。これに対して、意思無能力者は、画一的な基準によって確定された者ではなく、保護機関が付かず、公示もされていない。したがって、制限行為能力者のケースについて用意されている相手方からの催告や法定追認の規定を意思無能力者のケースにも用意すると、意思無能力者が不測の損害を被るおそれがあるので、意思無能力のケースについてこれらの規定を用意すべきでない。

(3) 行使期間

まず、相手方・第三者からの履行請求に対しては、取消構成でも相対的無効（取消的無効）構成でも「抗弁権の永久性」の法理が適用されるべきだとすると、意思無能力の効果をいずれに構成しても差異は生じないことになる。

次に、既履行の場合の法的処理のあり方として、①意思無能力の効果を相対的無効（取消的無効）と構成した上で、相対的無効（取消的無効）を「無効」に含めるとする。この場合、意思無能力者側は、無効の契約に基づいて履行した給付またはそれに代わる価額を返還請求することができるが（基本方針【1.5.51】〈2〉〈3〉参照）、意思無能力「無効」を理由とする不当利得返還請求権の「消滅時効は、権利を行使することができる時から進行する」（民166条1項）のが原則である。そして、「権利を行使することができる」ためには意思無能力者が意思能力を回復していなければならないと解すると、意思無能力の状態のままでは時効の進行が開始しないことになる。そうだとすると、長い年月の経過後に意思能力を回復して意思無能力無効を主張された相手方は、不測の損害を被るおそれが生じることになる。そこで、一定期間を経過した後には意思無能力の主張ができなくなるようにする必要があるので、相対的無効（取消的無効）構成をとった場合には、取消権の行使期間に関する規定（民126条・基本方針【1.5.59】）の適用を受けるようにするか、無効主張権の行使期間に関する規定を設けるべきである。

次に、②意思無能力の効果について取消構成をとり、意思無能力取消しについて取消権の行使期間に関する規定が適用されるとする。この場合、まず、意思無能力を理由とする取消権は、制限行為能力を理由とする取消権と同様、行為の時から一定期間の経過後に消滅することになり、したがって、

二重効の問題はここでは生じないことになる。次に、取消権は、「追認をすることができる時から」一定期間の経過後に消滅する（民126条・基本方針【1.5.59】）。そうすると、本人自らが意思無能力を理由に行為を取り消す場合には、意思能力を回復するか追認可能になることが必要である。これに対して、本人自らが制限行為能力を理由として行為を取り消すには、後見開始等の審判を取り消さなければならず、そうして、後見開始等の審判の取消しには意思能力の安定的回復が前提であるから、意思無能力を理由とする取消権は制限行為能力を理由とする取消権よりも先に時効消滅することになる。したがって、意思無能力取消しの方が制限行為取消しよりも表意者の保護になるとは必ずしもいえないことになる。

(4) 小　括

意思無能力の効果を具体的に検討して明確にすべきである[12]。そうして、意思無能力の効果について取消構成をとるとしても、成年後見制度と意思無能力の法理とでは異なる側面があるから、取消規定が意思無能力取消しについて全面的に適用されるわけではない（例、相手方からの催告・法定追認）、ということに留意すべきである。また、意思無能力の効果を相対的無効（取消的無効）と構成するなら、無効主張権について取消権の行使期間に関する規定（民126条・基本方針【1.5.59】）の適用を受けるようにするか無効主張権の行使期間に関する規定を設けるべきである。

3　日常生活に関する行為の特則

(1) 立法趣旨

例えば日常生活に関する行為（日常生活行為）の特則を定めたドイツ民法105a条の立法趣旨は、法的取引へ参加する途を精神障害者に適切な仕方で開くことによって、精神障害者の法的地位を改善してその社会的解放を促進し、その残存能力を強化する、ということにある。このように、この特則の立法趣旨は、日本民法9条ただし書について立法担当者が企図したような

---

12)　意思無能力の効果についての詳細は、須永前掲書注（10）『意思能力と行為能力』371頁以下を参照されたい。
13)　小林昭彦・原司『平成11年民法一部改正法等の解説』（法曹会、2002年）82頁。

自己決定の尊重およびノーマライゼーションの理念や取引の安全[13]というものではなく、意思無能力者本人が取引界から忌避されて生活必需品の調達に支障を生じることなく社会生活を営むことができるようにする、とみるべきであるから、制限行為能力制度を利用していない意思無能力者のために是非とも日常生活行為の特則を明文化すべきである[14]。

また、意思無能力の法理を貫徹させると、次のような問題が生じるように思われる。すなわち、まず、日常生活行為をした意思無能力者が生活必需品の履行を受けている場合には、意思無能力者は、意思無能力を理由に当該行為の効力を否認しても、当然に支出すべかりし支出を免れているのだから、支出を免れた費用相当分が現存利益（民121条ただし書の類推適用、基本方針【1.5.54】〈4〉）と解されることになろう。したがって、双方とも履行済であれば、引渡しを受けた物が契約の効力の否認により返還（費消した場合には代金が返還）されるとしても、その物が現存利益の範囲内にあり、しかもその価額が取引観念上相当である限り、結局は対等額で相殺されることになろう。次に、意思無能力者が未だ履行を受けていない場合には、意思無能力者は、その物が真に生活に必要であるなら、その契約の効力を否認しても同じような物を再購入せざるをえないが、このような場合にまで契約の効力を否認することができるとすると、意思無能力者が日常生活に必要な物を購入できなくなるおそれが生じることを法的に是認することになるように思われる。したがって、真に生活に必要な物を購入する契約について意思無能力の法理を貫徹させても、実益がない（既履行の場合）か有害のおそれがある（未履行の場合）、ということに帰着するように思われる。

(2) 日常生活行為の範囲

a 意思無能力者を一般社会から忌避せず、法的取引へ参加する途を意思無能力者に開くとすると、その範囲は日常生活に必要不可欠であると一般に解される行為に限られるべきである。そして、日常生活行為に該当するか否かの判断は、意思無能力者本人を基準とするのではなく、取引観念に照らし

---

[14] 日常生活行為の特則については、須永醇「『日常生活行為に関する行為』の法理についての覚書」『須永醇民法論集』（酒井書店、2010年）31頁以下、村田彰「意思無能力者の『日常生活行為』——ドイツ法を参考として」小林一俊・小林秀文・村田彰編『高齢社会における法的諸問題——須永醇先生傘寿記念論文集』（酒井書店、2010年）63頁以下、を参照されたい。

て決すべきである。

　b　しかも、日常生活にとって真に必要であるならその対価も些少であろうから、かかる行為を有効視しても行為者にはそれほどの負担とならず、また、行為者の保護に欠けることにもならないであろう。なお、取引の相手方が本人側の事情を知ることは一般に不可能であろうから、些少の判断は、意思無能力者の経済的事情を基準とすべきではなく、取引観念に照らして平均的な価格水準および所得水準を基準にすべきである。

　c　一個の日用品の対価が些少であっても、一度に多量に購入されたりあるいは何度も購入されたりする場合には、意思無能力者を保護する必要から、かかる行為の効果を否認する必要はあるか、という問題がある。そして、この問題については、意思無能力者の財産の保護と取引を有効と信頼して取引関係に入った相手方の保護との調整を図るべく、問題となっている行為が通常行なわれているような行為の範囲内であるか否か、という基準によって判断すべきであり、日用品が何度も購入される場合でも、その総額ではなくして個々の行為ごとに判断すべきである。しかし、日常生活行為が些少な資金で実現されうる行為であるとしても、その行為が不必要に繰り返される場合には、このことを認識可能な相手方との関係ではその行為を有効とする必要がないように思われる。

　d　前述の基準に従って日常生活行為に該当する場合でも、意思無能力者本人の身上または財産について著しい危険を及ぼすおそれが生ずるときには、その行為を有効とすべきではないであろう。

(3)　小　括

　法制審議会民法（債権関係）部会が意思能力の検討事項の中で述べているように、社会の高齢化がますます進行する今日、意思能力の有無をめぐる法的紛争が現実に少なからず見受けられることから、認知症高齢者など意思能力に問題のある者の身上と財産を保護するとともに、かかる者が取引界から忌避されて生活必需品の調達に支障を生じることなく社会生活を営むことができるようにすべきである。そのために、意思能力の規定とともに日常生活行為の特則の規定を設けることは是非とも必要である。

〔村田　彰〕

第3 意思表示

1 総論

I 法制審議会提案

1 提案内容

　意思表示に関する諸規定につき、法制審議会においては、現行民法制定後における判例法理の蓄積および学説の発展に加えて、消費者契約法上の特別規定を踏まえた問題点の整理および立法化の当否が検討課題として挙げられた[1]。主なテーマは、①狭義の心裡留保と非真意表示の区別化、②現行民法第94条2項類推適用法理の立法化、③動機の錯誤の位置づけおよび要素の錯誤の明確化、④錯誤につき重過失ある表意者と相手方の関係に関する見直し、⑤錯誤の取消化、⑥沈黙による詐欺の立法化、⑦不実表示規定の新設、⑧第三者保護規定の見直し、などである。

2 提案前の議論

　民法（債権法）改正検討委員会は、意思表示規定につき、①狭義の心裡留保と非真意表示を区別し、前者については相手方が悪意の場合のみ表意者の無効主張を認める、②心裡留保についても善意の第三者保護規定を設置する、③表示錯誤と事実錯誤を区別し、表示錯誤においては、錯誤と意思表示との主観的因果性と錯誤の客観的重要性を基準とする伝統的な通説・判例を明文化し、事実錯誤については誤った認識に関する法律行為の内容化を要件とする、④錯誤の効果を取消しとする、⑤表意者の錯誤に重過失がある場合であっても、相手方に悪意もしくは重過失が認められるとき、表意者の錯誤

---

1) 民事法研究会・検討事項〈詳細版〉323頁以下〔**部会資料12-2**〕**22頁以下**〕

を惹起したとき、または共通錯誤のときはなお取り消しうる、⑥錯誤につき善意無過失の第三者保護規定を設置する、⑦表意者の意思決定に通常影響を及ぼすべき事項に関する不実表示に基づく取消しを認める一般規定を新設する、⑧沈黙による詐欺につき明文化する、⑨詐欺における第三者保護につき無過失要件を明文化する、⑩消費者契約に関する特則として、断定的判断の提供に基づく誤認を理由とする取消し、困惑を理由とする取消しを認める、といった提案を行っている[2]。

なお、民法改正研究会は、①要素の錯誤を意思表示の重要部分に関する錯誤に修正する、②錯誤の効果を取消しとする、③表意者の錯誤に重過失ある場合であっても、相手方が悪意のときまたは共通錯誤のときはなお取り消しうる、④錯誤取消しを主張する表意者の損害賠償責任を明文化する、⑤不実表示および情報不提供を理由とする取消しを認める一般規定を新設する、⑥意思表示の無効・取消しにおける第三者保護に関する一般規定を設置する、などの立法提案を行っている[3]。

3 法制審議会の議論状況

上記の諸問題にうち、ここでは、意思表示規定全体に関わるテーマとして、不実表示および第三者保護規定に関する議論に対象を絞って紹介することとしたい。とくに不実表示については、その導入をめぐる議論が、意思表示規定の拡充の要否、錯誤・詐欺制度の見直し、消費者契約法と民法の関係に及んでいるからである。

まず、不実表示規定の導入については実務界を中心に反対論または慎重論が出ている。具体的には、当事者間に構造的な情報格差が認められる消費者契約のみならず、事業者間取引にも適用される一般ルールとして不実表示規定を導入すると濫用されるおそれがあるのではないか[4]、仮に導入するとしても要件の絞り込みをどうすべきか[5]、すなわち、過失の有無を問わず不実

---

2) 註解・基本方針Ⅰ91頁以下。
3) 民法改正研究会・国民・法曹・学界有志案124-125頁。
4) [**第10回会議議事録**] 42頁の岡本委員・42-43頁の木村委員・48頁の深山幹事・51頁の奈須関係官の発言、[**第32回会議議事録**] 2-3頁の新谷委員・7-8頁の佐藤関係官の発言。
5) [**第32回会議議事録**] 12-14頁の中井委員・14頁の岡委員の発言。

表示取消しを認めるべきなのか[6]、表意者の信頼の正当性は必要か[7]、対象となる事項につき十分に検討すべきではないか[8]、といった提言ないし問題提起がされた。

不実表示規定の導入について検討するにあたっては、民法と消費者契約法との関係につき、消費者契約に限定されない民法上の一般ルールとすべきか、消費者契約法4条における不実告知・不利益事実の不告知に関する規定を民法化すればよいのか、が問われるとともに、意思表示規定全体の見直しすなわち、錯誤・詐欺・強迫制度に加えて不実表示規定による補充を図る必要性の有無が議論の対象となった。

第一に、消費者契約法との関係については、不実表示取消しの根拠をもっぱら当事者間の構造的な情報格差の是正に求めるとすれば[9]、消費者契約ないしそれに準じる当事者関係が認められる取引に関するルールの拡張化の当否が問われることになるところ、消費者契約に限定することなく、広く表意者の誤解のリスクを相手方に転嫁することを認める民法上の新たな一般ルールとして捉える視点が示されている[10]。

第二に、後者の観点つまり、意思表示規定の拡充については、錯誤・詐欺・強迫の要件を充足しない場合であってもなお表意者保護を図る必要性があるか、あるとすればどのような場合かが問題となる[11]。この点については、①相手方の不当な関与による意思決定に対する民法上の救済が故意による詐欺・強迫に限定されているのに対して、さらにそれ以外に相手方の誤った表示ないし情報提供に基づく意思表示の取消しを認めるルールを補充するという理解[12]、②本来表意者が負うべき誤解のリスクを相手方に転嫁することを正当化するルールとして、法律行為の重要な内容として合意されている

---

6) [第10回会議議事録] 52-53頁・54頁の岡委員・55頁の中井委員の発言。
7) [第32回会議議事録] 15-16頁の山本(敬)幹事・16-17頁の鹿野幹事の発言。
8) [第10回会議議事録] 43頁の西川関係官・52頁の大島委員の発言。
9) [第10回会議議事録] 46-47頁の岡田委員・42頁の岡本委員・42-43頁の木村委員の発言、[第32回会議議事録] 2-3頁の新谷委員の発言。
10) [第10回会議議事録] 49頁の松本委員・49-50頁の山本(敬)幹事・55-56頁の沖野幹事、[第32回会議議事録] 6-7頁の山本(敬)幹事の発言。
11) [第10回会議議事録] 45-46頁の道垣内幹事の発言。
12) [第10回会議議事録] 49頁のおよび [第32回会議議事録] 12頁の松本委員の発言。

事項に関する誤解であるかどうかに着目するのが錯誤制度であるのに対して、表意者の誤解が相手方の表示による惹起ないし誘因に基づくことを根拠とするのが不実表示規定であるとの見方[13]が提示されている。

意思表示に関する制度全体に関わる問題としてこのほかには、意思表示の無効・取消しにおける第三者保護規定の整備につき、全体を貫く一貫したビジョンに基づく制度設計の必要性が指摘された[14]。

II 検 討

1 意思表示規定の拡充の必要性

(1) 不実表示ルールの位置づけ

学説においてはすでに、情報提供義務論を契機として、故意要件の緩和ないし客観化あるいは、過失による詐欺の承認による詐欺制度の拡張[15]や、錯誤要件に相手方の不当関与ないし不誠実な態様を反映させようとする見解[16]が有力化している[17]。このような傾向は、表意者保護において相手方の関与・態様の不当性を根拠とする規定が詐欺・強迫に限定されている現行法を補充するにあたり、詐欺制度の拡張化または錯誤制度の明確化・柔軟化による対応を促している。そして、法制審議会においても、「要素の錯誤」の明確化をはじめとする既存の意思表示規定の再整備が、不実表示ルールによる補充の要否を決する上での先決課題である旨が指摘されている[18]。

そうだとすれば、相手方の関与・態様の不当性を根拠とする表意者保護に関する意思表示規定の拡充につき、これを不実表示ルールの導入によって図

---

13) ［第10回会議議事録］49-50頁および［第32回会議議事録］6-7頁の山本(敬)幹事の発言。
14) ［第10回会議議事録］38-39頁の山本(敬)幹事の発言。
15) 森田宏樹「『合意の瑕疵』の構造とその拡張理論(2)」NBL483号（1991年）59頁以下、横山美夏「契約締結過程における情報提供義務」奥田昌道編『取引関係における違法行為とその法的処理－制度間競合論の視点から』（有斐閣、1996年）117頁、円谷峻『新・契約の成立と責任』（成文堂、2004年）269-270頁。
16) 平野裕之『民法総則〔第3版〕』（日本評論社、2011年）284頁以下、内田貴『民法Ⅰ〔第4版〕』（東京大学出版会、2008年）72頁。
17) 後藤巻則『消費者契約の法理論』（弘文堂、2002年）71頁以下、河上正二『民法総則講義』（日本評論社、2007年）359頁。
18) ［第32回会議議事録］11頁の佐成委員・14頁の岡委員の発言。

るべきか否かを判断するに際しては、このルールが錯誤・詐欺制度とは別個独立の存在意義を有するかどうかにつきどのように評価するかが重要となる。

(2) 錯誤制度の類型化と不実表示

　錯誤・詐欺制度の見直し・拡張は過渡的な方途にすぎず、新ルールによる補充が望ましい、との見方もありえよう。これに対して、錯誤制度を、表意者が本来負うべき錯誤のリスクを相手方に転嫁することを正当化する一般規定として理解するなら、①契約の有効性に影響する内容として合意された重要事項、または、当事者双方にとって重要な前提とされた事項に関する錯誤と評価しうる場合、②表意者の錯誤に基づく意思決定が相手方の誘因ないし不誠実な態様に基づく場合、とに類型化することができよう。その意味では、不実表示も錯誤制度のバリエーションに含まれることになろう。不実表示を錯誤・詐欺とは別個独立の新ルールとして導入することが取引社会の混乱を招来させる懸念があるとすれば、錯誤制度を上記のように類型化した上で不実表示による錯誤をカバーする制度設計を行い、適切な運用に努めれば足りるであろう。

　なお、かかる観点からすれば詐欺も広義の錯誤の一種であるといえるが、詐欺は強迫と並び、他人の著しく違法な関与からの救済に重点を置く制度として伝統的に特別固有の機能を果たしており、詐欺制度の独自性は維持されてよいであろう。そして、上述の通り、詐欺に至らない程度の相手方の態様を反映させるルールは、表意者の誤解のリスクを相手方に転嫁することを目的とする一般規定としての錯誤制度の類型化の中に取り込めばよいであろう。

2　第三者保護規定のあり方

(1) 問題の所在

　第三者保護については、①現行法において明文規定のない心裡留保および錯誤につき第三者保護規定を設置すべきか、②虚偽表示、詐欺を含む各制度における第三者保護につき無過失を要件化すべきか、③不実表示など新たな取消類型を承認する場合、第三者保護規定をどうすべきか、④無効・取消原

因に応じた個別規定を置くべきか、権利外観法理に関する一般規定に集約するのが望ましいのか、などが問題となる。意思表示の無効・取消しによる表意者保護の充実化とともに、取引安全との調和が問われるところである。

(2) 留意点

　第三者保護規定に関しては、権利外観法理に基づく一般化が頻繁に説かれている。法制審議会でも指摘されているように、立法論としては一貫したビジョンに基づく明快な制度設計が望ましいのであろうが、各無効・取消原因の特色を踏まえた立法および運用がされるべきであろう。基本的には以下の二点に留意する必要があると考える。

　第一に、第三者保護の基本構想については以下の二通りに大別されよう。①無効・取消原因につき、表意者の帰責性が大きいかまたは、その原因事実が第三者に影響を及ぼすべきではない内部事情と評価されるため、第三者保護が原則であり、その悪意（有過失）が立証された場合を例外とする構成が妥当する類型および、②表意者保護が原則であり、第三者を保護すべき正当事由が立証された場合において特別な保護を図るという構成が妥当する類型、である。いずれが妥当するのかにつき、各無効・取消原因ごとに立証責任を反映させながら制度化すべきであろう。

　第二に、無過失の要否については、①第三者はおよそ一般的に無効・取消原因の存否に関する調査確認義務を負うのか、②仮に負わないとしても、これらについて知るべき特段の事情が認められる場合において、調査確認をしなかった第三者をなお保護すべきか、表意者がその懈怠を非難することが許されるか、という観点から検討すべきであろう。

〔武川幸嗣〕

2 心裡留保

I 法制審議会提案

1 提案内容

　法制審議会民法（債権関係）部会は、「心裡留保」についての検討事項として次のことを挙げている[1]。
(1) 無効となる要件
　「民法第93条は、『表意者がその真意ではないことを知ってした』意思表示（心裡留保）について定めているところ、これには、相手方が表意者の真意に気付いてくれることを期待している場合（非真意表示）と、表意者が相手方を誤信させる意図を持って自己の真意を秘匿する場合（狭義の心裡留保）が含まれるとして、両者を区別する考え方がある。この考え方は、狭義の心裡留保の場合には、表意者は相手方を誤信させる意図で真意を秘匿しているのであるから、この場合に相手方が表意者の真意を知ることができたからといって、その意思表示を無効（民法第93条ただし書）とすべきではなく、真意でないことを相手方が知っていた場合に限って無効とすべきであると主張する。
　このような考え方に基づいて、心裡留保により意思表示が無効となる要件について見直すべきであるという考え方があるが、どのように考えるか。」
(2) 第三者保護規定
　「民法第93条は、心裡留保による意思表示を前提として新たに利害関係を有するに至った第三者を保護する特段の規定を設けていないが、学説上は、この場合の第三者は虚偽表示の規定（同法第94条第2項）の類推適用により保護されるとする見解が有力である。
　そこで、心裡留保についても虚偽表示と同様の第三者保護規定を設けるべ

---

[1] 民事法研究会・検討事項〈詳細版〉323頁以下［**部会資料12-2**］23頁以下）。

きであるという考え方があるが、どのように考えるか。」

2 提案前の議論

(1) 基本方針の提案

民法（債権法）改正検討委員会は、「心裡留保」(【1.5.11】)について次のとおり提案している[2]。

「〈1〉 表意者がその真意ではないことを知って意思表示をした場合は、次のいずれかに該当するときに限り、その意思表示は無効とする。

〈ア〉 その真意ではないことを相手方が知っていたとき。

〈イ〉 その真意ではないことを相手方が知ることができたとき。ただし、表意者が真意を有するものと相手方に誤信させるため、表意者がその真意ではないことを秘匿したときは、この限りでない。

〈2〉 〈1〉による意思表示の無効は、善意の第三者に対抗することができない。」

(2) 民法改正研究会有志案

民法改正研究会は、「真意留保」(53条)として次のように提案している[3]。

「表意者が真意でないことを知ってした意思表示に基づく法律行為は、そのために効力を妨げられない。ただし、相手方が表意者の真意を知り、又は重大な過失によって知らなかったときは、その法律行為は、無効とする。」

3 法制審議会の議論状況

心裡留保について、法制審議会民法（債権関係）部会は、第10回会議（平成22年6月8日開催）において検討した後、中間的な論点整理に向けて審議し（「民法（債権関係）の改正に関する中間的な論点整理のたたき台」（第22回会議〔平成23年1月25日開催〕）、「たたき台改訂版」（第25回会議〔平成23年3月8日開催〕））、第26回会議（平成23年4月12日開催）において「民法（債権関係）の改正に関する中間的な論点整理」を決定し、同年5月10日付けで公表した。また、法務省民事局参事官室の責任において、「民法（債権関係）の改正に関する中

---

[2] 基本方針26頁、詳解・基本方針Ⅰ91頁。
[3] 民法改正研究会・国民・法曹・学界有志案124頁（セル番号183）。

間的な論点整理の補足説明」を作成した。このうち、心裡留保についての中間的な論点整理は次のとおりである[4]。

(1) 心裡留保の意思表示が無効となる要件

「表意者が表示と真意に不一致があることを知ってした意思表示の効力について、民法第93条は、①相手方が表意者の真意に気づいてくれることを期待して真意と異なる意思表示をした場合（非真意表示）と②表意者が相手方を誤信させる意図を持って、自己の真意を秘匿して真意と異なる意思表示をした場合（狭義の心裡留保）を区別せずに規定しているが、この両者を区別し、非真意表示においては相手方が悪意又は有過失のときに無効であるが、狭義の心裡留保においては相手方が悪意の場合に限って無効であるとすべきであるとの考え方がある。このような考え方の当否について、その両者を区別することが実際上困難であるとの指摘があることも踏まえ、更に検討してはどうか。

また、心裡留保の意思表示は、相手方が『表意者の真意』を知り又は知ることができたときは無効であるとされている（民法第93条ただし書）が、真意の内容を必ずしも知る必要はないことから、その悪意等の対象を『表意者の真意』ではなく、『表示が表意者の真意でないこと』と改める方向で、更に検討してはどうか。」

(2) 第三者保護規定

「心裡留保の意思表示を前提として新たに利害関係を有するに至った第三者を保護する規定はなく、解釈に委ねられているが、このような第三者が保護される要件を明らかにするため新たに規定を設ける方向で、更に検討してはどうか。その際、通謀虚偽表示・錯誤・詐欺等に関する第三者保護規定との整合性に留意しながら、その規定内容や、第三者保護規定の配置の在り方について、更に検討してはどうか。規定内容については、例えば、心裡留保の意思表示が無効であることを善意の第三者に対抗することができないという考え方と、善意かつ無過失の第三者に対抗することができないという考え方があるが、その当否を含めて更に検討してはどうか。」

---

[4] 商事法務・中間的な論点整理の補足説明236頁以下。

Ⅱ 検 討

1 心裡留保規定の起草過程

　心裡留保規定（民法〔以下、民法の条数を引用するときは「民」とする。〕93条）の起草過程[5]をみると、民法（明治29年4月27日法律第89号）の起草委員が主査委員会（第21回・明治27年3月2日）に提出した心裡留保に関する民法修正原案91条は、「意思表示ハ表意者カ其真意ニ非サルコトヲ知リテ之ヲ為シタル為メ其効力ヲ妨ケラルルコトナシ但相手方カ表意者ノ真意ヲ知リタルトキハ其意思表示ハ無効トス」（旧漢字は新漢字に改めている。以下、同じ。）となっていた。同原案91条の立法趣旨は、「意思ヲ表示スル者カ其相手方ニ対シテ真実ノ意思ヲ隠秘シタル場合」に、「取引ノ安全」の観点から「表意者ニ欺カレタル」相手方を保護するため当該の意思表示を本文において有効、しかし、相手方悪意の場合には、ただし書においてこれを無効とすることにあった。すなわち、当初、起草者は、表意者に欺罔の意図を伴っているいわば本来の狭義の心裡留保（Mentalreservation, Geheimer Vorbehalt―ドイツ民法116条）のみを規定し、しかも、ドイツ民法におけると同一の処理を施そうとしたのである。そして、この原案は主査委員会および次の委員総会（第13回・明治27年3月16日）においてそのまま通過した。

　ところが、その後の整理会（第6回・明治28年12月20日）において、起草者は、「笑談ニ意思表示ヲシタ」場合のごとく真意を伴っていない表示であることを相手方が見誤らないであろうと予期してした非真意表示（nicht ernstliche Erklärung）の場合（ドイツ民法118条。日本では「諧謔表示」と呼ばれることが多い）について、「本文ノ方ニ依テ効力ヲ生スルト云フコトニスルヨリモ……真意ヲ知ツタ場合ト同ジコトニ無効トシタ方ガ宜カラウ」、ということを理由として、同原案のただし書に「又ハ之ヲ知ルコトヲ得ヘカリシ」を付加する修正案を提出した。そうして、この修正案は可決されてそのまま心裡留保規定（民93条）となったのである。

---

[5] 心裡留保規定（民93条）の起草過程については、村田彰「心裡留保無効」椿寿夫編『法律行為無効の研究』（日本評論社、2001年）336頁以下を参照されたい。

その結果、日本民法下の心裡留保規定（民93条）は、ドイツ民法下の狭義の心裡留保と非真意表示とを一括して、いわば広義の心裡留保（真意の意識的な不存在）を定めることになった。しかし、同条の起草過程から明らかなとおり、同条は非真意表示のケースに適合的な規定であり、狭義の心裡留保は、そもそも相手方が悪意の場合にのみ無効と処理されていたのである。そこで、両者を明確に区別し、その上で、それぞれについて検討すべきである。

2　心裡留保の意思表示が無効となる要件

(1)　表意者からの無効主張

a　狭義の心裡留保

狭義の心裡留保の例は、嘘や悪質な冗談などである。この場合、表意者には多かれ少なかれ欺罔の意図が伴っているので、この場合の表意者の帰責性の程度は、非真意表示をした表意者のそれよりも、虚偽表示（民94条）をした者のそれに近いように思われる。そうだとすると、狭義の心裡留保の場合には、ドイツ民法116条および民法修正原案91条におけると同様、表意者からの無効主張は、真意でない表示であることについて悪意（悪意と同一視されうる重過失を含む）の相手方との関係でのみ認容されるべきであろう。

b　非真意表示

非真意表示の例としては、軽い冗談や、本心では辞めるつもりはなくて進退伺いの意味で退職願を出したケースなどを挙げることができる。このように、非真意表示においては、真意でない表示であることを相手方において見誤らないであろうと予期して表示しているのだから、表意者には真意を秘匿して相手方を誤信させようとする意図が存しない。しかも、相手方が表意者の予期に反して真意を伴っている意思表示であると信頼した場合には、表意者はこの予期を見誤ったとみることも可能であるから、この点において非真意表示は錯誤と実質的に類似するところがあるように思われる。

以上のとおり、非真意表示の場合には、表意者の帰責性が弱いことから、民法93条による処理と同様、真意でない表示であることについて悪意のみならず過失善意の相手方に対する関係でも表意者からの無効主張が認容され

るべきである。
(2) 相手方からの無効主張
a 狭義の心裡留保
　表意者が狭義の心裡留保を理由として無効を主張していないにもかかわらず、相手方は表意者の狭義の心裡留保を理由として無効を主張しうるであろうか。この場合、裁判所が相手方からの無効主張に対して表意者の主張をそのまま認容して当該の法律行為を有効とすることは、行為時における表意者の真意に適合せず、また、欺罔の意図を伴ってした表意者の表示が有効となるように裁判所が助力しているとみることもできよう。しかも、かかる表意者の主張のとおりに当該の行為を有効視したとすると、相手方が不利益を被るおそれは十分にある。したがって、相手方は、表意者が狭義の心裡留保をしたということの立証に成功すれば、表示の拘束力から免れることができる、とすべきである。
b 非真意表示
　非真意表示の場合、表意者が真意でない表示であることを相手方において見誤らないであろうと予期して表示しているのだから、通常、相手方はそのような表意者と契約を締結することがないであろう。しかし、相手方が真意でない表示であることを知りつつ表意者と契約を締結したとするなら、その相手方は、その表示に拘束されることを自ら欲しているのだから、表意者が当該の法律行為の有効をあくまでも主張する限り、その表示に拘束されるべきである。そうして、このように解することは非真意表示者を裁判所が助力することとなるが、非真意表示者には欺罔の意図がないのだから、特に問題はないように思われる。むしろ、真意でない表示であることを知りつつ契約を締結した相手方は、自己の意思表示が真意でないこととその表示受領者（表意者）の悪意または過失善意とを立証して無効とすべきである。
　これに対して、相手方が表意者の表示を真意の表示であると誤信して契約を締結した場合には、相手方は、その表示内容を信頼して契約関係に入ったのだから、欺罔の意図を伴っていない表意者があくまでも有効を主張する限り、表意者のした表示内容に拘束されても特に問題がない、と思われる。
　しかし、相手方からの無効主張の問題については、学説が今日に至るまで

分かれていることから、明文化せずに学説に委ねるべきであろう。

3　第三者保護規定

(1)　狭義の心裡留保

狭義の心裡留保をした表意者の帰責性が虚偽表示をした表意者のそれに近いことから、虚偽表示における第三者保護規定（民94条2項）と同じく、狭義の心裡留保の無効は、善意（無重過失を含む）の第三者に対抗することができないようにすべきである。

(2)　非真意表示

非真意表示者の帰責性が錯誤者や被詐欺者のそれに近いことから、錯誤・詐欺における第三者保護規定（基本方針【1.5.13】〈4〉・【1.5.16】〈4〉参照）と同じく、非真意表示の無効は、善意無過失の第三者にのみ対抗することができないようにすべきである。

4　強迫との関係

心裡留保と強迫との関係[6]については、①表意者が強迫により「表示したことを欲しない旨を内心に留保」して表示をした場合（意図された心裡留保が強迫により生じた場合）、②「表示したことを欲しない旨を内心に留保」するまでには至ることなく表示をした場合（意図されたわけではない心裡留保が強迫により生じた場合）、に分けて検討する必要があるように思われる。そうして、①の場合、表意者は、強迫を受けてはいるものの欺罔の意図を伴って表示をしているのだから、狭義の心裡留保の問題として処理すべきである。これに対して、②の場合には、表示したことを欲しない旨を内心に留保するまでに至っていない、すなわち、強迫によって心ならずも表示をした、というだけのことであるから、心裡留保ではなくして強迫（民96条）の問題として処理すべきである。したがって、心裡留保と強迫とでは、適用範囲を異にすることから、二重効の問題は生じないことになる。

---

[6]　この問題については、村田彰「強迫と心裡留保」法学志林98巻2号243頁以下（2001年）を参照されたい。

5 要 約

(1) 心裡留保規定の起草過程から明らかなとおり、狭義の心裡留保と非真意表示とを区別することなく一括して処理するのは立法上の過誤である。両者を明確に区別した上で、それぞれに相応しい処理をすべきである。

(2) まず、相手方からの履行請求に対して、表意者は、自己の表示が真意でないことを知っていたこと（真意の意識的な不存在）、および、相手方がこのことを知っていたこと（相手方の悪意（重過失を含む））、を主張立証できれば、無効とすることができる。表意者が相手方の悪意（重過失）を主張立証できない場合でも、更に、表意者は、真意でない表示であることを相手方において見誤らないであろうと予期して表示したこと（非真意表示）、および、真意でない表示であることを相手方が知ることができたこと（相手方の軽過失）を主張立証できれば、その行為は無効となる、と明文化すべきである。

(3) また、相手方から表意者に対して行為の無効を主張する場合には、表意者のした表示が真意でないことを相手方において主張立証するだけでは足りず、更に、表意者が欺罔の意図を伴って表示したこと（狭義の心裡留保）を相手方において主張立証しなければならない、と解すべきである。

(4) したがって、相手方は、真意でない表示であることについて善意（無重過失）であれば狭義の心裡留保をした者に対して有効・無効のいずれかを選択して主張することができるが、悪意（重過失）であれば有効を選択することができない、ということになる。

(5) 第三者に対する関係でも、狭義の心裡留保と非真意表示とを区別すべきである。すなわち、虚偽表示・錯誤・詐欺規定とのバランス上、表意者の無効主張は、狭義の心裡留保の場合には善意（無重過失）の第三者に対抗できないのに対して、非真意表示の場合には善意無過失の第三者にのみ対抗できない、と明文化すべきである。

(6) 意図された心裡留保が強迫により生じた場合には狭義の心裡留保の問題として、意図されたわけではない心裡留保が強迫により生じた場合には強迫の問題として、それぞれ処理すべきである。

［村田　彰］

3 虚偽表示

Ⅰ 法制審議会提案

1 提案内容

　現行民法第94条2項につき、表見法理に基づく信頼保護について定めた規定であるとの制度理解に立脚して判例上展開されてきた類推適用法理を条文化すべきか、が検討課題として挙げられている[1]。この点については、同法理が第三者保護において重要な機能を果たすものとして判例・学説上定着をみていることにかんがみれば、条文化は必須であるという見方がある一方、物権法全体に波及する重大な改正をともなうとする慎重論も展開されており、後述の通り法制審議会でも議論が分かれるところとなった。

2 提案前の議論

　民法（債権法）改正検討委員会の提案は、現行民法94条をそのまま維持するというものであった。その理由は以下の通りである[2]。第一に、制度の構造としては、通謀虚偽表示を外形的行為と秘匿行為（外形的行為が虚偽である旨を確認する真正合意）とに分けて、真正合意の効力という観点から規律する立法案もありうる旨に言及しつつも、外形的行為の無効と表見法理に基づく信頼保護という現行法の構成を維持することが、かかる制度理解に立脚して発展した類推適用法理の重要性にかんがみて妥当である。第二に、第三者の無過失を要件化する見解が有力であるが、自ら故意に虚偽表示を行った本人が第三者の不注意を非難することの不当性に照らせば、善意のみで足りる。第三に、転得者保護など第三者の範囲につき明確化することの要否については、他の第三者保護規定のあり方に与える影響を顧慮すれば、さしあたり解釈に委ねるのが妥当である。

---

1) 民事法研究会・検討事項（詳細版）326頁［**部会資料12-2**］**27頁**）。
2) 註解・基本方針Ⅰ 96頁以下。

なお、民法改正研究会は、意思表示に関する第三者保護規定を包括的に設けるとともに、これに続けて外観法理に関する一般規定を設置する旨につき以下のように提案している[3]。

59条① 第五十三条（真意留保）並びに第五十四条（虚偽表示）に基づく法律行為の無効及び第五十五条（錯誤）に基づく法律行為の取消しは、善意の第三者に対抗することができない。

② 第五十六条（不実表示及び情報の不提供）及び第五十七条（詐欺）に基づく取消しは、善意であり、かつ、過失がない第三者に対抗することができない。

③ 省略

60条① 第五十四条（虚偽表示）の要件を満たさない場合であっても、自ら真実に反する権利の外形を作出した者は、その権利が存在しないことを善意の第三者に対抗することができない。

② 前項の要件を満たさない場合であっても、真実に反する権利の外形の存在に責めに帰すべき事由を有する者は、その権利が存在しないことを善意無過失の第三者に対抗することができない。

3 法制審議会の議論状況

(1) 現行民法94条2項類推適用法理の立法化の当否

法制審議会においては、判例法理として展開されてきた民法94条2項類推適用法理の条文化の当否および規定のしかたについて、多くの議論が交わされた。審議においては早くから、不動産物権変動法制への影響、意思表示規定としての位置づけの適否、権利外観法理規定としての一般化の当否などの検討課題が指摘されていたが[4]、審議会内部でも見解が分かれるところとなった。すなわち、基本的には、①民法94条2項類推適用法理が今日果たしている役割の重要性にかんがみれば、その明文化は必要不可欠であり、同法理の趣旨を広く権利外観法理の一般規定として具現化した上で、柔軟な解釈運用に委ねるのが望ましい、という積極論[5]と、②民法94条2項類推

---

3) 民法改正研究会・国民・法曹・学界有志案129頁。
4) ［第10回会議議事録］28頁以下。

用に関する判例法理は未だ確立しているとはいえず、とくに本人にいかなる帰責事由があれば権利を失うかに関する限界づけが必ずしも明確でない法状況にあること、不動産物権変動法制さらには第三者保護規定全体との整合性に対する入念な検討を要すること、に照らせば、明文化には慎重を期すべきである、とする消極論[6]とが対立したが、③権利外観法理の一般規定としてではなく、あくまで虚偽の意思表示の外形に対する信頼保護規定として民法94条2項類推適用法理を条文化するにとどめるべきである、という折衷的意見も出された[7]。

(2) 第三者の保護要件

その他の主要な議論として、第三者無過失の要否につき、①信頼に値する外観の存否を含めて無過失要件を柔軟に活用することにより衡平を図るのが実態に適う、という必要説[8]と、②故意に虚偽表示を行った本人において第三者の調査確認の懈怠を主張するのは不当であり、信頼に値する外観の不存在については重過失ありとして排除すれば足りるから、現行規定を維持して善意のみでよい、とする不要説[9]とが唱えられた。

---

5) [第31回会議議事録] 10頁以下の松岡委員および中井委員の意見。松岡委員は、[**部会資料27**] **第3の2 (2) 30-32頁**について「権利概観規定の新設に関する意見」と題した立法提案で以下の条文案を具体的に示されている（下線部は、民法改正研究会案との比較において松岡案として修正した箇所）。
　　（外観法理）
　　第N条　①第九十四条（虚偽表示）の要件を満たさない場合であっても、自ら真実に反する外形を作出した者は、その権利が存在しないことを善意の第三者に対抗することができない。
　　②前項の要件を満たさない場合であっても、真実に反する権利の外観の存在につき<u>前項と同視できるときは、権利者は</u>その権利が存在しないことを善意無過失の第三者に対抗することができない。
6) [第31回会議議事録] 12頁、14-15頁の山野目幹事の意見。
7) [第31回会議議事録] 15-16頁の道垣内幹事の意見。
8) [第31回会議議事録] 19頁以下の内田委員の意見。
9) [第31回会議議事録] 21-22頁の松岡委員の意見。

II 検 討

1 現行制度の改正

(1) 虚偽表示制度の構造

　はじめに、虚偽表示制度それ自体の改正について検討する。まず、虚偽表示制度の構造を見直す必要があるか。これについては、外形的行為が真意と異なるものであることを当事者間で確認する旨の真正合意の効力として虚偽表示を規律する条文構成もありうるが、さしあたりこのような視点の転換を行うべき実務的要請に乏しいといえよう。もっとも、第三者保護については、表見的信頼保護という観点だけでなく、以下の通り虚偽表示に関する合意の性質も考慮されるべきである。

(2) 第三者保護の要件

　第一に、立証責任については、本人の帰責性の大きさもさることながら、通謀虚偽表示の事実は外形に表れない当事者間内部の合意であるところ、そのような無効原因の性質に照らせば、とくに悪意者を排除する条文構成が望ましい。

　第二に、無過失の要否については、虚偽表示の性質と過失の具体的内容を踏まえた検討が必要であろう。

　まず、第三者は一般に虚偽表示の有無に関する調査確認義務を負うといえるか。これについては、上述のような虚偽表示の無効原因の性質上、その存否を調査確認すべき義務は原則としてないといえよう。

　そうすると、無過失の要否は、虚偽表示の存在につき疑念を抱くべき特段の事情が認められ、本人への確認等により容易に知りうる場合において、これを怠った第三者を本人の犠牲においてなお保護すべきか、という形で問われることになろう。これについては、故意に真意を秘匿する合意を行った本人において、その存否に関する調査確認の懈怠を非難することは許されないというべきではなかろうか。もっとも、悪意の認定については、これに準じる重過失を含めて、虚偽表示の事実を知らなかったものとして保護するには値しないと評価しうる態様の有無が柔軟に判断されるべきであろう。

第三に、転得者保護については解釈論に委ねられているようであるが、第三者・善意─転得者・悪意の場合が検討対象となろう。虚偽表示において悪意者を排除する根拠は、前主の無権利を知っている者の要保護性の低さとあわせて、それにもかかわらず自己が取引することにより本人が犠牲となる旨を認識しながら権利関係を築いたことに対する非難に求められるところ、転得者が虚偽表示の事実を知っていたとしても、すでに善意の第三者が存在する以上、それはもはや自己の有効な権利取得を妨げない過去の事実にすぎず、転得者の出現によって本人が権利を失うわけではないため、上記の非難があてはまらないと評価できるのではなかろうか。もっとも、悪意者が故意に善意者を介在させた場合は、善意の第三者の存在を主張することが信義に反して許されず、転得者の地位においてではなく悪意の第三者として保護されない、と構成すべきであろうが、このような法律構成は解釈論のレベルで行えばよいと考える。

(3)　類推適用法理の明文化

　基本的には次の3通りの提案が考えられよう。
A案　虚偽表示あるいは表見代理制度の柔軟な解釈運用に委ねる。
B案　不実登記に対する信頼保護の制度を不動産物権変動部分に設ける。
C案　権利外観法理ないし表見法理に関する一般規定を総則部分に設ける。
　私見としてはB案を支持したい。①不実登記の作出または存続が真正権利者の意思に基づく場合において、同人はその登記にかかる権利が存在しないことをもって善意の第三者に対抗することができない、②不実登記の主要な原因となった行為または事実が真正権利者の意思に基づく場合においても、善意無過失の第三者は保護される、という規範はほぼ確立されているといってよく、いかなる場合がこれにあたり、その限界をどこに画定すべきかに関する評価は解釈・運用レベルの問題といえよう。また、C案は第三者保護に関する他の個別規定との関係が問われよう。不実登記に対する信頼保護、即時取得、表見代理、無効・取消原因に応じた第三者保護、善意弁済者保護をどのようにして図るべきかについては、それぞれ問題類型の特色に即して個別に規律されるべきであり、一般規定による一元化に適さないと考える。

　　　　　　　　　　　　　　　　　　　　　　　　　　　　〔武川幸嗣〕

4 錯　誤

[1]　錯　誤――要件論を中心に――

I　法制審議会提案

1　提案内容

　錯誤については、まずは第10回会議で議論されたが、その前に、議論のたたき台とされた部会資料を紹介する[1]。錯誤の要件論については、主に三つの論点が問題とされている。

(1)　動機の錯誤

　伝統的な理解では「動機」は意思表示の「内容」ではないので、動機に錯誤があった場合には現行95条は適用されないはずである。しかし、判例によれば[2]、動機が明示あるいは黙示に表示されて法律行為の内容となり、それが法律行為の要素に当たれば、同条の適用がある。そこで、この判例法理を条文上明確にすることが提案されている。

　なお、部会資料の補足説明によれば、「動機の錯誤という従来の概念を、事実に関する認識の誤りという意味で事実の錯誤と表記した上で、この事実の錯誤については、表示錯誤（表示上の錯誤）の取扱いと区別し、事実の誤った認識が法律行為の内容とされることを錯誤の要件とする」のである[3]。動機が表示されただけでは足りないのは、事実についての認識の誤りのリスクを相手方に転嫁するためには、それが相手方との合意の内容に含まれている必要があるからである。

---

[1]　民事法研究会・検討事項〈詳細版〉327頁以下（**[部会資料12-2] 30頁**）。
[2]　民事法研究会・検討事項〈詳細版〉328頁（**[部会資料12-2] 31頁**）では、最判昭和29年11月26日民集8巻11号2087頁、最判昭和47年5月19日民集26巻4号723頁、最判平成元年9月14日判時1336号93頁が挙げられている。
[3]　民事法研究会・検討事項〈詳細版〉328頁（**[部会資料12-2] 31頁**）。

(2) 要素の錯誤の明確化

現行95条は法律行為の「要素」に錯誤があったことを要件とするが、「要素」の具体的内容は条文上は明らかではない。要素とは「重要な部分」という程度の意味であるが、学説や判例では一般的には「この点についての錯誤がなかったなら、表意者は意思表示をしなかったであろうし、かつ、意思表示をしないことが一般取引の通念に照らして正当と認められる」場合と理解されているので、これを条文上明確にすることが提案されている[4]。

なお、補足説明によれば、「この点についての錯誤がなかったら、表意者は意思表示をしなかったであろうし（因果関係）、かつ、意思表示をしないことが一般取引の通念に照らして正当と認められること（重要性）」とされており[5]、主観的な因果性と客観的な重要性とに分析されている。

(3) 表意者に重大な過失があったとき（民法95条但書）

現行95条但書によれば、表意者に錯誤につき重大な過失があったときは錯誤を主張することができない。しかし、学説では、例えば、表意者の錯誤を相手方が知っていた場合には、表意者に重過失があっても錯誤を主張することができる等の見解もある。そこで、錯誤につき重過失があったときでも錯誤を主張することができる場合を条文上明確にすることが提案されている[6]。補足説明によれば、具体的には、①表意者の意思表示が錯誤によるものであることを相手方が知っていたか、または知らなかったことについて重過失がある場合、②当事者双方ともに同一の錯誤に陥っている場合（共通錯誤）、さらに、③相手方が表意者の錯誤を引き起こした場合である[7]。これらの場合には、相手方の信頼を保護する必要がないからである。

2 提案前の議論

(1) 債権法改正の基本方針

上記のような部会資料の提案は、以下に引用する民法（債権法）改正検討委員会による債権法改正の基本方針を受け継いだものである[8]。

---

4) 民事法研究会・検討事項〈詳細版〉328頁［**部会資料12-2**］**31頁**］
5) 民事法研究会・検討事項〈詳細版〉328頁［**部会資料12-2**］**32頁**］
6) 民事法研究会・検討事項〈詳細版〉329頁［**部会資料12-2**］**32頁**］
7) 民事法研究会・検討事項〈詳細版〉329頁［**部会資料12-2**］**33頁**］

【1.5.13】（錯誤）

〈1〉 法律行為の当事者または内容について錯誤により真意と異なる意思表示をした場合において、その錯誤がなければ表意者がその意思表示をしなかったと考えられ、かつ、そのように考えるのが合理的であるときは、その意思表示は取り消すことができる。

〈2〉 意思表示をする際に人もしくは物の性質その他当該意思表示に係る事実を誤って認識した場合は、その認識が法律行為の内容とされたときに限り、〈1〉の錯誤による意思表示をした場合に当たるものとする。

〈3〉 〈1〉〈2〉の場合において、表意者に重大な過失があったときは、その意思表示は取り消すことができない。ただし、次のいずれかに該当するときは、この限りでない。

〈ア〉相手方が表意者の錯誤を知っていたとき
〈イ〉相手方が表意者の錯誤を知らなかったことにつき重大な過失があるとき
〈ウ〉相手方が表意者の錯誤を引き起こしたとき
〈エ〉相手方も表意者と同一の錯誤をしていたとき

（4項は要件に関するものではないので省略する。）

つまり、動機の錯誤を「事実を誤って認識した場合」と把握してそれが法律行為の内容となった場合に錯誤の主張を認めるし（2項）、その原則的な要件については、主観的な因果性と客観的な重要性からなる要件を規定しており（1項）、重過失がある場合の錯誤の主張の制限に例外を設けている（3項）。

(2) 民法改正研究会有志案

これと比較すれば、民法改正研究会による有志案は謙抑的な態度を示している[9]。

第55条（錯誤）
① 表意者がした意思表示の重要な部分について錯誤がある法律行為は、取

---

8) 詳解・基本方針Ⅰ 103 頁以下
9) 民法改正研究会・国民・法曹・学界有志案 124 頁

り消すことができる。
② 表意者は、重大な過失があったときは、前項の取消しをすることができない。ただし、法律行為の相手方が表意者の錯誤について悪意であったときは、この限りでない。
（3項以降は省略する。）

　動機の錯誤についての明文はないし、錯誤の原則的な要件も「要素」を「重要な部分」と平易に表現し直しただけであり（1項）、また、重過失がある場合の錯誤主張の制限の例外も、相手方が（表意者の）錯誤について悪意であった場合のみ規定されている（2項）。

3　法制審議会の議論状況

(1)　第10回法制審議会の議論

　さて、前述の部会資料について、法制審議会第10回会議で議論された[10]。
a　動機の錯誤
　まず、動機の錯誤について部会資料に賛成する意見としては、消費者取引を念頭にして動機の錯誤を条文化することへの賛意が表明されている他、山本(敬)幹事が、「学説の中には、相手方の信頼を問題にして、例えば動機が表示されていれば、あるいは表意者の錯誤を相手方が認識できたのであれば、その錯誤を理由に意思表示の効力を否定しても、相手方は思わぬ不利益を受けることにならないと主張する見解もありますが、表意者が動機を表示したり、あるいは表意者が錯誤に陥っていることを相手方が認識できたというだけで、どうして本来ならば表意者が負うべきリスクを相手方に転嫁することができるのか、それで果たして十分な説明になっているのかどうか、疑問が残ります」と、その趣旨を敷衍している。
　他方、奈須野関係官は、「商取引におきましては大量の契約を迅速に処理しなければならない都合上、なるべく没個性的に処理したい」という理由から動機の錯誤を取り込むことに反対し、また、岡委員は、「法律行為の内容

---
[10]　法務省のホームページで公開されている［第10回会議議事録］32頁以下に依って紹介する。

になる」の意味について「平成元年に、……財産分与を無効とするという最高裁判例が出ておりますが、財産分与するという合意のときに、譲渡所得税は分与するほうは負担しないと、もらうほうが負担するんだよというのが『合意の内容になる』といえるのか、よく分からない」と問題提起をし、さらに、林委員も、「実務感覚からいうと、岡委員が言われたように、表示によって相手方に認識可能になっていることが問題であり……表示という要件ではなく、法律行為の内容としてなったかで判断するとしますと……現在の我々が動機の表示によって無効となると判断するところと、ちょっとずれてくるような感じがします」と述べる。

b 「要素」の具体化・明確化

他方、原則的な要件を、主観的な因果性と客観的な重要性から具体化・明確化することについては、概ね賛成の意見が表明されている。

c 重過失がある場合の錯誤の主張の制限に対する例外

重過失がある場合の錯誤主張の制限に対する例外については、相手方が錯誤を惹起した場合に錯誤の主張を認めることに対する批判や懸念が目立つ。例えば、奈須野関係官は、「これを許容いたしますと重過失のある表意者が、気が変わったからといって相手方の不実告知なり、あるいは不利益事実の不告知なりをあら探しして、錯誤を主張するということを許容することになります」と反対し、また、岡委員も「意図的に引き起こした場合は全く問題ないと思うんですが……相手方が過失なく錯誤を引き起こした場合にも、この規定の適用があっていいのか」との問題提起をし、さらに、木村委員も、「特に信義則からくる契約締結上の説明義務を明文化するということとの兼ね合いで、説明義務不足を理由に錯誤が引き起こされたと主張されるケースが想定されるところであり、悪用される」との懸念を示している。

(2) 中間的な論点整理

以上のような議論を経て、以下のような中間的な論点整理が出された。

a 動機の錯誤に関する判例法理の明文化

まず、動機の錯誤については、「判例法理を踏まえて動機の錯誤に関する明文の規定を設ける方向で」さらに検討するとした上で[11]、規定の内容については、「事実の認識が法律行為の内容になっている場合にはその認識の誤

りのリスクを相手方に転嫁できることから当該事実に関する錯誤に民法第95条を適用するとの考え方がある。他方、動機の錯誤に関する学説には、動機の錯誤を他の錯誤と区別せず、表意者が錯誤に陥っていること又は錯誤に陥っている事項の重要性について相手方に認識可能性がある場合に同条を適用するとの見解もある」と両論併記されている[12]。

b 要素の錯誤の明確化

錯誤の原則的な要件については異論が少なかったこともあり、ほぼ（前述の）部会資料に沿った提案がされている[13]。

c 表意者に重過失がある場合の錯誤主張の制限の例外

重過失があったときの錯誤の主張の制限に対する例外についても部会資料に沿った提案がされているが、ただし、「相手方が過失なく表意者の錯誤を引き起こした場合にも重過失ある表意者が錯誤無効を主張することができるとするのは適当でないなどの指摘がある」と述べて、さらに検討することとされている[14]。

この中間的な論点整理に対するパブリックコメントも既に公表されているが、概して好意的な意見が多い。ただ、動機の錯誤については、「（動機が）法律行為の内容になる」の意味が不明確ではないかという指摘の他に[15]、表明保証条項との関係を問題とする見解（当事者が表明保証した場合は錯誤の問題とはしない）などもあった[16]。また、重過失がある場合の錯誤の主張の制限の例外としての相手方による錯誤の惹起について「相手方が故意又は過失により表意者の錯誤を引き起こした場合」とすべきという意見もある[17]。

---

11) 中間的な論点整理では、ある程度のコンセンサスがある場合に限り「〜とする方向で」という表現が使われることになっているので（商事法務・中間的な論点整理の補足説明6頁）、判例法理を条文化することには合意があることになる。
12) 商事法務・中間的な論点整理の補足説明240頁
13) 商事法務・中間的な論点整理の補足説明241頁
14) 商事法務・中間的な論点整理の補足説明241頁
15) 金融財政事情研究会編・「民法（債権関係）の改正に関する中間的な論点整理」に対して寄せられた意見の概要（本稿では単に「意見の概要」という）（金融財政事情研究会、2012年）1566頁（[部会資料33-5] 71頁）
16) 意見の概要1571-1572頁（[部会資料33-5] 76-77頁）
17) 意見の概要1576頁（[部会資料33-5] 81頁）

(3) 第31回法制審議会の議論

a　その後、錯誤については、さらに法制審議会第31回会議で議論されているが、その際に配布された部会資料では[18]、まず、動機の錯誤に関する判例法理の明文化について、甲案「表意者が事実を誤って認識し、その認識が［表示されて］法律行為の内容とされたことを要する旨の規定を設けるものとする」と乙案「表意者が事実を誤って認識し、それに基づいて意思表示をしていること［又は錯誤に陥った事項が表意者にとって重要であること］を相手方が認識し、又は認識することができたことを要する旨の規定を設けるものとする」とが併記されている。甲案の中にも「法律行為の内容とされた」の他に「（認識が）表示されて内容とされた」とするバリエーションがあり、また、乙案についても「錯誤を認識した場合」とは別に「錯誤の重要性を認識した場合」とする別案が呈示されている。

　また、錯誤の原則的な要件についてはこれまでの議論に沿った提案がされており、また、さらに、重過失がある場合の錯誤の主張の制限の例外については、①錯誤について相手方が知っていたか又は知らなかったことについて重過失がある場合、②当事者双方が同一の錯誤に陥っていた場合を指摘した上で、これに追加する形で、③相手方が表意者の錯誤を引き起こした場合についても検討を促している。

b　そして、第31回会議での議論では[19]、まず、能見委員が、財産分与に関する最高裁判決を念頭に「私の意見では、むしろその動機が相手方に分かるというところが重要で、それを表すために動機が法律行為の内容になるという言い方をするだけではないかというふうに私なんかは思うわけです」と述べて乙案を支持し、内田委員も共感を示している。これに対しては、山本(敬)委員が、財産分与の例でも「妻の側に課税されることが契約上予定されていたということが確定できれば、それがここでいう『法律行為の内容』になったということ」であると甲案を敷衍しているが、これに対しては能見委員が「契約をする際の前提条件などでは、どう見ても契約内容になるという言い方をするのは不自然な場合というのがやはりあって、そういう場合で

---

[18]　法務省のホームページで公開されている［**部会資料27**］**32頁以下**である。
[19]　法務省のホームページで公開されている［**第31回会議議事録**］**23頁以下**に依って紹介する。

も、一定の条件の下で錯誤無効を認めるという道が開かれていたほうがいいのではないか」と反論している。そして、さらに、動機の錯誤を考慮する為の要件と錯誤の原則的な要件（要素）との関係が問題とされている。

重過失がある場合の錯誤の主張の制限の例外については、まず、岡本委員から、共通錯誤について「個人がその所有する不動産を不動産業者に売却して、双方とも建物が建つ土地だと思っていたんだけれども、実は公法上の規制があって、建物は建たない土地だったといった場合」について重過失がある不動産業者に錯誤の主張を認めていいのかという問題提起がされ、さらに、相手方が（表意者の）錯誤を惹起した場合についても、「通常はそういった錯誤は生じないような行為であるのに、表意者の重過失によって表意者が錯誤に陥った場合」などでは表意者を保護すべきではないという指摘がされている。そして、意思表示の解釈と錯誤との関係等が話題となった。

II 検 討

以下では、紙数の関係もあるので、主に動機の錯誤に限って検討したい。

1 動機の錯誤

(1) 甲案の検討：契約内容となる必要があるか

筆者（滝沢昌彦）の私見としては、動機が契約の「内容」となっていることを要求する必要はない。必ずしも契約内容となっていなくとも、錯誤の主張を認めるべき場合もあると思われるからである。以下、設例で考えたい。

例1 売買価格をドルで指定することとなったときに、1ドル＝83円であるにもかかわらず、買主は1ドル＝80円であると勘違いをして「10ドルで買おう」と申し出た（実際は830円であるが買主は800円のつもりである）。売主は1ドル＝83円であることを知っており買主の勘違いに気がついたが、830円の方が有利なので黙っていた。

この場合に、売主も1ドル＝80円と勘違いをしていたのなら、代金を800円と解釈した方が（買主はもちろん）売主の意図にも合うので、動機（1ドル＝80円）が契約内容となったとして解決することが相応しい。しかし、例1では、売主は1ドル＝83円であることを知っていたのであるから、代金

800円と解釈することは売主の意図には合わない。確かに、売主は買主の錯誤を知りつつ黙っていたのであるから（一種の）「制裁」として代金800円と解釈することも一つの解決ではあろう。しかし、相手方の錯誤を知りつつ黙っていただけの場合にこれは酷であるように思われ、「制裁」としては、買主からの錯誤の主張を認めることで充分と思われる。したがって、契約内容としては1ドル＝83円が前提となっていた（代金は830円になる）と解釈した上で、錯誤の主張を認めるという解決の方が妥当であろう[20]。

例2　財産分与で妻に課税されると誤解していた例（最判平成元年9月14日判時1336号93頁）

この場合も「妻に課税されること」が法律行為の内容になっていたと理解することは難しいように思われ、この判例に基づいて甲案に反対する意見があるのももっともである[21]。これに対して、前述したように、山本(敬)委員は「妻の側に課税されることが契約上予定されていたということが確定できれば、それがここでいう『法律行為の内容』になったということ」であると述べており、確かに、これも一つの考え方ではあろう。しかし、（妻の側に課税されることが）「契約上予定されていた」としても、それが契約内容となるかは疑問であり、契約内容にはならないが契約の効力を否定する事情と考えればよいように思われる。そもそも契約内容になっていたのなら解除等により解決するのが望ましく、この場合に95条を持ち出すのは（一種の）「転用」ではなかろうか。

したがって、動機が契約内容となっていたのなら錯誤の主張を認めるべきことは当然であろうが、しかし、契約内容にならなければ錯誤が認められないかは疑問である。契約「内容」に関するイメージのズレがあるように感じられ、この点についてさらに検討されるべきであろう。

(2)　乙案の検討

他方、乙案については、動機が表示されれば相手方にリスクを負担させる

---

[20]　もっとも、例1は契約解釈の問題であるところ、解釈として契約内容に取り込める事情と錯誤主張を認めるという形で契約内容に取り込める事情とは異なるという反論が可能かもしれない。

[21]　本文で引用した[第10回会議議事録]35-36頁での岡委員および[第31回会議議事録]24頁以下での能見委員の発言参照。

ことになる点が批判されているが、もっともである。例えば、古い手袋をなくしたと誤信して新しいのを買ったという場合などは[22]、「古い手袋をなくしたから買う」という動機が表示されていたとしても錯誤主張など認められまい。そこで、何らかの限定が必要となるが、この限定は、錯誤の原則的要件（主観的因果性と客観的重要性）に委ねてよいのではなかろうか[23]。

なお、表示が「常に」必要なのかにつき、筆者には若干の疑問がないわけではない（全くの少数説であろうが）。通常の錯誤（つまり内容の錯誤）については通説は表示や認識可能性を要求しないにもかかわらず[24]、動機だけ「特別扱い」する理由が必ずしもハッキリしないからである。確かに、動機は、契約本体から見れば「周辺的な事情」であり、契約の効力を判断する際には通常は考慮されるものではなかろう。したがって、前述したように、何らかの限定が必要ではあるが、錯誤の原則的要件（主観的因果性と客観的重要性）で限定すれば足り、表示や認識可能性を要求するべき必然性は乏しいように思われる[25]。

(3) 物の性質の錯誤

要するに「契約内容となっている場合」や「表示されている場合」には錯誤の主張を認めやすいことは事実であるが、これを絶対的な「要件」と断定することには躊躇を覚える。したがって、筆者自身は、甲案か乙案かという「選択」の形で改正論議が進んでいることに不満がある。

むしろ、問題は「物の性質の錯誤」であり、従来の動機の錯誤論（特に契約内容となることを要求する見解）も主に性質の錯誤を念頭に議論されてきたかの感がある。性質の錯誤の典型例として挙げられる例（鉄道敷設予定地の売買、受胎している馬の売買等[26]）は特定物売買であるから、（一種の）「特定物ドグマ」により、性質は契約内容とはならず動機に過ぎないのであろう。しかし、現在では特定物ドグマに拘る必然性はないし、ドイツ民法のように「取引上重

---

22) 川井健『民法概論1〔第4版〕』（有斐閣、2008年）172頁
23) 本文には引用しなかったが、第31回会議で内田委員は、ユニドロワ等の国際取引法を参照して信義則等で絞りをかける可能性を示唆している（**[第31回会議議事録]** 28頁）。
24) いわゆる表示主義的錯誤論は別である。
25) 必ずしも動機が表示されていなくとも錯誤を認めるべき例として、最判平成14年7月11日判時1805号56頁を挙げることができるように思われる。
26) 我妻栄『新訂民法総則』（岩波書店、1965年）297頁

要な物の性質に関する錯誤は意思表示の内容に関する錯誤とみなす」旨の条文を置けばよい。これにより従来の動機の錯誤論の中の重要な一部分（性質の錯誤）については解決できるので、動機の錯誤一般については、なお今後の解釈論に委ねればよいであろう[27]。

2　重過失による錯誤主張の制限の例外

　最後に、重過失による錯誤主張の制限の例外について簡単にコメントしたい。表意者の錯誤について相手方が知っていたか又は知らないことについて重過失があった場合に錯誤の主張を認めてよいことについては、ほぼ異論がないと言えよう。共通錯誤については、契約の解釈で解決できる場合も多いであろうが、そうでない場合も考えられるので（上記の例1など）、この場合にはやはり錯誤の主張を認めるべきであろう。一番問題があるのは相手方が錯誤を引き起こした場合であり、多くの疑問が出されていた。結局は、誤った情報を与えた相手方と、それを信じたことに重過失がある表意者とのいずれがリスクを負うべきかという問題になるが、基本的にはやはり錯誤の主張を許すべきで、表意者の誤信が甚だしいような例外的な場合には信義則等で錯誤の主張を制限すれば対応できるように思われる。しかし、これは不実表示の規制にも関係する問題であるので、本稿での深入りは避けたい。

　　　　　　　　　　　　　　　　　　　　　　　　　　　　　　［滝沢昌彦］

---

[27]　筆者は以前にも同様の主張をしたことがある。滝沢昌彦「錯誤規定のあり方」円谷峻編『社会の変容と民法典』（成文堂、2010年）37頁

[2] 錯　誤―効果論を中心として―

Ⅰ　法制審議会提案

1　提案内容

　本稿では、錯誤の効果論を中心に扱うため、提案内容のうち、①錯誤の法律効果（無効か取消しか）、②錯誤者の無過失の損害賠償義務、③錯誤者に重過失がある場合でも錯誤主張が許容される場合、④第三者保護規定の明文化、を取り上げる。以下に検討事項を要約する。

（1）　法律効果[1]

（a）　無効か取消しか

　95条は、錯誤の効果を無効と規定しているが、この点につき従来から取消しとほぼ異ならないとの見解があり、その効果を取消可能とするべきかどうかを含めて、どう考えるかが問題とされている。

（b）　錯誤者の損害賠償責任

　錯誤者の賠償義務については、無過失の錯誤者にも賠償義務を負わせる規定を要するという見解（学界有志案）と不法行為の一般原則に委ね、特則を不要とする見解（改正検討委員会試案）が対立しており、これらをどう考えるかが問題とされている。

（2）　表意者の重過失要件の緩和[2]

　95条ただし書は、重過失ある錯誤者は錯誤無効を主張できないと定めているが、相手方が錯誤者の意思表示が錯誤によるものと知っていた場合等、錯誤者に重過失があっても無効を主張できる場合を条文化するべきという見解をどう考えるかが問題となっている。

---

1)　民事法研究会・検討事項〈詳細版〉329-330頁〔**部会資料12-2**〕**34-35頁**）。
2)　民事法研究会・検討事項〈詳細版〉329頁〔**部会資料12-2**〕**32-33頁**）

(3) 第三者保護規定の明文化[3]

95条には第三者保護規定が存在しない。これにつき、錯誤が詐欺によって惹起された場合、錯誤を主張するか詐欺を主張するかで、第三者保護の有無に差が生じるのは不合理なので、錯誤にも96条3項を類推適用すべきとの見解と錯誤無効は詐欺取消よりも要件が厳格（要素の錯誤と錯誤者の無重過失）であるため、それとの均衡から同項の類推適用を否定する見解が対立している。前者の立場に基づいて錯誤規定においても第三者保護規定を設けるべきかどうかが問題とされている。

Ⅱ 提案前の議論

1 改正検討委員会試案

(1) 条　文

民法（債権法）改正検討委員会は、債権法改正の基本方針【1.5.13】で、次のように提案している[4]。

「〈1〉 法律行為の当事者または内容について錯誤により真意と異なる意思表示をした場合において、その錯誤がなければ表意者がその意思表示をしなかったと考えられ、かつ、そのように考えるのが合理的であるときは、その意思表示は取り消すことができる。

〈2〉 意思表示をする際に人もしくは物の性質その他当該意思表示に係る事実を誤って認識した場合は、その認識が法律行為の内容とされたときに限り、〈1〉の錯誤による意思表示をした場合に当たるものとする。

〈3〉 〈1〉〈2〉の場合において、表意者に重大な過失があったときは、その意思表示は取り消すことができない。ただし、次のいずれかに該当するときは、この限りでない。

〈ア〉 相手方が表意者の錯誤を知っていたとき

〈イ〉 相手方が表意者の錯誤を知らなかったことにつき重大な過失がある

---

[3] 民事法研究会・検討事項〈詳細版〉330-331頁［**部会資料12-2**］35-37頁）。
[4] 詳解・基本方針Ⅰ 103-104頁。

とき
（ウ）　相手方が表意者の錯誤を引き起こしたとき
（エ）　相手方も表意者と同一の錯誤をしていたとき
〈4〉〈1〉〈2〉〈3〉による意思表示の取消しは、善意無過失の第三者に対抗することができない。」

(2) 整　理

Iで挙げた観点および現行法との対比からこの規定を検討しよう。

まず錯誤の法律効果については、取消し（〈1〉）とされている。錯誤取消者の賠償義務については規定がない[5]。重過失ある錯誤者でも、相手方が表意者の錯誤を知っていたとき（〈3〉〈ア〉）[6]、相手方が表意者の錯誤を知らないことにつき重過失がある場合（〈3〉〈イ〉）[7]、相手方が表意者の錯誤を惹起したとき（〈3〉〈ウ〉）、相手方と表意者が共通錯誤に陥っていたとき（〈3〉〈エ〉）には、取消しの主張ができる。錯誤者の取消しは善意無過失の第三者に対抗することができない（〈4〉）。

2　学界有志案

(1) 条　文

民法改正研究会による学界有志案は、55条で次のような提案をしている[8]。

「①表意者がした意思表示の重要な部分について錯誤がある法律行為は、取り消すことができる。

---

[5]　検討委員会試案の解説書では、表意者が錯誤したことによって、相手方が損害を被る場合には、表意者は損害賠償責任を負うべきであるが、これだけであれば特に明文化する必要はなく、損害賠償の一般原則に委ねれば足りると説明している（詳解・基本方針 I 124頁）。

[6]　相手方が表意者の錯誤を知っていたとき、ということについては、①表意者がある事実の存在ないし不存在に基づいて意思表示したこと、②その事実の存在ないし不存在、という2つのことについての悪意（認識可能性）が考えられる（詳細は、野村豊弘「意思表示の錯誤（7・完）」法協93巻6号（1976年）908-916頁参照）（以下、「野村・錯誤」とする）。もっとも、本条文でいう「錯誤を知っていたとき」がどういう意味であるのかは不明である。

[7]　この場合も、表意者がある「事実の存在ないし不存在に基づいて意思表示したこと」を知らないことにつき相手方に重過失があるのか、それともその「事実の存在ないし不存在」を知らないことにつき相手方に重過失があるのかが明確ではない。

[8]　民法改正研究会・国民・法曹・学界有志案 124-125頁

②表意者は、重大な過失があったときは、前項の取消しをすることができない。ただし、法律行為の相手方が表意者の錯誤について悪意であったときは、この限りでない。

③前項の取消権を行使した者は、相手方が取消しによって被った損害を賠償する責任を負う。ただし、その法律行為の履行に代わる損害についてはこの限りでない。

④前項本文は、相手方と表意者が共通して錯誤に陥っていたとき、又は第二項ただし書に該当するときは適用しない。

⑤第二項本文の規定にかかわらず、消費者が行う電子消費者契約の申込み又はその承諾の意思表示の錯誤については、電子消費者契約及び電子承諾通知に関する民法の特例に関する法律（平成十三年法律第九十五号）の定めるところによる。」

(2) 整理

Iで挙げた観点および現行法との対比からこの規定を検討しよう。

まず錯誤の法律効果については、取消し（①）とされている。錯誤取消者の賠償義務については、おそらく無過失の錯誤取消者に信頼利益の賠償を課する趣旨であろう（③）。ただし、その場合でも表意者と相手方が共通錯誤に陥っていた場合、相手方が表意者の「錯誤について悪意[9]」であった場合にはそうした賠償義務は課されない（④）。重過失ある錯誤者でも、相手方が表意者の「錯誤について悪意」であった場合には取消しが許される（②ただし書）。第三者保護規定については、心裡留保、虚偽表示、不実表示、詐欺、強迫と共に 59 条において別途定められている。それによれば、錯誤取消は善意の第三者に対抗することができない（同条①）。

III 法制審議会の議論状況と論点整理

I1で掲げた観点から法制審議会での議論の状況を整理すると次のようになる。

---

[9] 改正検討委員会の試案に対して述べた疑問と全く同じ疑問がここでも当てはまる（（注 b）参照）。

1 法律効果について

　無効か取消しかについては、ほとんど議論は行われていない。期間制限などの点で表意者の不利にならないように無効を維持すべきとする考え方（西川関係官（[**第10回会議議事録**] **32頁**））と相対的無効ないし取消しでもよいとする考え方（岡委員（[**第10回会議議事録**] **38頁**））[10] が言及されている程度である。

　中間論点整理では、これらを踏まえ、錯誤による意思表示の効果をどのようにすべきかについて、更に検討してはどうか、と概括されている[11]。なお、法律行為の無効及び取消し全体の制度設計を視野に入れて、錯誤の法律効果の主張権者、期間制限、追認の可否、相手方の催告権の要否などを検討することが、留意事項として挙げられている[12]。

　次に、錯誤者による無過失の損害賠償義務についてであるが、これもほとんど議論されていない。特に消費者保護の観点から、無過失の賠償責任を表意者に認めることを避け、不法行為の一般原則に任せて錯誤では規律するべきではないとの意見（西川関係官（[**第10回会議議事録**] **32頁**）と岡委員（[**第10回会議議事録**] **38頁**））がある程度である。

　中間論点整理では、このような指摘も踏まえ、錯誤者が無過失の賠償責任を負うべきという考え方の当否について、更に検討してはどうか、と概括されている[13]。

2 表意者の重過失要件の緩和

　錯誤者に重過失がある場合でも錯誤主張が許容される場合については、主として、次のような見解の対立がある。即ち、消費者保護の観点から、相手方が表意者の錯誤につき悪意または善意有過失の場合、共通錯誤の場合、相

---

[10] 弁護士会の意見として紹介されている。もっとも、なぜ相対的無効や取消しでもよいのかの理由は語られていない。岡委員個人としては、第三者保護規定をけん制する意味で、一定の場合に完全絶対無効を認めるべきだとの見解に立つ（[**第10回会議議事録**] **38頁**）。
[11] 商事法務・中間的な論点整理の補足説明242-243頁。
[12] これについては商事法務・中間的な論点整理の補足説明262頁以下と関連する。
[13] 商事法務・中間的な論点整理の補足説明243頁。

手方による錯誤惹起の場合には重過失ある錯誤者からの錯誤主張を認めるという見解（西川関係官（[**第10回会議議事録**] 32頁）、中井委員（[**第10回会議議事録**] 39-40頁[14]））とそれを認めると悪用される恐れがあるという見解（奈須野関係官（[**第10回会議議事録**] 33頁）、岡委員（[**第10回会議議事録**] 36頁）、木村委員（[**第10回会議議事録**] 38頁））である。その他、自説を主張する見解（野村委員（[**第10回会議議事録**] 35頁））が僅かに見られる[15]。

中間論点整理では、このような考え方について、相手方が過失なく表意者の錯誤を引き起こした場合にも、重過失ある表意者が錯誤無効を主張することができるとするのは適当でないなどの指摘があることも踏まえ、更に検討してはどうか、と概括されている[16]。

3　第三者保護規定の明文化

善意無過失の第三者は保護されるべきであるという見解（岡委員・弁護士会代弁（[**第10回会議議事録**] 38頁））、錯誤だけでなく他の無効・取消原因も含めて善意無過失の第三者が保護されることを基本原則とするべきとの見解がある（山本（敬）幹事（[**第10回会議議事録**] 38-39頁[17]））。ただし、山本（敬）幹事のいう基本原則を前提として、錯誤の場合に第三者保護要件として無過失まで要求することには検討の余地があるとする見解もある（松岡委員（[**第10回会議議事録**] 39頁））。

中間論点整理では、第三者保護規定の新設する方向で「更に検討してはどうか」、その際他の無効取消原因との整合性を留意しつつ、「その規定内容や、第三者保護規定の配置の在り方について、更に検討してはどうか」、また規定内容については、第三者に無過失まで要求する見解と善意のみで足りるとする見解の当否を含め「更に検討してはどうか」と概括されている[18]。

---

14) 中井委員は、消費者保護委員会の意見として、不当表示（不実表示）とパラレルに考えるべきだと主張する。
15) 野村委員の錯誤論については、さしあたり注6) 野村・錯誤を参照。
16) 商事法務・中間的な論点整理の補足説明 241-242頁。
17) 心裡留保・虚偽表示の場合は、第三者保護要件は善意のみで足りるとする。
18) 商事法務・中間的な論点整理の補足説明 244頁。

IV 検討

1 効果論への言及の少なさ

　法制審議会の議論では、主として法的に顧慮される錯誤の法律効果を無効とするか取消しとするか、といった程度の議論しか行われていない。もちろん、これ自体検討を要する事項ではあるが、もう少し視野の広い議論が必要ではなかろうか。

(1) 起草者の見解

　現行民法の起草にあたり、錯誤の法律効果が無効とされ理由は直接的には語られていない[19]。しかし、起草過程において錯誤は心裡留保、虚偽表示、意思が全く存在しない場合を含む「意思ノ欠缺」と考えられていたこと[20]、意思表示の規定は意思の効力についての規定であると考えられていたこと[21]からすれば、「意思表示の原則」に従って、その効果が定められたものと推測することができる。即ち、表示した意思と真実の意思が食い違っていた場合に、その意思（意思表示）が効力を持たないという原則である。たとえば、富井博士は、心裡留保の規定の裏面にこの原則が隠れていると説明する[22]。

　この「意思表示の原則」は、富井博士の次のような説明から、ドイツ民法第一草案に由来するものと推測することができる。即ち、意思表示の原則が裏面から規定されている心裡留保の規定は、「独逸民法草案」に倣ったものであると第6回民法整理会（明治28年12月20日）において明言していること[23]、また、立法後、『民法原論』において錯誤の法律効果を無効とした点

---

[19]　法務大臣官房司法法制調査部監修『日本近代立法資料叢書13　法典調査会　民法主査会議事速記録』（商事法務、1988年）646-652頁（以下、「主査会速記録」という）。現行民法95条の起草過程については、さしあたり中谷崇「わが国における錯誤法の生成」駿河台25巻1号（2011年）21頁以下（以下、「中谷・生成」とする）を参照。

[20]　法務大臣官房司法法制調査部監修『日本近代立法資料叢書1　法典調査会　民法議事速記録一　第一回-第二十六回』（商事法務、1983年）42-43頁（以下、「議事速記録一」とする）。

[21]）　穂積博士は「意思表示ノ規定ハ意思ト云フモノハ斯ウ云フコトガナケレバ効果ヲ生ゼヌト云フコトト相待テ行ハレルデハアリマセヌカ」と指摘している（議事速記録一581頁）。

[22]　主査会速記録635頁、議事速記録一32頁、法務大臣官房司法法制調査部監修『日本近代立法資料叢書12　法典調査会　民法総会議事速記録』（商事法務、1988年）500-501頁（以下、「総会議事速記録」とする）など。

について、ドイツ民法第一草案98条および99条1項に則ったものであると述懐していることである[24]。

(2) 問題点

このようにドイツ民法第一草案の影響を受けて錯誤の法律効果が無効とされたが、顧慮される錯誤は、「要素の錯誤」に限定された[25]。起草者の一人である梅博士は要素の錯誤として、目的物の取り違い、契約の種類の間違い、人の取り違い、非債弁済のような例[26]を想定していたようである[27]。また、動機（縁由）の錯誤は要素の錯誤とはならず、意思表示を無効としない[28]。

ところが、立法後、富井博士自身が動機の錯誤も「要素の錯誤」として考慮することを解釈として認め[29]、以後その範囲が拡大していくこととなった。他方で、法律効果も無効を絶対的無効ではなく相対的無効と考えるようにはなったものの、学説における議論は、主として要件論、即ち錯誤が顧慮

---

23) 法務大臣官房司法法制調査部監修『日本近代立法資料叢書14　法典調査会　民法整理会議事速記録』（商事法務、1988年）162頁。草案のどの条文に倣ったのかは述べられていないが、明治民法93条の文言からして、おそらくドイツ民法第一草案95条だと思われる

24) 富井政章『民法原論　第一巻　総論上　[第3版]』（有斐閣、1905年）372頁（以下「富井・原論」とする）。正確には、「錯誤ノ効果ニ関スル規定」はドイツ民法第一草案98条、99条1項に則ったものだと説明されている。また、穂積陳重=富井政章=梅謙次郎校閲・松波仁一郎=仁保亀松=仁井田益太郎合著『訂正三版帝国民法正解　第一巻』（有斐閣書房、1896年）583頁、584頁も同旨。

25) 主査会速記録647頁。なお、起草者が考えていた「法律行為の要素」とは「法律行為の成立要件」のことである（法務大臣官房司法法制調査部監修『日本近代立法資料叢書3　法典調査会　民法議事速記録三　第五十六回-第八十四回』（商事法務、1984年）（以下「議事速記録三」とする）622頁以下、654頁）。この成立要件について、旧民法では財産編304条（合意convention の成立要件）に規律されていた。法律行為の要素なる概念はある面ではこれを継受していると評価し得るが、一致しない部分も多い。特に、起草者が原因（cause）概念の存在を否定していた点は重要である（議事速記録三646頁、654頁）。

26) 梅博士が挙げるのは、ある者が相手方に対して借金があると誤解して、家を贈与しましょうと約束する場合である。もっとも同博士はこれを「目的物」に錯誤がある場合と説明している（総会議事速記録511頁）。

27) 総会議事速記録509-511頁（梅発言）。もっとも、ここで梅博士が挙げる「要素の錯誤」（さしあたり、「意思表示を無効にする錯誤」と考えられたい）の具体例は、起草段階で考えられた法律行為の要素（＝法律行為の成立要件）の一般的定義からは必ずしも導けない（中谷・生成48-50頁）。即ち、条文形式と起草趣旨にズレがある。筆者はこの点を「立法の失敗」だと評価している。

28) 主査会速記録647頁。

29) 富井・原論367-369頁。

される範囲を如何にコントロールするかに重点が置かれて展開されてきており、効果論、即ち法的に顧慮される錯誤の効果にはあまり関心が払われてこなかった感がある。

2 効果論からのアプローチ

(1) 効果の多様性

通常、「錯誤」といった場合に「要素の錯誤」のみを意識しがちだが、法的に顧慮される錯誤には要素の錯誤以外の錯誤もあり得る。たとえば、現行民法でいえば詐欺や瑕疵担保責任などがその例である。しかし、他の法制度に目を向ける場合、いわゆる「錯誤」の法律効果は多様である。一例として、旧民法と我が国の錯誤規定が多大な影響を受けているドイツ民法を取り上げて検討してみよう。

(2) 旧民法

(a) 条文

旧民法における錯誤の効果はその内容に応じて3つに分かれていた。旧民法における錯誤規定は、財産編309条から311条（以下、単に条文数だけを掲げる）に規定されていた[30]。

合意（convention[31]）の成立要件である承諾（consentement＝意思の合致）を阻却（exclure）する錯誤として、合意の性質の錯誤（erreur sur la nature de la convention）、合意の目的の錯誤（erreur sur la l'objet de la convention）、合意の原因の錯誤（erreur sur la cause de la convention）が規定されていた（309条1項）。また、身上の錯誤（erreur sur la personne）は、それが決意の原因（cause déterminante de la convention）である場合は、承諾を阻却する錯誤となり（309条3項）、決意の付随原因（cause secundaire de la convention）に過ぎない場合には、取消可能（annulable）である。

物の性質の錯誤は、その性質が本質的性質（qualitiés substantielles：条文では

---

30) 条文については、前田達明編『資料民法典』（成文堂、2004年）976頁参照。
31) 現在、一般に使われる「契約」とほぼ同じ内容を意味する。（議事速記録三643頁、644頁）なお、フランス法のcontratとconventionについては、山口俊夫『フランス債権法』（東京大学出版会、1986年）11頁参照。

「品質」とされている）の場合には承諾の瑕疵をなし、取消可能であり、非本質的性質（qualités non-substantielles：条文では「品格」とされている）の場合には、当事者双方がその性質を重要視していた場合にのみ取消可能となる（310条1項2項）。合意の履行時期・場所の錯誤も当事者双方がその事項を重要視していた場合にのみ取消可能となる（310条3項）。

　計算上の錯誤、氏名、日付または場所に関する錯誤（erreur de calcul, de nom, de date ou de lieu）は、訂正可能である（310条4項）。特に、ボワソナードは、計算上の錯誤は原因（cause）の錯誤であると認めつつも、承諾の阻却ではなく、訂正という調整的な効果を認めている[32]。

(b)　整理

　旧民法では、錯誤が顧慮される場合が列挙され、如何なる錯誤が顧慮されるべきかが具体的に示されていた。その顧慮原理は、原則として承諾（consentement＝意思の合致）を基軸にしたものである。即ち、錯誤は承諾を阻却するような場合、または承諾の瑕疵をなすような場合に法的に顧慮されるのである。

　また、顧慮される錯誤の法律効果としては、その性質や程度が考慮されて、合意の成立を妨げる「承諾ヲ阻却」する場合には無効、一端有効に成立した合意の効果を否定する「承諾ノ瑕疵」がある場合には取消、「錯誤ノ改正」（＝訂正）の三つが規定されていた。

　しかし、こうした錯誤の法律効果の多様性は、ドイツ民法第一草案に倣った意思欠缺概念の採用により錯誤の法律効果を無効としたために、現行民法の起草過程では全く考慮されなかった。

(3)　**ドイツ民法**

　(a)　ドイツでは、ドイツ民法119条（以下、単に条文数のみ掲げる）において錯誤が規律されている。意思表示の内容に錯誤がある場合（同条1項）、取引において本質的な性状に関して錯誤がある場合に（同条2項）、意思表示の取消が可能である。これが錯誤の基本的な条文であるが、さらにドイツ民法では、相手方または第三者との利害調整の手段として[33]、122条で信頼利益

---

32)　Boissonade, Projet de Code Civil pour l'Empire du Japon accompagné d'un commentaire. Nouvelle éd., t.2, livre II, des biens des droits personnels, 1891, No697, pp855-856.

の賠償を認めている[34]。しかし、錯誤に関する法制度はこれにとどまらない。

　(b)　共通の動機錯誤は、119条の問題となることもあるが、行為基礎の障害（313条）の問題としても取り扱われている。その法律効果は第一義的に契約の適合（改訂）であり（同条1項2項）、それが困難な場合にのみ契約の解除が認められている（同条3項）[35]。

　共通の動機錯誤の場合に、調整的な解決が行われることは既にライヒ裁判所の時代に認められていた（RGZ108, 105 など）。313条は、判例・学説によって承認された法理論たる行為基礎論を債務法現代化の際に新たに導入したものである。改正後の判例でも共通の動機錯誤の場合に契約の適合（改訂）を認める判決が出ている（BGHZ163, 42 NJW2005, 2069）。

　(c)　故意に錯誤を引き起こせば詐欺（123条）となるが、過失による錯誤惹起があった場合には、詐欺規定のみならず、契約締結上の過失（311条2項）も用いられ（BGH NJW2006, 845, 847など）、調整的な解決が図られる場合もある[36]。

　過失による錯誤惹起とは、たとえば、売買では売主が買主に対して目的物に関して不注意で不正確な情報を与える場合、賃貸借であれば、貸主が正確に情報を集めなかったために、賃貸目的物の周辺状況や交通の便などについて借主に不正確な情報を与える場合である。このような場合には、次のように解決される。正確な情報を得ていたら契約を締結しなかったであろう場合には、損害を受けた者は、契約締結上の過失による損害賠償請求ができる。つまり、同人は、損害賠償として契約の解消を求め（249条1項）、併せて無駄になった費用の賠償請求ができる。また、たとえば、売買目的物の価値に

---

33)　Mugdan, Die gesammten Materialien zum Bürgerlichen Gesetzbuch für das Deutsche Reich, Bd., I, 1979, S.716（Protokolle, S.224）.
34)　損害を受けた者が悪意または有過失の場合には、錯誤者に損害賠償義務は生じない（同条2項）。
35)　ドイツでの共通錯誤を巡る議論については、中谷崇「双方錯誤の歴史的考察（1）－（4・完）―ドイツ法の分析―」横国17巻1号・18巻1号（2008-2009年）参照。
36)　Larenz／Wolf, Allgemeiner Teil des Bürgerlichen Rechts, 9. Aufl., 2004, §37 Rdnr.22-24, §31 Rdnr47., Wolf／Neuner, Allgemeiner Teil des Bürgerlichen Rechts, 10. Aufl., 2012, §36, Rdnr.22f., §41, Rdnr.115-119参照。

関して誤解を惹起されたような場合には、契約を維持して、賠償請求をすることもできる[37]。

(d) ドイツ民法には、一部無効（139条）や無意識的不合意（155条）の条文がある。これらはもともと起草過程で錯誤の議論から派生したものである[38]。錯誤規定を補完する条文と言えよう。

(4) 分　析

このように錯誤の法律効果は、多様性を許容し得るものである。つまり、無効という法律効果を生ずる要素の錯誤ばかりが錯誤ではない。契約改定という法律効果を生じる錯誤があってしかるべきではなかろうか。しかし、従来の錯誤論ではこの点はあまり重要視されてこず、95条の要素の錯誤の実体（何であるか）から出立して議論が展開されてきたように思われる。

現状、錯誤法をめぐってはその要件論（法的に顧慮される要素の錯誤と法的に顧慮されない動機の錯誤の関係）からのアプローチが主たるものであり、効果論（法的に顧慮される錯誤の法律効果はどんなものか）からのアプローチはほとんどない。要件論中心のアプローチは、多くの錯誤学説を生み出したが、いまだ収斂されているとは言い難い状況にある[39]。

他方、判例によれば、実務では、一般に、95条の「要素の錯誤」を主観的因果関係と客観的重要性という二つの基準で判断し（大判大正7年10月3日民録24輯1852頁など）、動機の錯誤も動機が表示（明示・黙示）され意思表示（または法律行為・契約）の内容になっていた場合には、要素の錯誤として法的に顧慮される傾向がある（大判大正3年12月15日民録20輯1101頁；最判昭和37年12月25日集民第63号953頁（法律行為）、最判昭和32年12月19日民集11巻3号2299頁（契約）など）。しかし、動機表示の有無や要素性の判断をせずに要素

---

37) Larenz／Wolf, a.a.O., § 31 Rdnr47. BGH NJW1999, 2032, 2034. など。もっとも、物の瑕疵ないし権利瑕疵が問題になる場合は、消滅時効期間を考慮して、担保責任の規定が優先すると説明されている（§37, Rdnr.24）。

38) 一部無効（部分錯誤）について、Jakobs/Schubert (hrsg.), Die Beratung des Bürgerlichen Gesetzbuchs in systematischer Zusammenstellung der unveröffentlichten Quellen, Allgemeiner Teil§1-240, 1.Teilband, 1985, S.594（Protokolle I , S.181.）（以下、「Jakobs/Schubert」とする。）、無意識的不合意について、Jakobs/Schubert, S.598f（Protokolle I , S.192ff.）を参照。

39) 学説状況を鳥瞰できるものとしては、さしあたり山本敬三『民法講義I 総則〔第3版〕』（有斐閣、2011年）182頁以下、鹿野菜穂子「（［特集］民法（債権法）改正議論から民法を理解する）錯誤」法学セミナー679号（2011年）6頁以下を参照。

の錯誤を認めた判決（最判平成14年7月11日判時1805号56頁など）もあり一様ではない。

　以上のように学説・判例ともに統一的なアプローチは見出せない状況である。筆者は、こうした状況を招いた原因の一つが、本来95条で顧慮されるべきでない「錯誤」が「要素の錯誤」として取り込まれている点にあると見ている。たとえば、わが国の判例では、共通（動機）錯誤[40]、過失による錯誤惹起[41]は95条の枠組みの中で判断されているし、一部無効[42]、不合意[43]も95条と密接に関係する。また、学説でも共通（動機）錯誤や過失による錯誤惹起が95条との関連で論じられることはあってもその法律効果についてはほとんど関心が払われていない[44]。効果論からのアプローチは、本来95条で顧慮されるべきでない錯誤を「要素の錯誤」から摘出するための一つの指標になると考える。

(5) 私見

　「錯誤」を論じる際、「要素の錯誤」とその法律効果だけを考慮するのではなく、「要素の錯誤」以外に法的に顧慮に値する錯誤があるのか否か、あるとすればそれはどのようなもので、それにはどのような法律効果がふさわしいか、という観点を視野に入れて錯誤法を構想することが望ましい。しか

---

[40] 大阪地判昭和62年2月27日判時1238号143頁、東京地判平成14年3月8日判時1800号64頁、最判平成元年9月14日判タ718号75頁（事実上、共通動機錯誤を扱った事例）など。
[41] そのように評価しうるものとして、大判大正6年2月24日民録23輯284頁、大判昭和17年9月30日法学12巻324頁、最判昭和37年11月27日判時321号17頁など。なお、相手方による無過失の錯誤惹起は共通動機錯誤と背中合わせの関係にある。
[42] 最判昭和47年12月19日判時692号38頁など
[43] 大判昭和19年6月28日民集23巻387頁
[44] たとえば、債権法改正に関連するものとしては、鹿野菜穂子「錯誤規定とその周辺―錯誤・詐欺・不実表示について」『民法（債権法）改正の論理』（新青出版、2010年）248-251頁、259-263頁、山本敬三「民法改正と錯誤法の見直し――自律保障型規制とその現代化」法曹時報63巻10号（2011年）31-34頁、38-51頁。また、半田吉信「錯誤規定をどう見直すか―要件論を中心に」椿ほか・民法改正を考える75頁は、「ドイツ法では共通錯誤は行為基礎の欠缺または喪失に組み入れられる。わが国でも共通錯誤は、共通動機錯誤も含めて表意者による無効主張が認められてきた」ので共通錯誤を明文化することを提案する。しかし、効果論を等閑視してドイツ法の状況を援用するのは適切ではあるまい。更に、「共通錯誤は、共通的動機錯誤も含めて表意者による無効主張が認められてきた」と指摘されているが、共通動機錯誤以外の共通錯誤とは何であろうか。仮に「共通表示錯誤」を意味するのであれば、半田教授の指摘には疑問が残る（大判昭和10年3月12日法律新聞3819号16頁、大阪高判昭和45年3月27日判タ248号139頁参照）。

し、この点については検討事項でも論点整理でも取り上げられていない。こうした考慮なく、条文の改正を行ったとしても、学説・判例のさらなる混乱を招き、錯誤という法制度をよりいっそう正体のわからない存在にしてしまうことが強く懸念される。

［中谷　崇］

5 詐欺及び強迫[1]（第96条）

I 法制審議会提案（「民法（債権関係）の改正に関する中間的な論点整理」（以下「論点整理」））[2]

1 提案内容

(1) 沈黙による詐欺

積極的な欺罔行為をするのではなく、告げるべき事実を告げないことで、表意者を錯誤に陥れ、意思表示をさせることも、詐欺に該当し得る旨の明文の規定を設けるべきであるという考え方については、規定を設ける必要性を疑問視する意見があることなどを踏まえ、沈黙が詐欺に該当する範囲や規定の要否について、更に検討してはどうか。

(2) 第三者による詐欺

「第三者が詐欺をした場合について、相手方が第三者による詐欺の事実を知っていた場合だけでなく、知ることができた場合にも、表意者はその意思表示を取り消すことができるものとしてはどうか。」

「また、法人が相手方である場合の従業員等、その行為について相手方が責任を負うべき者がした詐欺については、相手方が詐欺の事実を知っていたかどうかにかかわりなく取消しを認めるものとする方向で、相手方との関係に関する要件等について更に検討してはどうか。」

(3) 第三者保護規定

「詐欺による意思表示の取消しは『善意の第三者』に対抗できないとされている（民法第96条第3項）が、第三者が保護されるには善意だけでなく無過失が必要であるとの学説が有力である。そこで、これを条文上明示するものとしてはどうか。」

---

1) 現行民法第96条の表題は「詐欺<u>又は</u>強迫」とされており、法制審議会民法部会（債権関係）の[**部会資料12-2**]**143頁**においても同様の表題とされていたが、論点整理では、「詐欺<u>及び</u>強迫」と表題が付けられている。本稿では、論点整理に従い、「詐欺及び強迫」とする。
2) 商事法務・中間的な論点整理の補足説明 245-246頁。

「また、併せて第三者保護規定の配置の在り方についても検討してはどうか。」

2 提案前の議論 ―『債権法改正の基本方針』を中心として

(1) 提案事項

法制審議会民法部会（債権関係）（以下「法制審議会」）による審議以前から、学界では有志による民法の改正提案がなされてきた[3]。このうち、民法（債権法）改正検討委員会による『債権法改正の基本方針』（以下「基本方針」）では、詐欺につき、現行民法を改正すべき点として、「沈黙による詐欺」、「第三者による詐欺」、および「第三者の保護」の三つの項目が挙げられている（【1.5.16】）。それに対して、強迫については、詐欺とは独立の規定を設けることを提案するにとどめている（【1.5.17】）[4]。

(2) 提案内容

a 沈黙による詐欺

「基本方針」では、情報提供義務・説明義務違反を沈黙による詐欺と構成して意思表示の取消原因とする。従来から、とくに消費者紛争を念頭において、このような構成では、故意の立証が困難であるため、救済に限界があることが指摘されてきた。しかしながら、情報提供義務・説明義務違反による取消し一般について故意要件を不要とすることにコンセンサスが得られていないという判断から、二段の故意を要件とする立場を明らかとしている（【1.5.16】〈2〉）。

---

[3] 民法改正研究会・国民・法曹・学界有志案では、(1) 故意に信義則に基づく情報提供義務に違反し、それにより相手方に意思表示をさせた場合は、沈黙による詐欺ではなく不実表示があったものとみなし、表意者は法律行為を取り消すことができるとしている（56条2項）。(2) 第三者による詐欺の場合、相手方が悪意または過失があるときにのみ、法律行為を取り消すことができるとされており、論点整理と同一の立場を採っている（57条2項）。なお、その行為について相手方が責任を負うべき者がした詐欺の場合については、規定は設けられていない。(3) 第三者保護規定については、第59条に第三者保護に関する規定を一カ条設けており、その中で、不実表示、情報の不提供および詐欺に基づく取消しは、善意無過失の第三者に対して対抗することができず、強迫に基づく取消しは、第三者に対抗することができる旨、明記されている。このほか、強迫について、詐欺とは別の条文で規定することを提案している（58条）。（民法改正研究会・国民法曹・学界有志案125頁）。

[4] 詳解・基本方針Ⅰ 137-149頁。

b 第三者による詐欺

第三者による詐欺の場合、表意者が意思表示の取消しをすることができるのは、相手方が悪意の場合に限るのか否か、という点につき、「基本方針」では、従来学説で有力に唱えられてきた無過失必要説の立場に立脚し、また、表意者が自ら心裡留保により意思表示をしたときでも、相手方に過失があれば無効が認められること（現民法93条）を理由に、「相手方が知っていたとき、または知ることができたとき」に表意者は意思表示を取り消すことができるとする改正を提案している（【1.5.16】〈3〉〈イ〉）。

「基本方針」では、第三者による詐欺のうち、「当該第三者が相手方の代理人その他その行為につき相手方が責任を負うべき者であるとき」には、表意者は相手方がその事実を知っていたか否かにかかわりなく、その意思表示を取消すことができるよう改正する提案をしている（【1.5.16】〈3〉〈ア〉）。

これは、「その行為につき相手方が責任を負うべき者」がした詐欺についても、相手方がみずから詐欺をしたのと同視されてもやむを得ないことを理由とするものであり、「相手方が責任を負うべき者」には、代理人のほか、法人の代表者や支配人、従業員等が該当するという。

c 第三者保護規定

「基本方針」では、従来学説上唱えられてきた無過失必要説を多数説と評価して、この見解の基礎にある表見法理に基づき、第三者の保護要件として善意無過失を要求している。

3 法制審議会の議論状況

法制審議会は、詐欺及び強迫について、[部会資料12-2]（以下「部会資料」）[5]を前提として一回目の審議が第10回会議において行われ、そこでの議論を踏まえたうえで「民法（債権関係）の改正に関する中間的な論点整理のたたき台」（以下「たたき台」）[6]が示された。そして、その「たたき台」を前提として二回目の審議が第22回会議（一部については第23回会議）にて行われ、その後、上記の「論点整理」が示されるに至った[7]。

---

5) 民事法研究会・検討事項〈詳細版〉335-339頁（**[部会資料12-2] 43-51頁**）。
6) 部会資料集第1集〈第6巻〉460-461頁（**[部会資料22] 35頁**）。

(1) 沈黙による詐欺

部会資料では、「告げるべき事実を告げないことで、表意者を錯誤に陥れ、意思表示をさせた場合（沈黙による詐欺）」について、学説上、事情によっては民法第96条の詐欺に当たると解されており、判例にも信義則上の告知義務がある事実を黙秘した場合には沈黙も欺罔行為になり得るとしたものがあることを前提として、明文規定を設けるか否か、を検討事項としている。

これに対して第10回会議では、「告げるべき事実」という概念は不明確で広すぎること（大島委員）や、不作為も行為に含まれることから、詐欺の規定があればそれで足りるとする意見（岡本委員）のほか、従来「沈黙による詐欺」は相手方が錯誤に陥っているのを知りながら、それを放置して修正しない場合を想定していたと解されるが、部会資料における「沈黙による詐欺」はそれよりも狭く、積極的に告げないことによって錯誤に陥れさせるという概念となっており、これならばむしろ現行96条の解釈論で賄うことができ、他方で従来の「沈黙による詐欺」の概念は説明義務に関する規定で処理できると考えられるので、ここで規定する必要はないとする意見（野村委員）も出された。このほか、労働法との関連で、労働者に情報提供義務・説明義務が課されることへの懸念と、一般的な規定を置く場合には、たとえば告知すべき、あるいはしなかった事項の性質や契約の性質、または当事者間の交渉力格差といった事情も考慮するよう要望が出された（新谷委員、山川幹事）。

このような議論を前提として、「たたき台」では、沈黙による詐欺について「規定を設ける必要性を疑問視する意見があることなどを踏まえ、沈黙が詐欺に該当する範囲や規定の要否について、更に検討してはどうか」という表現へと訂正された。

(2) 第三者による詐欺

部会資料では、第三者による詐欺の場合、学説上、相手方がその事実を知っていたときのみならず、知ることができたときにも表意者が意思表示を取消すことができると解すべきであるという考え方（無過失必要説）が有力であ

---

7) 前掲注(2)参照。

るとしたうえで、この点を条文上明確にすべきか、を検討事項としている。また、関連論点として、代理人の詐欺は第三者の詐欺に該当せず、相手方は本人が善意でも無条件で意思表示を取り消すことができるとする判例を発展させて、法人の従業員等、その行為につき相手方が責任を負うべき者がした詐欺については、相手方が詐欺の事実を知っていたかどうかにかかわりなく、取消しを認めるべきかという論点が提示されている。

　第10回会議では、上記二点のうち後者（関連論点）について、第三者の範囲の問題というより、本人（詐欺による意思表示の相手方）の範囲の問題であり、本人の詐欺として処理していくべき事柄ではないのか、という意見が出された（中井委員）。

　その後に提示された「たたき台」では、上記二点のうち前者については部会資料からの修正はみられないが、後者については、代理人の詐欺に関する記述が捨象された。

　このような修正に対しては、第23回会議の席上、「相手方が責任を負うべき者がした詐欺」は代理人の詐欺に関する判例を前提とした議論であるため、元の部会資料と同様に代理人について取り上げるべきであるという意見が出された（沖野幹事）。しかしながら、その後、表現の訂正はなされていない。

(3)　第三者保護規定

　部会資料では、96条3項について、学説上、権利外観法理を根拠に第三者に善意無過失を要する見解が有力であることから、その旨を条文上明確にすべきか、を検討事項として挙げている。

　この点につき、第10回会議では詐欺及び強迫に関する第三者保護規定について特化した議論はなく、「たたき台」では、部会資料の説明のうち、学説の紹介を省略して端的に第三者が保護される要件として「善意かつ無過失であることを要するものとしてはどうか」という表現に改められた。

　その後、第22回会議では、「第三者保護規定」について、意思の不存在や瑕疵ある意思表示によって無効や取消しがなされる場合の第三者保護の在り方について、局所的対処療法的ではなく、バランスを考慮して、見出しを一つどこかに設けるべきであるという意見が出された（道垣内幹事、松岡委員、

山野目幹事)。この意見を反映して、「論点整理」では、第三者の保護要件に関する提案に加えて、第三者保護規定の配置の在り方についても検討するよう提案している。

II 検討

1 沈黙による詐欺

沈黙による詐欺については、大判昭和16年11月18日法学11巻617頁を前提として、学説では、法令上のみならず信義則上告知義務がある場合には、沈黙により詐欺が成立し得る、と解されている。実質的にどのような場合に信義則上告知義務が課せられるのか、という点については、従来様々な議論がなされてきたが[8]、近時、情報提供義務に関する議論の高まりとともに、故意による情報提供義務違反を沈黙による詐欺と構成する見解が登場した。「基本方針」ではこの立場に依拠しており、法制審議会における議論もこの見解を前提としているものと思われる。

学説では従来、情報提供義務違反の効果をめぐり、損害賠償請求のみを認めるのか、あるいは損害賠償のみならず意思表示の効力否定まで認めるべきか(いわゆる評価矛盾論)、という点で見解が分かれていた[9]。しかし、情報提供義務違反を沈黙による詐欺と構成する立場を前提とすると、この点について議論の余地なく、ただちに情報提供義務違反の効果として取消しまで認めることとなり、その結果、いかなる範囲で情報提供義務を課すべきか、という要件の議論に終始することとなる。したがって、情報提供義務違反の効果に関する議論と、沈黙による詐欺の要件に関する議論を分けて論じる必要があるのではないだろうか。

さらに、情報提供義務の要件に関する法制審議会での議論も、不十分なものと言わざるを得ないだろう。すなわち、契約における情報提供義務につい

---

[8] 告知義務の実質的根拠をめぐる議論につき、三枝健治「アメリカ契約法における開示義務(一)」早稲田法学72巻2号(1997年)12-29頁、佐久間毅「BOOK & ARTICLE REVIEW 三枝健治『アメリカ契約法における開示義務(一)(二・完)』」法時69巻12号99頁参照。

[9] 情報提供義務違反に関する議論の概説として、後藤巻則「情報提供義務」内田貴=大村敦志編『民法の争点』(有斐閣、2007年)217頁以下。

ては、ヨーロッパ13カ国の比較法的な事例研究から、3つの機能があることが指摘されている[10]。第一に、情報提供義務は例えば売買契約における売主と消費者の関係など、一定の特別な関係から生じるものであると指摘されている。契約当事者は、対等な存在であることが原則とされ、情報収集については自己責任が課せられている。しかしながら、当事者間に非対称性・不均衡性が認められる場合には、相手方の情報や説明を基にして契約締結するか否かを判断することとなるため、当事者間には（双方的又は一方的な）正当な信頼が生じ、これを前提として、情報を多く有する当事者に情報提供義務が課せられることになる。したがって、情報提供義務は、信頼に基づく責任であると言われている。また、前述のように情報提供義務は当事者間の非対称性・不均衡性を前提とするために、契約の両当事者に必ずしも同等に双務的に課されるわけではなく、一方当事者にのみ課される場合と、同程度ではないが双方に課される場合がある。第二に、情報提供義務を契約当事者に課すことにより、当事者らは契約締結過程でどのように行動すべきか、という行動基準を示すことになるという。これはすなわち、情報提供義務に違反した場合に契約の効力が否定され、あるいは損害賠償責任が課せられるため、情報提供義務に違反しないように当事者らは行動することとなり、抑止的な効果が認められるためであるという。そして第三に、相手方に情報提供すべき内容とは、売買目的物や対価等の契約内容自体に関するものと、解除権や取消権のような、契約の効力発生に問題がある場合にどのような権利を有するのかといった事項に関するものであるという。

　以上を前提として考えると、法制審議会における議論では、どのような場合に告知義務ないし情報提供義務が生じるのかという第一の機能に関する議論と、契約に関する事項のうち、どのような事項について告知義務ないし情報提供義務を課すのかという第三の機能に関する議論に集中しているが、第二の機能についても議論すべきではないだろうか。というのも、「沈黙による詐欺」との関係では、たとえ故意による情報提供義務違反があったとしても、二段の故意の立証困難性から、意思表示の取消しが認められる場面が限

---

[10] Ruth Sefton-Green '5 Comparative Conclusions', Ruth Sefton-Green ed., *Mistake, Fraud and Duties to Inform in European Contract Law* (Cambridge University Press, 2005), 387-400.

定されることはすでに指摘されているところである。そうであるとするならば、「沈黙による詐欺」を明文で規定することの主な結果は、告知義務違反ないし情報提供義務違反によって意思表示の取消しを認めること自体というよりむしろ、当事者らに契約締結過程においてどのように行動すべきかを示すこととなるのではないだろうか。他方で、上述の3つの機能は相関関係にあることが指摘されているが、どのような場合に、どのような事項について告知ないし情報提供すべきであるのかを明確に示さない限り、情報提供義務違反を回避するために、契約当事者らは過剰な情報提供をする行動を取りかねないだろう[11]。情報提供義務を明文で規定することの影響をどのように評価するのか、さらなる議論を期待したい。

2 第三者による詐欺

　第三者による詐欺の場合に、相手方に善意のみならず無過失も要求すべきか、という点については、下級審裁判例で善意以外に無重過失等を要求するものがあることや[12]、比較法的観点からも多くの主要な立法が善意無過失を相手方に要求していること[13]、学説において指摘されている権利外観法理や心裡留保との均衡といった法体系的整合性からも、無過失必要説に一定の理由があり[14]、妥当であると考えられる。ただ、表意者の過失が問題にされないこととの均衡上、相手方もその善意につき過失があっても悪意と同視しない立場が妥当であるという無過失不要説からの指摘に耳を傾ける必要がある

---

[11]　消費者に対する情報の過剰な提供（情報の過負荷）の弊害につき、Sefton-Green, id. at 396.

[12]　蛭川明彦「第三者の詐欺による意思表示の場合に、意思表示の相手方が第三者の詐欺の事実を確実に知らなくても、相手方が、表意者が錯誤に陥っている可能性を認識し、その意思表示により相手方自身の経済的リスクを表意者に付け替えることができるために、表意者が錯誤によって意思表示をすることを容認・歓迎して、第三者の詐欺を容易にさせる行為をしたときには、表意者は第三者の詐欺を理由に当該意思表示を取り消すことができるとした事例（東京高判平成13年10月18日・判時1765号121頁）」『平成14年度主要民事判例解説』判夕臨時増刊1125号20-21頁

[13]　ヨーロッパ契約法原則4：111条2項、ユニドロワ国際商事契約原則2004第3.11条2項、ドイツ民法123条2項、オランダ民法第3編44条5項、スイス債務法28条2項等。

[14]　我妻榮『新訂民法総則』（岩波書店、1965年）311頁、幾代通『民法総則〔第二版〕』（青林書院新社、1984年）281頁、川島武宜＝平井宜雄編『新版注釈民法(3)』（有斐閣、2003年）497頁〔下森定〕、石田喜久夫編『現代民法講義民法総則』（法律文化社、1985年）167頁〔磯村保〕、川井健『民法概論1〔第4版〕』（有斐閣、2008年）186頁。

のではないだろうか[15]。この見解はすなわち、第三者による詐欺の場合の判断基準が究極的には被詐欺者の帰責性と相手方の要保護性の均衡にある点を前提として、相手方の要保護性については無過失要件を組み入れることで判断することが可能となるものの、詐欺を被ったことに対する被詐欺者の帰責性（過失）が問われていないことを指摘しているものと思われる。確かに被詐欺者は詐欺に関する厳格な要件を立証しなければならないため、詐欺取消しによって保護される場面は限定される。さらに、相手方の要保護性を検討する際に、実質的に被詐欺者の帰責性との均衡を図ることになろう。しかしながら、これらはいわば裏から被詐欺者の帰責性を取り扱っているにすぎない。この点につき、どのように考えていくべきなのかが、今後の動向として注目される。これと同様のことが、第三者保護規定についても言える。

相手方の代理人による詐欺について、判例は民法101条1項を適用して、相手方が詐欺の事実を知っていたか否かにかかわりなく、表意者は意思表示を取消すことができるとしている（大判明治39年3月31日民録12輯492頁、大判昭和7年3月5日新聞3387号14頁）。この点につき、学説は相手方の代理人の詐欺を相手方の詐欺と同視する点で一致しているものの、その法的構成については、①判例と同様の立場に立つ101条1項適用肯定説と[16]、②101条1項は代理人に対して詐欺がなされた場合を規定するものであり、また代理人のなす行為の危険は効果帰属主体である相手方（代理人の効果帰属主体である相手方本人）が負担すべきことを理由として、表意者は96条1項によって、いわば相手方自身の詐欺として、相手方がその事実を知っていたか否かにかかわりなく本人は取り消すことができるとする96条1項直接適用説に分かれる[17]。

「基本方針」および法制審議会の部会資料では、代理人による詐欺を現行民法96条2項で規定された第三者による詐欺の例外として、詐欺に関する

---

15) 遠藤浩ほか編『民法注解 財産法 第1巻 民法総則』（青林書院、1989年）〔三宅弘人〕437頁。このほか、相手方の信頼を理由に無過失不要説に立つ見解として、薬師寺志光『改訂 日本民法総論新講 上巻』（明玄書房、1967年）511頁。
16) 幾代・前掲注14) 282頁。
17) 我妻・前掲注14) 349頁、石田編・前掲注14)〔磯村保〕166頁、四宮和夫『民法総則（第四版）』（弘文堂、1986年）186頁

条文の中で新たな規定を設け（ただし、法制審議会による「論点整理」では、代理人による詐欺への言及が削除されており、その理由は明らかとされていない）、さらに代理人のみならず、「その行為につき相手方が責任を負うべき者がした詐欺」も含める提案をしている。このような提案は、ヨーロッパ契約法原則（PECL）やユニドロワ国際商事契約原則から影響を受けたものと推測される[18]。

相手方が責任を負うべき範囲を「その行為につき相手方が責任を負うべき者がした詐欺」まで拡大するという提案は、我が国における従来の議論との接合点としては代理人による詐欺が挙げられるが、その他にいわゆる「履行補助者過失責任の法理」ともパラレルに考えることができよう。判例は、いわゆる狭義の履行補助者の故意、過失による債務不履行につき、債務者は選任・監督上の過失の有無にかかわらず、責任を負うとしている（大判昭和4年3月30日民集8巻363頁、大判昭和4年6月19日民集8巻675頁）。したがって、相手方が、一定の人的範囲にある者の行為（この場合は詐欺）に対して責任を負うということは、判例の系譜上にあるものと解される。

問題は、一体どの範囲まで相手方は責任を負うべきとするのか、という点である。履行補助者の場合、債務者が責任を負うのは、債務者が債権者との間ですでに負っている債務という限定された対象についてであり、さらに、その債務の履行に際して使用している者の行為という限定された人的範囲に対してである。他方、「その行為について相手方が責任を負うべき者がした詐欺」については、履行補助者や代理人の場合と異なり、どの範囲の行為について責任を負うのか、ということがその性質上、直ちに明らかになるものではない。人的範囲については「法人の従業員等」と例示的に示されているものの、それが相手方との関係で何を基準として判断されるのか（従属的か独立的かを基準とするのか否か）という点を明らかにする必要がある。相手方の知・不知にかかわらず（あるいは選任・監督上の過失にかかわりなく）、意思表示の効力を否定するという重い責任を課す以上、その対象や人的範囲は限定されるべきであろう。

[18) ヨーロッパ契約法原則4：111条第1項、ユニドロワ国際商事契約原則2004第3.11条第1項。

3　第三者保護規定

　第三者保護規定に関して、学説は、①表意者の帰責性が問われていないことや取引の安全を根拠として、また、第三者に無過失を要求することは第三者に詐欺の有無についての調査義務を要求することになるため、妥当でないことを理由とする無過失不要説と[19]、②権利外観法理や虚偽表示との均衡を理由とする無過失必要説[20] に分かれている。

　無過失不要説が根拠とする、第三者に調査義務を課すことの不当性については、第三者に「無過失」を要求しても要件が厳格になるわけではないことが、すでに指摘されている[21]。この見解によると、不動産の売買契約に際して期待できる調査は、登記簿上の所有名義と土地の利用状況の確認程度であり、登記簿上の所有者名義と売主が異なっている等の特殊な場合に初めて前主の取引に関する事情を遡って調査すべきことになるが、不動産取引において登記簿を確認することは通常行われていることであるという。他方で、この見解を前提とすると、第三者に「無過失」を要求したとしても、理念上はともかく、実際上は、従来比較的軽視されてきた真の権利者をより保護する方向へ移行することにはならない。しかしながら、無過失要件を課すことで個別具体的な状況に応じた柔軟な利益調整の実現が可能になること等から[22]、「無過失」を要求することは妥当であると思われる。

　ただ、第三者による詐欺の場合と同様に、第三者保護については、詐欺を被ったことに対する真の権利者の帰責性と第三者の要保護性の均衡が判断基準となるが、第三者に無過失を要求することによってその者の要保護性を判断することになる一方で、真の権利者の帰責性については、独立の要件とさ

---

19) 遠藤ほか編・前掲注15)［三宅弘人］442頁、川井・前掲注14) 189頁。このほか、近時、立法過程の研究に基づき、「無過失」の不要を主張する見解として、武川幸嗣「法律行為の取消しにおける第三者保護の法律構成序説―民法96条3項の意義と法理を中心に」法研69巻1号513頁以下、松尾弘「権利移転原因の失効と第三者の対抗要件」一橋102巻1号78頁以下がある。
20) 四宮・前掲注17) 185頁、幾代・前掲注14) 284頁等。
21) 清水恵介（山川一陽監修）「権利外観法理における過失の意識」民事法情報167号（2000年）125頁以下、特に127頁参照。
22) 94条2項における第三者保護要件について無過失を要求する根拠として、幾代・前掲注14) 257頁、四宮・前掲注17) 165-166頁。

れないことになる。この点について、検討されることを期待したい。

4 強　迫

　強迫については、部会資料において、「第三者保護規定」に関する補足説明の最後に、「強迫については、民法第96条第1項において詐欺と併せて規定されている一方、同条第2項及び第3項では専ら詐欺のみに適用される規定が置かれており、これらの規律内容は大きく異なっている。このため、そもそも別の条文で規定すべきであるという指摘があるが、どう考えるか。」と問題提起されている。この点につき法制審議会では何ら議論がなされておらず、「論点整理」でも言及されていない。

　詐欺と強迫とでは、現行民法においても規律内容は大きく異なっているが、前述のような詐欺に関する論点を条文に組み込むならば、その相違はさらに大きくなるだろう。したがって、強迫を詐欺とは別の条文で規定することについては、異論がないと思われる。

〔古谷英恵〕

6 意思表示規定の拡充——不実告知による錯誤の取扱い（不実表示規定の導入）について

本稿では、民法の意思表示規定の拡充の中でも、特に、相手方の不実告知によって表意者が錯誤に陥って意思表示をした場合の取扱いについて検討を行う。これは、現在の消費者契約法4条1項1号が規定する不実告知による取消しの規定を、その要件の見直しを図りながら、民法に一般的な規定として導入すること（一般法化）の是非の問題ともいうことができる。

I 法制審議会民法（債権関係）部会における中間的な論点整理

1 提案内容

「民法（債権関係）の改正に関する中間的な論点整理」（以下、中間整理）では、第30の5において、「意思表示に関する規定の拡充」に係る問題提起がなされた[1]。そこでは、詐欺、強迫など、民法上表意者が意思表示を取り消すことができるとされている場合のほかにも、表意者を保護するため意思表示の取消しを認めるべき場合があるかどうかについて、更に検討してはどうかとされる。その上で、より具体的に、契約を締結するか否かの判断に影響を及ぼすべき事項に関して誤った事実を告げられたこと（不実告知）により誤認し、誤認に基づいて意思表示をした表意者は、その意思表示を取り消すことができるという考え方をまず取り上げ、その当否について検討してはどうかとされている。

また、表意者にとって有利な事実を告げながら、これと表裏一体の関係にある不利益な事実を告げないことによって、表意者がその不利益な事実が存在しないと誤認し、誤認に基づいて意思表示をした場合にも言及し、これを前者と併せて不実表示と呼ぶ考え方があるとした上で、この場合にも表意者

---

[1] ［中間整理］93頁（第30, 5）、商事法務・中間的な論点整理の補足説明247～250頁〔原版〕231～234頁）。

は意思表示を取り消すことができるという考え方の当否についても問うている。つまり、現在の消費者契約法4条1項1号に規定されている不実告知規定と、同条2項に規定されている不利益事実の不告知規定の双方を（取消しのための具体的な要件はともかく）カバーしうる可能性も意識しながら、不実表示規定（不実告知・不利益事実の不告知による取消し規定）の導入が提案されているのである。

なお、中間整理より前の審議では、以上に加え、関連論点として、第三者による不実告知の規律や、不実告知取消しにおける第三者保護の規律を設けるべきか否かも取り上げられていたが（[部会資料12-1] 9頁）、中間整理では、この点は特に取り上げられてはいない。

2 提案前の議論

(1) 基本方針の提案

法制審議会部会での審議が始まる以前における学会有志の民法改正提案のうち、民法（債権法）改正検討委員会による『債権法改正の基本方針』（以下「基本方針」とする）では、【1.5.15】において、不実表示規定の一般法化が提案されていた[2]。

それによれば、第一に、相手方に対する意思表示について、表意者の意思表示をするか否かの判断に通常影響を及ぼすべき事項につき相手方による不実表示（事実と異なることを表示したこと）があり、それによって表意者が事実を誤認して意思表示をした場合につき、その意思表示を取り消すことができる旨の規定を一般ルールとして民法に置くことが提案されている。これは、消費者契約という枠を取り除いて一般法化することのほか、さらに二つの点で、現在の消費者契約法の不実告知規定と異なる。一つは、不実表示の対象事項に係る要件の緩和である。すなわち、消費者契約法では、「重要事項」に関する不実告知であることが要件とされ（消費者契約法4条1項1号）、その重要事項に該当するためには、「意思表示をするか否かの判断に通常影響を及ぼすべき事項」であることに加え、「契約の目的となるものの質、用途そ

---

[2] 基本方針30頁以下、詳解・基本方針Ⅰ 124頁以下。

の他の内容」または「契約の目的となるものの対価その他の取引条件」のいずれかに該当することが要求されているが（同条4項）、本提案では、このうち、後者の要件による限定を不要とし、前者のみで足りるとされている点である[3]。もう一つは、消費者契約法の「告げる」という表現の代わりに「表示した」という表現が用いられている点である。これは、黙示的な表示も含むことをより明らかにするためとされる[4]。

基本方針は、第二に、第三者による不実表示の規定を設けることを提案している。ただし、相手方による不実表示と異なり、第三者による不実表示の場合は、相手方の利益にも相応の配慮をする必要があることから、①当該第三者が相手方の代理人その他その行為につき相手方が責任を負うべき者であるとき、または、②相手方が知りまたは知ることができたときに限って、取消しを認めるものとしている。①の「その行為につき相手方が責任を負うべき者」には、代理人のほか、法人の代表者や支配人、従業員等が該当し、消費者契約法5条1項に規定する媒介受託者もこれに含まれるとされる[5]。

第三に、以上における意思表示の取消しは、善意無過失の第三者に対抗することはできないとして、第三者保護規定を置くことが提案されている。民法96条3項（詐欺による取消しの場合）と消費者契約法4条5項（不実告知等による取消しの場合）は、いずれも第三者保護要件として善意を規定するにすぎないが、基本方針は、これを改め、詐欺取消しでも不実表示取消しでも第三者保護要件を善意無過失としている[6]。

なお、基本方針では、消費者契約法4条2項に該当する不利益事実の不告知の場合は、ここにいう「不実表示」に当たり[7]、これにより取消しが認められるものとされている[8]。

---

[3] 詳解・基本方針126頁。
[4] 詳解・基本方針126頁。
[5] 詳解・基本方針127頁。消費者契約法5条1項の考え方をさらに一般化したものだと説明する。
[6] 詳解・基本方針128頁。
[7] 消費者契約法4条2項で予定されているのは、利益となる旨のみ告げて不利益事実は存在しないと思わせる行為であるから、それ自体、不実表示と評価できるとする。詳解・基本方針131頁。
[8] 詳細・基本方針131-132頁。不告知の点を明示的に確認するべきだとの考え方もあるが、明文化すると不実表示の射程が限定的に解されるおそれもあるので規定しないことにしたとされる。

(2) 民法改正研究会有志案

　一方、加藤雅信教授を代表とする民法改正研究会から出された民法改正の有志案[9]（以下、有志案という）でも、その56条に、不実表示及び情報の不提供に関する規定を設けることが提案されていた。第一に、有志案56条1項によれば、「相手方が提供した事実と異なる情報に基づき意思表示をした者は、それに基づく法律行為を取り消すことができる」とされ、ただし書で、「提供された情報が事実であるか否かが、通常であればその種の法律行為をする者の意思決定に重大な影響を及ぼすものでないときは、この限りでない」とされる。不実表示規定を一般法として民法に規定し、その対象である重要事項につき消費者契約法4条4項各号の限定をはずすという基本的な考え方においては、基本方針と共通しているが、①「事実と異なる情報」を「提供した」という表現が用いられている点、②不実表示の対象事項の重要性が、取消しのための積極的な要件とされず、意思決定に通常重大な影響を及ぼさないことが、ただし書に回され、抗弁となることが予定されている点において、基本方針と異なる。

　第二に、有志案では、第三者保護規定は、59条で、他の取消原因の場合とまとめて規定することが提案されているが、不実表示による取消しは善意無過失の第三者には対抗できないとされており、この点では基本方針と同様である。もっとも、第三者による不実表示の場合の規律については、有志案では特に明確な形での提案は見られない。

　第三に、有志案では、56条2項で、不告知型の規定を設けることが提案されている。それによれば、「故意に、信義誠実の原則に反して提供すべきである情報を提供せず、又はなすべき説明をせず、それにより相手方に意思表示をさせたときは、前項の不実表示があったものとみなす」とされる。現在の消費者契約法4条2項では、「利益事実の告知」とそれに関する「不利益事実の故意の不告知」の両方が併存することが要求されているが、有志案は、利益事実の告知は要件とせず、「故意」による情報提供義務違反または説明義務違反があれば、それにより誤認して意思表示をした表意者は、取消

---

[9]　民法改正研究会・国民・法曹・学界有志案125頁。

しをなしうるとされている。

3　法制審議会の議論状況

(1)　中間整理までの議論

　意思表示規定の拡充というテーマについては、中間整理以前において、法制審議会民法（債権関係）部会（以下、会議という場合はこの部会の会議を指す）の第 10 回会議（平成 22 年 6 月 8 日）において審議された[10]。

　a 賛成論　不実表示規定の導入に賛成する意見は、2 つの方向から主張された。一つは、意思表示アプローチとでもいうべき考え方である。つまり、①相手方の不適切な情報提供によって表意者の意思表示の瑕疵が生じた場合（動機の錯誤に陥って意思表示をした場合）には、そのリスクは不適切な情報提供を行った者が負担するべきであること、②現行民法では、要素の錯誤があった場合以外は、相手方の行為が詐欺に該当しない限り、表意者は保護されないが、これは不均衡であり、その隙間を埋める必要があること、③錯誤に関する裁判例には、相手方が誤った説明等をして表意者の錯誤を惹起した場合には比較的緩やかに錯誤無効を認めるものが少なからず見られることなどを挙げ、したがって、相手方が表意者の錯誤を惹起した場合には、惹起型でない純粋の錯誤より緩やかな要件のもとで取消しが認められることを条文上明確にするべきであると主張するのである。

　もう一方で、賛成論の中でも、若干ニュアンスを異にし、情報格差アプローチとでも呼ぶことのできるような主張もみられる。消費者契約法 4 条 1 項 1 号の不実告知の規定は、情報力において事業者に劣後する消費者の利益保護のための規定と捉えられるが、そのような情報格差があるのは消費者契約だけではないことから、より一般的な形で民法に規定を設けるべきだとするのである。

---

10)　この問題は、部会での審議の当初から、検討事項の候補として取り上げられていた（**[部会資料 2]** 2 頁）。第 10 回会議の検討事項については、民事法研究会・検討事項〈詳細版〉339 頁以下（**[部会資料 12-1]** 8 頁、**[部会資料 12-2]** 51 頁）参照。以下は、第 10 回会議の議事録（部会資料集第 1 集〈第 2 巻〉245-265 頁）を、筆者（鹿野菜穂子）の視点からまとめたものである。なお、中間整理までの議論の概況については、中間整理の補足説明においても整理されている（商事法務・中間的な論点整理の補足説明 247-250 頁参照）。

b 消極論　これに対して、不実表示規定の導入に反対する意見も相当数出された。その理由としては、①消費者契約法の規定は消費者と事業者との間の情報格差に着目したものであるところ、中立的な民法の中にそのような格差に係る規定を設けることは不適切であること、②事業者は自ら情報の正確性を確認するべきであるから、消費者契約以外の契約に同様の規律を及ぼすべきではないこと、③相手方に過失がない場合にも取消しを認めることは相手方の保護に欠けること、④事業者間では大量の没個性的な取引が行われており、取消原因を追加することは取引を阻害することになるので、むしろ損害賠償による柔軟な解決が望ましいこと、⑤表意者が事業者で相手方が消費者である場合や、労働契約分野で事業者が労働者を採用する意思表示をしたという場合において、事業者が相手方（消費者や労働者）の不実告知や不利益事実の不告知を理由に取消しを主張するおそれ（「逆適用」ともいわれる）があること[11]、⑥濫用されるおそれがあること、⑦企業買収などにおいては実務上、表明保証条項（当事者が一定の事項の真実性を保証する一方、後に当該事項が真実でないことが判明した場合については、取引実行後は契約の解消ではなく金銭補償等の解決に限定する旨の条項）が設けられることがあるが、その場合に不実表示を理由に取消しができるとすると、従来の実務との乖離を招き不都合であること、などである（なお、⑤と⑥の点は、不実表示の導入自体は肯定する立場からも、一定の配慮ないし制限が必要だという観点から指摘された[12]）。

　このような激しい意見の対立を踏まえ、不実表示規定の導入の是非につき社会に問いかけたのが、冒頭で紹介した中間整理だったのである。

(2)　中間整理後の議論

　中間整理に対するパブリックコメントでも、不実表示規定の導入に積極的な意見があると同時に、取引の混乱などを理由に消極的な意見も存在した[13]。

---

11)　特に労働契約においては、応募者のプライバシーや思想信条の自由等の調整が不可欠であることが指摘された（新谷委員）。

12)　論点と実務〈上〉760頁も、不実告知取消規定の導入には賛成だが、その適用範囲について、事業者等強者から消費者等弱者への取消権の行使について何らかの制限をすることも検討されるべきだとする。

13)　金融財政事情研究会編『「民法（債権関係）の改正に関する中間的な論点整理」に対して寄せられた意見の概要』（2012年）1603-1627頁（**[部会資料33-5] 108-132頁**）。

中間整理の公表の後、このテーマは、第 32 回会議（平成 23 年 9 月 20 日）において再び審議された[14]。同部会においても、導入の是非につき、なお意見は分かれた。経済界と労働分野からは、前記（1）b の①〜⑤などを理由に消極的な意見が出されたが、これに対し、積極論の立場からはあらためて、不実表示規定は、情報格差ではなく、意思表示論により（動機の錯誤ないし詐欺の延長線上の問題として）基礎づけることができるとの意見が出された（山本敬三幹事、潮見幹事、松本委員など）。また、要件論につき、動機の錯誤の要件との均衡を図るべきであるとの指摘があった。より具体的に、表意者側の態様に係る要件については、信頼の正当性も無重過失要件も不要とする見解（山本敬三幹事）が主張されたのに対し、信頼の正当性を要件とするべきとの見解（鹿野＝筆者[15]）や、少なくとも表意者に重過失がある場合には取消しを否定するべきだとの見解（松岡委員）も主張され、対立があった。

II 検 討

1 不実表示により錯誤に陥った表意者の取消権

筆者（鹿野菜穂子）は、以下のとおり、一定の要件のもとで、相手方の不実表示により錯誤に陥って意思表示をした表意者の取消権を認める規定を民法に導入するべきだと考える。

(1) 意思表示論からの正当化——意思表示アプローチと情報格差アプローチ

部会での審議では、情報格差に基づく規定を民法に導入するのは不当だという批判が繰り返し唱えられてきた。しかし、これは、現在は消費者契約法 4 条にのみ不実告知規定が存在し、今回の改正がこの不実告知規定の「一般法化」と表現されることによって引き起こされた誤解によるのではないかと思われる。たとえ現在は特別法にしか具体的な規定がないものであったとしても、意思表示一般に妥当する要素がそこに含まれている場合には、その要

---

[14] 部会資料集第 2 集〈第 2 巻〉444-451 頁［**部会資料 29**］**7-14 頁**）。同会議の議論については、部会資料集第 2 集〈第 2 巻〉147-169 頁。
[15] 同趣旨については、既に第 10 回会議の審議において、山野目幹事から指摘があった。

素を取り出して民法に入れることが不適切だということにはなるまい。問題は、意思表示一般に妥当すると考えられる要素ないし考え方がそこに存在するのかどうかという点である。そして、先に部会での審議に関し、不実表示規定の導入についての賛成論のうち、意思表示アプローチとして紹介した中でも触れた見解と同様、私（鹿野菜穂子）も、不実表示取消しの規定は、まずは意思表示論に正当化の基礎を有すると考えるものである。

　すなわち、確かに、契約締結の判断に影響を及ぼし得る重要な事実に関する情報収集についてのリスクは、少なくとも対等当事者間においては、原則的には各当事者が負担すべきであるといえよう。それ故、一方の当事者が、情報収集を誤り、誤った動機（事実認識）に基づいて契約の意思表示をしたとしても、その動機の錯誤（事実錯誤）を理由として無効の主張をすることは原則としてできないと解されてきたのである。しかし、この動機錯誤不顧慮の原則には、例外が認められてきた。一つは、その動機となった事実が契約（法律行為）の内容にされたと評価できる場合であり、判例においても、この場合には、主観的因果性及び客観的重要性という積極的要件並びに表意者の無重過失という消極的要件（95条ただし書）の下で、錯誤無効の主張ができる（つまり、リスクを相手方に転嫁できる）と解されてきた[16]。

　もう一つの例外として位置づけられるのが、相手方が不実を告げたために表意者がそれを信頼して錯誤に陥り、しかも、それを信頼することが諸事情に照らして正当と評価できるときであり、この場合にも主観的因果性及び客観的重要性の下で意思表示の効力否定が認められるべきではないかが問題となる[17]。判例は、これを明確に独立の類型として判断をしてきたわけではない。しかし、判例の中には、動機が「表示されて契約内容とされた」か否か

---

[16]　判例では、「動機が表示され法律行為の内容（意思表示の内容）にされたとき」という定式を用いるものが多いが、動機の「表示」自体というより、表示等を介して動機が内容化されたと評価できるか否かが基準となっていたものと見られる。この点につき、鹿野菜穂子「錯誤」法セ679号6頁以下、同「保証人の錯誤——動機錯誤における契約類型の意味」『財産法諸問題の考察』小林一俊博士古稀記念（酒井書店、2004年）135頁以下。森田宏樹「民法九五条（動機の錯誤を中心として）」広中俊雄＝星野英一編『民法典の百年Ⅱ』（有斐閣、1998年）141頁も参照。

[17]　学説では、例えば、長尾治助『消費者私法の原理』（有斐閣、1992年）104頁が、消費者契約に則してではあるが、錯誤法理の拡張として、惹起された錯誤において無効を認めるべきだと主張してきた。松本恒雄「英米法における情報提供者の責任（1）（2・完）」論叢100巻3号35頁以下、101巻2号60頁以下（1977年）も参照。

の判断において、相手方が誤った事実を告げたことによってその錯誤が引き起こされた点を重視しているものが少なからず見られるのであり、しかも、一般に契約内容化には馴染みにくいような事項についても、相手方が誤った事実を伝え、それが契約の重要な基礎とされたような場合には、95条による無効主張を認めるものがある[18]。既にここに、相手方に惹起された動機錯誤の場合には、そのリスクは、その錯誤を惹起した相手方が負担すべきだという実質的な考慮の存在が見出せるのである。海外の立法においても、不実表示による取消し規定により、このようなリスク分配の考え方を明らかにしているものが見られるが[19]、日本法においても、相手方によって惹起された動機の錯誤の場合には、表意者が自ら一方的に陥った錯誤とは異なり、その錯誤のリスクを表意者自らが負担するべきだという原則的な考え方は妥当しないということが、実質的に認められてきたといえよう。

(2) 表明保証との関係について

中間整理の作成に至る議論では、前述のとおり、表明保証に関する実務への影響を懸念して反対する意見もあり、中間整理に対するパブリックコメントの中にも、同じ観点からの反対意見があった。すなわち、もし不実表示規定が強行規定として民法に取り込まれ、事業者間取引にも適用があるとすれば、せっかく当該事業者間で、事実が異なった場合についての解決方法を決めているのに、取消しの主張がされうることになるが、これは明らかに実務の要請に反するというのである。

しかし、この批判は当たらないであろう。すなわち、表明保証条項に織り込まれた事項であれば、仮に一方の当事者が告げたことが客観的には「不実表示」に当たるとしても、不実表示と契約の意思表示との間の因果関係がないから取消しは否定される、ということになるであろう。なぜなら、表明保証がされているときは、表明された事項が真実でなかったとしても、契約の効力を維持し、その後の処理を、当該条項で指定された金銭補償等の処理にゆだねるということが当事者間で予定されているのであるから、表明保証さ

---

[18] [部会資料29] 9頁に挙げられた、最判平成16年7月8日判時1873号131頁、東京高判平成19年12月13日判時1992号65頁もこれに該当する。

[19] 英米法の不実表示につき、松本・前掲注17)、樋口範雄『アメリカ契約法〔第2版〕』(弘文堂、2008年) 194頁など参照。

れた事項が真実と違ったとしても、当該契約の意思決定ひいてはそれに基づく意思表示に影響を及ぼしたとはいえないからである[20]。

(3) 取引の混乱・労働分野への影響？

部会の審議においては、特に経済界から、不実表示規定を一般的な形で導入すると、取引に対する影響が著しく、混乱を招くという趣旨の反対論が相当数見られた。しかし、これは、惹起された錯誤ないし不実表示による取消しの要件をどう設定するかによるのであり、それゆえ、第32回会議の後半の議論は、要件論に重点が移された。要件に関する適切な絞り込みがなされれば、取引に対し不当な混乱を招くことにはならないであろう。

同様に、労働契約分野に対する影響への懸念についても、要件の絞り込みによって回避されるものと思われる。そこで、以下では要件の検討に移る。

2 取消しの要件

(1) 誤認惹起についての過失の要否

要件のうち、第1番目として、不実表示者側に関わる要件として、不実表示により表意者の誤認を惹起したことについて不実表示者に過失があったことを必要とするべきかという点が問題となる。一部の論者からは、過失がない限り不実表示者に責任を課すことは適切ではないとし、したがって、不実表示規定を民法に置くのであれば、不実表示者側につき過失などの主観的な要件を付加する必要があると主張されている。しかし、筆者は、これにつき疑問を感ずる。なぜなら、ここでは、表意者が錯誤に基づいて契約締結の意思表示をしたときに、その錯誤のリスクを、いかなる場合にいずれの当事者が負担するべきかが問題となっているのであり、不法行為における過失責任主義が妥当する場面ではないからである。つまり、表意者が相手方の関与によらず自ら錯誤に陥った場合と異なり、相手方の行為によって錯誤が惹起され、意思決定が結果的に歪められたというときには、その錯誤惹起者との関係においては、表意者に、法律行為の拘束力からの解放という形での保護を与えることが可能かつ適切なのだという考え方が、その基礎に存在するの

---

[20] この点につき、潮見佳男「銀行取引からみる債権法改正(6)表明保証と債権法改正論」銀法719号20頁、大阪弁護士会編・前掲注12) 758頁も同様。

である。

あらためて、動機の錯誤一般に関する規律との関係を考えると、他人からの干渉とは切り離された動機の錯誤（事実錯誤）の場合は、無効ないし取消しという効果を導くためには、その動機となった事実認識が法律行為の内容とされたという「内容化」要件が必要とされる。これに対して、相手方の不実表示によって錯誤が惹起された場合には、その内容化要件が充たされなくても、取消しによる法律行為からの解放が認められてもよいのではないか、ということなのである。

(2) 主観的因果性

取消しが認められるためには、不実表示によって錯誤に陥ったこと、及び、不実表示によって惹起されたその錯誤によって当該意思表示がされたことを要する。このような主観的因果性の要件は、従来、96条の詐欺による取消しにおいても、95条の錯誤無効においても、消費者契約法4条による取消しにおいても必要と解されてきたのであり、他人の干渉により意思形成が歪められたこと（瑕疵ある意思表示）を理由として契約の拘束力からの解放を求めるための最低限の要件である。不実表示による取消しにおいても、この要件が要求されるべきことについては、ほぼ異論あるまい。

(3) 客観的重要性（契約締結の判断に通常影響を及ぼすべき事項）

取消しが認められるためには、主観的因果関係に加えて、対象事項の客観的重要性も要件とされるべきである。

現行民法95条では、「法律行為の要素」の錯誤であることが要件とされ、ここに「要素」とは法律行為の主要部分をいい、それは、この点につき錯誤がなければ表意者が当該意思表示をしなかったであろうと考えられること（主観的因果性）のみならず、錯誤がなければ意思表示をしないことが一般取引の通念に照らし妥当と認められるもの（客観的重要性）をいうと解されてきた[21]。この後者は、取引通念上、契約締結の判断に影響を及ぼすべき事項を意味するものと考えられる。

一方、消費者契約法4条4項は、不実告知の要件（4条1項1号）とされて

---

21) 大判大7年10月3日民録24輯1852頁など。

いる重要事項につき、4項の「各号に掲げる事項［1号：契約の目的となるものの質、用途その他の内容、2号：契約の目的となるものの対価その他の取引条件］」であって、「当該消費者契約を締結するか否かについての判断に通常影響を及ぼすべき」ものをいうとされている。しかしながら、1号・2号による限定をさらに加えることについては、合理性を見出し難いとして、従来から立法論として批判があり、そのうえで解釈論としても、これを後者の例示として捉える見解や[22]、限定列挙としながら各号を緩やかに解する見解[23]などが学説として有力に主張されてきたところである。

　このような95条の解釈と消費者契約法4条をめぐる解釈論に照らせば、不実表示による取消し規定を民法に導入する際にも、客観的重要性要件、つまり、不実表示が当該契約を締結するか否かの判断に通常影響を及ぼすべき事項に関するものであることを要件とすれば足り、現在の消費者契約法4条4項各号における限定は加えるべきではなかろう。そして一方、この客観的要件を課することによって、特に労働契約分野につき指摘されてきた不都合な事態の多くは、解消されるのではないかと思われる[24]。

(4) 表意者の信頼の「正当性」

　不実表示による取消しのために、表意者側の態様に係る要件として、信頼の正当性を必要とするべきかについて議論がある。先に触れたとおり、部会での審議では、一方で、信頼の正当性は要件とするべきでなく無重過失要件も不要だとする意見[25]と、「信頼の正当性」を要件とするべきだという意見[26]、95条と同様、表意者に重過失がある場合には取消しを認めるべきではない（つまり、無重過失を要件とするべき）との意見などが出された。私は、以下の理由から、信頼の正当性を要件とするべきであると考える。

---

[22]　山本敬三「消費者契約法と情報提供法理の展開」金法1596号11頁、池本誠司「不実の告知と断定的判断の提供」法セ549号20頁など。

[23]　日本弁護士連合会編『消費者法講義〔第3版〕』（日本評論社、2009年）109頁、日本弁護士連合会消費者問題対策委員会編『コンメンタール消費者契約法〔第2版〕』（商事法務、2010年）89頁、道垣内弘人「消費者契約法と情報提供義務」ジュリ1200号49頁など。

[24]　従来、労働契約締結において、民法95条の規定が特に不都合な結果を招かなかったとすれば、それは、「要素」性判断における規範的な評価が存在したからであろう。

[25]　山本敬三幹事意見。信頼の正当性を不要とする同氏の考えは、山本敬三「民法改正と錯誤法の見直し――自律保障型規制とその現代化」曹時63巻10号（2011年）1頁以下、48頁にも示されている。基本方針も、同様の考え方に基づくものと思われる。

第一に、ここで実質的に判断の分かれ目となるのは、一般の取引において、不実表示ないし不実告知を受けて誤認をした表意者は、常に取消権行使の救済が与えられるだけの保護に値するのか、錯誤のリスクを、不実表示をなした相手方に負わせることが常に正当化できるのかという点であろう。そして筆者は、不実表示をした相手方にリスクを負担させることが正当化できない例外的な場合があると考えるのである。すなわち、不実表示の場合、詐欺とは異なり、相手方の故意は要件となっていない。それゆえ、相手方がうっかり事実と異なることを告げた場合もこれに含まれ、場合によっては、不実表示をした側（表意者の相手方）に過失すら見いだせない場合もありうる。他方、それとの相関において、表意者が相手方から事実と異なることを告げられて錯誤により意思表示をしたとしても、その告げられたことを安易に信じるべきではなかった場合、つまり、その告げられたことを単純に信じて錯誤に陥ったことを正当と評価できない場合も想定されうる。

　対等な当事者間でも、その告げられた事実の内容によっては、その真実でないことを簡単に気づくべき場合もあるであろう。さらに、例えば、当該契約の目的物の性質その他問題となっている事実について、当該表意者のほうが、その不実表示を行った相手方と比べて、特別の技能や情報収集力、専門的判断力を有しているときなどには一層——もちろんこの場合もその他の諸事情も考慮してではあるが——たとえ相手方から伝えられた情報があったとしても、自分で確認をしたうえで意思表示をするべきだったと評価される場合もあり得よう。このように、表意者のほうに、不実表示をした相手方より大きな落ち度があったなど、不実表示を受けた表意者の信頼が正当と認められない場合にまで取消しによる救済を与えるということは、当事者間のリスク分配ないし利益調整として適切とはいえまい。アメリカ法において、信頼

26）　第10回会議における山野目幹事意見、第32回会議における鹿野幹事（＝筆者）意見。この考え方は、鹿野菜穂子「錯誤規定とその周辺——錯誤・詐欺・不実表示について」池田真朗ほか編『民法（債権法）改正の論理』（新青出版、2010年）233頁以下、263頁に示している。同様に、信頼の正当性を要件とするべきだとする学説として、後藤巻則「契約の締結過程と消費者法」現代消費者法4号（2009年）18頁、同「錯誤、不実表示、情報提供義務」円谷峻編著『社会の変容と民法典』（成文堂、2010年）48頁以下、三枝健治「不実表示の一般法化に関する一考察（下）」民研647号（2011年）9-10頁など。

の正当性が、不実表示による取消しの要件とされているのも[27]、このような
リスク分配の考え方によるものであろう。

　第二に、不実表示の規定を導入することに対する反対論の1つとして、
「逆適用」という問題が指摘されることがあるが、この問題を解消するため
にも、信頼の正当性要件は必要だと思われる。ここで「逆適用」とされる指
摘は、民法に一般法として不実表示規定を置くと、消費者契約法とは逆に、
消費者が事業者に事実と異なることを伝えた場合でも、事業者がそれを根拠
にして安易に取消権を行使するという事態が生ずるのではないかという指摘
である[28]。つまり、消費者契約法の規定とは逆に、事業者が消費者の不実表
示を理由に取消権を行使するという場合を指して「逆適用」といわれ、そこ
に一定の制限が必要だと指摘されているのである。

　この問題点は、不実表示による取消しのための要件として信頼の「正当
性」という要件を加えることにより、ほとんど解消するのではないかと思わ
れる。つまり、事情にもよるが、逆適用が心配されている多くの場合におい
て、たとえ消費者がうっかりと事実と異なることを事業者に告げたとして
も、事業者としてはそれを確認するべきだったのであり、それを確認せずに
信じたとしても、その信頼には「正当性」がないから事業者に取消しは認め
られないということになろう。アメリカ法でも、信頼の正当性要件において
当事者の属性なども考慮し、事業者の消費者に対する不実表示の場合には、
その逆の場合と異なり、消費者による信頼の正当性を認める傾向があるとさ
れている[29]。先に、不実表示規定の導入に関しては、意思表示アプローチと
情報格差アプローチがあるとして紹介し、意思表示論によって不実表示の一
般規定は基礎づけられうるとしたが（つまり、意思表示アプローチを支持する立場

---

27) アメリカ契約法第二次リステイトメント164条1項。この点につき、樋口・前掲注19) 194頁、後藤・前掲注26)「錯誤、不実表示、情報提供義務」48頁、三枝・前掲注26) 9頁以下も参照。
28) 第10回会議、第32回会議における中井委員の指摘。大阪弁護士会編・前掲注12) 260頁。さらに、東京弁護士会（会長竹之内明）編著『「民法（債権関係）の改正に関する中間的な論点整理」に対する意見書』（信山社、2011年）意見書Ⅰ36頁も同様。福岡弁護士会編『判例・実務からみた民法（債権法）改正への提案』（民事法研究会、2011年）418-419頁は、逆適用を危惧し、不実告知による取消しを、事業者から消費者に対する不実告知またはそれに準ずる場合に限定するべきだとする。
29) 樋口・前掲注19) 194頁。

に筆者は立つが)、この意思表示理論に基づく新たな規定は、信頼の正当性を要件とすることにより、情報格差の問題にも一定の配慮が可能となるのであり、消費者契約法4条の問題も、このような意思表示理論とそこに内在する情報格差への配慮という枠組みの延長線上において設けられた規定として位置づけられうるであろう[30]。

第三に、現行の民法規定とのバランスという観点からも、信頼の正当性要件を基礎づけることができよう。現行民法96条によれば、詐欺による取消しの場合には、表意者についてその信頼が正当だったことは要件とされていない。これは、詐欺は故意に基づくものであるから、欺罔行為者側の利益への配慮は必要なく、したがって、被欺罔者（表意者）の信頼の「正当性」を問題とする必要はないこと、たとえ信じたことに相当程度の過失があったとしても、欺罔行為をした相手方との関係では、被欺罔者である表意者は取消しによる保護に値するという考え方に基づくのである。一方、現行民法95条は、錯誤が相手方から惹起されたことは要件としていないが、先に触れたとおり、動機の錯誤については、その動機とされた事実が法律行為の内容とされたことが必要と解されてきた。そして同条は、錯誤者に重過失があった場合には錯誤無効の主張はできないと規定することによって（同条ただし書）、表意者保護に制限を設けている。これは、当事者間の利益調整の一つのあり方であろう[31]。

不実表示は、詐欺と錯誤の間にある問題である。不実表示の場合は、詐欺とは異なり、欺罔の故意が要件とされず、いわば両当事者の過失と過失がぶつかり合うような場合が想定される。そのような場面においては、現在の95条及び96条との均衡という点からも、少なくとも取消権という救済手段を表意者に与えるためには、その信じたことが正当と評価できることが必要とされるべきであろう。しかも、民法95条をめぐる裁判例においては、95

---

30) その限りで、意思表示アプローチと情報格差アプローチは接点を見出すことができよう。
31) 現行民法95条ただし書に関する民法主査会における富井起草委員の説明によれば、この規定は、取引の便宜を重んずる英国法にならったものであり、表意者に単なる過失があるときは本来の損害賠償が課されるが、過失が重大であるときは、もはや表意者は無効を主張しえないという強い効果（強い損害賠償法）を設けたとされる（中松纓子「錯誤」星野英一代編『民法講座1民法総則』（有斐閣、1984年）387頁以下、389頁）。

条ただし書の重過失の有無は、両当事者の属性や相手方の態様まで含めた諸事情に照らして判断されてきたのであり、既に95条ただし書が、惹起型錯誤における表意者の信頼の正当性要件として実質的には機能してきたとも見ることもできよう。

なお、先述の反対論の中にあった濫用のおそれという問題も、正当性の要件を設けることによって、多くは解消するのではないかと思われる。

以上により、筆者は、相手方の不実表示によって事実についての錯誤が引き起こされた場合につき、契約内容化の要件がなくとも、取消しを認める旨の規定を設けること、ただし、その要件としては、一般的な動機錯誤の場合と同様、主観的因果性、対象事項の客観的重要性を必要とするほか、さらに、表意者の正当な信頼を要求すべきであると考える。

3　追　記——中間試案に向けて

部会の第64回会議（平成24年12月4日）では、「民法債権関係の改正に関する中間試案のたたき台（1）」**[部会資料53]**（以下、たたき台という）が資料として提示され、本稿のテーマもその中で審議された。このたたき台では、従来と異なり、不実表示規定を独立した項目として取り上げるのではなく、錯誤規定の中において、実質的に不実表示規定を取り込む形の案が提示されている。それによると、意思表示の前提となる事項についての錯誤（従来、動機の錯誤ないし事実錯誤といわれてきたもの）の第一類型は、不実表示等によらないで表意者が錯誤に陥った場合であって、この場合には、錯誤を理由に取消しをするためには、その事項が法律行為の内容とされたことを要するが（ア）、第二類型は、相手方の不実表示によって事実錯誤が惹起された場合であり、この場合には、内容化要件は要求されていない（イ）[32]。

不実表示規定の導入論は、もともと、相手方の不実表示によって惹起された動機の錯誤の場合に、内容化要件を要求することなく、表意者を契約の拘束力から解放させるという点に重点が存するのであり、その背景には、95条についての裁判例の蓄積と理論的な分析が存在したこと、不実表示による

---

32)　[部会資料53] 7頁、第3、2、(2) ア、イ

取消しにおいても、主観的因果性と客観的重要性の要件は、錯誤と同様に要求されるべきことからすると、このたたき台の方向性も評価されるべきであると考える。

　たたき台では、表意者の信頼の正当性は正面から要求されず、一般の錯誤と同様、表意者に重過失がある場合には、原則として、取消しができないとされている[33]。この点は、表意者の主観的態様に係る要件を入れ、不実表示による取消しに一定の制限を加えるという方向性においては、支持することができる。しかし、無重過失要件と信頼の正当性要件は、類似するが全く同じではない。信頼の正当性の有無は、契約の性質、当事者の属性のほか、相手方の態様との相関において、評価が下されるべきものであるのに対し、重過失の有無は、少なくとも文言上は、表意者側が注意を怠った程度を問題とするもののようにも見えるからである。もっとも、先にも触れたとおり、従来の裁判例でも、95条ただし書における重過失の存在を認めるか否かの判断においては、当事者の属性や相手方の態様等も考慮要素とされていたように思われるのであり、新たな提案における錯誤の第2類型としての「不実表示による錯誤」の場合における無重過失要件についても、当事者の属性や相手方の態様をはじめとする諸事情を考慮に入れる規範的評価概念として捉えるなら、信頼の正当性要件との実質的な差は、ほとんどなくなるともいえよう[34]。

〔鹿野菜穂子〕

---

[33]　[部会資料53] 7頁、第3、2、(3)。ただし、相手方が表意者の錯誤を知り、もしくは知らないことに重過失があった場合、又は共通錯誤の場合は、なお表意者による取消しが認められるとされている（同(3)、ア・イ）。

[34]　相手方の態様の考慮につき、前記注33)も参照。

7　意思表示の到達及び受領能力

I　法制審議会提案

1　提案内容

(1)　意思表示の到達及び受領能力

(a)　意思表示の効力発生時期（民法第97条）

「民法第97条第1項は、意思表示の効力発生時期について、『到達した時』と定めているが、この『到達』とは、これまでの裁判例の集積を踏まえ、今日では一般に、相手方が社会観念上了知し得べき客観的状態が生じたと認められるときなどと説明されている。」「意思表示が到達したといえるかという問題は、実務上も重要な問題であり、できる限り具体的な判断基準を明文化すべきであるという考え方があるが、どのように考えるか。」[1]

(b)　意思表示の到達主義の適用対象

「意思表示の到達主義を定める民法第97条第1項は、『隔地者に対する意思表示』を対象とするものであるところ、この規律は、対話者に対する意思表示にも妥当するものと解されている。」「そこで、その旨を含め、意思表示の到達主義の適用対象を条文上明確にすべきであるという考え方があるが、どのように考えるか。」[2]

(c)　意思表示の受領が拒絶された場合

「通常であれば意思表示が相手方に到達したはずなのに、相手方が意思表示の受領を拒絶するなどしたために、相手方による現実的な意思表示の了知が遅れたり、了知されなかったりした場合については、意思表示の到達の有無及びその時期が裁判上しばしば問題とされてきたとの指摘がある。この点については、裁判例の集積等を踏まえ、相手方が意思表示の内容を了知できるように表意者の側として常識上なすべきことをした場合には、それ以後の

---

1)　民事法研究会・検討事項〈詳細版〉346頁（**[部会資料12-2] 62頁**）。
2)　前掲注1) 346頁（**[部会資料12-2] 63頁**）。

意思表示の滅失、毀損等の危険は相手方に移転すると考え、正当な理由なく受領を拒絶した時に意思表示は到達したものと解すべきであるとする見解がある。」「そこで、このような見解を踏まえ、意思表示が相手方に通常到達すべき方法でされた場合において、相手方が正当な理由なく到達のために必要な行為をせず、そのためにその意思表示が到達しなかった場合には、その意思表示の到達が擬制されるものとすべきであるという考え方が提示されているが、どのように考えるか。」[3]

(d)　意思能力を欠く状態となった後に到達し、又は受領した意思表示の効力
　「表意者が意思表示を発信した後、相手方に到達する前に、意思能力を欠く状態となった場合や、意思能力を欠く状態で相手方の意思表示を受領した場合における意思表示の効力については、現行民法上規定がない。そこで、意思能力に関する基本的な規定を新たに設けること（前記「第2　意思能力」参照）を前提として、この場合における意思表示の効力についての規定も設けるべきであるという考え方があるが、どのように考えるか。」[4]

(2)　提案の要旨
　(a)　法制審議会民法部会は、「意思表示の効力発生時期」について、次のように説明している。
　「民法第97条第1項は、意思表示の効力発生時期について、『到達した時』と定めているが、具体的にいつ『到達』したかは、条文上必ずしも明らかではない。この点については、これまでの裁判例の集積により、今日では一般に、相手方が社会観念上了知し得べき客観的状態が生じたと認められるときであるなどと説明されている。」「具体例を見ると、通知の書面が直接相手方に手渡される必要はなく、同居の親族（大判明治45年3月13日民録18輯193頁）、内縁の妻（大判昭和17年11月28日新聞4819号7頁）に手渡されてもよいとされ、また、会社あての催告書を、たまたま会社事務室に居合わせた代表取締役の娘が、代表取締役の印を使って、使者の持参した送達簿に捺印の上、机の引き出しに入れておいたという事案においても、到達があったとされている（最判昭和36年4月20日民集15巻4号774頁）。必ずしも厳密な意味で

---

3)　前掲注1）347頁［**部会資料12-2**］**64頁**）。
4)　前掲注1）348頁［**部会資料12-2**］**65-66頁**）。

の住所に配達される必要もなく、相手方が了知可能な状態が認められれば到達とみられる（大判昭和9年11月26日新聞3790号11頁）。」「このように、意思表示が到達したといえるかという問題は、実務上も重要な問題であると言われており、できる限りその判断基準を明確にすべきであるという考え方（参考資料1［検討委員会試案］・36頁）がある。この考え方は、具体的には、『相手方または相手方のために意思表示を受領する権限を有する者が意思表示を了知した場合』、『相手方または相手方のために意思表示を受領する権限を有する者が設置または指定した受信設備に意思表示が着信した場合のほか、相手方または相手方のために意思表示を受領する権限を有する者が意思表示を了知することができる状態に置かれた場合』等をその判断基準として提示している。」「なお、今日では、電子メールその他の電子的な方法により意思表示が行なわれることが少なくなく、その場合の『到達』の基準をどのように設定すべきかが問題となり得る。しかし、この点については、まだ確立した基準があるとは言い難く、従来の紙媒体等により意思表示が行われる場合と区別する必要があるかどうか、消費者取引と事業者間取引とを区別して考える必要があるかどうかなど、慎重に検討すべき課題が残されているとして、電子的な方法による意思表示に特化した基準を設けず、これも含まれ得る概括的な基準を定めるにとどめるべきであるとする考え方（参考資料1［検討委員会試案］・36頁）がある。」[5]

　(b)　法制審議会民法部会は、「意思表示の到達主義の適用対象」の提案趣旨について、次のように説明する。

　「民法第97条第1項は、『隔地者に対する意思表示』に関する規定であり、隔地者でない者、すなわち対話者に対する意思表示については、いつ効力が発生するかについて定めた規定はない。」「この点について通説的見解は、同項は、実際上多く問題を生ずる場合を対象として規定しただけで、対話者間の意思表示について、隔地者間の意思表示と異なる法理を採る意味ではないとする。対話者間においては、意思表示の表白、発信、到達、了知が同時に生ずるという特質があるところ、例えば、対談中の当事者の一方が、

---

[5]　前掲注1）346頁（**[部会資料12-2] 62-63頁**）。

自分に都合の悪い部分は耳をふさいで聞かないような場合には、到達はあるが了知はない。しかし、このような場合であっても、到達によって、意思表示の効力が生ずることを認めるべきであると言うのである。」「もっとも、このような場合は、故意の受領拒絶と同様に扱えば足りるとし、また、対話者間における意思表示において到達と了知を区別することは実際上困難であるとして、民法第97条第1項は、文言のとおり、隔地者に対する意思表示にのみ適用されるべきであるとする見解もある。」「また、民法第97条第1項は、『隔地者に対する意思表示』を対象とする規定であり、上記の通説的見解によるとしても、相手方のある意思表示を前提とするものであると考えられる。これに対し、相手方のない意思表示については、その効力が生ずる時期を定めた規定はないが、原則として（効力発生に必要な他の要件が備わっていれば）、表示がされた時に効力が生じると解されている。」「そこで、上記の通説的見解に従った上で、民法第97条第1項の『隔地者に対する意思表示』という文言は、『相手方のある意思表示』と修正すべきであるという考え方が提示されている（参考資料1［検討委員会試案］・36頁、参考資料2［研究会試案］・124頁）。」「なお、同項は、『隔地者に対する意思表示』は、『その通知』が相手方に到達した時からその効力を生ずると定めているが、相手方に到達することを要するのは、意思表示をしたという事実の通知ではなく意思表示そのものであるから、『その通知が相手方に到達した時』を『その意思表示が相手方に到達した時』とすべきであるという考え方が提示されている（参考資料1［検討委員会試案］・36頁）。」「以上のような考え方について、どのように考えるか。」[6]

（c）　法制審議会民法部会は、「意思表示の受領が拒絶された場合」の提案趣旨について、次のように説明する。

「通常であれば意思表示が相手方に到達したはずなのに、相手方が意思表示の受領を拒絶するなどしたために、相手方による現実的な意思表示の了知が遅れたり、了知されなかったりした場合については、意思表示の到達の有無及びその時期が裁判上しばしば問題とされてきたと指摘されている。」「例

---

[6]　前掲注1）346-347頁（**[部会資料12-2] 63-64頁**）。

えば、賃貸人に対する延滞賃料の支払催告と解除の内容証明郵便が、内縁の妻によって、本人の長期不在等を理由に受領が拒まれた事例において、実際にも、本人は不在がちで、たびたび外泊しているという事情があっても、その催告と解除の意思表示は内縁の妻による受領拒絶の時に到達したとされたものがある（大判昭和 11 年 2 月 14 日民集 15 巻 158 頁参照）。他方、債権譲渡通知の内容証明郵便について、債務者の妻が、本人が旅行中であること等を理由に再配達を求めたという事例において、この受領拒絶の日ではなく、再配達の日に到達があったとされたものもある（大判昭和 9 年 10 月 24 日新聞 3773 号 17 頁）。後者の事例については、実質的には、受領者側が受領の猶予を求めたものであって、故意の受領拒絶とは事案が異なるという評価もある。このほか、特殊な事例との評価がされているものであるが、内容証明郵便が郵便局における留置期間の経過後に差出人に返送された事例において、不在配達通知書の記載等によりその郵便物の内容が遺留分減殺の意思表示又は少なくともこれを含む遺産分割協議の申入れであることが十分に推知でき、受領も容易であったという事情がある場合に、留置期間の満了の時点で到達があったと判断されたものもある（最判平成 10 年 6 月 11 日民集 52 巻 1034 頁）。」「これらの判例等を踏まえ、意思表示の到達時期については、相手方が意思表示の内容を了知できるように表意者の側として常識上なすべきことをした場合には、それ以後の意思表示の滅失、毀損等の危険は相手方に移転すると考え（前掲大判昭和 11 年 2 月 14 日参照）、正当な理由なく受領を拒絶した時に意思表示は到達したものと解すべきであるとする見解がある。」「そこで、このような見解を踏まえ、意思表示が相手方に通常到達すべき方法でされた場合において、相手方が正当な理由なく到達のために必要な行為をせず、そのためにその意思表示が到達しなかった場合には、その意思表示の到達が擬制されるものとすべきであるという考え方（参考資料 1 [検討委員会試案]・36 頁）が提示されているが、どのように考えるか。」[7]

(d) 法制審議会民法部会は、「意思能力を欠く状態となった後に到達し、又は受領した意思表示の効力」の提案趣旨について、次のように説明する。

---

[7] 前掲注 1）347-348 頁（**[部会資料 12-2] 65 頁**）。

「1 到達前に表意者が意思能力を欠く状態となったとき」「意思表示の効力が到達時に生ずるという原則（民法第97条第1項）からすると、表意者が意思表示を発信した後、相手方に到達する前に死亡したり、行為能力を喪失した場合については、意思表示の効力発生等に疑問が生ずるところ、同条第2項は、意思表示の相手方が不測の損害を被らないように、当該意思表示はそれらの事由によって影響を受けない旨を規定している。」「ところで、意思能力に関する規定を新たに設けることとする場合（前記「第2 意思能力」参照）には、表意者が意思表示を発信した後、意思能力を欠く状態となったときについても、同様の考慮が必要となることから、その旨の明文規定を設けるべきであるとの考え方（参考資料1［検討委員会試案］・37頁）があるが、どのように考えるか。」「なお、民法第97条第2項については、文言として適当ではないとして、行為能力の『喪失』という文言を『制限』にすべきであるという考え方が提示されている（参考資料1［検討委員会試案］・37頁、参考資料2［研究会試案］・124頁参照）。」

「2 意思能力を欠く状態で意思表示を受領したとき」「現行民法は、意思表示の到達時に相手方が未成年者又は成年被後見人であった場合には、その意思表示をこれらの者に対して対抗することができないとしているところ（同法第98条の2）、意思能力に関する規定を新たに設けることとする場合には、意思能力を欠く状態で意思表示を受けた相手方の保護について、どのように考えるかが問題となる。」「この点について、意思能力を欠く者についても意思表示の受領能力を認め、常に対抗することができるとすると、意思表示の意味を理解することができない状態の相手方の保護に欠けることとなり妥当ではないとして、意思能力を欠く状態で意思表示を受けた場合についても、未成年者や成年被後見人と同様に扱うとする規定を設けるべきであるという考え方（参考資料1［検討委員会試案］・38頁）がある。」「これに対し、意思能力を欠く状態が一時的か否かによって区別し、一時的である場合には到達によって効力を生ずるが、恒常的に意思能力を欠いていた場合には、到達によっても効力を生じないとすべきであるという考え方もある。しかし、このような考え方に対しては、意思能力を欠く状態が一時的か恒常的かの区別は必ずしも容易でないこと、一時的ではあっても意思能力を欠く状態にある場

合は、意思表示を了知することができないのであり、到達主義の原則をそのまま適用する前提を欠いていると考えられること、意思能力を欠く状態で意思表示を受領した後に速やかに意思能力を回復したとしても、その間に必ずしも適切に対応し得なかったという事態（例えば、書類の紛失等）が生じることも考えられるため、そのような区別をすべきではないという批判がある。」

「以上のような考え方について、どのように考えるか。」[8]

2 提案前の議論

(1) 基本方針の提案

(a) 「意思表示の効力発生時期」について、民法（債権法）改正検討委員会は、同委員会による債権法改正の基本方針【1.5.20】（意思表示の効力発生時期）において、具体的な判断基準として次のように提案する[9]。

「〈2〉次のいずれかに該当する場合は、別段の合意または慣習がある場合を除き、その時に〈1〉の到達があったものとする。

〈ア〉相手方または相手方のために意思表示を受領する権限を有する者が意思表示を了知した場合。

〈イ〉相手方または相手方のために意思表示を受領する権限を有する者が設置または指定した受信設備に意思表示が着信した場合のほか、相手方または相手方のために意思表示を受領する権限を有する者が意思表示を了知することができる状態に置かれた場合。」

(b) 「意思表示の到達主義の適用対象」について、民法（債権法）改正検討委員会は、隔地者に対する意思表示だけでなく、対話者間の意思表示を含める趣旨で、同委員会による債権法改正の基本方針【1.5.20】（意思表示の効力発生時期）において、次のように提案する[10]。

「〈1〉相手方のある意思表示は、その意思表示が相手方に到達した時からその効力を生ずる。」

(c) 「意思表示の受領が拒絶された場合」について、民法（債権法）改正

---

8) 前掲注1) 348-349 [部会資料12-2] 66-67頁）頁。
9) 詳解・基本方針 I 160頁。
10) 前掲注9) 160頁。

検討委員会は、同委員会による債権法改正の基本方針【1.5.20】（意思表示の効力発生時期）において、次のように提案する[11]。

「〈3〉相手方のある意思表示が相手方に通常到達すべき方法でされた場合において、相手方が正当な理由なしにその到達に必要な行為をしなかったために、その意思表示が相手方に到達しなかったときは、その意思表示は、通常到達すべきであった時に到達したものとみなす。」

(d)　「意思能力を欠く状態となった後に到達し、又は受領した意思表示の効力」について、民法（債権法）改正検討委員会は、現行民法の規定に、表意者が意思能力を欠く状態になったときについて補足し、同委員会による債権法改正の基本方針【1.5.21】（表意者の死亡または意思能力の欠如・行為能力の制限）において、次のように提案する[12]。

「隔地者に対する意思表示は、表意者がその意思表示を発した後に死亡し、または意思能力を欠く状態となったとき、もしくはその意思表示について行為能力が制限されたときであっても、そのためにその効力を妨げられない。」

またさらに、現行民法の規定を維持した上で、意思表示の相手方が意思能力を欠く状態にあった場合について補足し、債権法改正の基本方針【1.5.22】（意思表示の受領能力）において、次のように提案する[13]。

「意思表示の相手方がその意思表示を受けた時に意思能力を欠く状態にあったとき、または未成年者もしくは成年被後見人であったときは、その意思表示をもってその相手方に対抗することができない。ただし、その法定代理人がその意思表示を知った後は、この限りでない。」

(2)　民法改正委員会有志案

(a)　「意思表示の効力発生時期」について、民法改正委員会有志案は、具体的な判断基準の提案を行っていない。

(b)　「意思表示の到達主義の適用対象」について、民法改正委員会有志案は、現行民法第97条（隔地者に対する意思表示）及び第98条（公示による意思表示）に相当するセル番号179-181・第52条（意思表示の効力発生時期等）で、

---

[11]　前掲注9）160頁。
[12]　前掲注9）169頁。
[13]　前掲注9）171頁。

次のような提案をする[14]。

現行民法第97条第1項を修正し、第52条第1項において、「相手方がある意思表示は、表意者がなした通知が相手方に到達した時からその効力を生ずる。」とする。

(c)「意思表示の受領が拒絶された場合」について、民法改正委員会有志案は、提案を行っていない。

(d)「意思能力を欠く状態となった後に到達し、又は受領した意思表示の効力」について、民法改正委員会有志案は、提案を行っていない。

3 法制審議会の議論状況

第10回会議では、あまり議論がなされていない。そのわずかになされた議論であるが、(a) 意思表示の効力発生時期について、岡本委員が、判断基準の明文化に賛成する一方[15]、奈須野関係官は、電子メールについては、受信設備にメールが到達しただけでは受信者がその電子メールアドレスを利用していない場合等を考えると受信者に不利になることから、紙媒体の意思表示とは別の扱いをすべきという意見が出されていることを指摘している[16]。
(c) 意思表示の受領が拒絶された場合について、到達主義を前提とする限りは、到達擬制制度を設ける必要があるのではないかという意見が高須幹事から出されている[17]。

その後の第22回会議では何も議論されず、第26回会議で決定された「民法（債権関係）の改正に関する中間的な論点整理」において、以下のような検討事項が示された。

(a)「意思表示の効力発生時期」について、到達の意味内容について、「できる限り具体的な判断基準を明記する方向で、更に検討してはどうか。」「具体的な規定内容として、例えば、①相手方が意思表示を了知した場合、②相手方が設置又は指定した受信設備に意思表示が着信した場合、③相手方が意思表示を了知することができる状態に置かれた場合には、到達があった

---

14) 民法改正研究会・国民・法曹・学界有志案124頁。
15) ［第10回会議議事録］59頁。
16) ［第10回会議議事録］59-60頁。
17) ［第10回会議議事録］59頁。

ものとするとの考え方があるが、このような考え方の当否を含め、『到達』の判断基準について、更に検討してはどうか。」[18]

(b)　「意思表示の到達主義の適用対象」について、民法第97条第1項の規律が「対話者間の間の意思表示にも妥当することを条文上明確にするため、『相手方のある意思表示』は相手方に到達した時から効力を生ずるものとしてはどうか。」[19]

(c)　「意思表示の受領を擬制すべき場合」について、「意思表示が相手方に通常到達すべき方法でされたが、相手方が正当な理由なく到達のために必要な行為をしなかったなどの一定の場合には、意思表示が到達しなかったとしても到達が擬制されるものとする方向で、更に検討してはどうか。」「どのような場合に意思表示の到達が擬制されるかについては、表意者側の行為態様と受領者側の対応の双方を考慮して、両者の利害を調整する観点から、更に検討してはどうか。」[20]

(d)　「意思能力を欠く状態となった後に到達し、又は受領した意思表示の効力」について、これらの場合における「意思表示の効力に関する規定を設けることについて、更に検討してはどうか。」[21]

Ⅱ　検　討

1　意思表示の効力発生時期（民法第97条）

(1)　民法第97条の立法趣旨

　現行民法第97条の制定過程において、起草者の間で発信主義を採用するのか（梅・穂積）、到達主義を採用するのか（富井）に意見が分かれ、議論された[22]。結局、富井委員の主張する到達主義が採用された[23]。

---

[18]　商事法務・中間的な論点整理の補足説明250頁。
[19]　前掲注18）250頁。
[20]　前掲注18）251頁。
[21]　前掲注18）251頁。
[22]　星野英一「編纂過程から見た民法拾遺―民法92条・法例2条論、民法97条・526条・521条論」『民法論集第1巻』所収（有斐閣、1970年）151頁以下。
[23]　法典調査会民法整理会議事速記録第6回『日本近代立法資料叢書（14）』（商事法務、1988年）163頁。

(2) 学説・判例

現行民法第97条は、到達主義を採用したが、到達とはどのような状態をいうのかについて、通説は、意思表示が、「相手方の了知可能になること」及び「相手方の勢力範囲に入ること」とし、さらに、この2つの基準が実質的に同じ事態の別の表現と解されるか両者が重複して必要と解されるかのいずれかであったと理解されている[24]。判例は当初、意思表示を記載した書面が、相手方の勢力範囲（支配圏内）に置かれればよいとしていたが[25]、その後、相手方の了知可能な状態に置かれることで足りるとする判例も出され[26]、その要件は必ずしも明らかでない。そのため、判例の理解について、勢力範囲の概念は、「表意者・相手方双方の事情を総合的に考慮するために用いられているにすぎず、道具概念としては十分に機能していない」などと評価されている[27]。小林教授は、「『勢力範囲』基準は不明確であって、実際上しばしば無用であったり、時として有害でさえあって、相手方の『了知可能性』・『了知期待可能性』基準のほかに、到達のため意思表示を届けなければならない相手方の領域（Bereich od. Späre）を確定するものとして適切であるとはいえない」[28]とされ、「取引観念上相手方が了知できるように保存されたときに到達する」[29]という基準を主張される。

(3) 比較法的検討

ドイツ法の通説は、受領者または受領権限のある第三者が事実上の処分をすることができる範囲に達し、受領者にとって通常の生活環境のもとで書面の内容を了知する可能性があるときに到達したと解している[30]。なお、通説に対しては、「勢力範囲」を明確にするための基準として、「受領配備」基準を始めとしたいくつかの基準説が提唱されている[31]。

---

24) 川島武宜＝平井宜雄編『新版注釈民法(3)』（有斐閣、2003年）523頁〔須永醇〕。
25) 最判昭和36年4月20日民集15巻4号774頁。
26) 最判平成10年6月11日民集52巻4号1034頁。
27) 大村敦志『民法読解　総則編』（有斐閣、2010年）359頁。
28) 小林一俊「意思表示の到達と表意者の信頼」（原題）『意思表示了知・到達の研究』所収（日本評論社、2002年）90頁。
29) 小林・前掲注28) 98頁。
30) ディーター・ライポルト著（円谷峻訳）『ドイツ民法総論』（成文堂、2008年）144頁。
31) 小林・前掲注28) 66-74頁。

(4) 私　見

　従来、通説とされてきた、「相手方の支配圏内に入ること」及び「相手方の了知可能になること」とは、前者は、表意者側のリスク負担を示し、後者は、受領者側のリスク負担を示していると考えられるが、債権法改正の基本方針では、前者に相当する基準については、Eメールなどの受信設備を専ら想定しており、その他の受信手段については、明確に表現されていないように思われる（【1.5.20】〈2〉〈イ〉参照）。隔地者間における意思表示の一般規定として、表意者と受領者のリスク配分を規定するのだとすると、それぞれの側の要件をもっと明確に定める必要があるのではないか。後に触れる「到達擬制」との関連でも、表意者側で行うべきことを行った、だから受領者がリスクを負担するという図式を導くためにも前者の明確な基準は必要であると思われる。そうであるならば、到達の基準において、まず、両当事者側のリスク負担の基準を具体的に示す必要があるのではないだろうか。その意味では、「相手方の支配圏内に入ること」という要件よりはむしろ、「相手方のある意思表示が相手方に通常到達すべき方法でされた場合において」という趣旨の文言のほうがよいのではないかと思われる。小林教授の主張される、「保存」という用語も明確な基準ではあるが、Eメールなどの受信設備に限定されるかのような誤解を招くおそれがあるように思われる。

2　電子的な意思表示の効力発生時期

　民法（債権法）改正委員会案では、書面によるのかあるいはEメールを主とした電子的な手段によるのかを問わず、【1.5.20】において区別されずに定められているが、電子的な意思表示の特殊性を踏まえ、ここでは別に検討することにする。

(1) 学説及び特別法

　電子的な意思表示についても原則として、一般の規定を適用して対処していくことが可能であるという前提に立ちつつ、その適用の具体的あり方について検討をすべきという考え方が見られる[32]。特にEメールの場合には、E

---

[32] 山本豊「電子契約と民法法理」法教341号（2009年）98頁。

メール・アドレスを指定するなどして、電子的意思表示を受信する情報通信機器を指定したかどうかで区分して整理する考え方が有力であるとされる。例えば、「電子商取引及び情報財取引等に関する準則」[33]では、受信者が指定したか、またはその種の取引に通常使用するメール・サーバー中のメール・ボックスに情報が記録された場合には、その時点が到達時となり、またそれ以外の場合には、そのメール・ボックスに情報が記録されただけでは足りず、受信者が情報を取り出してはじめて到達したといえるとしている。但し、ここでは、受信者は内容を了知することまでは要求されていない[34]。

(2) 比較法的検討

ドイツ法においては、ファックスにより伝達された表示の場合、名宛人の受信機による印刷が終了した場合に、到達したことになる。また、到達の時点については、取引上の慣行により、受領者による了知が期待される時に到達したと判断される[35]。Eメールによる意思表示の場合には、まず、Eメールにより意思表示を受けとる準備があることを受領者が送信者に知らせなければならない。すなわち、受領者が相手方にEメール・アドレスを知らせたとき、または、受領者がそれを取引連絡文に印刷したときには、それが通常の諸事情のもとに受領者によって呼び出し可能となる時点で、受領者によって利用されたサーバーのもとに呼び出し可能な方法で蓄積される意思表示の到達が認められる。消費者ないしは私人に向けられる表示の場合には、Eメールの到着が期待される確定した時点は存在しない。Eメールが、その活動を終わるまでに呼び出し可能なように到着するときには、この時点での到達が、それよりも遅い到着の場合には、翌日がその到達時として適切であるとされる[36]。

一方、UNCITRAL電子コミュニケーション条約[37]においては、同条約第10条第2項により、受信者が指定した電子アドレス[38]で情報が取り出し可

---

33) 「電子商取引及び情報財取引等に関する準則」(http://www.meti.go.jp/policy/it_policy/ec/index.html)
34) 松本恒雄編『平成23年版 電子商取引及び情報財取引等に関する準則と解説』別冊NBL137号(2011年)11-12頁、山本・前掲注32)98頁。
35) ライポルト・前掲注30)148頁。
36) ライポルト・前掲注30)148-149頁。

能になった場合には、その時点（取り出し可能時）を到達時とし、それ以外の場合には、情報が取り出し可能となり、かつ受信者が当該アドレスに送信されたことを了知した時を受信時と定めている[39]。UNCITRAL 電子コミュニケーション条約では、それ以外の場合、すなわち、電子アドレスの指定があったが、それとは異なる電子アドレスに情報が送られた場合とそもそも電子アドレスの指定がなかった場合には、「電子商取引及び情報財取引等に関する準則」とは異なり、受信者が取り出し可能ということだけでなく、送信の了知（通常は、Eメールを開くことを意味する）を要求している。これは、法制審議会第10回会議においても、Eメールについては、受信設備にメールが到達しただけでは受信者がその電子メールアドレスを利用していない場合等を考えるべきであると指摘された[40]状況を踏まえて、条約の規定が定められた結果である[41]。

(3) 私　見

電子的な意思表示の場合の到達については、一般の規定とは別に明文の規定を設けるべきと考える。その理由は、電子的な意思表示について、Eメールを例にあげると、送信者（発信者）がEメールを送信し、それが送信者のサーバーに送られ、次にそれが受信者（受領者）のサーバーに蓄積された後に、受信者がEメールを呼び出すという過程をたどるが、この間に、時間的な差はほとんど生じない一方で、その意思表示の内容を電子的な機械を通じてしか知ることができない点及び、受信者の側では、受信者のサーバーにいつEメールが蓄積されるかを予測することはできないという、電子的な意思表示の特殊性を考慮する必要があるからである。そこで、UNCITRAL電子コミュニケーション条約と同様に、Eメールによる受信が受信者によっ

---

37) 正式名称は、「国際契約における電子コミュニケーションの使用に関する国際連合条約」である。この条約の紹介として、新堀聡「国際契約における電子通信の使用に関する国連条約(1)－(4・完)」JCAジャーナル53巻（2006年）3号46頁以下、同4号45頁以下、同5号58頁以下、同6号53頁以下がある。
38) 電子アドレスとは、Eメール・アドレスとは同一の概念ではなく、コミュニケーション・ネットワークや電子メール・ボックス等、電子コミュニケーションの受信に使用される情報システムの特定の部分または場所のことだとされる。山本・前掲注32) 98頁。
39) 山本・前掲注32) 98頁。
40) ［第10回会議議事録］59-60頁。
41) 山本・前掲注32) 98-99頁。

て指定されている場合には、取り出し可能時を到達時とし、それ以外の場合には、情報が取り出し可能となり、かつ受信者が当該アドレスに送信されたことを了知した時を受信時すなわち到達時とする規定を置くべきではないかと考える。

3　意思表示の到達主義の適用対象

(1)　民法第97条の立法趣旨及び学説

　民法第97条の制定過程の中で、対話者間での意思表示についての明確な形での言及は見られないが、少なくとも民法第97条は、隔地者間での意思表示に関してのみ適用対象とされていた[42]。

　わが国の通説は、民法第97条は、実際上多く問題を生ずる場合について規定しただけで、対話者間の意思表示について、隔地者間の意思表示と異なる法理を採る意味ではないとする[43]。これに対して、小林教授は、対話者に対する口頭表示について、相手方としては意思表示発信時にのみ了知可能であるにすぎず、もしも難聴・語学力不足・不注意等によりその時点において意思表示を了知しないと、もはや意思表示内容を知る可能性はないことから、到達主義をとることを批判する[44]。その上で、原則として、了知主義を採ることを前提に、その例外として、口頭表示でも相手方によって保存されたとき、相手方が故意に口頭表示の了知を回避したとき、表意者において相手方が口頭表示を了知したと信じるにつき正当な事由があるときは、意思表示の効力が生ずると主張する[45]。

(2)　比較法的検討

　ドイツ法においても、わが国と同様に、対話者間での意思表示がどのような要件のもとに有効になるかについて明確な定めはない。対話者との口頭による意思表示の場合には、到達時ではなく、受領者による表示に対する即時

---

[42]　法典調査会民法総会議事速記録第14回533-545頁『日本近代立法資料叢書（12）』（商事法務、1988年）、小林一俊「口頭による意思表示の不了知・誤解のリスク」（原題）『意思表示了知・到達の研究』所収（日本評論社、2002年）16-17頁。
[43]　我妻榮『民法総則』（岩波書店、1951年）258頁。
[44]　小林・前掲注42）20頁。
[45]　小林・前掲注42）30-31頁。

の理解が適切であるとされる[46]。難聴者については、即時の理解が期待できないことから、行為無能力者に対する受領を必要とする意思表示と同様に解すべきとされる[47]。

(3) 私 見

　対話者間では、隔地者間とは異なり、対話者の耳が不自由であったり、意識不明に陥っていたりなど、受領者がその意思表示を即時に理解しなかったときには、後で了知する可能性がない。このことから、隔地者間での意思表示の要件として明文の規定を設けるべきとされる「相手方の了知可能になること」を基準にできないことから、民法第97条を対話者間の意思表示にも適用することに小林教授が反対の立場を示しているが、私見もこれに賛成する。この場合、対話者間での口頭による意思表示の規定を別に新たに設けるべきであると考える。小林教授の主張される要件に基本的に賛成するが、その定め方としては、相手方が故意に口頭表示の了知を回避したときについては、到達障害の中に含めて考えてよいのではないかと思われる。

4　意思表示の受領が拒絶された場合

(1) 学 説

　いわゆる到達障害について、故意の受領拒否の事例、内容証明書留郵便物の不在返戻事例および電子的意思表示の事例に大きく分けることができると思われる。このうち、故意の受領拒否の事例については、民法第130条の類推または信義則を根拠に、判例と同じく到達拒否時に到達は実現したと解すべきとする[48]。内容証明書留郵便物の不在返戻事例についても、日常のモラルまたは表意者との一定の関係から、表意者からの意思表示を受領するのに必要不可欠な準備をしなかった場合には、同様に到達を認めるべきとする[49]。電子的意思表示について、特に技術的な障害による不到達の可能性が

---

46)　ライポルト・前掲注30) 151頁、小林・前掲注42) 18-19頁。
47)　Jörg Neuner, Die Stellung Körperbehinderter im Privatrecht, NJW 2000, S.1825.
48)　小林一俊「意思表示の到達障害とリスク配分」(原題)『意思表示了知・到達の研究』所収(日本評論社、2002年) 152頁、滝沢昌彦「意思表示の到達」『民法判例百選Ⅰ総則・物権［第6版］』(有斐閣、2009年) 53頁、川島＝平井編・前掲注24)〔須永醇〕540頁。
49)　小林・前掲注48) 149頁、川島＝平井編・前掲注24)〔須永醇〕541頁。

考えられる。例えば、受領者のメール・サーバーの故障により送信者のメールが蓄積されなかった場合やスパム・フィルターによって意思表示が弾かれてしまう場合などが考えられる。スパム・フィルターの事案については、受信者（受領者）の領域で生じたことを根拠に、送信者にリスクを負わせることは妥当でないとする見解がみられる[50]。

(2) 比較法的検討

ドイツ法においては、意思表示が事実上相手方（受領者）の受領領域に置かれることによって、到達の要件が満たされるとするのが通説であり、到達障害の原因が相手方の責任領域にある限り、相手方は意思表示が適時に到達しなかったこと、すなわち延着したことを主張し得ないと解している[51]。わが国の不在返戻の事案と同様の事案が、ドイツでも判例となっており、連邦通常裁判所は、受領者が取りに行かなかった書留が備考付きで送付者に返送されるとき、表意者は信義則に基づいて法律効果を主張することができるが、その前に、2回目の送付をするよう表意者に求めている[52]。この場合、到達の時期は、最初の意思表示が妨害されなかったら到達したであろう時に到達したとみなすことができる[53]。

国際物品売買契約に関する国際連合条約（ウィーン統一売買法）では、同条約第27条において、別段の定めのない限り、通信事故等による延着・不着・内容の誤りがあっても、表示者はその表示に基づく権利を失わないとしている[54]。

(3) 私　見

(a) 到達障害の規定を設けることについて

基本的に賛成する。すなわち、「1　意思表示の効力発生時期（民法第97条）」の項でも触れたように、「相手方のある意思表示が相手方に通常到達すべき方法でされた場合において」という表意者側の要件は充たしたが、受領者側の

---

50) 山本・前掲注32) 99頁。
51) Brox/Walker, Allgemeiner Teil des BGB, 32.Aufl., 2008, Rn.157ff., 小林・前掲注48) 140頁、ライポルト・前掲注30) 147頁。
52) BGHZ 137, 205, 208 = NJW 1998, 977.
53) Brox/Walker, a.a.O., Rn.159, 小林・前掲注（48）140頁。
54) 滝沢昌彦『契約成立プロセスの研究』（有斐閣、2003年）88頁。

要件を充たしていない場合を到達障害と定めればよいと考える。つまり、受領者側のリスク負担となる場合を規定すればよいのではないかと思われる。
(b) 電子的な意思表示の到達障害、特に技術的な障害について

　電子的な意思表示の到達障害、特に技術的な障害については、主に3つの場合に分けて考えることができるのではないだろうか。第一に、受領者のサーバーのもとに読み取り可能な方法で蓄積されたが、文字化けあるいは情報の暗号化によって、解読できない場合、第二に、受領者のメール・サーバーの故障により蓄積されなかった場合もしくはスパム・フィルターによって送信者の意思表示が弾かれてしまった場合に、不着の案内が送信者のメール・サーバーを通じて送信者に通知される場合、第三に、第二の場合において、不着の案内が送信者には通知されなかった場合である。第一の場合は、受領者は送信者の意思表示を知ることができないことから、原則として不到達であると解した上で、受領者は送信者の意思表示があったことを知ることは可能であることから、文字化け等の事実を通知する義務を受領者に負わせ、その義務を履行しなかった場合には、送信者の意思表示が到達したとみなすべきと思われる。第二の場合については、ドイツ法と同様に、送信者の側に再度の送信を促し、この2回目の意思表示が到達すると、最初の意思表示が、障害がなかったらならば到達したであろう時に到達したとみなすと解すべきと思われる。第三の場合については、不到達と解すべきと思われる。電子的な意思表示の到達障害については、技術的な問題が大きいため、技術の進歩により状況が変わることも考えられる。そのため、これらの場合についての規定を置くことはせず、当面の間は解釈に委ねるべきであろう。

5　意思能力を欠く状態となった後に受領した意思表示の効力

(1)　学　説

　意思表示の相手方が意思能力を欠く状態にあった場合、一時的な意思無能力の場合には、常に意思表示を有効としてよいとする見解がある[55]。これに対して、意思無能力者に法定代理人がいない場合に、表意者自身が申立権者

---

[55]　川島武宜『民法総則』（有斐閣、1965年）219頁、石田喜久夫編『現代民法講義1民法総則』（法律文化社、1985年）126頁〔磯村保〕。

でなければ、検索官をうながして、後見開始の審判の申立てをさせることを要求すべきとする見解もある[56]。これらの見解は、現行民法第9条を前提として議論されている。

さらに、本テーマとも関連するが、債権法改正の議論において、現行民法第9条但書について、意思無能力を欠く状態でなされたときにも、その効力を及ぼすべきとの提案がなされている[57]。この点について、村田教授は、法的取引へ参加する途を意思無能力者に開くとするなら、日常生活をするのに必要な行為は、意思無能力者自ら単独で有効になしうるとすべきとされる[58]。

(2) 比較法的検討

ドイツ法においては、すべての人に行為能力があることから出発し、行為無能力者及び制限行為能力者は例外として扱われる[59]。当初、行為無能力者の意思表示は、行為無能力者本人を保護するために、例外なく無効となると規定された（BGB105条1項）。その後、日常生活へ参加する途を行為無能力者に開くために2002年にBGB105a条が追加挿入された結果、行為無能力者による日常生活行為は一定の要件の下で有効とみなされることになった[60]。

(3) 私　見

意思表示の相手方が意思能力を欠く状態にあった場合、意思表示の受領能力を認めてしまうと、その相手方の保護に欠けることから、原則として、未成年者や成年被後見人と同様に扱うとする規定を設けることについて賛成する。但し、未成年者や成年被後見人についても同様の問題が生じるが、村田教授が主張されているように、法的取引へ参加する途を意思無能力者に開くために、日常生活をするのに必要な行為は、意思無能力者自ら単独で有効になしうると解すべきであり、その前提として、当然、当該場合においては、意思無能力者にも意思表示の受領能力が認められるとすべきであろう。

[小西飛鳥]

---

56) 川島＝平井編・前掲注24)〔須永醇〕565頁。
57) 前掲注1) 320-322頁（[**部会資料12-2**] **17-21頁**）。
58) 村田彰「意思無能力者の『日常生活行為』―ドイツ法を参考として―」小林俊＝小林秀文＝村田彰編『高齢社会における法的諸問題　須永醇先生傘寿記念論文集』（酒井書店、2010年）84-85頁。
59) 村田・前掲注58) 72頁。
60) 村田・前掲注58) 66頁。

執筆者紹介

(掲載順、＊は編者)

＊円谷　　峻	(つぶらや　たかし)	明治大学教授
西島　良尚	(にしじま　よしなお)	流通経済大学教授・弁護士
佐藤　秀勝	(さとう　ひでかつ)	國學院大學准教授
川地　宏行	(かわち　ひろゆき)	明治大学教授
谷本　陽一	(たにもと　よういち)	白鷗大学講師
平田　　厚	(ひらた　あつし)	明治大学教授
須加　憲子	(すか　のりこ)	専修大学准教授
長谷川貞之	(はせがわ　さだゆき)	日本大学教授
小笠原奈菜	(おがさわら　なな)	山形大学准教授
長坂　　純	(ながさか　じゅん)	明治大学教授
有賀恵美子	(ありが　えみこ)	明治大学准教授
加藤　雅之	(かとう　まさゆき)	神戸学院大学准教授
松浦　聖子	(まつうら　せいこ)	聖心女子大学准教授
太矢　一彦	(たや　かずひこ)	東洋大学准教授
滝沢　昌彦	(たきざわ　まさひこ)	一橋大学教授
中村　　肇	(なかむら　はじめ)	明治大学教授
堀川　信一	(ほりかわ　しんいち)	大東文化大学准教授
村田　　彰	(むらた　あきら)	流通経済大学教授
武川　幸嗣	(むかわ　こうじ)	慶應義塾大学教授
中谷　　崇	(なかや　たかし)	駿河台大学准教授
古谷　英恵	(ふるや　はなえ)	武蔵野大学講師
鹿野菜穂子	(かの　なおこ)	慶應義塾大学教授
小西　飛鳥	(こにし　あすか)	平成国際大学教授

民法改正案の検討　第2巻

2013年2月20日　初　版　第1刷発行

編著者	円　谷　　　峻
発行者	阿　部　耕　一

〒162-0041　東京都新宿区早稲田鶴巻町514番地

発行所　株式会社　**成　文　堂**

電話 03(3203)9201(代)　FAX 03(3203)9206
http://www.seibundoh.co.jp

製版・印刷　㈱シナノ　　　　　　　製本　佐抜製本
©2013 T. Tsuburaya　　　　　　　Printed in Japan
☆乱丁・落丁本はおとりかえいたします☆　検印省略
ISBN978-4-7923-2637-1　C3032

定価（本体6500円＋税）